Die Reform der bundesstaatlichen Ordnung Deutschlands

Astrid Hermann

Die Reform der bundesstaatlichen Ordnung Deutschlands

Unter besonderer Berücksichtigung
ihrer Folgen für das Beamtenrecht,
die terroristische Gefahrenabwehr und
den Strafvollzug

PETER LANG
Frankfurt am Main · Berlin · Bern · Bruxelles · New York · Oxford · Wien

Bibliografische Information der Deutschen Nationalbibliothek
Die Deutsche Nationalbibliothek verzeichnet diese Publikation in der Deutschen Nationalbibliografie; detaillierte bibliografische Daten sind im Internet über http://dnb.d-nb.de abrufbar.

Zugl.: Berlin, Humboldt-Univ., Diss., 2011

Gedruckt auf alterungsbeständigem,
säurefreiem Papier.

11
ISBN 978-3-631-62043-4

www.peterlang.de

„Eine erfolgreiche Verfassungspolitik darf nicht abstrakt über Recht und Tradition hinweggehen, muss die Leistungsfähigkeit der politischen Institutionen richtig einschätzen und muss die möglichen rechtlichen Wirkungen einer Verfassungsnorm bedenken."

Peter Badura[1]

---

1 *Badura*, in: HbdStR VII 1, § 160 Rn. 42.

Vorwort

Die vorliegende Arbeit wurde im Sommersemester 2010 von der Juristischen Fakultät der Humboldt-Universität zu Berlin als Dissertation angenommen. Literatur und Rechtsprechung befinden sich auf dem Stand Mai 2010.

Die im fünften Kapitel dieser Arbeit dargelegte Kompetenzwahrnehmung von Bund und Ländern berücksichtigt alle gesetzgeberischen Aktivitäten bis zum Mai 2010. Nach dem Abschluss meiner Arbeit wurden die im fünften Kapitel vorgestellten beamtenrechtlichen Reformvorhaben der Länder Bayern, Baden-Württemberg und Rheinland-Pfalz tatsächlich verabschiedet. In Bayern und Baden-Württemberg traten die neuen Beamtenrechtsregelungen jeweils zum 1. Januar 2011 in Kraft. Rheinland-Pfalz modernisierte sein Landesbeamtengesetz zum 5. November 2010. Im Übrigen hat Hessen damit begonnen, seine mehrstufige Beamtenrechtsreform mit dem am 1. Januar 2011 in Kraft getretenen Ersten Gesetz zur Modernisierung des Dienstrechts umzusetzen.

Meinem Doktorvater Prof. Dr. Dr. h.c. Ulrich Battis danke ich für seine stete Gesprächsbereitschaft und wertvollen Anregungen zu meiner Arbeit, die außerordentlich schnelle Durchsicht meines Manuskripts und den mir gleichzeitig bei der Erstellung der Arbeit gewährten wissenschaftlichen Freiraum. Ebenfalls zu Dank verpflichtet bin ich Frau Prof. Dr. Christina Preschel, die das Zweitgutachten zügig erstellte und mir ebenfalls sehr hilfreiche Hinweise für meine Arbeit und die anstehende Verteidigung mit auf den Weg gab. Mein Dank gilt nicht zuletzt Herrn Prof. Dr. Jens Kersten, der mir in verschiedenen Gesprächen den entscheidenden Anstoß für die vorliegende Arbeit gab.

Von ganzem Herzen danken möchte ich meinem Freund Hans, der mich unermüdlich darin unterstützte, diese Arbeit zu schreiben. Er stand mir immer mit gutem Rat und viel Geduld zur Seite. Dankbar bin ich weiterhin Prof. Dr. med. Wolfgang Losert und meiner Studienfreundin Katja, die beide die unbezahlbare Mühe auf sich nahmen, mein Manuskript kritisch zu hinterfragen. Schließlich gilt meinen Eltern ein besonderer Dank, die mir das gesamte Studium überhaupt erst ermöglicht haben.

Inhaltsverzeichnis

Abkürzungsverzeichnis

Abs.	Absatz
a.F.	alte(r) Fassung
AllgMWL	Allgemeine Monatsschrift für Wissenschaft und Literatur (Zeitschrift)
Anm.	Anmerkung
AöR	Archiv des öffentlichen Rechts (Zeitschrift)
APuZ	Aus Politik und Zeitgeschichte (Zeitschrift)
Art.	Artikel
Artt.	Artikel
Aufl.	Auflage
A-Drs.	Ausschussdrucksache
B	Beschluss
BaWü	Baden-Württemberg / baden-württembergisch
Bay.	Bayern / bayerisch
BayStVollzG	Bayerisches Gesetz über den Vollzug der Freiheitsstrafe, der Jugendstrafe und der Sicherungsverwahrung
BayVbl.	Bayerische Verwaltungsblätter (Zeitschrift)
BBesG	Bundesbesoldungsgesetz
BBG	Bundesbeamtengesetz
Bd.	Band
Bdb.	Brandenburg / brandenburgisch
BeamtStG	Beamtenstatusgesetz
BeamtVG	Beamtenversorgungsgesetz
BesR	Besoldungsrecht
BewHi	Bewährungshilfe (Zeitschrift)
BFHE	Entscheidungen des Bundesfinanzhofs
BGBl.	Bundesgesetzblatt
BGHZ	Entscheidungen des Bundesgerichtshofs in Zivilsachen
BK	Bonner Kommentar
BKA	Bundeskriminalamt
BKAG	Bundeskriminalamtgesetz
BR	Bundesrat
BRD	Bundesrepublik Deutschland
BR-Drs.	Bundesratsdrucksache
BR-StenBer.	Stenografischer Bericht des Bundesrates
Brem.	Bremen / bremisch
Brg.	Begründer(in)
BRRG	Beamtenrechtsrahmengesetz
BT	Bundestag
BT-Drs.	Bundestagsdrucksache
BT-StenBer.	Stenografischer Bericht des Bundestages
BVerfG	Bundesverfassungsgericht
BVerfGE	Entscheidungen des Bundesverfassungsgerichts
BVerfGG	Bundesverfassungsgerichtsgesetz

BVerwG	Bundesverwaltungsgericht
BVerwGE	Entscheidungen des Bundesverwaltungsgerichts
BWV	Bundeswehrverwaltung (Zeitschrift)
dems.	demselben
ders.	derselbe(n)
dies.	dieselbe(n)
Diss.	Dissertation
DÖD	Der Öffentliche Dienst (Zeitschrift)
DÖV	Die öffentliche Verwaltung (Zeitschrift)
DRiZ	Deutsche Richterzeitung (Zeitschrift)
DVBl.	Deutsches Verwaltungsblatt (Zeitschrift)
DVP	Deutsche Verwaltungspraxis (Zeitschrift)
EGV	Vertrag zur Gründung der Europäischen Gemeinschaft
EUV	Vertrag über die Europäische Union
f.	folgend(e)
FAZ	Frankfurter Allgemeine Zeitung (Tageszeitung)
ff.	fortfolgende
Fn.	Fußnote
FödRefG	Föderalismusreformgesetz
FS	Festschrift / Forum Strafvollzug (Zeitschrift)
GBl.	Gesetzblatt
GG	Grundgesetz
GOBReg	Geschäftsordnung der Bundesregierung
GOBT	Geschäftsordnung des Deutschen Bundestages
GVBl.	Gesetz- und Verordnungsblatt
HbdPolzR	Handbuch des Polizeirechts
HbdStR	Handbuch des Staatsrechts der Bundesrepublik Deutschland
HbdVerfR	Handbuch des Verfassungsrechts
Hess.	Hessen / hessisch
Hmb.	Hamburg / hamburgisch
HmbStVollzG	Hamburgisches Gesetz über den Vollzug der Freiheitsstrafe, der Jugendstrafe und der Sicherungsverwahrung
Hrsg.	Herausgeber(in)
HS	Halbsatz
JA	Juristische Arbeitsblätter (Zeitschrift)
JGG	Jugendgerichtsgesetz
JöR n.F.	Jahrbuch des öffentlichen Rechts der Gegenwart – neue Folge (Zeitschrift)
Jura	Juristische Ausbildung (Zeitschrift)

JuS	Juristische Schulung (Zeitschrift)
JZ	Juristenzeitung (Zeitschrift)
K&R	Kommunikation & Recht (Zeitschrift)
KritV	Kritische Vierteljahresschrift für Gesetzgebung und Rechtswissenschaft (Zeitschrift)
lit.	littera
LKRZ	Zeitschrift für Landes- und Kommunalrecht Hessen, Rheinland-Pfalz, Saarland (Zeitschrift)
LKV	Landes- und Kommunalverwaltung (Zeitschrift)
LT	Landtag
LT-Drs.	Landtagsdrucksache
LuftSiG	Luftsicherheitsgesetz
MschrKrim	Monatsschrift für Kriminalpsychologie und Strafrechtsreform (Zeitschrift)
MünchKomm	Münchener Kommentar
MVP	Mecklenburg-Vorpommern / mecklenburg-vorpommerisch
m.w.N.	mit weiteren Nachweisen
NBG	Niedersächsisches Beamtengesetz
Nds.	Niedersachsen / niedersächsisch
NdsVBl.	Niedersächsische Verwaltungsblätter (Zeitschrift)
NJ	Neue Justiz
NJVollzG	Niedersächsisches Justizvollzugsgesetz
NJW	Neue Juristische Wochenschrift (Zeitschrift)
NK	Neue Kriminalpolitik (Zeitschrift)
N.N.	nomen nominandum
Nr.	Nummer
NStZ	Neue Zeitschrift für Strafrecht (Zeitschrift)
NVwZ	Neue Zeitschrift für Verwaltungsrecht (Zeitschrift)
NVwZ-RR	NVwZ-Rechtsprechungs-Report (Zeitschrift)
NWVBl.	Nordrhein-Westfälische Verwaltungsblätter (Zeitschrift)
NZWehrr	Neue Zeitschrift für Wehrrecht (Zeitschrift)
o.A.	ohne Angabe
PersR	Der Personalrat (Zeitschrift)
PersV	Die Personalvertretung (Zeitschrift)
PrGS	Gesetzessammlung für die königlich preußischen Staaten (1854) / Preußische Gesetzessammlung (1931)
PrOVG	Entscheidungen des (Königlich-)Preußischen Oberverwaltungsgerichts
RGBl.	Reichsgesetzblatt
RGZ	Entscheidungen des Reichsgerichts in Zivilsachen

RiA	Recht im Amt (Zeitschrift)
Rn.	Randnummer
RuP	Recht und Politik (Zeitschrift)
RV	Verfassung des Deutschen Reichs vom 16. April 1871
S.	Seite
SAH	Sachsen-Anhalt / sachsen-anhaltinisch
SchlHst.	Schleswig-Holstein / schleswig-holsteinisch
Schs.	Sachsen / sächsisch
StGB	Strafgesetzbuch
StPO	Strafprozessordnung
StraFo	Strafverteidiger Forum (Zeitschrift)
StV	Strafverteidiger (Zeitschrift)
StVollzG	Strafvollzugsgesetz
StWStP	Staatswissenschaften und Staatspraxis (Zeitschrift)
SZ	Süddeutsche Zeitung (Tageszeitung)
Thr.	Thüringen / thüringisch
ThürVBl.	Thüringer Verwaltungsblätter (Zeitschrift)
u.a.	und andere
UPR	Umwelt- und Planungsrecht (Zeitschrift)
v.	von / vom
Var.	Variante
Verw.	Die Verwaltung (Zeitschrift)
VerwArch	Verwaltungs-Archiv (Zeitschrift)
vgl.	vergleiche
VR	Verwaltungsrundschau (Zeitschrift)
VVDStRL	Veröffentlichungen der Vereinigung der Deutschen Staatsrechtslehrer (Zeitschrift)
WRV	Verfassung des Deutschen Reichs vom 11. August 1919
ZBR	Zeitschrift für Beamtenrecht (Zeitschrift)
ZfPR	Zeitschrift für Personalvertretungsrecht (Zeitschrift)
ZfStrVo	Zeitschrift für Strafvollzug und Straffälligenhilfe (Zeitschrift)
ZG	Zeitschrift für Gesetzgebung (Zeitschrift)
ZJJ	Zeitschrift für Jugendkriminalität und Jugendhilfe (Zeitschrift)
ZÖR	Österreichische Zeitschrift für öffentliches Recht (Zeitschrift)
ZParl	Zeitschrift für Parlamentsfragen (Zeitschrift)
ZRP	Zeitschrift für Rechtspolitik (Zeitschrift)
ZStW	Zeitschrift für die gesamte Strafrechtswissenschaft (Zeitschrift)

Erstes Kapitel. Einführung

A. Allgemeine Einführung in die Untersuchung

Seit vielen Jahren steht die Reformierung der bundesstaatlichen Ordnung des Grundgesetzes im Fokus von Politik und Wissenschaft.[2] Forciert wurde die Idee einer Bundesstaatsreform in den letzten Jahren vor allem von Seiten der Länder, die allerdings ihre Modernisierungsbestrebungen nicht durchsetzen konnten.[3] An Dynamik gewann die Reformdiskussion durch die Einsetzung der Föderalismus-Kommission I im Jahre 2003. Sie erhielt den Auftrag, die bundesstaatlichen Grundlagen des Grundgesetzes zu erneuern.[4] Die von ihr erarbeiteten Reformvorschläge scheiterten jedoch im Dezember 2004, weil bezüglich der äußerst kontrovers diskutierten kompetenz- und finanzverfassungsrechtlichen Fragen des Bildungsbereichs keine Einigung erzielt werden konnte.[5] Verloren gehen sollten die Ergebnisse der Föderalismus-Kommission I aber nicht. Vielmehr wurden sie umgehend nach der Bundestagswahl im Herbst 2005 durch die Regierungsfraktionen der CDU / CSU und SPD wieder aufgegriffen. Sie brachten den an die Ausarbeitungen der Föderalismus-Kommission I angelehnten Entwurf eines Föderalismusreformgesetzes[6] in das Gesetzgebungsverfahren des Bundes ein. Mit den Stimmen der Großen Koalition und den von ihr geprägten Landesregierungen wurde das Gesetz von Bundestag und Bundesrat verabschiedet und konnte schließlich zum 1. September 2006 in Kraft treten.[7]

Durch die Föderalismusreform I hat die Debatte um die Strukturen der grundgesetzlichen Bundesstaatsordnung eine neue Diskussionsgrundlage erhalten. Sie bezweckt die Auflösung der im Laufe der Zeit entstandenen Kompetenz- und Verantwortungsverflechtungen zwischen Bund und Ländern sowie die Stärkung der nur noch schwach ausgeprägten Gesetzgebungskompetenzen der Länder. Auf diese Weise sollen „die föderalen Elemente der Soli-

---

2 Siehe dazu die exemplarischen Anmerkungen von *Badura*, KritV 82 (1999), S. 428, 429; *Küchenhoff*, NJ 2007, 106; *Laufer/Münch*, Das föderative System, S. 323; *Zippelius/Würtenberger*, Staatsrecht, § 14, S. 125.

3 Vgl. etwa den Bericht der Enquete-Kommission des Bayerischen Landtags „Reform des Föderalismus – Stärkung der Landesparlamente“ vom 20.03.2002, LT-Drs. 14/8660.

4 BT-Drs. 15/1685, S. 1; BR-Drs. 750/03, S. 1.

5 *Kröning*, RuP 41 (2005), S. 9, 10.

6 BT-Drs. 16/813; BR-Drs. 178/06.

7 Gesetz zur Änderung des Grundgesetzes (Art. 22, 23, 33, 52, 72, 74, 74a, 75, 84, 85, 87c, 91a, 91b, 93, 104a, 104b, 105, 107, 109, 125a, 125b, 125c, 143c) v. 28.06.2006, BGBl. I, 2034; vgl. in diesem Zusammenhang auch das Föderalismusreform-Begleitgesetz v. 05.09.2006, BGBl. I, 2098.

darität und der Kooperation einerseits und des Wettbewerbs andererseits" zum Ausgleich gebracht werden.[8] Gleichzeitig sollen die durch den fortschreitenden europäischen Integrationsprozess hervorgerufenen verfassungsrechtlichen Schwierigkeiten durch das Reformgesetz eingedämmt werden.

Die beschriebenen Zielsetzungen des verfassungsändernden Gesetzgebers drängen zu der Frage, ob es der Föderalismusreform I gelingt, ihnen auch tatsächlich gerecht zu werden. Ungewiss ist zudem, ob das Reformgesetz die im Schrifttum seit vielen Jahren angemahnten Schwachstellen des bundesstaatlichen Systems ausbessern oder diese gar gänzlich beseitigen kann. Darüber hinaus gehen mit den überarbeiteten Verfassungsbestimmungen zahlreiche Auslegungsschwierigkeiten einher, die durch das staatsrechtliche Schrifttum und die verfassungsrechtliche Rechtsprechung zu bewältigen sind.

B. Gegenstand und Eingrenzung der Untersuchung

Die vorliegende Untersuchung soll einen Beitrag zu der durch die Föderalismusreform I erneut entfachten Diskussion um die Modernisierung der bundesstaatlichen Ordnung leisten. Sie befasst sich mit der Analyse der Reformbestimmungen im Allgemeinen und mit einer Untersuchung der überarbeiteten Kompetenzfelder des Beamtenrechts, der terroristischen Gefahrenabwehr und des Strafvollzugs im Besonderen. Die im besonderen Teil vorgenommene Erörterung und Bewertung der Gesetzgebungskompetenzen beruht auf der eigenen Schwerpunktsetzung des Reformgesetzes, das sich vorrangig der Neuordnung des Systems der Gesetzgebungskompetenzen widmet. Dabei werden aus der Vielzahl der durch das Föderalismusreformgesetz I überarbeiteten Zuständigkeitsnormen deshalb die in die Bereiche des Beamtenrechts, der terroristischen Gefahrenabwehr und des Strafvollzugs fallenden Aufgabenzuweisungen herausgegriffen, weil alle drei Kompetenzfelder zu den Kernaufgaben eines Staates zählen und damit für die Staatsqualität des jeweiligen Kompetenzinhabers von hervorgehobener Bedeutung sind. Aufmerksamkeit verdienen diese Zuständigkeitsbereiche aber auch aufgrund der vielfältigen Kritik, mit der sie sich bereits im Gesetzgebungsverfahren zum Föderalismusreformgesetz I konfrontiert sahen.

Im Rahmen der beamtenrechtlichen Erörterungen wird auch auf die materielle Vorschrift des Art. 33 Abs. 5 GG eingegangen, die im Zuge der Föderalismusreform I ebenfalls überarbeitet wurde. Da sie einen an den Gesetzgeber in Bund und Ländern gerichteten Regelungsauftrag enthält, nimmt sie auf die

8 Vgl. zum Ganzen die Gesetzesbegründung in BT-Drs. 16/813, S. 7 f.

Auslegung der zwischen Bund und Ländern verteilten Kompetenzvorschriften erheblichen Einfluss.

Die Föderalismusreform I ist Teil eines mehrstufigen Prozesses zur Moderierung der bundesstaatlichen Ordnung. Seit dem 1. August 2009 findet sie durch die Föderalismusreform II Ergänzung. Diese zweite Reformstufe hat eine Überarbeitung der Finanzbeziehungen von Bund und Ländern zum Gegenstand und widmet sich damit einem weiteren wichtigen, jedoch von den Inhalten des Föderalismusreformgesetzes I abzugrenzenden Themenkomplex. Gleichwohl ist es erforderlich, dass sich die vorliegende Untersuchung abschließend mit den Regelungen des Föderalismusreformgesetzes II auseinandersetzt.

C. Gang der Untersuchung

Die Arbeit beginnt im *zweiten* Kapitel zunächst mit grundsätzlichen Ausführungen zu Gestalt und Struktur der bundesstaatlichen Ordnung, setzt also am Anknüpfungspunkt des Reformgesetzes an. Zugleich soll dieses Kapitel einen Überblick darüber vermitteln, wie die Kompetenzfelder des Beamtenrechts, der terroristischen Gefahrenabwehr und des Strafvollzugs vor der Föderalismusreform I ausgeprägt und im bundesstaatlichen Gefüge verflochten waren. In dem sich anschließenden *dritten* Kapitel werden die wesentlichen Änderungsbestimmungen des ersten Föderalismusreformgesetzes strukturiert und umfassend bewertet. Das *vierte* Kapitel befasst sich sodann mit der Auslegung und Verfassungsmäßigkeitsprüfung derjenigen Bestimmungen des Föderalismusreformgesetzes I, die Bund und Ländern in den Bereichen des Beamtenrechts, der terroristischen Gefahrenabwehr und des Strafvollzugs neue Gesetzgebungskompetenzen zuweisen. Im nachfolgenden *fünften* Kapitel werden die überarbeitete bundesstaatliche Ordnung und die drei in den Mittelpunkt dieser Arbeit gestellten Kompetenzfelder einer ersten Bilanz unterzogen. Sie erstreckt sich vor allem auf eine Auseinandersetzung mit den kritischen Einwänden des Schrifttums, denen die Verfassungsbestimmungen ausgesetzt sind. Darüber hinaus werden die ersten Kompetenzwahrnehmungen in Bund und Ländern näher beleuchtet. Das *sechste* Kapitel beschließt die vorliegende Untersuchung. Es setzt sich mit der Frage auseinander, ob und inwieweit die Föderalismusreform II die Modernisierungsansätze des ersten Föderalismusreformgesetzes fortführt und welche Themen im Rahmen einer möglichen dritten Reformstufe zu berücksichtigen wären.

Zweites Kapitel. Die Ansatzpunkte der Föderalismusreform I

Bevor sich die Untersuchung den Regelungen des Föderalismusreformgesetzes I zuwendet, bedarf es zunächst einiger grundsätzlicher Ausführungen zu Gestalt und Struktur der bundesstaatlichen Ordnung des Grundgesetzes. Zum besseren Verständnis werden in diese Betrachtung die bundesstaatlichen Ordnungen der Vorgängerverfassungen von 1871 und 1919 mit einbezogen. Im Anschluss daran werden die Kompetenzfelder des Beamtenrechts, der terroristischen Gefahrenabwehr und des Strafvollzugs in den Mittelpunkt der Betrachtung gerückt. Sie haben im Zuge der Föderalismusreform I eine Überarbeitung ihrer kompetenzrechtlichen Grundlagen hinnehmen müssen. Ebenfalls unter dem Einschluss historischer Entwicklungen gilt es daher zu erörtern, wie die Aufgabenbereiche des Beamtenrechts, der terroristischen Gefahrenabwehr und des Strafvollzugs bislang im bundesstaatlichen Gefüge verflochten waren. Auf diese Weise können im späteren Verlauf nicht nur die Änderungsbestimmungen des Föderalismusreformgesetzes I besser nachvollzogen werden, vielmehr kann zugleich ermittelt werden, ob der verfassungsändernde Gesetzgeber die Reform der bundesstaatlichen Ordnung unter grundsätzlicher Berücksichtigung deutscher Bundesstaatstraditionen auf den Weg gebracht und inwieweit er sich neuen Entwicklungsperspektiven geöffnet hat.

A. Die Gestalt der bundesstaatlichen Ordnung

I. Verfassungsgeschichtliche Grundlagen

Die heutige Gestalt der grundgesetzlichen Bundesstaatsordnung ist maßgeblich auf die verfassungsgeschichtlichen Entwicklungen Deutschlands zurückzuführen.[9] Ihre Eigenarten können daher nur unter Berücksichtigung ihres historischen Wachstumsprozesses[10] nachvollzogen werden.

1. Bismarcksche Reichsverfassung (1871)

Bereits das alte Heilige Römische Reich Deutscher Nation wies eine föderale Struktur auf.[11] Nachdem das alte Reich jedoch endgültig zerfallen war, kam

9 *Vogel*, in: HbdVerfR, § 22 Rn. 3.
10 *Isensee*, in: HbdStR IV 2, § 98 Rn. 10; *Scheuner*, DÖV 1962, 641.
11 *Grzeszick*, in: Maunz/Dürig, GG III, Art. 20 Abs. IV Rn. 3.

es auf deutschem Boden infolge der Gründung des Rheinbundes sowie der späteren Gründung des Deutschen Bundes zur Herausbildung staatenbündischer Strukturen. Abgelöst wurde diese Epoche Deutschlands im Jahre 1867 durch die Schaffung des Norddeutschen Bundes, der als erster deutscher Bundesstaat gilt.[12] Mit dem Beitritt der süddeutschen Staaten entstand im Jahre 1871 das als konstitutionelle Monarchie ausgestaltete Deutsche Reich.[13] Es wird als erster gesamtdeutscher Bundesstaat betrachtet.[14]

Wichtigstes Organ des neuen Deutschen Reichs war der aus weisungsgebundenen Gesandten der Gliedstaatsregierungen[15] bestehende Bundesrat, der gemäß Art. 5 RV gleichermaßen auf den Gebieten der Legislative und der Exekutive tätig war und den Gliedstaaten somit im Gefüge der Reichsverfassung eine entscheidende Rolle[16] zusicherte. Die starke Eigenständigkeit der Gliedstaaten fand ihren Niederschlag aber auch in der verfassungsrechtlichen Kompetenzordnung. Sie begründete für Reich und Gliedstaaten originäre Zuständigkeiten.[17] Dem Reich wurden jedoch lediglich die in Art. 4 RV aufgezählten Legislativkompetenzen zugewiesen, während den Gliedstaaten in allen übrigen Regelungsbereichen die Kompetenz zur Gesetzgebung verblieb.[18] Ebenso oblag den Gliedstaaten von Anfang an die schwerpunktmäßige Ausführung der erlassenen Reichsgesetze, auch wenn dieser Grundsatz im Verfassungstext noch keine ausdrückliche Normierung fand.[19] Ein Homogenitätsgebot war ebenfalls noch nicht Gegenstand der Reichsverfassung, sodass die Einzelstaaten ihre Verfassungen autonom gestalten konnten.[20]

Die bundesstaatliche Ordnung von 1871 verfügte – trotz ihrer überwiegend föderativen Ausgestaltung[21] – zugleich über zentralistische Elemente. So enthielt sie in Art. 2 RV das auch dem Grundgesetz nicht unbekannte Prinzip des Vorrangs der Reichsgesetze vor den Landesgesetzen. Ferner verliehen die Exekutivstellung des Kaisers, die dem Reichskanzler zentral übertragene Leitung der Reichsgeschäfte und der aufgrund des erhöhten Gesetzgebungsaufkommens stetig an Bedeutung hinzugewinnende Reichstag der Verfassung unitarische Züge.[22] Diese in der Verfassung angelegten zentralis-

12 *Jestaedt*, in: HbdStR II 3, § 29 Rn. 3; *Kimminich.*, in: HbdStR I 2, § 26 Rn. 30.
13 *Menger*, Verfassungsgeschichte, Rn. 284.
14 *Bauer*, in: Dreier, GG II, Art. 20 (B) Rn. 2; *Holste*, Bundesstaat im Wandel, S. 129.
15 *Holste*, Bundesstaat im Wandel, S. 112; *Maurer*, Staatsrecht I, § 2 Rn. 61.
16 *Frotscher/Pieroth*, Verfassungsgeschichte, Rn. 385.
17 *Huber*, Verfassungsgeschichte III, S. 794.
18 *Maurer*, Staatsrecht I, § 2 Rn. 59; *Menger*, Verfassungsgeschichte, Rn. 291.
19 *Frotscher/Pieroth*, Verfassungsgeschichte, Rn. 390; *Holste*, Bundesstaat im Wandel, S. 111.
20 *Kotulla*, Deutsches Verfassungsrecht I, S. 254.
21 *Bauer*, in: Dreier, GG II, Art. 20 (B) Rn. 2; *Frotscher/Pieroth*, Verfassungsgeschichte, Rn. 385; *Oeter*, Integration und Subsidiarität, S. 44.
22 *Menger*, Verfassungsgeschichte, Rn. 309.

tischen Elemente wurden durch eine unitarische Verfassungspraxis unterstrichen, die durch eine intensive Wahrnehmung der dem Reich übertragenen Gesetzgebungskompetenzen gekennzeichnet war und durch die zunehmende Verabschiedung verfassungsändernder sowie verfassungsdurchbrechender Gesetze zu einer Verlagerung von Zuständigkeiten auf die Zentralgewalt führte.[23] Seit der Reichsgründung hatten die Gliedstaaten daher einige Begrenzungen ihrer Staatlichkeit hinnehmen müssen.

2. Weimarer Reichsverfassung (1919)

Abgelöst wurde die Bismarcksche Reichsverfassung durch die Weimarer Reichsverfassung vom 11. August 1919. Obwohl sie bereits nach wenigen Jahren ihres Bestehens durch die Nationalsozialisten Schritt für Schritt außer Kraft gesetzt wurde, stellt sie für die Entwicklung der bundesstaatlichen Ordnung des Grundgesetzes einen entscheidenden Wegweiser dar. Als unmittelbare Vorgängerverfassung des Grundgesetzes wird sie insbesondere bei der Auslegung der grundgesetzlichen Kompetenztitel auch heute noch berücksichtigt.[24]

Zentrales Reichsorgan in der Weimarer Republik war nicht mehr der sich gemäß Art. 63 Abs. 1 Satz 1 WRV aus den Vertretern der Landesregierungen zusammensetzende föderale Reichsrat, sondern der unmittelbar und demokratisch gewählte Reichstag.[25] Die Einwirkungsmöglichkeiten der Gliedstaaten auf das Reich waren dadurch in erheblichem Maße reduziert.[26] Weitere Einschränkungen hatten die Länder durch das in Art. 17 WRV detailliert umschriebene Homogenitätsgebot und den in Art. 13 Abs. 1 WRV normierten Vorrang des Reichsrechts gegenüber dem Landesrecht zu erdulden. Auch trat – anders als zwischen 1871 und 1919 – nur noch das Reich als Völkerrechtssubjekt auf.[27] Verglichen mit der Verfassung von 1871 baute die Weimarer Reichsverfassung zudem die Kompetenzen des Reiches in erheblichem Maße aus. Dies führte zu einer schwerpunktmäßigen Wahrnehmung der Gesetzgebung durch das Reich und – wie insbesondere Art. 14 WRV erkennen lässt[28]

23 *Bauer*, in: Dreier, GG II, Art. 20 (B) Rn. 2; *Holste*, Der deutsche Bundesstaat im Wandel, S. 166 f.

24 So die ständige Rechtsprechung des Bundesverfassungsgerichts, vgl. etwa BVerfGE 3, 407, 414 f.; 12, 205, 226; 26, 281, 299; 33, 52, 61; 33, 125, 152 f.; 42, 20, 29; 61, 149, 174 ff.; 109, 190, 213 ff.

25 *Zippelius*, Verfassungsgeschichte, S. 130 f.

26 *Boldt*, Verfassungsgeschichte, S. 233; *Holste*, Bundesstaat im Wandel, S. 309.

27 *Kimminich*, Verfassungsgeschichte, S. 489.

28 In Art. 14 WRV heißt es, dass die Reichsgesetze durch die Landesbehörden ausgeführt werden, soweit nicht die Reichsgesetze etwas anderes bestimmen.

– zu einer grundsätzlichen Ausübung der Verwaltung durch die Länder.[29] Während dabei für das Reich das Enumerationsprinzip galt, wurde den Ländern die grundsätzliche Zuständigkeit für die Ausübung der staatlichen Befugnisse zugesprochen.[30] Auffällig war, dass das Reich von den ihm zugewiesenen Zuständigkeiten äußerst rege Gebrauch machte.[31] Die beschriebenen unitarischen Züge des Weimarer Bundesstaates wurden also ebenfalls durch eine äußerst unitarisch geprägte Verfassungspraxis bekräftigt.[32] Hervorzuheben ist in diesem Zusammenhang die bereits im Jahre 1919 durch den Reichsfinanzminister *Erzberger* vorangetriebene Reichsfinanzreform, die zu einer erheblichen Beschränkung der Finanzhoheit der Länder führte. Obwohl die Weimarer Reichsverfassung eine reichseigene Finanzverwaltung nur in dem Umfang des Art. 83 WRV und damit bezüglich zu erhebender Zölle und Verbrauchssteuern zuließ, legte die Reichsfinanzreform die Grundlagen für die Schaffung einer umfassenden Reichsfinanzverwaltung und die Umgestaltung der Finanzordnung zugunsten des Reiches.[33]

Schon nach wenigen Jahren drohte allerdings die Weimarer Republik an den gegenläufigen unitarischen und föderalistischen Tendenzen im Verfassungsstaat zu zerbrechen.[34] Wenig überraschend ist daher, dass bereits im Rahmen der Verfassungsberatungen neben der Staatsform des Bundesstaates auch die Staatsform des dezentralen Einheitsstaates[35] eingehend erörtert wurde. Abhilfe in dem beschriebenen Konflikt sollte eine umfassende Reichsreform schaffen, die sich auch auf die Ausgestaltung der verfassungsrechtlichen Reich-Länder-Strukturen erstreckten sollte.[36] Der seinerzeit formulierte Befund *Brauns* zur Einschätzung der Lage des Weimarer Bundesstaates klang dabei durchaus vergleichbar mit dem heute allseits beklagten Missbehagen am grundgesetzlichen Bundesstaatsgefüge: „[D]er jetzige Zustand […] ist überaus unwirtschaftlich und teuer und in seinem Ergebnis auch so wenig befriedigend, dass er dringend Abänderung erheischt“[37]. Vor allem die finan-

---

29 *Boldt*, Verfassungsgeschichte, S. 231 f.; *Oeter*, Integration und Subsidiarität, S. 59 und 61.

30 *Mäding*, in: Jeserich/Pohl/Unruh, Deutsche Verwaltungsgeschichte 4, S. 102.

31 *Menger*, Verfassungsgeschichte, Rn. 360.

32 *Deuerlein*, Föderalismus, S. 171 ff.; *Flemming*, Entwicklung und Zukunft des Föderalismus in Deutschland, S. 105 f.; *Jestaedt*, in: HbdStR II 3, § 29 Rn. 3; *Sommermann*, in: v. Mangoldt/Klein/Starck, GG II, Art. 20 Abs. 1 Rn. 23; *Vogel*, in: HbdVerfR, § 22 Rn. 5.

33 *Huber*, Verfassungsgeschichte VI, S. 490 ff. m.w.N.

34 *Oeter*, Integration und Subsidiarität, S. 68; ähnlich *John*, in: Föderalismus in Deutschland, S. 101, 102 f.

35 *Anschütz*, WRV, Einl., S. 17; *Boldt*, Verfassungsgeschichte, S. 227; *Oeter*, Integration und Subsidiarität, S. 56.

36 *Anschütz*, WRV, Einl., S. 30; *Kimminich*, Verfassungsgeschichte, S. 536.

37 *Braun*, Einheitsstaat oder Föderativsystem, S. 27.

zielle Notlage einiger Gliedstaaten sowie die schwierige strukturelle Situation der Länder im Deutschen Reich schlugen sich auf die Ausübung der landesrechtlichen Kompetenzen nieder. So konnte die Gesetzgebung etwa nur von denjenigen Ländern erschöpfend wahrgenommen werden, die aufgrund ihrer Größe und Finanzausstattung auch dazu in der Lage waren.[38] Die kleineren und ärmeren Länder waren hingegen gezwungen, die bereits erarbeiteten Gesetze anderer Länder im Wege eines rein formalen Gesetzgebungsverfahrens zu übernehmen.[39] Da die beratene Reichsreform allerdings den schwierigen politischen Verhältnissen der Spätjahre der Weimarer Republik zum Opfer fiel und die wenigen tatsächlich umgesetzten Verfassungsänderungen keinerlei Bezüge[40] zur Bundesstaatsstruktur aufwiesen, blieb die Gestalt des Weimarer Bundesstaates im Ergebnis unverändert. Der Versuch, die Weimarer Bundesstaatskrise im Wege einer Verfassungsänderung zu bewältigen, war gescheitert.[41]

II. Die bundesstaatliche Ordnung des Grundgesetzes

Nachdem zunächst auf die historischen Wurzeln der heutigen Bundesstaatsordnung eingegangen wurde, sollen nunmehr die für die konkrete Ausgestaltung der grundgesetzlichen Bundesstaatsordnung relevanten Normen und Inhalte des geschriebenen sowie ungeschriebenen Verfassungsrechts dargelegt werden.

1. Das Bundesstaatskonzept des Grundgesetzes

a. Staatsrechtliches Fundament des Bundesstaates

In Art. 20 Abs. 1 GG wird die Bundesrepublik Deutschland als Bundesstaat umschrieben. Aus der Norm des Art. 20 Abs. 1 GG folgt dabei eine zweifache Verankerung der Bundesstaatlichkeit: Sie ist zum einen der Bezeichnung des deutschen Staates als Bundesrepublik Deutschland und zum anderen der Festlegung auf den demokratischen und sozialen Bundesstaat zu entneh-

---

38 *Holste*, Bundesstaat im Wandel, S. 353; so auch *Frotscher*, in: Jeserich/Pohl/Unruh, Deutsche Verwaltungsgeschichte 4, S. 131.

39 *Holste*, Bundesstaat im Wandel, S. 353.

40 *Ders.*, Bundesstaat im Wandel, S. 347; *Oeter*, Integration und Subsidiarität, S. 74.

41 Mit der Machtergreifung der Nationalsozialisten wurde die Reichsverfassung nach und nach außer Kraft gesetzt. Die Ursachen und der Verlauf des Scheiterns der Weimarer Republik sind vielschichtig und im Zusammenhang mit dieser Arbeit nicht zielführend. Verwiesen sei daher auf die vertiefenden Erörterungen von *Kimminich*, Verfassungsgeschichte, S. 567 ff. und *Zippelius*, Verfassungsgeschichte, S. 138 ff.

men.[42] Die genaue Ausprägung des grundgesetzlichen Bundesstaates lässt sich daraus aber nicht ableiten. Ursächlich dafür ist, dass die Verfassung in Art. 20 Abs.1 GG keinen vorgefertigten Bundesstaatsbegriff rezipiert. Vielmehr liegt ihr ein normativer Bundesstaatsbegriff zugrunde, der aus der Verfassung selbst heraus bestimmt werden muss.[43]

Um die Gestalt des grundgesetzlichen Bundesstaates skizzieren zu können, stellt sich daher die Frage, welche Verfassungsnormen einen bundesstaatlichen Bezug aufweisen. Bei der Betrachtung des grundgesetzlichen Normenbestandes fällt zunächst auf, dass dem Bundesstaat kein eigener Abschnitt[44] im Verfassungstext zugesprochen wird, sondern sich seine Gestalt im System der Kompetenz-, Organisations- und Verfahrensregelungen[45] formiert. Die Normen der Kompetenzzuweisung nehmen dabei eine strenge Verteilung der staatlichen Aufgaben zwischen Bund und Ländern vor, namentlich in den Bereichen der Gesetzgebung (Artt. 70 ff. GG), der Verwaltung (Artt. 83 ff. GG), der Rechtsprechung (Artt. 92 ff. GG), des Finanzwesens (Artt. 104a ff. GG) und der auswärtigen Beziehungen (Art. 32 GG).[46] Daneben wird der grundgesetzliche Bundesstaat auch durch die Homogenitätsklausel des Art. 28 Abs. 1 GG, die Kollisionsnorm des Art. 31 GG und die Bund und Ländern zugewiesenen gegenseitigen Einflussrechte näher ausgestaltet. So können die Länder insbesondere über den Bundesrat auf den Bund einwirken, während dem Bund etwa der in Art. 37 GG normierte Bundeszwang oder die in den verwaltungsrechtlichen Bestimmungen der Artt. 84 und 85 GG[47] enthaltenen Befugnisse zur Verfügung stehen.

Da die Normen der Bundesstaatsverfassung den gesamten Verfassungstext durchweben und insgesamt zu mehr als der Hälfte des Verfassungstextes einen – wenn auch zum Teil nur mittelbaren – Bezug aufweisen[48], gibt das Grundgesetz den „Bau- und Funktionsplan“[49] des Bundesstaates vor. Gleichzeitig ist aber festzustellen, dass die speziellen bundesstaatlichen Regelungen des Grundgesetzes keinesfalls abschließend sind, sie die Gestalt des Bundesstaates also nicht in Gänze bestimmen.[50] Der Verfassung liegt damit ein of-

42 *Bauer*, in: Dreier, GG II, Art. 20 (B) Rn. 17; *Vogel*, in: HbdVerfR, § 22 Rn. 1.

43 BVerfGE 1, 14, 47 f.; *Isensee*, in: FS 50 Jahre BVerfG, S. 719, 730; *Karpen/Rönn*, JZ 1990, 579; *Kimminich*, in: HbdStR I 2, § 26 Rn. 36; *Maunz*, in HbdStR IV 2, § 94 Rn. 12; *Šarčević*, Bundesstaatsprinzip, S. 16.

44 *Zippelius/Würtenberger*, Staatsrecht, § 14 III., S. 131.

45 *Isensee*, in: HbdStR IV 2, § 98 Rn. 5.

46 *Badura*, Staatsrecht, D Rn. 70; *Maunz*, in: HbdStR IV 2, § 94 Rn. 2.

47 *Bauer*, in: Dreier, GG II, Art. 20 (B) Rn. 17; *Vogel*, in: HbdVerfR, § 22 Rn. 2.

48 *Bauer*, in: Dreier, GG II, Art. 20 (B) Rn. 17; *Jestaedt*, in: HbdStR II 3, § 29 Rn. 13; *Schneider*, in: Lebendige Verfassung, S. 91, 93; *Zippelius/Würtenberger*, Staatsrecht, § 14 III., S. 131.

49 *Isensee*, in: HbdStR IV 2, § 98 Rn. 6.

50 *Ders.*, in: HbdStR IV 2, § 98 Rn. 9.

fener Bundesstaatsbegriff zugrunde.[51] Dies hat zur Folge, dass es sich bei dem Bundesstaat des Grundgesetzes um eine dynamische Erscheinung handelt und er neuen Aufgaben und Entwicklungen flexibel gegenübersteht.[52]

Ebenso wie der Begriff des Bundesstaates leitet sich auch das Bundesstaatsprinzip unmittelbar aus dem geschriebenen Verfassungstext ab. Der überwiegende Teil der deutschen Staatsrechtslehre[53] verankert die Grundlagen des bundesstaatlichen Prinzips dabei in Art. 20 Abs. 1 GG, zum Teil auch in Verbindung mit Art. 79 Abs. 3 GG. Zu dem gleichen Befund gelangt das Bundesverfassungsgericht, welches das Bundesstaatsprinzip jedoch zusätzlich in den Artt. 28 und 30 GG verortet sieht.[54]

Zu berücksichtigen ist schließlich, dass der Bundesstaat dem Schutz der Unveränderlichkeitssperre des Art. 79 Abs. 3 GG unterliegt, er mithin zu den grundlegenden Staatsstrukturprinzipien des Grundgesetzes zählt. Wie weit der Bestandsschutz des Art. 79 Abs. 3 GG im Einzelnen reicht und somit die sachlichen Grenzen für die Verabschiedung verfassungsändernder Gesetze vorgibt, wird im Rahmen der Prüfung der Verfassungsmäßigkeit des Föderalismusreformgesetzes I zu erörtern sein. Zunächst soll es bei der Feststellung bleiben, dass die Bundesstaatlichkeit Bestandteil der zentralen Grundentscheidungen der Verfassung ist und das Föderalismusreformgesetz I damit am Kernbestand der Verfassungsordnung des Grundgesetzes anknüpft.

---

51 In diesem Sinne etwa *Šarčević*, Bundesstaatsprinzip, S. 35, der zugleich darauf hinweist, dass lediglich eine Beschreibung, nicht aber eine Begriffsbestimmung bezüglich des Bundesstaates vorgenommen werden kann.

52 *Benz*, Föderalismus als dynamisches System, S. 11; *Laufer/Münch*, Das föderative System, S. 20; *Scheuner*, DÖV 1962, 641, 647; zurückhaltender *Isensee*, in: FS 50 Jahre BVerfG, S. 719, 724 f.; *Ossenbühl*, in: Föderalismus und Regionalismus, S. 117, 157.

53 *Grzeszick*, in: Maunz/Dürig, GG III, Art. 20 Abs. 4 Rn. 14; *Isensee*, AöR 115 (1990), 248, 250; *Kimminich*, in: HbdStR I 2, § 26 Rn. 36; *Maurer*, Staatsrecht I, § 10 Rn. 12; *Schwacke/Schmidt*, Staatsrecht, S. 126; *Sommermann*, in: v. Mangoldt/Klein/Starck, GG II, Art. 20 Abs. 1 Rn. 20; *Stern*, Staatsrecht I, § 19 II.4., S. 660; *Vogel*, in: HbdVerfR, § 22 Rn. 1; gänzlich anderer Ansicht ist dagegen *Šarčević*, Bundesstaatsprinzip, S. 131, 266, der das Bundesstaatsprinzip im ungeschriebenen Verfassungsrecht verortet sieht, vgl. dazu sogleich auch die Ausführungen unter Punkt A.II.d.(1) dieses Kapitels.

54 BVerfGE 1, 14, 34; vgl. aber insbesondere die Anmerkungen in BVerfGE 87, 181, 196, worin das Gericht ausführt, dass das bundesstaatliche Prinzip „[…] in Art. 20 Abs. 1 GG niedergelegt, in Art. 79 Abs. 3 GG gegen Aufhebung und Aushöhlung durch verfassungsändernde Gesetze gesichert und in anderen Bestimmungen des Grundgesetzes näher ausgestaltet ist […]“.

b. Bundesstaatstheorie

Dem Grundgesetz liegt eine allgemeine Bundesstaatstheorie nicht zugrunde.[55] Auch das Bundesverfassungsgericht hat eine solche Theorie bisher nicht entwickelt.[56] Dies mag darauf zurückzuführen sein, dass einer allgemeinen Bundesstaatstheorie nur in begrenztem Maße ein dogmatischer Erkenntniswert zugesprochen wird.[57] Dennoch wurde im Zusammenhang mit einer grundgesetzlichen Bundesstaatstheorie über Jahrzehnte hinweg ausführlich diskutiert, ob die Verfassung von einem zweigliedrigen oder einem dreigliedrigen Bundesstaatsbegriff ausgeht. Zunächst hat sich das Bundesverfassungsgericht der vor allem von *Kelsen* und *Nawiasky* vertretenen dreigliedrigen Bundesstaatstheorie angeschlossen.[58] Später ist diese Frage jedoch nahezu einhellig zugunsten der Zweigliedrigkeitstheorie entschieden worden, sodass der Streitstand nunmehr als gegenstandslos betrachtet werden kann.[59] Daher ist nach heutigem Verständnis nicht mehr zwischen den Ländern als Gliedstaaten, dem Bund als Zentralstaat und der Bundesrepublik als Gesamtstaat zu differenzieren.[60] Vielmehr setzt sich der Bundesstaat aus den Ländern und dem Bund zusammen, wobei letzterer vor allem für die gesamtstaatlichen Interessen verantwortlich ist.[61]

c. Legitimation des Bundesstaates

Aufgrund der egalisierenden Wirkung der sozialstaatlichen Strukturen des Grundgesetzes und der vielfach betonten unitarischen Tendenzen im bundesstaatlichen Gefüge des Grundgesetzes ist der Bundesstaat unter Rechtferti-

55 *Bauer*, Die Bundestreue, S. 262; *Jestaedt*, in: HbdStR II 3, § 29 Rn. 7; *Šarčević*, Bundesstaatsprinzip, S. 8.

56 *Stern*, Staatsrecht I, § 19 I.4., S. 652.

57 *Bauer*, in: Dreier, GG II, Art. 20 (B) Rn. 32; vgl. aber auch *Jestaedt*, in: HbdStR II 3, § 29 Rn. 7, der darauf hinweist, dass der Bundesstaat dennoch einer solchen Theorie bedürfe.

58 BVerfGE 6, 309, 340; *Frowein*, in: Rechtsentwicklung unter dem GG, S. 17, 28; *Kelsen*, Allgemeine Staatslehre, S. 199 f.; *Nawiasky*, Allgemeine Staatslehre, Bd. II/2, S. 203 f.

59 So die ganz herrschende Meinung, vgl. dazu insbesondere die Abwendung des Bundesverfassungsgerichts von der Dreigliedrigkeitslehre in BVerfGE 13, 54, 77 f.; siehe aber auch *Bauer*, in: Dreier, GG II, Art. 20 (B) Rn. 32; *Grzeszick*, in: Maunz/Dürig, GG III, Art. 20 Abs. 4 Rn. 62; *Kersten*, DÖV 1993, 896; *Maunz*, in: HbdStR IV 2, § 94 Rn. 2, 7; *Rudolf*, DÖV 1966, 73, 74; *Scheuner*, DÖV 1962, 641, 642; *Sommermann*, in: v. Mangoldt/Klein/Starck, GG II, Art. 20 Abs. 1 Rn. 28; *Stern*, Staatsrecht I, § 19 I.3.b.; *Vogel*, in: HbdVerfR, § 22 Rn. 25.

60 *Maunz*, in: HbdStR IV 2, § 94 Rn. 7; *Stern*, Staatsrecht I, § 19 I.3.a., S. 650.

61 BVerfGE 13, 54, 77; *Vogel*, in: HbdVerfR, § 22 Rn. 25.

gungsdruck geraten.[62] Die staatsrechtliche Lehre stellt aus diesem Grunde verschiedene Legitimationsargumente zur Verfügung. So werden vielfach die positiven Auswirkungen des Bundesstaates auf die Gewaltenteilung betont, denn durch die Zuweisung von Kompetenzen an Bund und Länder erweitert die bundesstaatliche Ordnung das klassische Gewaltenteilungsschema nach *Montesquieu* um die so genannte vertikale Gewaltenteilung.[63] Sie wirkt nicht nur einer möglichen Machtkonzentration entgegen, sondern sichert auch die Freiheit des Einzelnen vor machtmissbräuchlichen Handlungen.[64] Infolge der Beteiligung des Bundesrates an den Entscheidungsprozessen des Bundes entfaltet die Bundesstaatlichkeit zudem Wirkungen auf der Ebene der horizontalen Gewaltenteilung.[65]

Ein weiteres Argument für die Legitimität des Bundesstaates wird in der erhöhten Vielfalt der demokratischen Entscheidungszentren und somit in der größeren politischen Selbstbestimmung des Einzelnen erblickt.[66] Dieser kann sich sowohl auf der Landes- als auch auf der Bundesebene am demokratischen Prozess beteiligen, sodass die vielfältigen Bedürfnisse durch die jeweilig zuständige Staatsgewalt sachnah berücksichtigt werden können.[67] Der Bundesstaat trägt damit einerseits zur Gewährleistung regionaler Vielfältigkeit und Pluralität in den dezentralen und überregionalen Entscheidungszentren bei, andererseits verstärkt er die Möglichkeiten zum Auffinden von Lösungen in Konfliktsituationen.[68] Schließlich werden neben der Demokratie auch die rechtsstaatlichen und sozialstaatlichen Elemente der grundgesetzlichen Ordnung durch die Bundesstaatlichkeit gestärkt, weil diese gemäß Artt. 20 Abs. 1, 28 Abs. 1 GG eng mit der bundesstaatlichen Ordnung verbunden sind.[69]

Die vorstehenden Argumente sprechen daher für eine abgesicherte Legitimation des Bundesstaates.

62 *Hain*, in: v. Mangoldt/Klein/Starck, GG II, Art. 79 Abs. 3 Rn. 121; *Isensee*, in: HbdStR IV 2, § 98 Rn. 250 f. und 299.

63 *Klatt*, APuZ 1982, Beilage 31, 3, 21; *Sommermann*, in: v. Mangoldt/Klein/Starck, GG II, Art. 20 Abs. 1 Rn. 21; *Vogel*, in: HbdVerfR, § 22 Rn. 17.

64 BVerfGE 55, 274, 318 f.; *Grzeszick*, in Maunz/Dürig, GG III, Art. 20 Abs. 4 Rn. 20; *Hesse*, AöR 98 (1973), S. 1, 12.

65 *Grzeszick*, in: Maunz/Dürig, GG III, Art. 20 Abs. 4 Rn. 23.

66 *Isensee*, in: HbdStR IV 2, § 98 Rn. 240.

67 *Weber*, Kriterien des Bundesstaates, S. 32 f.; *Zippelius/Würtenberger*, Staatsrecht, § 14 II.1.

68 *Grzeszick*, in: Maunz/Dürig, GG III, Art. 20 Abs. 4 Rn. 28; *Vogel*, in: HbdVerfR, § 22 Rn. 15.

69 *Stern*, Staatsrecht I, § 19 II.1., S. 658.

d. Bundesstaatsprinzip

(1) Summatives oder integrales Bundesstaatsverständnis

Streitig ist, ob dem Bundesstaatsprinzip eine eigene normative Substanz zukommt. So wird insbesondere von *Šarčević* vertreten, dass das Bundesstaatsprinzip keinen selbstständigen dogmatischen Regelungsgehalt aufweist.[70] Nach diesem sogenannten summativen Verständnis stellt das Bundesstaatsprinzip eine bloße Sammelbezeichnung für die einzelnen änderungsfähigen Normen der Bundesstaatsverfassung dar und ist aufgrund seiner geringen dogmatischen Bedeutung als Verfassungsprinzip sogar entbehrlich.[71] Soweit bundesstaatsrechtliche Problemlagen auftreten, könnten diese – auch ohne einen Rückgriff auf das Bundesstaatsprinzip – durch die Lösungsmöglichkeiten beseitigt werden, die die Verfassung in den einzelnen bundesstaatlichen Normen und Verfassungsgeboten vorgibt.[72]

Das von der überwiegenden Meinung vertretene integrale Verständnis des Bundesstaates unterstellt dem Bundesstaatsprinzip dagegen sehr wohl einen eigenständigen normativen Regelungsgehalt und beschreibt dieses nicht nur als ein zusammenfassendes Bündel bundesstaatlicher Verfassungsnormen.[73] So sei auf das bundesstaatliche Prinzip vor allem im Rahmen der klassischen Auslegungsmethoden zur Interpretation konkreter bundesstaatlicher Verfassungsnormen zurückzugreifen.[74] Allerdings führt auch diese Auffassung an, dass die normativen Aussagen des Bundesstaatsprinzips aufgrund der vorrangigen Anwendbarkeit der sachnäheren bundesstaatlichen Verfassungsbestimmungen eher von geringerer Bedeutung seien.[75]

Gegen das summative Bundesstaatsverständnis spricht, dass dadurch der in Art. 79 Abs. 3 GG verankerte Schutz der Bundesstaatlichkeit ins Leere laufen könnte.[76] Verstünde man nämlich das Bundesstaatsprinzip als bloße Sammelbezeichnung, so würde über Art. 20 Abs. 1 in Verbindung mit Art. 79 Abs. 3 GG eine Revisionsfestigkeit aller bundesstaatlichen Spezialvorschriften herbeigeführt.[77] Es ist aber nicht davon auszugehen, dass über die Schutzvorkehrung des Art. 79 Abs. 3 GG auch all diejenigen Verfassungsnormen

70 *Šarčević*, Bundesstaatsprinzip, S. 132.

71 *Ders.*, Bundesstaatsprinzip, S. 132 und 223.

72 *Ders.*, Bundesstaatsprinzip, S. 252.

73 BVerfGE 1, 14, 18 und 34; 72, 330, 397 f.; 87, 181, 196; 92, 203, 237; *Isensee*, in: FS 50 Jahre BVerfG S. 719, 731 f.; *Jestaedt*, in: HbdStR II 3, § 29 Rn. 47.

74 *Bauer*, in: Dreier, GG II, Art. 20 (B) Rn. 18.

75 *Ders.*, in: Dreier, GG II, Art. 20 (B) Rn. 18; *Sommermann*, in: v. Mangoldt/Klein/Starck, GG II, Art. 20 Abs. 1 Rn. 20; so im Ergebnis auch *Jestaedt*, in: HbdStR II 3, § 29 Rn. 33-37, der zu bedenken gibt, dass es im Ermessen des Normsetzers stehe, auch redundante Regelungen zu schaffen.

76 *Bauer*, in: Dreier, GG II, Art. 20 (B) Rn. 18.

77 *Isensee*, in: HbdStR IV 2, § 98 Rn. 266.

einer Grundgesetzänderung entzogen werden sollen, die nur einen geringen oder mittelbaren Bezug zur Bundesstaatsverfassung aufweisen, weil dadurch insgesamt mehr als die Hälfte des Gesamtverfassungstextes in der Revisionsfestigkeit des Art. 79 Abs. 3 GG erstarken würden. Das summative Bundesstaatsverständnis ist daher mit der Konzeption des Art. 79 Abs. 3 GG, die allein auf den Schutz der wesentlichen Strukturmerkmale der verfassungsmäßigen Ordnung ausgerichtet ist, nicht zu vereinbaren. Mithin verdient die Auffassung des integralen Bundesstaatsverständnisses den Vorrang.

(2) Bestandteile des bundesstaatlichen Prinzips

Das Bundesstaatsprinzip setzt sich aus verschiedenen Bestandteilen zusammen.[78] Die Anzahl der ihm zugeordneten Inhalte wird zwar unterschiedlich, aber dennoch als überwiegend konsensfähig beurteilt.[79] Welche Begriffe das Bundesstaatsprinzip im Einzelnen umfasst, soll nachstehend aufgezeigt werden.

(a) Gliederung in Bund und Länder und daran anknüpfende Kompetenzverteilung

Aus dem bundesstaatlichen Prinzip folgt zunächst die Gliederung des Staates in Bund und Länder. An diesen organisatorischen Aufbau des Staates knüpft sodann die grundgesetzliche Kompetenzverteilung an, die die jeweiligen Zuständigkeiten auf den verschiedenen Gebieten der Staatsfunktionen zwischen Bund und Ländern verteilt. Die Grundnorm für die Kompetenzzuweisungen bildet Art. 30 GG, der die Ausübung der staatlichen Befugnisse und die Erfüllung der staatlichen Aufgaben unter dem Vorbehalt anderweitiger Regelungen – das heißt den vorrangig zu berücksichtigenden verfassungsrechtlichen Kompetenzkatalogen des Bundes – grundsätzlich den Ländern zuschreibt. Wesentliches Merkmal der bundesstaatlichen Ordnung des Grundgesetzes ist also, dass Bund und Länder jeweils mit einzelnen Zuständigkeitsbereichen ausgestattet sind und ein Zusammenwirken beider Akteure bei der Ausführung der Staatsfunktionen erforderlich ist.[80] Gemäß Art. 79 Abs. 3 GG bleibt es dem Bund allerdings vorbehalten, in die bestehenden Zuständigkeitsfelder durch verfassungsändernde Gesetze einzugreifen.[81] Das grundgesetzliche Kompetenzverteilungssystem ist damit nicht völlig unbeweglich. Zu beachten ist zudem, dass eine Doppelzuständigkeit von Bund und Ländern bei der Wahrnehmung staatlicher Funktionen unter Verweisung auf die in Art. 70 Abs. 2 GG festgehaltene Abgrenzungsfunktion des Kompetenzsystems ver-

78 *Jestaedt*, in: HbdStR II 3, § 29 Rn. 60.
79 So die Einschätzung von *Šarčević*, Bundesstaatsprinzip, S. 251 f.
80 *Isensee*, in: FS 50 Jahre BVerfG, S. 719, 737.
81 *Ders.*, in: HbdStR IV 2, § 98 Rn. 226.

neint wird.[82] Zu Überschneidungen bei der Ausführung der Staatsfunktionen kann es mithin nicht kommen.

(b) Staatlichkeit von Bund und Ländern

Ein weiterer Bestandteil des bundesstaatlichen Prinzips ist die Staatsqualität von Bund und Ländern. Diese wird heute nicht nur dem Bund, sondern auch den Gliedstaaten nahezu einhellig zugesprochen und ist vom Bundesverfassungsgericht wiederholt herausgearbeitet worden.[83] Staatsrechtslehre und Verfassungsjudikatur stimmen insoweit weitgehend überein, dass die Länder mit eigenständiger, nicht vom Bund abgeleiteter, von diesem aber anerkannter Staatsgewalt ausgestattet sind.[84]

Die Verfassung selbst nimmt auf die Staatlichkeit der Länder in verschiedenen Normen Bezug, schreibt sie aber nicht ausdrücklich fest.[85] So kommt sie etwa in der Verfassungsautonomie der Länder zum Ausdruck, die es ihnen erlaubt, eigene Staatsziele zu formulieren und die Staatsorganisation eigenverantwortlich zu regeln.[86] Die Gestaltungsfreiheit der Länder wird zwar durch die Vorgaben des in Art. 28 Abs. 1 GG verankerten Homogenitätsgebots begrenzt.[87] Es gilt jedoch zu beachten, dass das Bundesverfassungsgericht den Ländern einen „Kern eigener Aufgaben" zuordnet, der ihnen als

82 Vgl. insoweit BVerfGE 36, 193, 202 f., worin das Gericht für den Bereich der Legislative feststellt, dass eine Gesetzgebungsmaterie entweder in den Zuständigkeitsbereich des Bundes oder der Länder fällt. Eine Doppelzuständigkeit mit der Folge einer möglichen unterschiedlichen Regelung der betroffenen Materie durch den Gesamtstaat und die Gliedstaaten sei „dem System der verfassungsrechtlichen Kompetenznormen fremd und wäre mit ihrer Abgrenzungsfunktion (vgl. Art. 70 Abs. 2 GG) auch nicht vereinbar"; vgl. zu dieser Thematik ebenfalls BVerfGE 61, 149, 204 sowie *Isensee*, in: FS 50 Jahre BVerfG, S. 719, 739.

83 BVerfGE 1, 14, 34; 6, 309, 346 f.; 14, 221, 234; 34, 9, 19; 36, 342, 360 f.; 60, 175, 207; 101, 158, 221; vgl. dazu auch *Bauer*, in: Dreier, GG II, Art. 20 (B) Rn. 35; *Maunz*, in: HbdStR IV 2, § 94 Rn. 3, 14-22, der einen Überblick über die Argumente gibt, die gegen die Staatlichkeit der Länder vorgetragen werden und durch das Aufführen einer jeweiligen gegenteiligen Begründung die Staatlichkeit der Länder bestätigt; vgl. fernerhin *Rudolf*, in: FS BVerfG und GG II, S. 233, 240 ff.

84 BVerfGE 1, 14, 34; 60, 175, 207; *Grzeszick*, in: Maunz/Dürig, GG III, Art. 20 Abs. 4 Rn. 40; *Maunz*, in: HbdStR IV 2, § 94 Rn. 10; *Stern*, Staatsrecht I, § 19 III.2., S. 667 und § 19 I.1.a.α., der die verlorene Bedeutung des Theorienstreits betont; *Vogel*, in: HbdVerfR, § 22 Rn. 27; ähnlich *Kersten*, DÖV 1993, 896; kritisch allerdings insoweit *Bullinger*, DÖV 1970, 761.

85 Vgl. *Isensee*, in: HbdStR IV 2, § 98 Rn. 64 mit entsprechenden Nachweisen in Fn. 154.

86 BVerfGE 1, 14, 34; *Bauer*, in: Dreier, GG II, Art. 20 (B) Rn. 35; *Vogel*, in: HbdVerfR, § 22 Rn. 27.

87 *Sommermann*, in: v. Mangoldt/Klein/Starck, GG II, Art. 20 Abs. 1 Rn. 29.

„Hausgut“ ihrer Staatlichkeit nicht entzogen werden darf.[88] Das auf diese Weise umschriebene Mindestmaß an eigenständigen Kompetenzen erstreckt sich nach Auffassung des Gerichts insbesondere auf die Verfassungsautonomie der Länder, dürfe sich aber nicht in dieser erschöpfen.[89] Ihnen werden daher vor allem auch substanzielle Kompetenzen auf den Gebieten der Legislative, der Exekutive und der Judikative sowie eine angemessene Beteiligung am bundesstaatlichen Gesamtsteueraufkommen zugesprochen.[90] Für den Bereich der Gesetzgebung bedeutet dies, dass die Länder nicht nur Gesetzgebungskompetenzen für untergeordnete oder regionale Belange besitzen dürfen, sondern auch über solche von gesamtgesellschaftlicher oder überregionaler Bedeutung verfügen können müssen.[91]

(c) Homogenitätsprinzip

Einen ebenfalls wichtigen Regelungsgehalt des bundesstaatlichen Prinzips enthält das bereits angesprochene Homogenitätsprinzip. Gemäß Art. 28 Abs. 1 Satz 1 GG muss die verfassungsmäßige Ordnung der Gliedstaaten den verfassungsrechtlichen Grundsätzen des republikanischen, demokratischen und sozialen Rechtstaates im Sinne des Grundgesetzes entsprechen. Dadurch soll ein bestimmtes Maß an Homogenität zwischen der Bundesverfassung und den einzelnen Landesverfassungen hergestellt werden.[92] Ausdrücklich hervorzuheben ist, dass das Homogenitätsprinzip die Landesgesetzgeber aber nicht zum Erlass inhaltsgleicher Regelungen zwingt.[93] Auch Art. 3 Abs. 1 GG hat eine solche Verpflichtung der Landesgesetzgebung nicht zur Folge. Vielmehr erlaubt der allgemeine Gleichheitssatz des Art. 3 Abs. 1 GG den Bestand uneinheitlicher Landesgesetze, weil sich seine Bindung nur im jeweiligen Zuständigkeitsbereich der Gliedstaaten entfaltet.[94] Gleiches gilt für die Freiheitsrechte, die nur dann inhaltlich abgestimmte Landesgesetze legitimieren, wenn die Divergenz der verschiedenen landesrechtlichen Regelungen einen Grundrechtseingriff zur Folge hat.[95]

In die Verfassungen der Länder strahlen neben dem Homogenitätsprinzip auch andere Bundesverfassungsgrundsätze hinein, die ebenfalls deren Inhalt

---

88 BVerfGE 34, 9, 20; 87, 181, 196.

89 BVerfGE 34, 9, 19 f.

90 BVerfGE 34, 9, 19 f.; *Bauer*, in: Dreier, GG II, Art. 20 (B) Rn. 36; *Isensee*, in: HbdStR IV 2, § 98 Rn. 273; *Jestaedt*, in: HbdStR II 3, § 29 Rn. 65.

91 *Sommermann*, in: v. Mangoldt/Klein/Starck, GG II, Art. 20 Abs. 1 Rn. 33.

92 *Maunz*, in: HbdStR IV 2, § 94 Rn. 5.

93 *Isensee*, in: HbdStR IV 2, § 98 Rn. 247.

94 Ständige Rechtsprechung des Bundesverfassungsgerichts, vgl. nur BVerfGE 10, 354, 371; 12, 139, 143; 27, 175, 179; 33, 224, 231; 42, 20, 27; vgl. fernerhin *Bethge*, AöR 110 (1985), S. 169, 207; *Fastenrath*, JZ 1987, 170, 173 f.; *Kimminich*, in: HbdStR I 2, § 26 Rn. 53; *Kisker*, in: FS Bachof, S. 47, 55; *Schoch*, DVBl. 1988, 863, 870.

95 *Engels*, Chancengleichheit und Bundesstaatsprinzip, 2001, S. 149.

beeinflussen und somit ihre Homogenität sicherstellen.[96] Derartige materielle Grundsätze sind neben den Grundrechtsgarantien beispielsweise die Einzelbestimmungen der Artt. 21, 25, 31, 32 Abs. 3 und 33 GG.[97] Sie rühren aber nicht daran, dass in Bund und Ländern voneinander unabhängige Verfassungsräume[98] existieren.

(d) Grundsatz bundesfreundlichen Verhaltens

Ein weiteres Element des bundesstaatlichen Prinzips ist der Grundsatz bundesfreundlichen Verhaltens, der auch als Prinzip der Bundestreue bezeichnet wird.

Die Bundestreue entspringt dem ungeschriebenen Verfassungsrecht.[99] Sie verpflichtet sowohl Bund als auch Länder im Rahmen ihrer umfassenden Beziehungen zu wechselseitiger Treue, Rücksichtnahme und Verständigung.[100] Die Bundestreue findet allerdings nur dann Anwendung, wenn ein Rückgriff auf die spezifischen Normen der Bundesstaatsverfassung eine Lösung für den bundesstaatlichen Interessenkonflikt nicht bereitstellen kann (Subsidiarität der Bundestreue).[101] Aufgrund ihres akzessorischen Charakters setzt die Bundestreue zudem ein konkretes Rechtsverhältnis zwischen den betroffenen bundesstaatlichen Akteuren voraus.[102] Der Grundsatz bundesfreundlichen Verhaltens begründet folglich keine neuen Rechtsverhältnisse oder Kompe-

---

96 BVerfGE 1, 208, 232 f.; 27, 44, 55 f.; 66, 107, 114; *Grzeszick*, in: Maunz/Dürig, GG III, Art. 20 Abs. 4 Rn. 83.

97 *Vogel*, in: HbdVerfR, § 22 Rn. 32; *Zippelius/Würtenberger*, Staatsrecht, § 14 IV.2.

98 BVerfGE 4, 178, 189; 6, 376, 381 f.; *Kersten*, DÖV 1993, 896, 897; *Stern*, Staatsrecht I, § 19 III.5.d.

99 BVerfGE 12, 205, 254; 14, 197, 215; *Battis/Kersten*, Standortmarketing im Bundesstaat, S. 70; *Stern*, Staatsrecht I, § 19 III.4.d., S. 701; umstritten ist jedoch die konkrete Rechtsgrundlage der Bundestreue. So wird beispielsweise die Ansicht vertreten, der Grundsatz bundesfreundlichen Verhaltens entspringe dem Gedanken des Bundesstaatsprinzips, so etwa BVerfGE 34, 9, 20; 43, 291, 348 oder *Grzeszick*, in: Maunz/Dürig, GG III, Art. 20 Abs. 4 Rn. 121; andere vertreten hingegen eine Ableitung der Bundestreue aus dem Grundsatz von Treu und Glauben, so zum Beispiel *Bauer*, Die Bundestreue, S. 253, der die Bundestreue als bundesstaatsspezifische Ausprägung des Grundsatzes von Treu und Glauben betrachtet; ähnlich auch *Sachs*, in: ders., GG (3. Aufl.), Art. 20, Rn. 68. Eine Darstellung dieses dogmatischen und für die vorliegenden Fragestellungen nicht erheblichen Streitstandes findet sich bei *Grzeszick*, in: Maunz/Dürig, GG III, Art. 20 Abs. 4 Rn. 120 f.

100 BVerfG 12, 205, 254 ff.; *Vogel*, in: HbdVerfR, § 22 Rn. 46; *Zippelius/Würtenberger*, Staatsrecht, § 14 III.4.a.

101 *Grzeszick*, in: Maunz/Dürig, GG III, Art. 20 Abs. 4 Rn. 123; *Isensee*, in: HbdStR IV 2, § 98 Rn. 157; *Jestaedt*, in: HbdStR II 3, § 29 Rn. 77.

102 BVerfGE 13, 54, 75; 42, 103, 117; 95, 250, 266; 104, 238, 247 f.; *Sommermann*, in: v. Mangoldt/Klein/Starck, GG II, Art. 20 Abs. 1 Rn. 37.

tenzen, er nimmt vielmehr Einfluss auf die Rechte und Pflichten bereits bestehender Rechtsverhältnisse.[103]

Das Bundesverfassungsgericht misst der Bundestreue eine nicht unerhebliche Bedeutung zu und hat aus ihr verschiedene Einzelpflichten für Bund und Länder abgeleitet: So unterliegen Bund und Länder beispielsweise bei der Ausübung ihrer Kompetenzen grundsätzlich gegenseitiger Rücksichtnahmepflichten, soweit dies im Hinblick "auf das Gesamtinteresse des Bundesstaates und auf die Belange der Länder" geboten und zumutbar ist.[104] Diese Rechtspflicht beinhaltet die gegenseitige Achtung der dem Bund und den Ländern grundgesetzlich eingeräumten Kompetenzbereiche und kann somit im Rahmen des jeweiligen Interessenkonflikts zur Sicherung der Kompetenzen des betroffenen Gegenspielers eine Beschränkung der Kompetenzausübung zur Folge haben.[105] Der Grund für eine solche Kompetenzausübungsschranke liegt darin, dass im bundesstaatlichen Gefüge kein Teil durch die Interessenwahrnehmung des anderen Teils einen Schaden erleiden soll.[106] Des Weiteren hat das Bundesverfassungsgericht etwa erörtert, dass sich eine allgemeine Pflicht der Gliedstaaten zur Harmonisierung ihrer Gesetzgebung mit derjenigen des Bundes oder derjenigen der restlichen Bundesländer aus der Bundestreue nicht ableiten lässt.[107] Die Gliedstaaten sind jedoch insoweit zur Rücksichtnahme angehalten, als die Auswirkungen der von ihnen erlassenen Gesetze den Raum des eigenen Landes verlassen und sich auf andere Teile des Bundesstaates erstrecken.[108] Daneben trifft den Bund zum Beispiel die Verpflichtung, eine mögliche Spaltung der Länder dahin gehend zu unterbinden, dass er mit einigen von ihnen die Verständigung sucht und die restlichen zur Hinnahme des Vereinbarten nötigt.[109] Auch dürfen sich Bund und Länder der Einhaltung der sich aus dem bundesfreundlichen Verhalten ergebenden Verpflichtungen nicht durch den Vortrag entziehen, das jeweilige Gegenüber sei diesen ebenfalls nicht nachgekommen.[110]

(e) Gegenseitige Einwirkungsmöglichkeiten von Bund und Ländern

Die bundesstaatliche Ordnung des Grundgesetzes erlangt ihre Gestalt fernerhin durch die gegenseitige Beeinflussung von Bund und Ländern. So stellt

---

103 BVerfGE 13, 54, 75; 21, 312, 326; 42, 103, 117; 95, 250, 266; *Kaiser*, DÖV 1961, 653, 657; *Soell*, AöR 95 (1970), S. 423, 444; *Zippelius/Würtenberger*, Staatsrecht, § 14 III.4.a.

104 BVerfGE 14, 197, 215; 32, 199, 218; 92, 203, 230.

105 *Jestaedt*, in: HbdStR II 3, § 29 Rn. 74; *Vogel*, in: HbdVerfR, § 22 Rn. 46.

106 BVerfGE 43, 291, 348.

107 BVerfGE 26, 116, 137; 32, 199, 219 f.

108 BVerfGE 4, 115, 140.

109 BVerfGE 12, 205, 255.

110 *Isensee*, in: HbdStR IV 2, § 98 Rn. 158.

das Grundgesetz beispielsweise bestimmte Möglichkeiten zur Kooperation von Bund und Ländern auf. Zu denken ist etwa an die in der Vorschrift des Art. 35 Abs. 1 GG niedergelegte Rechts- und Amtshilfe.

Gleichzeitig werden Bund und Ländern durch die Verfassung aber auch gegenseitige Einflussrechte gewährt. Einflussrechte in dem benannten Sinne räumt die Verfassung zunächst dem Bund ein. Sie erlauben es ihm, auf die Staatsgewalt der Gliedstaaten einzuwirken, bedürfen allerdings einer ausdrücklichen Ermächtigung und kommen daher nur in den in der Verfassung genannten Ausnahmefällen[111] zur Anwendung. Solche Einflussrechte stellen zum Beispiel die Handlungsmöglichkeiten des Bundes im Rahmen der Ausführung von Bundesgesetzen (Artt. 84, 85 GG), der Bundeszwang im Sinne des Art. 37 GG oder aber die Bundesinterventionsrechte der Artt. 35 Abs. 3 und 91 Abs. 2 GG dar.[112]

Den Ländern werden durch das Grundgesetz ebenfalls bestimmte Ingerenzrechte zugewiesen. So wird ihnen beispielsweise in Art. 54 Abs. 3 GG ein Teilhaberecht an der Willensbildung der Bundesversammlung eingeräumt. Darüber hinaus wirken die Länder gemäß Art. 50 GG über den Bundesrat bei der Gesetzgebung und der Verwaltung des Bundes und in Angelegenheiten der Europäischen Union mit. Auf diese Weise ist es den Ländern möglich, auf bundespolitischer Ebene dem Willen ihres Staatsvolkes Geltung zu verschaffen.[113]

(f) Föderative Gleichheit der Länder

Die föderative Statusgleichheit der Länder wird in Literatur und Rechtsprechung grundsätzlich anerkannt.[114] Erhebliche Unstimmigkeiten bestehen jedoch bezüglich der dogmatischen Herleitung des föderativen Gleichheitssatzes.[115] Dies hat Folgen für eine mögliche Qualifizierung der Statusgleichheit der Länder als Gewährleistungsinhalt des Bundesstaatsprinzips. So wird zwar gelegentlich die Auffassung vertreten, der den Gliedstaaten zugesicherte glei-

---

111 *Zippelius/Würtenberger*, Staatsrecht, § 14 III.3.

112 *Stern*, Staatsrecht I, § 19 III.6., S. 710; *Vogel*, in: HbdVerfR, § 22 Rn. 49.

113 *Grzeszick*, in: Maunz/Dürig, GG III, Art. 20 Abs. 4 Rn. 78; *Stern*, Staatsrecht I, § 19 III.8.a., S. 726.

114 BVerfGE 1, 299, 315; 12, 205, 255; *Bauer*, in: Dreier, GG II, Art. 20 (B) Rn. 37; *Bethge*, AöR 104 (1979), 54, 101; *Grzeszick*, in: Maunz/Dürig, GG III, Art. 20 Abs. 4 Rn. 113; *Huber*, ZÖR XVIII (1968) 247, 258 f.; *Jestaedt*, in: HbdStR II 3, § 29 Rn. 65; *Sachs*, in: ders., GG, Art. 20 Rn. 73; *Schneider*, NJW 1991, 2448, 2451; *Sommermann*, in: v. Mangoldt/Klein/Starck, GG II, Art. 20 Abs. 1 Rn. 35.

115 Vgl. dazu *Isensee*, in: HbdStR IV 2, § 98 Rn. 129 sowie *Pleyer*, Föderative Gleichheit, S. 238 ff, der die mannigfaltigen verfassungsrechtlichen Ansätze bezüglich einer Ableitung des föderativen Gleichheitssatzes unter Berücksichtigung der wiederholt geänderten Rechtsprechung des Bundesverfassungsgerichts umfassend analysiert.

che verfassungsrechtliche Status entspringe dem bundesstaatlichen Prinzip.[116] Eine entsprechende Begründung wird diesbezüglich jedoch nicht zur Verfügung gestellt. Dieser Ansicht wird entgegengehalten, dass eine Herleitung der Statusgleichheit der Länder nicht allein aus dem Bundesstaatsprinzip, sondern auch aus anderen verfassungsrechtlichen Grundsätzen – wie etwa dem Rechtsstaatsprinzip – entsprechend belegt werden könne.[117] Eine ausschließliche Verankerung der föderativen Statusgleichheit der Länder im Bundesstaatsprinzip kann also nicht ohne Weiteres unterstellt werden. Dies bestätigt sich vor allem darin, dass die Statusgleichheit zwar in staatsorganisatorischer Hinsicht ein bundesstaatliches Gefüge voraussetzt, in welches die Länder als Gliedstaaten integriert sind, eine selbstständige, den Gleichheitscharakter der Länder unterstreichende Aussage lässt dieser Umstand aber nicht erkennen.[118] Weiterhin ist zu berücksichtigen, dass mangels einer im Grundgesetz ausdrücklich festgeschriebenen föderativen Gleichheit der Länder die Wertungen der Gesamtverfassung[119] heranzuziehen sind. Auch dieser Aspekt spricht dafür, in die Herleitungsbegründung der Statusgleichheit nicht allein das Bundesstaatsprinzip einzubeziehen. Somit kann der föderative Gleichheitssatz nicht als ausschließlicher Gewährleistungsinhalt des Bundesstaatsprinzips qualifiziert werden, er ist ihm aber zumindest anteilig zuzurechnen.

2. Das Föderalismuskonzept des Grundgesetzes

a. Staatstheoretisches Fundament des Föderalismus

Nachdem vorstehend das Bundesstaatsverständnis des Grundgesetzes dargelegt wurde, stellt sich die Frage, welche Gestalt der dem Grundgesetz zugrunde liegende Föderalismus aufweist. Dem Begriff des Föderalismus kommt – je nach wissenschaftlicher Disziplin[120] – ein unterschiedlicher Sinngehalt zu. Der Föderalismus erlangt seinen Inhalt also nicht aufgrund einer abstrakten Begriffsdefinition, sondern durch seine konkrete Ausgestaltung. Er hat folglich – ebenso wie der Bundesstaat – einen relativen Charakter. Den Ausgangspunkt für die Erhellung der staatsrechtlichen Bedeutung des Föderalismus kann damit nur die Verfassung selbst bilden. Diese verwendet den Ausdruck des Föderalismus allerdings allein in Art. 23 Abs. 1 GG. Dennoch erhält nach der überwiegenden Staatsrechtslehre nicht nur der Bundesstaat,

---

116 So *Bauer*, in: Dreier, GG II, Art. 20 (B) Rn. 37; *Schneider*, NJW 1991, 2448, 2450 ff.; in Verbindung mit Art. 3 Abs. 1 GG etwa *Sachs*, in: ders., GG, Art. 20 Rn. 73.

117 Vertiefend dazu BVerfGE 21, 362, 372; 89, 132, 141; *Pleyer*, Föderative Gleichheit, S. 238 ff. m.w.N.

118 *Ders.*, Föderative Gleichheit, S. 242.

119 BVerfGE 30, 1, 19; 39, 334, 368; 55, 274, 300.

120 Vgl. dazu etwa *Deuerlein*, Föderalismus, S. 12; *Sommermann*, in: v. Mangoldt/Klein/Starck, GG II, Art. 20 Abs. 1 Rn. 25.

sondern auch der Föderalismus seinen konkreten Gehalt aus dem Gefüge des Grundgesetzes.[121] Anknüpfend an diesen Gedanken wird jedoch zu Bedenken gegeben, dass ein isoliertes, staatsrechtliches Föderalismusverständnis, insbesondere durch eine „Gleichsetzung [... des Föderalismus] mit den Kategorien des Bundesstaates" eine vollständige Entwertung seines Inhalts zur Folge habe.[122] Daher ist es hilfreich, das Föderalismuskonzept des Grundgesetzes auf der Grundlage des staatstheoretischen Föderalismusbegriffes näher zu analysieren.

Wie die Staatsrechtslehre differenziert auch die Staatstheorie zwischen Bundesstaat und Föderalismus. So wird der Föderalismus als politisches Ordnungs- oder Gestaltungsprinzip[123], der Bundesstaat hingegen als rechtliche Struktur[124] verstanden, die dem politischen Prinzip Föderalismus als zugrunde liegende Staatsform einen Entfaltungsraum verschafft. Der Föderalismus kann sich in verschiedenen rechtlichen Systemen verwirklichen, sodass neben einer Realisierung im Bundesstaat – so wie es das Grundgesetz vorsieht – auch eine Entfaltung in anderen Staatsformen, etwa in einem Staatenbund, möglich ist.[125] Inhaltlich verkörpert der Föderalismus die Wahrung und Stärkung der politischen sowie kulturellen Vielfalt der in einem höheren Ganzen zusammengeführten eigenständigen politischen Einheiten.[126] Zudem wird er als Gegenpol zum Unitarismus[127] verstanden. Zwischen beiden Prinzipien ist ein Ausgleich[128] zu finden.

Seit Bestehen des Grundgesetzes haben sich immer wieder neue Ausprägungen des Föderalismus herausgebildet. Zunächst orientierte sich die bundesstaatliche Ordnung in den 1950er Jahren am Modell des separativen Föderalismus.[129] Dieser sah zum einen eine strikte Aufteilung der staatlichen

---

121 Ausdrücklich *Badura*, Staatsrecht, D Rn. 70; *Isensee*, in: HbdStR IV 2, § 98 Rn. 8; *Rudolf*, in: Probleme des Föderalismus, S. 227; *Šarčević*, Bundesstaatsprinzip, S. 16; voraussetzend *Ossenbühl*, DVBl. 1989, 1230, 1231; *Thieme*, DÖV 1989, 499, 500; sinngemäß *Sommermann*, in: v. Mangoldt/Klein/Starck, GG II, Art. 20 Abs. 1 Rn. 25.

122 *Armbruster*, Föderalismus, in: Staatslexikon, Sp. 385; *Kimminich*, in: HbdStR I 2, § 26 Rn. 4.

123 *Beyerle*, in: FS Porsch, S. 128; *Nettesheim*, in: FS Badura, S. 363, 369; *Ossenbühl*, in: Föderalismus und Regionalismus, S. 117, 120; *Schmitt-Glaeser*, Föderalismus, in: Rechts-Lexikon, S. 1655; *Schreckenberger*, VerwArch 69 (1978), S. 341, 343; *Stern*, Staatsrecht I, § 19 II.4., S. 660; *Stober*, BayVbl. 1989, 97.

124 *Bauer*, in: Dreier, GG II, Art. 20 (B) Rn. 12; *Beyerle*, in: FS Porsch, S. 128; *Laufer/Münch*, Das föderative System, S. 16; *Schambeck*, in: FS Geiger, S. 643, 644; *Vogel*, in: HbdVerfR, § 22 Rn. 2.

125 *Badura*, Staatsrecht, D Rn. 69.

126 *Schmitt-Glaeser*, Föderalismus, in: Rechts-Lexikon, S. 1655.

127 *Schmalenbach*, Föderalismus und Unitarismus, S. 8.

128 *Isensee*, in: HbdStR IV 2, § 98 Rn. 8; *Kimminich*, in: HbdStR I 2, § 26 Rn. 49; andeutend auch *Lhotta*, ZParl 1993, 117, 124.

129 *Bauer*, in: Dreier, GG II, Art. 20 (B) Rn. 23; *Thieme*, DÖV 1989, 499, 508.

Kompetenzen zwischen Bund und Ländern im Sinne eines Trennsystems vor, zum anderen hatte er eine die Eigenstaatlichkeit der Länder betonende Aufgabenzuweisung zu verantworten.[130] Die ersten Jahre des separativen Föderalismus wurden durch die zunehmend voranschreitende Unitarisierung abgelöst[131], die von *Hesse* zu Beginn der 1960er Jahre unter den Begriff des „unitarischen Bundesstaates“[132] subsumiert wurde. *Hesse* legte dar, dass sich einerseits die Wahrnehmung der staatlichen Befugnisse zunehmend beim Bund konzentriere und die Länder andererseits bei der Erfüllung ihrer Aufgaben immer häufiger auf selbstkoordinatorische Maßnahmen zurückgreifen würden.[133] In der sich daran anschließenden Epoche des kooperativen Föderalismus kam es immer häufiger zu einer gemeinsamen Wahrnehmung staatlicher Aufgaben durch Bund und Länder. Kritik erfuhr dieser kooperative Föderalismus erstmals in den 1980er Jahren.[134] Zu diesem Zeitpunkt trat zugleich der Begriff des Konkurrenzföderalismus in der rechts- und politikwissenschaftlichen Diskussion[135] in Erscheinung. Die Reföderalisierungsbestrebungen des Konkurrenzföderalismus wurden jedoch aufgrund des erhöhten Bedürfnisses an Kooperation im Rahmen der Wiedervereinigung Deutschlands sowie im Rahmen des europäischen Integrationsprozesses zunächst in den Hintergrund gedrängt.[136] Erst in den 1990er Jahren wurde der Ruf nach einem Mehr an Wettbewerb im System des deutschen Föderalismus wieder lauter.[137] Auch heute wird nach wie vor die überwiegend unitarische Ausrichtung der bundesstaatlichen Ordnung beklagt.[138]

---

130 *Schneider*, NJW 1991, 2448, 2449.

131 *Bauer*, in: Dreier, GG II, Art. 20 (B) Rn. 24.

132 *Hesse*, Der unitarische Bundesstaat, S. 14; vgl. zur späteren Entwicklung *Oschatz*, in: Der Bundesrat in Deutschland und Österreich, S. 135, 137 ff.

133 *Hesse*, Der unitarische Bundesstaat, S. 14 und 19.

134 *Klatt*, APuZ 1986, Beilage 28, 3 ff.; *Schneider*, in: Lebendige Verfassung, S. 91, 109 und 117.

135 Vgl. dazu etwa *Klatt*, APuZ 1982, Beilage 31, 3, 21; *Münch*, in: Jahrbuch des Föderalismus 2001, Band 2, S. 115, 120; *Schatz/van Ooyen/Werthes*, Wettbewerbsföderalismus, S. 15.

136 *Bauer*, DÖV 2002, 837, 840 f.; vgl. auch *Schneider*, NJW 1991, 2448 ff., der zu beiden Momenten gleichermaßen Stellung bezieht; vertiefend zur staatsrechtlichen Diskussion der Vereinigung Deutschlands siehe *Klatt*, VerwArch 82 (1991), S. 430 ff.; eingehend zu den Auswirkungen des europäischen Integrationsprozesses siehe *Hoppenstedt*, Bundesstaatliche Ordnung, S. 173 ff.

137 *Bauer*, in: Dreier, GG II, Art. 20 (B) Rn. 27 m.w.N.; *Schneider*, NJW 1991, 2448, 2450.

138 So etwa exemplarisch *Deuerlein*, Föderalismus, 1972, S. 264 ff.; *Schmalenbach*, Föderalismus und Unitarismus, S. 8.

b. Kooperativer Föderalismus

(1) Leitbild

Der Begriff des kooperativen Föderalismus charakterisiert die vielfältigen Formen der Zusammenarbeit und gemeinsamen Absprachen von Bund und / oder Ländern.[139] Typische kooperative Handlungsformen sind etwa informelle Absprachen, gemeinsame Beschlüsse, Staatsverträge und Verwaltungsabkommen, aber auch gemeinsame Einrichtungen.[140] Während Staatsverträge und Verwaltungsabkommen eine rechtliche Bindungskraft entfalten, kommt Absprachen und Beschlüssen eine bloße politische Wirkung zu.[141] Ein häufiges Motiv für kooperative Maßnahmen sind vermeintlich oder tatsächlich bestehende Schwachstellen im grundgesetzlichen Kompetenzverteilungssystem.[142] Insbesondere auf dem Gebiet der Länderzuständigkeiten sollen durch die Zusammenarbeit gleichwertige und einheitliche Lebensverhältnisse geschaffen oder aufrechterhalten werden, auch wenn diese von Verfassungs wegen nicht zwingend geboten sind.[143]

Neben den bereits angesprochenen Formen der freiwilligen Zusammenarbeit von Bund und / oder Ländern bestehen in einer bundesstaatlichen Verfassungsordnung immer auch verfassungsrechtlich vorgesehene Möglichkeiten der Kooperation.[144] Im Grundgesetz sind konkret vorgegebene intraföderale Handlungsformen nur vereinzelt verortet, so zum Beispiel in den Artt. 35 oder 91 GG. Genaue Vorgaben zur Kooperation im Bundesstaat finden sich in der Verfassung kaum. Festzustellen ist aber, dass die in den Artt. 91a und 91b GG normierten Gemeinschaftsaufgaben von Bund und Ländern sowie die in Art. 104a Abs. 4 GG a.F. festgeschriebene Mischfinanzierung die intensivste Form der grundgesetzlich vorgeschriebenen Kooperation bilden.[145] Sie sind Ende der 1960er Jahre im Zuge der Großen Finanzreform in die Verfassung aufgenommen worden und sollten die bereits im Vorfeld bestehende kooperierende Praxis von Bund und Ländern in der Verfassung rechtlich absichern.[146]

---

139 *Grzeszick*, in: Maunz/Dürig, GG III, Art. 20 Abs. 4 Rn. 141 f.; *Kimminich*, in: HbdStR I 2, § 26 Rn. 54.

140 *Benz*, DÖV 1993, 85, 86; *Zippelius/Würtenberger*, Staatsrecht, § 14 VI., S. 137.

141 *Pietzcker*, in: Zusammenarbeit der Gliedstaaten, S. 17, 51.

142 *Grzeszick*, in: Maunz/Dürig, GG III, Art. 20 Abs. 4 Rn. 144.

143 *Klatt*, VerwArch 87 (1987), S. 186; *Ossenbühl*, DVBl. 1989, 1230, 1234; *Vogel*, in: HbdVerfR, § 22 Rn. 124.

144 *Laufer/Münch*, Das föderative System, S. 261; *Sommermann*, in: v. Mangoldt/Klein/Starck, GG II, Art. 20 Abs. 1 Rn. 45.

145 *Vedder*, Intraföderale Staatsverträge, S. 131; *Vogel*, in: HbdVerfR, § 22 Rn. 124.

146 *Kisker*, DÖV 1977, 689, 691; *Pietzcker*, in: Zusammenarbeit der Gliedstaaten, S. 17, 28; *Vedder*, Intraföderale Staatsverträge, S. 129.

(2) Verfassungsrechtliche Grenzen

Die Zulässigkeit der Vornahme verfassungsrechtlich nicht vorgesehener Kooperationsmaßnahmen folgt aus der Staatlichkeit der beiden bundesstaatlichen Entscheidungsebenen.[147] Aus ihr leitet sich die Befugnis zur Fassung von Beschlüssen und zum Abschluss von Verträgen im Rahmen des jeweils zugewiesenen Zuständigkeitsbereichs ab.[148] Für die Länder lässt sich ebenfalls die Norm des Art. 32 Abs. 3 GG anführen. Sind die Länder nämlich berechtigt, Verträge mit auswärtigen Staaten zu schließen, so muss ihnen auch eine Befugnis zum Abschluss innerstaatlicher Vertragsbestimmungen zugesprochen werden.[149] Der horizontalen Zusammenarbeit der Länder und der vertikalen Zusammenarbeit von Bund und Ländern stehen also grundsätzlich keine verfassungsrechtlichen Bedenken entgegen.[150]

Schranken für die bundesstaatliche Kooperation finden sich aber dort, wo Bund und Ländern aufgrund des Ausmaßes der Zusammenarbeit ein eigenverantwortliches Handeln nicht mehr möglich und eine Selbstpreisgabe der Staatlichkeit zu verzeichnen ist.[151] So beeinflusst vor allem die bundesstaatliche Kompetenzordnung die Zulässigkeit horizontaler und vertikaler Kooperation. Danach ist es Bund und Ländern untersagt, über die ihnen von Verfassungs wegen zugewiesenen Kompetenzen zu verfügen.[152] Das gilt selbst dann, wenn die Beteiligten einer solchen Kompetenzverlagerung zustimmen würden.[153]

Ferner begrenzt auf landesstaatlicher Ebene das Demokratieprinzip die Zusammenarbeit. Die Kooperation muss dort in ihre Schranken gewiesen werden, wo durch die Selbstkoordination der Länder selbstständige Entschei-

---

147 *Grzeszick*, in: Maunz/Dürig, GG III, Art. 20 Abs. 4 Rn. 153; ähnlich *Klatt*, VerwArch 78 (1987), S. 186, 195 f.

148 So *Vedder*, Intraföderale Staatsverträge, S. 122, 131 f.; fernerhin wird die Berechtigung der Länder zur Vornahme kooperativer Handlungen angesprochen in BVerwGE 22, 299, 306 sowie von *März*, in: v. Mangoldt/Klein/Starck, GG II, Art. 30 Rn. 38; *Rudolf*, in: HbdStR IV 2, § 105 Rn. 49 und *Vogel*, in: HbdVerfR, § 22 Rn. 127.

149 *Klatt*, VerwArch 78 (1987), S. 186, 195; *Pietzcker*, in: Zusammenarbeit der Gliedstaaten, S. 17, 46; *Zippelius/Würtenberger*, Staatsrecht, § 14 VI.1., S. 137.

150 Voraussetzend BVerfGE 42, 103, 113; vgl. fernerhin BVerwGE 22, 299, 305 f.; *Pernice*, in: Dreier, GG II, Art. 30 Rn. 23; *Rudolf*, in: Probleme des Föderalismus, S. 227, 238; *Vedder*, Intraföderale Staatsverträge, S. 131; sich in seinem Beitrag auf die Zusammenarbeit der Länder beschränkend *Maunz*, NJW 1962, 1641 ff.; sich in seinem Aufsatz auf die Zusammenarbeit von Bund und Ländern konzentrierend *Kölble*, DÖV 1960, 650, 655.

151 *Klatt*, VerwArch 78 (1987), S. 186, 196; *Sommermann*, in: v. Mangoldt/Klein/Starck, GG II, Art. 20 Abs. 1 Rn. 49.

152 BVerfGE 32, 145, 156; 39, 96, 109; 63, 1, 39; BVerwGE 22, 299, 306; *Isensee*, in: FS 50 Jahre BVerfG, S. 719, 741; *Vedder*, Intraföderale Staatsverträge, S. 131 f.

153 BVerfGE 32, 145, 156; 63, 1, 39.

dungsfindungen der Parlamente auf Gremien und Organe der Exekutive verschoben werden.[154] Besondere Anforderungen an die Zusammenarbeit im Bundesstaat ergeben sich aber auch für die vertikale Ebene. Hier gilt es zu beachten, dass die Verfassung selbst – insbesondere in den Artt. 91a, 91b GG und Art. 104a Abs. 4 GG a.F. – die kooperativen Beziehungen von Bund und Ländern genauer festlegt und demzufolge die verfassungsrechtlichen Grenzen enger zu ziehen sind als im Rahmen der nicht näher umschriebenen Länder-Länder-Kooperation.[155] Die erhöhten Anforderungen an die Zulässigkeit derartiger Vereinbarungen folgen nicht zuletzt aus der dominierenden Stellung, die dem Bund innerhalb des bundesstaatlichen Gefüges zukommt. Ihm sind eine Vielzahl von Sanktions- und Druckmitteln an die Seite gestellt worden, die er – zu denken sei nur an seine überlegene Finanzkraft – den Ländern gegenüber strategisch einsetzen kann.[156]

(3) Begriffsabgrenzung zur Politikverflechtung

Im Zusammenhang mit dem kooperativen Föderalismus fällt immer wieder der Begriff der Politikverflechtung. Es handelt sich dabei um einen politikwissenschaftlichen Ausdruck. Die Politikverflechtung kennzeichnet die Folgen des kooperativen Föderalismus im politischen System der Bundesrepublik Deutschland.[157] Sie umschreibt den Prozess der Abkehr von der separativen Kompetenzausübung hin zu einer gemeinsamen Aufgabenwahrnehmung und -finanzierung, der sich aufgrund der mannigfaltigen Formen der Zusammenarbeit[158] von Bund, Ländern und Gemeinden vollzogen hat. Im Mittelpunkt der Politikverflechtung stehen die Skizzierung der vertikalen beziehungsweise horizontalen Verzahnung und Vernetzung der einzelnen Entscheidungsebenen sowie die Beleuchtung der damit einhergehenden Verantwortungsvermischung innerhalb des föderalen Systems.[159]

Im Rahmen der Diskussion um die Politikverflechtung gilt es allerdings zu bedenken, dass dem politischen System der Bundesrepublik von Beginn an ein gewisses Maß an Verflechtung immanent war. Dies folgt etwa aus der Beteiligung der Gliedstaaten an der Gesetzgebung des Bundes über den Bundes-

154 *Kisker*, DÖV 1977, 689, 694; *Laufer/Münch*, Das föderative System, S. 250; *Ossenbühl*, in: Föderalismus und Regionalismus, S. 117, 155; *Zippelius/Würtenberger*, Staatsrecht, § 14 VI.4.

155 BVerfGE 1, 14, 51 f.; *Vedder*, Intraföderale Staatsverträge, S. 131.

156 *Kisker*, Kooperation im Bundesstaat, S. 161 ff.

157 *Ossenbühl*, DVBl. 1989, 1230, 1234.

158 *Benz*, Föderalismus als dynamisches System, S. 32; *Laufer/Münch*, Das föderative System, S. 248.

159 *Klatt*, APuZ 1982, Beilage 31, 3, 9; *Ossenbühl*, DVBl. 1989, 1230, 1234; *Pietzcker*, in: Zusammenarbeit der Gliedstaaten, S. 17, 72.

rat oder aus dem überwiegenden Vollzug der Bundesgesetze durch die Länder.[160]

c. *Wettbewerbsföderalismus*

(1) Leitbild

Unter dem Phänomen des Wettbewerbsföderalismus, der in Forschung und Lehre[161] zunehmend in den Vordergrund rückt, vereinen sich bisher noch sehr unterschiedliche Ansätze. Vielfach wird darunter ein Ideenwettbewerb zwischen Bund und Ländern oder der Länder untereinander um die zweckdienlichsten Lösungen zur Bewältigung politischer, wirtschaftlicher, sozialer oder kultureller Probleme verstanden.[162] Durch den Wettkampf um die bestmögliche Aufgabenerfüllung sollen Effizienzsteigerungen[163] erzielt sowie mehr Bürgernähe und Transparenz[164] geschaffen werden. Einige sehen im Wettbewerbsföderalismus zudem die Möglichkeit der Vorteilsziehung für Bürger und Staat nach dem Vorbild eines privatwirtschaftlichen Marktwettbewerbs.[165] Diesbezüglich wird jedoch zu bedenken gegeben, dass ein staatlicher Wettbewerb dort nicht sinnvoll etabliert werden könne, wo etwa durch das Bereitstellen öffentlicher Güter auch ein privatwirtschaftlicher Wettbewerb nicht funktionieren würde.[166]

Unter dem Begriff des Wettbewerbsföderalismus wird ebenfalls eine Entflechtung der Zuständigkeiten von Bund und Ländern, das heißt eine klarere Kompetenzaufteilung sowie eine mögliche Aufgabenreföderalisierung, disku-

---

160 *Scharpf/Reissert/Schnabel*, Politikverflechtung, S. 19; so auch *Bauer*, in: Umweltföderalismus, S. 31, 38, unter Bezugnahme auf die Rolle des Bundesrates in der Gesetzgebung des Bundes.

161 *Arndt*, in: Konsens und Konkurrenz, S. 31, 36; *Bauer*, DÖV 2002, 837, 843; *Calliess*, DÖV 1997, 889, 899; *Klatt*, APuZ 1986, Beilage 28, 3, 20; *Männle*, in: Konsens und Konkurrenz, S. 11, 15; *Münch*, in: Jahrbuch des Föderalismus 2001, Band 2, S. 115, 124; *Nettesheim*, in: FS Badura, S. 363, 373; *Renzsch*, StWStP 1997, 87, 88; *Schmidt-Jortzig*, DÖV 1998, 746, 749; *Schultze*, ZParl 2000, 681, 683; *Sommermann*, in: v. Mangoldt/Klein/Starck, GG II, Art. 20 Abs. 1 Rn. 55; *Stamm/Merkl*, ZRP 1998, 467; *Stober*, BayVbl. 1989, 97, 101; *Zippelius/Würtenberger*, Staatsrecht, § 14 II.2.

162 *Calliess*, DÖV 1997, 889, 891; *Klatt*, APuZ 1982, Beilage 31, 3, 22; *Münch*, in: Jahrbuch des Föderalismus 2001, Band 2, S. 115, 124; *Stamm/Merkl*, ZRP 1998, 467; *Zippelius/Würtenberger*, Staatsrecht, § 14 II.2.

163 BT-Drs. 16/813, S. 7; *Arndt*, in: Konsens und Konkurrenz, S. 31, 33; *Schmidt-Jortzig*, DÖV 1998, 746, 749.

164 *Bauer*, in: Umweltföderalismus, S. 31, 51; unter Inbezugnahme der Finanzverfassung auch *Renzsch*, StWStP 1997, 87; *Schmalenbach*, Föderalismus und Unitarismus, S. 52.

165 *Münch*, in: Jahrbuch des Föderalismus 2001, Band 2, S. 115, 125; *Stamm/Merkl*, ZRP 1998, 467.

166 *Lenk*, in: Bitburger Gespräche, Jahrbuch 1999/II, S. 31, 47.

tiert.[167] Eng verbunden damit ist die vielfach formulierte Forderung nach einer Stärkung der Eigenständigkeit und Eigenverantwortung der Länder.[168]

(2) Verfassungsrechtliche Grenzen

In der im Schrifttum geführten Diskussion um das Modell des Konkurrenzföderalismus besteht weitestgehend Einigkeit darüber, dass dieses unter dem Grundgesetz nicht schrankenlos zur Anwendung kommen kann. Der Wettbewerbsföderalismus findet seine Grenzen – in Abhängigkeit von der jeweiligen Argumentationsführung – entweder im Grundsatz der Solidarität[169] oder der Sozialstaatlichkeit[170]. Dadurch wird einerseits eine Kompensation[171] von nicht zu verantwortenden divergierenden landesspezifischen Umständen im bundesstaatlichen Gesamtgefüge erzielt, andererseits wird die Schaffung beziehungsweise Aufrechterhaltung nach wie vor erforderlicher bundesstaatseinheitlicher Regelungen[172] ermöglicht. Auch das Bundesverfassungsgericht hat in seinem Urteil zum Finanzausgleichsgesetz darauf hingewiesen, dass im Bundesstaat des Grundgesetzes stets die Balance zwischen der Eigenstaatlichkeit der Länder einerseits und der bundesstaatlichen Solidarität andererseits zu halten ist.[173] Ein totalitärer Konkurrenzföderalismus wäre darüber hinaus auch schon deshalb nicht möglich, weil der deutsche Föderalismus gleichermaßen kooperative Elemente in sich vereint und nicht ausschließlich auf ein Wettbewerbs- und Konkurrenzdenken angelegt ist.[174]

Immer wieder angemahnt wird zudem, dass ein funktionierender Kompetitivföderalismus die Wettbewerbsfähigkeit der beteiligten Gebietskörperschaften voraussetzt.[175] Wie diese hergestellt werden soll, ist bislang aller-

---

167 *Calliess*, DÖV 1997, 889, 892; *Männle*, in: Konsens und Konkurrenz, S. 11, 15 f.; *Schatz/van Ooyen/Werthes*, Wettbewerbsföderalismus, S. 16.

168 *Klatt*, APuZ 1986, Beilage 28, 3, 20; *Schmidt-Jortzig*, DÖV 1998, 746, 749; in diesem Zusammenhang insbesondere auch eine erhöhte Ausgaben- und Einnahmenautonomie der Länder fordernd *Lenk*, in: Bitburger Gespräche, Jahrbuch 1999/II, S. 31, 43.

169 *Calliess*, DÖV 1997, 889, 899; *Nettesheim*, in: FS Badura, S. 363, 373; *Stamm/Merkl*, ZRP 1998, 467.

170 *Bauer*, in: Umweltföderalismus, S. 31, 55.

171 *Stamm/Merkl*, ZRP 1998, 467.

172 *Klatt*, APuZ 1982, Beilage 31, 3, 22; ähnlich *Renzsch*, StWStP 1997, 87, 98.

173 So die Einschätzung des BVerfGE 101, 158, 222 im Hinblick auf den Gestaltungsauftrag des Finanzverfassungsrechtsgesetzgebers; zu einer ähnlichen Einschätzung gelangt *Calliess*, DÖV 1997, 889, 899, der aufgrund der Wertung des Art. 72 Abs. 2 GG den Schluss zieht, dass zwischen den Elementen der Einheit und der Vielfalt im bundesstaatlichen Gefüge ein angemessener Ausgleich zu schaffen sei.

174 *Sommermann*, in: v. Mangoldt/Klein/Starck, GG II, Art. 20 Abs. 1 Rn. 55; andeutend *Klatt*, APuZ 1982, Beilage 31, 3, 22.

175 *Lenk*, in: Bitburger Gespräche, Jahrbuch 1999/II, S. 31, 47 f.; *Schmidt-Jortzig*, DÖV 1998, 746, 750, der insbesondere die Bedeutung der Finanzausstattung für die Wettbewerbsfähigkeit der Beteiligten betont.

dings nur in Ansätzen – namentlich im Hinblick auf die Stärkung der Finanzautonomie und der gesetzgeberischen Eigenverantwortung der Länder – erörtert worden.

(3) Bewertung

Die Vertreter des Wettbewerbsföderalismus fordern, betrachtet man die Diskussion dieses Phänomens in einer Gesamtschau, dass der Wettbewerbscharakter des Föderalismus wieder mehr betont und der Gedanke föderaler Konkurrenz in den Vordergrund gerückt wird.[176] Im Grundsatz kann daher – nach dem bisherigen Literaturverständnis – von einer auf einen Paradigmenwechsel gerichteten Suche nach einem neuen Leitbild[177] des Föderalismus gesprochen werden, bei der das den Föderalismus bisher besonders prägende Moment der Gleichwertigkeit der Lebensverhältnisse – soweit es als übermächtig empfunden wird – abgelöst werden soll. Weder aus Art. 72 Abs. 2 GG a.F. noch aus Art. 106 Abs. 3 Satz 4 Nr. 2 GG lässt sich nämlich ein allgemeines verfassungsrechtliches Gebot zur Herstellung und Wahrung einheitlicher Lebensverhältnisse herleiten.[178] Vielmehr ist die Idee des Wettbewerbsföderalismus im bundesstaatlichen Normenbestand des Grundgesetzes seit jeher angelegt.[179] So zehrt das in Art. 20 Abs. 1 GG verankerte Bundesstaatsprinzip geradezu von dem in der Einheitlichkeit im Ganzen und dem in der Eigenständigkeit im Einzelnen angelegten Spannungsverhältnis.[180] Die verfassungsrechtliche Rechtsprechung spricht sich zwar bislang noch nicht für einen Paradigmenwechsel vom Kooperativföderalismus hin zum Wettbewerbsföderalismus aus, doch zeichnet sich dort eine deutlichere Betonung der Eigenstaatlichkeit und Eigenverantwortlichkeit der Länder ab.[181] Dies kann zu-

176 *Männle*, in: Konsens und Konkurrenz, S. 11, 15; *Bauer*, DÖV 2002, 837, 844; *Renzsch*, StWStP 1997, 87, 88 und 98; *Schmidt-Jortzig*, DÖV 1998, 746, 749.

177 So die Einschätzung von *Bauer*, in: Umweltföderalismus, S. 31, 53; zurückhaltender *Jun*, ZParl 2004, 559, 560 f.; vgl. dazu auch die kritische Einschätzung von *Kersten*, UPR 2006, 245, 247 ff.

178 *Klatt*, APuZ 1986, Beilage 28, 3, 16; *Stamm/Merkl*, ZRP 1998, 467, 470.

179 *Bauer*, DÖV 2002, 837, 837.

180 *Stamm/Merkl*, ZRP 1998, 467, 471.

181 BVerfGE 101, 158, 222; *Schatz/van Ooyen/Werthes*, Wettbewerbsföderalismus, S. 55 erblicken in der Entscheidung des Bundesverfassungsgerichts hingegen eine klare Absage an den Wettbewerbsföderalismus und ein striktes Festhalten des Gerichts am Konzept des kooperativen Föderalismus. Dem kann schon aufgrund des eindeutigen Wortlauts der Entscheidung nicht gefolgt werden. Das Gericht hebt im Rahmen der Analyse des Spannungsverhältnisses zwischen der Eigenstaatlichkeit der Länder und der bundesstaatlichen Solidarität die Individualität der Gliedstaaten ausdrücklich hervor und spricht lediglich von einer „Minderung“ der landesstaatlichen Unterschiede durch den Grundsatz der Solidarität. Eine Zurückweisung des Konzepts des Konkurrenzföderalismus kann darin wohl kaum erblickt werden.

mindest als erster Schritt auf dem Weg zu einem Mehr an föderalen Wettbewerbsstrukturen gedeutet werden.

Insgesamt kann der Wettbewerbsföderalismus nach dem derzeitigen Diskussionsstand als abkehrende Bewegung vom gescheiterten Kooperativföderalismus der letzten Jahre betrachtet werden, die sich durch eine Stärkung der Eigenverantwortung der dezentralen Entscheidungsebenen die Wiederbelebung des deutschen Föderalismus zum Ziel gesetzt hat. Wettbewerbsföderalismus in diesem Sinne meint also eine Rückbesinnung zum Ursprünglichen und damit zu dem, was dem grundgesetzlichen Föderalismus in der Anfangzeit seines Bestehens immanent war: autonome gliedstaatliche Vielfalt umrahmt von bundesstaatlicher Einheit. Von grundsätzlich nachrangiger Bedeutung ist dabei, welche konkrete Ausgestaltung der bundesstaatlichen Ordnung dem Grundgesetz anfänglich zu eigen war, das heißt, welche Verantwortungsbereiche den Ländern im Jahre 1949 im Einzelnen zugeordnet waren. Ein Ausgleich des Kräfteverhältnisses zwischen Bund und Ländern ist nämlich auch im Rahmen einer Neusortierung der Kompetenzen möglich. Für die Umsetzung der Zielvorstellungen des Konkurrenzföderalismus kommt es daher vorrangig darauf an, dass die Verantwortlichkeiten von Bund und Ländern überhaupt zu einer Stärkung der Länderautonomie beitragen und damit den unitarischen Tendenzen entgegenwirken.

Resümierend bleibt somit festzuhalten, dass sich hinter der Strömung des kompetitiven Föderalismus eine Rückbesinnung zum separativen Föderalismus der ersten Jahre des Grundgesetzes und nicht etwa eine wettbewerbliche Strömung im Sinne des die Eigenständigkeit der Gliedstaaten stark hervorhebenden US-amerikanischen Föderalismusbildes verbirgt. Er verheißt also gerade nicht den Einbruch einer neuen, nie da gewesenen Ära des deutschen Föderalismus. Der angekündigte Paradigmenwechsel blickt vielmehr auf die Ursprünge der bundesstaatlichen Ordnung des Grundgesetzes zurück, ohne dass diese Entwicklung als Rückschritt verstanden werden darf.

B. Die Kompetenzfelder des Beamtenrechts, der terroristischen Gefahrenabwehr und des Strafvollzugs

Im Anschluss an die Ausführungen zu Gestalt und Struktur der bundesstaatlichen Ordnung stellt sich nun die Frage nach der bisherigen Ausprägung der Aufgabenbereiche des Beamtenrechts, der terroristischen Gefahrenabwehr und des Strafvollzugs. So ist zu ermitteln, wie diese Kompetenzbereiche bislang in das der Bundesstaatsordnung zugrunde liegende Kompetenzgefüge eingegliedert waren. Die Untersuchung der Aufgabenbereiche des Beamtenrechts, der terroristischen Gefahrenabwehr und des Strafvollzugs beginnt daher jeweils mit einer Darstellung der verfassungsgeschichtlichen Kompetenzverteilung unter der Bismarckschen sowie Weimarer Reichsverfassung und wird mit einer Begutachtung der Zuständigkeitszuweisungen des Grundgesetzes bis zum Inkrafttreten des Föderalismusreformgesetzes I fortgesetzt.

I. Kompetenzfeld des Beamtenrechts

1. Verfassungsgeschichtliche Grundlagen

a. Bismarcksche Reichsverfassung (1871)

Unter der Reichsverfassung von 1871 verfügte das Reich nicht über eine sich auf die Rechtsstellung der Beamten der Länder beziehende Gesetzgebungskompetenz. Auch eine ausdrückliche Legislativkompetenz zur Regelung der Rechtsverhältnisse der Reichsbeamten war der Verfassung nicht zu entnehmen. Es war jedoch unbestritten, dass dem Reich kraft Natur der Sache eine ungeschriebene Kompetenz zur Ausgestaltung der Rechtsverhältnisse seiner eigenen Beamtenschaft zukam.[182] Auf ihrer Grundlage wurde 1873 das Reichsbeamtengesetz[183] erlassen. Dieses Gesetz entwickelte sich im Laufe der Zeit zum Leitbild für die Landesgesetzgebung im Beamtenrecht, da es zu einer Verabschiedung ähnlicher Bestimmungen in den Gliedstaaten führte und somit eine erstmalige Rechtsvereinheitlichung in diesem Regelungsbereich zur Folge hatte.[184]

Dennoch kann von einem einheitlichen Beamtenrecht in Reich und Einzelstaaten unter der Bismarckschen Reichsverfassung nicht gesprochen werden.[185] Ursächlich dafür waren im Wesentlichen zwei Gründe: Zunächst verblieb den Gliedstaaten aufgrund des in der Reichsverfassung verankerten Enumerationsprinzips die Kompetenz zur eigenständigen Regelung der Rechtsstellung ihrer Beamten. Somit stand es den Gliedstaaten beispielsweise frei, die Besoldung und Versorgung ihrer Bediensteten – der Systematik eines

182 *Günther*, DÖV 2007, 357, 359; *Oeter*, in: v. Mangoldt/Klein/Starck, GG II, Art. 74a Rn. 1; *Stettner*, in: Dreier, GG II, Art. 74a Rn. 1; *Thiele*, Entwicklung des Berufsbeamtentums, S. 29 f.

183 Gesetz betreffend die Rechtsverhältnisse der Reichsbeamten (RBG) v. 31.03.1873, RGBl., 61, zuletzt geändert durch Gesetz v. 17.05.1907, RGBl., 245.

184 *Hübener/Hübscher*, ZBR 1998, 407, 414; *Jeserich*, in: Jeserich/Pohl/Unruh, Deutsche Verwaltungsgeschichte 3, S. 645, 675; *Summer*, Beiträge zum Beamtenrecht, S. 295, 307.

185 *Wagner/Leppek*, Beamtenrecht, § 2 Rn. 16.

Bundesstaates entsprechend – nach eigenen Vorstellungen zu gestalten.[186] Darüber hinaus wirkte zugleich der Gliedstaat Preußen einer weiteren Vereinheitlichung des Beamtenrechts entgegen. In dem zahlen- und flächenmäßig größten Gliedstaat des Deutschen Reiches wurde nämlich eine an das Reichsbeamtengesetz angelehnte, vereinheitlichende Kodifikation beamtenrechtlicher Bestimmungen nicht erlassen, sodass dort die Rechtsstellung der Beamten weiterhin durch ein nur schwer überschaubares Gewirr untergesetzlicher Vorschriften geregelt wurde.[187] Reichsweit fanden sich daher trotz des Erlasses des Reichsbeamtengesetzes erheblich divergierende beamtenrechtliche Bestimmungen.

b. Weimarer Reichsverfassung (1919)

Einflussmöglichkeiten auf die Beamtengesetzgebung der Länder wurden dem Reich erstmals unter der Weimarer Reichsverfassung zugestanden. So war das Reich ausweislich der Vorschrift des Art. 10 Nr. 3 WRV zur Grundsatzgesetzgebung für das Recht der Beamten aller Körperschaften befugt. Art. 10 Nr. 3 WRV beschränkte damit die den Ländern verfassungsrechtlich zugesicherte Zuständigkeit zur selbstständigen Gestaltung der Rechtsverhältnisse ihrer Beamtenschaft.[188] Darüber hinaus wurde die Grundsatzkompetenz des Reiches durch die in Art. 128 Abs. 3 WRV formulierte Verpflichtung, die Grundlagen des Beamtenverhältnisses durch ein auf Art. 10 Nr. 3 WRV gestütztes Reichsgesetz zu regeln, ergänzt.[189] Das ist insofern von Bedeutung, als das Reich kraft Natur der Sache auch weiterhin für die Regelung der Rechtsverhältnisse seiner eigenen Beamtenschaft ausschließlich kompetent war. Aus der Verpflichtung des Art. 128 Abs. 3 WRV ist daher der Rückschluss zu ziehen, dass sich der Kompetenztitel des Art. 10 Nr. 3 WRV allein auf die Beamten der Länder und der landesrechtlichen öffentlichen Körperschaften, nicht aber auf die Reichsbeamten bezog.[190]

Auf dem Gebiet der Beamtengesetzgebung kam es während der Weimarer Republik kaum zu Veränderungen. Neben dem 1873 erlassenen Reichsbe-

---

186 Bezüglich der Besoldung der Landesbeamten bestätigt dies auch das Bundesverfassungsgericht in seiner Entscheidung BVerfGE 4, 115, 123 f.; eine exemplarische Abhandlung über das Besoldungs- und Versorgungssystem der preußischen Beamten findet sich bei *Lotz*, Geschichte des Beamtentums, 598 ff., 606 ff.; eine Zusammenstellung der wesentlichen, die Rechtsverhältnisse der preußischen Beamten betreffenden Bestimmungen hat *Pfaffenroth*, Preußische Beamtengesetzgebung, S. 1 ff. vorgenommen.

187 *Hattenhauer*, Geschichte des Beamtentums, S. 258; *Thieme*, DVP 1981, 226, 227.

188 *Oeter*, in: v. Mangoldt/Klein/Starck, GG II, Art. 74a Rn. 1.

189 Vgl. insoweit *Anschütz*, WRV, Art. 128 Anm. 6; andeutend auch *Wagner/Leppek*, Beamtenrecht, § 2 Rn. 17, die darauf hinweisen, dass der Reichsgesetzgeber dieser Verpflichtung nicht nachgekommen ist.

190 *Anschütz*, WRV, Art. 6 Anm. 1 und 4, Art. 10, 11 Anm. 5.

amtengesetz blieben auch in den Ländern die meisten Beamtengesetze ohne wesentliche Änderungen bestehen.[191] Für zielführende Reformen des Beamtenrechts waren die erforderlichen Mehrheiten nicht gegeben, auch war die Weimarer Epoche von zu kurzer Dauer.[192] Erwähnt sei jedoch, dass nach der Machtergreifung der Nationalsozialisten das Reichsbeamtengesetz durch das Deutsche Beamtengesetz abgelöst wurde. Dem im Jahre 1937 erlassenen Gesetz kam – obwohl es maßgeblich von nationalsozialistischem Gedankengut durchwoben war – hinsichtlich der Entwicklung des Beamtenrechts eine wichtige Bedeutung zu, da seine Bestimmungen im Wesentlichen auf den Vorstellungen der Weimarer Zeit aufbauten.[193] In den §§ 79 ff. enthielt es beispielsweise vereinheitlichende Regelungen für das Versorgungsrecht der ihm unterworfenen Beamten. Für einen historischen Vergleich taugt das Deutsche Beamtengesetz aber deshalb nicht, weil das Deutsche Reich für die Dauer des Nationalsozialismus als Einheitsstaat[194] zu qualifizieren war.

2. Grundgesetzliches Kompetenzgefüge vor der Föderalismusreform I

a. Aufgabenverteilung zwischen Bund und Ländern

Seit Bestehen des Grundgesetzes ist der Bund aufgrund der ausschließlichen Kompetenz des Art. 73 Nr. 8 GG a.F. dazu befugt, die Rechtsverhältnisse der in seinem Dienst stehenden Beamten gesetzlich auszugestalten. Gleichzeitig war er bis zum Inkrafttreten des Föderalismusreformgesetzes I kraft der Rahmenkompetenz des Art. 75 Abs. 1 Nr. 1 GG a.F. dafür zuständig, Rahmenbestimmungen für die Rechtsverhältnisse der im Dienst der Länder, Gemeinden und anderen Körperschaften des öffentlichen Rechts stehenden Beamten zu treffen. Die herrschende Meinung subsumierte dabei unter den Begriff der Rechtsverhältnisse – sowohl im Sinne des Art. 73 Nr. 8 GG a.F. als auch des Art. 75 Abs. 1 Nr. 1 GG a.F. – grundsätzlich alle dem Dienstverhältnis entspringenden Rechte und Pflichten, legte folglich eine weite Auslegung zugrunde und ordnete somit das gesamte Dienstrecht, einschließlich des Laufbahn-, Besoldungs- und Versorgungsrechts, den benannten Kompetenztiteln zu.[195] Die grundsätzliche Zuständigkeit der Länder zur selbstständigen

191 Sich auf die Reichsgesetzgebung beziehend *Grotkopp*, Beamtentum und Staatsformwechsel, S. 76; *Hübener/Hübscher*, ZBR 1998, 407, 415; *Thiele*, Entwicklung des Berufsbeamtentums, S. 30 und 43; sich auf die Landesgesetzgebung beziehend *Püttner*, in: Jeserich/Pohl/Unruh, Deutsche Verwaltungsgeschichte 4, S. 535.

192 *Püttner*, in: Jeserich/Pohl/Unruh, Deutsche Verwaltungsgeschichte 4, S. 531.

193 *Feindt*, DÖD 1980, 1, 6; *Wagner/Leppek*, Beamtenrecht, § 2 Rn. 19.

194 BVerfGE 4, 115, 124.

195 *Degenhart*, in: Sachs, GG (3. Aufl.), Art. 73 Nr. 8 Rn. 40 und Art. 75 Rn. 15; *Heintzen*, in: v. Mangoldt/Klein/Starck, GG II, Art. 73 Nr. 8 Rn. 81 und *Rozek*, in:

Gestaltung der Rechtsverhältnisse ihrer eigenen Beamtenschaft gemäß Artt. 70, 30 GG wurde daher durch die Vorgaben des Art. 75 Abs. 1 Nr. 1 GG a.F. von Beginn an beschränkt. Sie sollte sich im Lauf der Zeit jedoch weiter verschärfen. Infolge der anfänglichen – insbesondere durch das Bundesverfassungsgericht[196] vorgenommenen – restriktiven Auslegung des Art. 75 Abs. 1 Nr. 1 GG a.F. wurde nämlich ein auf die divergierenden Reglungen in Bund und Ländern zurückzuführender Besoldungswettbewerb entfacht, der als unbefriedigend[197] empfunden wurde. So ließen vor allem die unterschiedlichen beamtenrechtlichen Vorstellungen und Gepflogenheiten in den Ländern eine zunehmende Auseinanderentwicklung des Besoldungsrechts immer wahrscheinlicher werden.[198] Dem Wunsch nach einer größeren Vereinheitlichung beamtenrechtlicher Bestimmungen wurde daher mit der Einfügung einer besoldungsrechtlichen Rahmenkompetenz in Art. 75 Abs. 2 GG begegnet.[199] Schon kurz darauf wurde durch ein weiteres Gesetz zur Änderung des Grundgesetzes[200] diese beamtenrechtliche Rahmenkompetenz revidiert und Art. 74a GG a.F. in das Grundgesetz eingefügt. Mit der Einführung des Art. 74a GG a.F. wurde der Bund zum Inhaber der konkurrierenden Gesetz-

v. Mangoldt/Klein/Starck, GG II, Art. 75 Abs. 1 Satz 1 Nr. 1 Rn. 36; *Kunig*, in: v. Münch/Kunig, GG III, Art. 73 Rn. 33; *Maunz*, in: ders./Dürig, GG V, Art. 73 Rn. 142; *Stettner*, in: Dreier, GG II, Art. 73 Rn. 39 und Art. 75 Rn. 19; ausschließlich Bezug auf das Laufbahnrecht nehmen BVerwGE 64, 142, 147 und *Pieroth*, in: Jarass/Pieroth, GG/8, Art. 73 Rn. 19 und Art. 75 Rn. 7.

196 Vgl. BVerfGE 4, 115, 136, dort führt das Gericht aus: „Beim Landesbeamtenrecht ist zu beachten, dass im Bundesstaat ein besonders starkes und legitimes Interesse der Länder als Dienstherren besteht, das Recht ihrer Beamten selbst zu ordnen. Die Beamtenschaft ist ein bedeutsames Element der eigenstaatlichen Organisation der Länder. [...] Soweit eine Bundesverfassung diese Freiheit des Landesgesetzgebers beschränkt, sind solche Vorschriften mithin eng auszulegen. Das muss jedenfalls für das Grundgesetz gelten, das die föderalistische Grundlage der Bundesrepublik Deutschland stark betont. Wenn also gemäß Art. 75 Nr. 1 GG Rahmenvorschriften des Bundesgesetzgebers für das Besoldungsrecht der Landesbeamten erlassen werden sollen, so müssen solche Rahmenvorschriften den Ländern genügend Spielraum lassen, um die Beamtenbesoldung ihrer Finanzkraft anzupassen." Zur späteren Abkehr des Gerichts von dieser Rechtsprechung vgl. BVerfGE 61, 149, 202: „Zwar mögen diese Kompetenznormen [Artt. 75 Nr. 1, 73 Nr.8 GG] durchaus weit zu verstehen sein, um den Weg zu einer geordneten und möglichst erschöpfenden Regelung des Gebiets freizumachen [...]. Unentbehrliches Erfordernis ist jedoch stets, daß eine genügend tragfähige Beziehung zum öffentlichen Dienstrecht [...] besteht.".

197 *Ossenbühl*, in: Föderalismus und Regionalismus, S. 117, 153; *Stettner*, in: Dreier, GG II, Art. 74a Rn. 2.

198 *Maunz*, in: ders./Dürig, GG V, Art. 74a Rn. 1.

199 22. Gesetz zur Änderung des Grundgesetzes v. 12.05.1969, BGBl. I, 363; zu dieser vorübergehenden, jedoch nicht unumstrittenen Rechtslage auf dem Gebiet des Besoldungsrechts vgl. etwa *Kunig*, in: v. Münch/Kunig, GG III, Art. 74a Rn. 1.

200 28. Gesetz zur Änderung des Grundgesetzes v. 18.03.1971, BGBl. I, 206.

gebungskompetenz für die Besoldung und Versorgung der Beamten der Länder, Gemeinden und sonstigen Körperschaften des öffentlichen Rechts befördert. Diese Kompetenzerweiterung hatte eine Kumulation[201] der grundlegenden beamtenrechtlichen Befugnisse beim Bund zur Folge und sollte bis zur Föderalismusreform I bestehen bleiben.

b. Eingliederung der Kompetenzen in das System der bundesstaatlichen Ordnung

Die vorstehenden Erörterungen zeigen, dass sowohl die Trias[202] der Artt. 73 Nr. 8, 75 Abs. 1 Satz 1 Nr. 1, 74a GG a.F. als auch die Artt. 70, 30 GG die legislativen Grundlagen für die Regelung der Rechtsverhältnisse der Beamten bildeten. Fraglich ist, wie diese Kompetenzzuweisungen im Gefüge der bundesstaatlichen Ordnung des Grundgesetzes verankert waren.

Zur Beantwortung der aufgeworfenen Frage ist es hilfreich, zunächst auf die Kompetenzzuteilungen der Vorgängerverfassungen des Grundgesetzes zurückzublicken. Sie verdeutlichen, dass sich die ursprünglichen grundgesetzlichen Gesetzgebungskompetenzen im Bereich des Beamtenrechts im Wesentlichen an den historischen Zuweisungen orientierten. So lassen die Verfassungen von 1871 und 1919 – wenn auch noch nicht kodifiziert – zunächst eine dem Art. 73 Nr. 8 GG a.F. entsprechende Zuständigkeit der Zentralgewalt zur Regelung der Rechtsverhältnisse ihrer eigenen Beamtenschaft erkennen. Da für die Ausübung der staatlichen Befugnisse unter beiden Vorgängerverfassungen eine Zuständigkeitsvermutung zugunsten der Gliedstaaten bestand, waren diese – wie auch die Länder des Grundgesetzes – für die eigenständige Reglung der Rechtsverhältnisse ihrer Beamtenschaft verantwortlich. Die Kompetenznormen der Art. 73 Nr. 8 GG a.F. sowie Artt. 70, 30 GG greifen damit in ihren Grundzügen die bereits seit 1871 tradierte Integration der beamtenrechtlichen Gesetzgebungskompetenzen im deutschen Bundesstaatsrecht auf. Aus ihnen folgt eine prinzipielle Trennung der Gesetzgebungsräume von Bund und Ländern.

Eine Ausnahme von diesem Trennungsgrundsatz bildete jedoch die Vorschrift des Art. 75 Abs. 1 Nr. 1 GG a.F. Sie lässt sich allerdings ebenfalls auf eine historische Gesetzgebungskompetenz zurückführen. So kannte zwar die Reichsverfassung von 1871 eine dem Art. 75 Abs. 1 Satz 1 Nr. 1 GG a.F. entsprechende Regelung noch nicht, gemäß Art. 10 Nr. 3 WRV war das Reich jedoch zu Weimarer Zeiten dazu ermächtigt, im Wege der Gesetzgebung Grundsätze für das Recht der Beamten aller Körperschaften aufzustellen. Die dem Bund im Rahmen des Grundgesetzes eingeräumte Möglichkeit zur Rahmengesetzgebung beruhte daher nicht auf einem neuen Leitgedanken.

---

201 *Lecheler*, in: HbdStR III 1, § 72 Rn. 38.

202 Die Begrifflichkeit stammt von *Stettner*, in: Dreier, GG II, Art. 74a Rn. 12.

Der erstmals in der Weimarer Zeit in Erscheinung getretene Gedanke des Art. 75 Abs. 1 Satz 1 Nr. 1 GG a.F. konnte sich in der Reichsverfassung von 1871 deshalb noch nicht etablieren, weil ihr primär die Motivation der Errichtung eines deutschen Nationalstaates durch den freiwilligen Zusammenschluss bis dahin souveräner Länder zugrunde lag. Infolge dieses Umstandes war zu dieser Zeit an eine derartige, die Hoheit der Gliedstaaten beschneidende Regelung nicht zu denken. Die Zusammenführung der deutschen Einzelstaaten erforderte vielmehr eine Verfassung, die den Gliedstaaten eine äußerst autarke, das heißt föderale Rechtsstellung zugestand. Eine solche setzte wiederum voraus, dass die Gliedstaaten kraft ihrer Organisationshoheit und entsprechend ihrer jeweiligen Finanzkraft die Rechtsverhältnisse der ihnen verpflichteten Beamten eigenständig regeln konnten. Daher bleibt festzuhalten, dass das Grundgesetz in Bezug auf die Regelung des Art. 75 Abs. 1 Satz 1 Nr. 1 GG a.F. die seit der Weimarer Reichsverfassung etablierte bundesstaatliche Integration der beamtenrechtlichen Gesetzgebungskompetenzen aufgriff.

Eine Abwendung von dem beschriebenen Zustand wurde durch den verfassungsändernden Gesetzgeber des Jahres 1971 herbeigeführt, der dem Bundesgesetzgeber noch weiterführende Einflussmöglichkeiten auf die Rechtsstellung der Beamten in den Ländern einräumte. Das Gepräge, welches dem deutschen Bundesstaat durch die Einführung der konkurrierenden Kompetenz für die Besoldung und Versorgung der Landes- und Kommunalbeamten im Sinne des Art. 74a GG a.F. verliehen wurde, ist in seiner Art einzigartig. Weder in den bundesstaatlichen Ordnungen anderer Länder[203] – wie etwa in der Schweiz oder in den Vereinigten Staaten von Amerika – noch in den Vorgängerordnungen des Grundgesetzes findet sich ein dem Art. 74a GG a.F. entsprechender Kompetenztitel. Anders als die sonstigen Normen der beamtenrechtlichen Kompetenzzuweisungen stand die Vorschrift des Art. 74a GG a.F. daher nicht im Einklang mit der historischen Zuständigkeitsverteilung.

c. Wechselwirkungen des Art. 74a GG a.F.

Auswirkungen hatte die nachträglich in das Grundgesetz eingefügte Norm des Art. 74a GG a.F. aber nicht nur auf das System der beamtenrechtlichen Kompetenzzuweisungen. Vielmehr erstreckte sich ihr Wirkungsbereich infolge der Rechtsprechung des Bundesverfassungsgerichts auch auf den Gesamtcharakter der bundesstaatlichen Ordnung.

Anfänglich hatte das Bundesverfassungsgericht noch festgestellt, dass die Regelung der Rechtsverhältnisse der Landesbeamten eine „ureigene Sache der Länder als Dienstherren dieser Beamten“[204] sei. Demzufolge könne der

203 *Oeter*, in: v. Mangoldt/Klein/Starck, GG II, Art. 74a Rn. 7; *Stettner*, in: Dreier, GG II, Art. 74a Rn. 3.

204 BVerfGE 4, 115, 127.

Bund auf der Grundlage des Art. 75 Nr. 1 GG a.F. die Besoldung[205] – und in Anlehnung daran auch die Versorgung – der Landesbeamten nicht abschließend regeln. Nach der Einführung des Art. 74a GG a.F. distanzierte sich das Gericht jedoch von seiner bislang vertretenen Kompetenzauslegung. In seiner Entscheidung zum Ersten Hessischen Besoldungsanpassungsgesetz führte es zwar aus, dass die Länder im Falle der Wahrnehmung der dem Bund nunmehr zusätzlich eingeräumten konkurrierenden Legislativkompetenz eine erhebliche Einbuße der ihnen grundsätzlich zugeschriebenen Befugnis zur eigenen Ausgestaltung der Rechtsverhältnisse ihrer Beamtenschaft erleiden würden.[206] Darüber hinaus bestünde aufgrund des dem Bund gewährten Spielraums sogar die Möglichkeit, dass durch die Regelung des Art. 74a GG a.F. die Organisationsgewalt und die Verwaltungsstrukturen der Länder beschnitten würden.[207] Die Norm des Art. 74a GG a.F. stehe aber deshalb mit Art. 79 Abs. 3 GG im Einklang, „weil die Ausübung dieser Kompetenz gebunden ist durch die verfassungsrechtliche Pflicht zu bundesfreundlichem Verhalten"[208].

Dieser Rechtfertigungsversuch, mit dem das Bundesverfassungsgericht bestehende Bedenken[209] hinsichtlich der Übertragung der Legislativkompetenz für die Besoldung und Versorgung der Landes- und Kommunalbeamten auf den Bund auszuräumen suchte, wurde im Schrifttum zu Recht in Frage[210] gestellt. Die neben die bereits vorhandene Rahmenkompetenz des Art. 75 Abs. 1 Nr. 1 GG a.F. tretende Konstruktion des Art. 74a GG a.F. beinhaltete einen gravierenden Eingriff[211] in die Struktur der Bundesstaatsordnung des Grundgesetzes, der nicht nur die Haushaltspolitik der Länder[212], sondern vor allem ihre Organisations- und Personalhoheit[213] und damit ihre Staatlichkeit in erheblicher Weise tangierte. Bemerkenswert ist, dass bereits die Zustimmung des Bundesrates zu dem der Einführung des Art. 74a GG a.F. zugrunde

205 BVerfGE 4, 115, 127.

206 BVerfGE 34, 9, 20.

207 BVerfGE 34, 9, 20.

208 BVerfGE 34, 9, 20; sich der Meinung des Gerichts anschließend *Degenhart*, in: Sachs, GG (3. Aufl.), Art. 74a Rn. 2.

209 *Schick*, in: FS Maunz, S. 281, 284.

210 *Maunz*, in: ders./Dürig, GG V, Art. 74a Rn. 3; *Oeter*, in: v. Mangoldt/Klein/Starck, GG II, Art. 74a Rn. 5; zurückhaltender *Kunig*, in: v. Münch/Kunig, GG III, Art. 74a Rn. 17; bereits vor dem Urteil des Bundesverfassungsgerichts wurde die Verfassungsmäßigkeit der Regelung des Art. 74a GG von *Millack/Lucas*, ZBR 1970, 101, 104 und *Wilhelm*, ZBR 1971, 129, 133 erörtert.

211 So die wohl überwiegende Meinung, vgl. *Degenhart*, in: Sachs, GG (3. Aufl.), Art. 74a Rn. 1; *Kunig*, in: v. Münch/Kunig, GG III, Art. 74a Rn. 2; *Maunz*, in: ders./Dürig, GG V, Art. 74a Rn. 1; *Oeter*, in: v. Mangoldt/Klein/Starck, GG II, Art. 74a Rn. 4.

212 *Maunz*, in: ders./Dürig, GG V, Art. 74a Rn. 13; *Oeter*, in: v. Mangoldt/Klein/Starck, GG II, Art. 74a Rn. 4.

213 *Degenhart*, in: Sachs, GG (3. Aufl.), Art. 74a Rn. 1; *Millack/Lucas*, ZBR 1970, 101, 103; *Wilhelm*, ZBR 1971, 129, 133.

liegenden verfassungsändernden Gesetz die von den Ländern selbst zu verantwortende teilweise Preisgabe ihrer Staatlichkeit dokumentierte. Festzustellen ist aber auch, dass sich das Bundesverfassungsgericht mit seiner Entscheidung, die konkurrierende Kompetenz des Art. 74a GG a.F. entlang der Grenzpfeiler des Grundsatzes der Bundestreue für verfassungsmäßig zu erklären, wohl dazu genötigt sah, der damalig bestehenden politischen Forderung[214], eine Vereinheitlichung der Beamtenbesoldung und -versorgung in Bund und Ländern herbeizuführen, nachzukommen. Die von verfassungsänderndem Gesetzgeber und Bundesverfassungsgericht gemeinsam getragene Entscheidung für den Art. 74a GG a.F. stand jedoch auf einem dünnen Fundament. Dies spiegelte sich schon in der Argumentationsführung des Gerichts wider, welche zu dem Ergebnis führte, dass die Verfassungsmäßigkeit des Art. 74a GG a.F. durch den Grundsatz der Bundestreue bedingt sei. Die verfassungsrechtliche Pflicht zu bundesfreundlichem Verhalten entspringt nach eigener Feststellung des Bundesverfassungsgerichts „dem eigentümlichen Grundverhältnis von Gesamtstaat und Gliedstaaten im Bundesstaat“[215]. Folgt man diesem Befund, so ist der Grundsatz der Bundestreue jedem Verhältnis von Bund und Ländern immanent. Das gilt auch für den Bereich der Kompetenzausübung im Bundesstaat. Doch setzt der Grundsatz der Bundestreue infolge seines akzessorischen Charakters zugleich ein bestehendes Rechtsverhältnis zwischen den beteiligten bundesstaatlichen Akteuren voraus, wenn er entsprechende Rücksichtnahmepflichten für Bund und Länder begründen soll. Damit der Grundsatz der Bundestreue im Rahmen eines solchen Rechtsverhältnisses überhaupt zur Anwendung kommen kann, müsste dieses also auch verfassungsmäßig sein. Eben diese Verfassungsmäßigkeit ließ sich vorliegend aufgrund der durch Art. 74a GG a.F. hervorgerufenen Kumulation der beamtenrechtlichen Gesetzgebungskompetenzen beim Bund aber nicht eindeutig feststellen. Sie war vor allem deshalb zweifelhaft, weil die Länder infolge der Abgabe der Besoldungs- und Versorgungshoheit die Strukturen und Kosten ihres öffentlichen Dienstrechts nicht mehr selbst bestimmen konnten.[216]

Soweit das Gericht daher im weiteren Verlauf seiner Entscheidung zu der Auffassung gelangte, die aus der Bundestreue für Art. 74a GG a.F. folgende Beschränkung der Kompetenzausübung[217] in vollem Umfang überprüfen zu können, so bemühte es sich allein um eine Schadensbegrenzung. Die Entscheidung für die „bedingte“ Verfassungsmäßigkeit des Art. 74a GG a.F. war nämlich auch deshalb zweifelhaft, weil dem Bundesgesetzgeber mit jeder auf

214 BT-Drs. VI/1009, S. 3 f.; BT-Drs. VI/1585, S. 1; *Monhemius*, Beamtenrecht, Rn. 25; *Schick*, in: FS Maunz, S. 281, 282 f.; *Summer*, Beiträge zum Beamtenrecht, S. 287, 289.

215 BVerfGE 31, 314, 354.

216 *Oeter*, in: Föderalismusreform, Rn. 41.

217 BVerfGE 34, 9, 21.

Art. 74a GG a.F. gestützten Regelung solange ein massiver Eingriff in die Staatsgewalt der Länder gestattet wurde, bis es in einem möglichen verfassungsgerichtlichen Verfahren zu einer Überprüfung ihrer konkreten Verfassungsmäßigkeit kam. Da das Bundesverfassungsgericht somit dem Bund einen Eingriff in die Kernrechte der Länder gestattete, die ihnen zuvor noch als unentziehbares Hausgut zugeordnet wurden, wurde von *Maunz* in zutreffenderweise die Frage formuliert, ob „es nicht vielmehr ein Widerspruch in sich [sei], bundesfreundlich einzugreifen"[218]. Noch weiter ging *Oeter*, der zu dem Ergebnis gelangte, dass die Konzeption des Art. 74a GG a.F. in systemwidriger Weise in die „Grundzüge der Gewichtsverteilung von Bund und Ländern" eingreife und des Weiteren mit dem Grundsatz der Subsidiarität schlichtweg nicht in Einklang zu bringen sei.[219] *Wilhelm* formulierte schließlich den Gedanken, dass der Verfassung der Grundsatz abgestufter Gesetzgebungskompetenzen zugrunde liege.[220] So seien die Zuständigkeiten auf die Bereiche der ausschließlichen und konkurrierenden Gesetzgebung sowie auf die Rahmengesetzgebung verteilt worden. Die anfängliche Entscheidung des Grundgesetzes für eine bloße Rahmenkompetenz des Bundes, welche den Ländern im Vergleich zur konkurrierenden Gesetzgebung Raum für eigene Gestaltungsmöglichkeiten gebe, sei gerade im Bereich der beamtenrechtlichen Kompetenzbestimmungen mit Rücksicht auf die Länderstaatlichkeit getroffen worden.[221]

Für die Einführung der Kompetenz des Art. 74a GG a.F., die neben die bereits bestehende Rahmenkompetenz des Art. 75 Abs. 1 Nr. 1 GG a.F. trat, war daher kein Raum. Zusammenfassend bleibt somit festzuhalten, dass die Erweiterung der Artt. 70 ff. GG um den Kompetenztitel des Art. 74a GG a.F. weit mehr als eine bloße Neutarierung der Kompetenzen zwischen Bund und Ländern zur Folge hatte.[222]

d. Zwischenergebnis

Die beamtenrechtlichen Kompetenzen des Bundes sind infolge der Einführung des Art. 74a GG a.F. erheblich erweitert worden. Auffällig ist, dass sich die Konzeption des Art. 74a GG a.F. dabei nicht in das bestehende Bild der beamtenrechtlichen Kompetenzzuweisungen einfügte, vielmehr stellte sie einen schwerwiegenden, vom Bundesverfassungsgericht jedoch für verfassungsmäßig erklärten Einschnitt in die Staatlichkeit der Länder dar.

---

218 *Maunz*, in: ders./Dürig, GG V, Art. 74a Rn. 3, unter ausdrücklicher Bezugnahme der Entscheidung des Bundesverfassungsgerichts in BVerfGE 34, 9, 20.

219 *Oeter*, in: v. Mangoldt/Klein/Starck, GG II, Art. 74a Rn. 6.

220 *Wilhelm*, ZBR 1971, 129, 133.

221 *Ders.*, ZBR 1971, 129, 133.

222 So auch *Isensee*, in: FS 50 Jahre BVerfG, S. 719, 748; *Stettner*, in: Dreier, GG II, Art. 74a Rn. 4.

3. Der grundgesetzliche Regelungsauftrag des Art. 33 Abs. 5 GG vor der Föderalismusreform I

Ebenfalls Gegenstand des Föderalismusreformgesetzes I ist eine Überarbeitung des Art. 33 Abs. 5 GG. Diese für das Berufsbeamtentum substanzielle Norm schrieb in ihrer bisher bestehenden Fassung vor, dass das Recht des öffentlichen Dienstes unter Berücksichtigung der hergebrachten Grundsätze des Berufsbeamtentums zu regeln ist.

Art. 33 Abs. 5 GG versteht sich als eine Vorschrift des unmittelbar geltenden Verfassungsrechts[223] und zählt zu den Durchgriffsnormen des Grundgesetzes, die für Bund und Länder gleichermaßen verbindlich sind. Gleichzeitig enthält sie eine institutionelle Garantie[224] für das Berufsbeamtentum und begründet einen sich an den Gesetzgeber sowie den jeweiligen Verordnungs- und Satzungsgeber von Bund und Ländern richtenden Regelungsauftrag.[225] Welche Grundsätze des Berufsbeamtentums im Einzelnen als hergebracht gelten, wird in Literatur und Rechtsprechung zum Teil sehr unterschiedlich bewertet.[226] Jedenfalls erstreckt sich der Gewährleistungsgehalt des Art. 33 Abs. 5 GG auf den „Kernbestand von Strukturprinzipien, die allgemein oder doch ganz überwiegend und während eines längeren, traditionsbildenden Zeitraumes mindestens unter der Reichsverfassung von Weimar als verbindlich anerkannt und gewahrt worden sind".[227] Zu den von diesem Kernbereich geschützten Strukturprinzipien zählen beispielsweise das Alimentationsprinzip[228] oder die Fürsorgepflicht des Dienstherrn[229]. Sie sind bei der Ausfüllung des in Art. 33 Abs. 5 GG umschriebenen Regelungsauftrages sowohl durch den Bundes- als auch durch die Landesgesetzgeber zu berücksichtigen.

---

223 BVerfGE 8, 1, 11 ff.; 9, 268, 286; *Auerbach*, ZBR 2009, 217; *Battis*, in: Sachs, GG, Art. 33 Rn. 65; *Maunz*, in: ders./Dürig, GG IV, Art. 33 Rn. 80; *Thieme*, Der öffentliche Dienst, S. 29.

224 BVerfGE 8, 332, 343; 9, 268, 285; 106, 225, 231; *Knopp/Schröder*, NJ 2007, 97, 98; *Voßkuhle*, in: GVwR III, § 43 Rn. 72.

225 BVerfGE 11, 299, 303 f.; 15, 167, 195 f.; 64, 367, 378; andeutend BVerfGE 4, 115, 135; vgl. auch *Jachmann*, in: v. Mangoldt/Klein/Starck, GG II, Art. 33 Rn. 40 ff.; *Masing*, in: Dreier, GG II, Art. 33 Rn. 71 und 77 f.

226 *Battis*, in: Sachs, GG, Art. 33 Rn. 70.

227 BVerfGE 8, 332; *Battis/Nebel*, PersR 2007, 48 f.; *Höfling/Burkiczak*, DÖV 2007, 328, 329; *Landau/Steinkühler*, DVBl. 2007, 133, 135.

228 BVerfGE 64, 323, 351; 76, 256, 298; 106, 225, 232.

229 BVerfGE 8, 332, 356 f.; 43, 154, 165.

II. Kompetenzfeld der terroristischen Gefahrenabwehr

Bezüglich des Kompetenzfeldes der terroristischen Gefahrenabwehr sei folgende Vorbemerkung erlaubt: Hier besteht die Besonderheit, dass der diesen Aufgabenbereich prägende, primär durch die Anschläge des 11. Septembers 2001 gekennzeichnete internationale Terrorismus ein gegenwärtiges Phänomen darstellt. Parallelen findet er in der deutschen Geschichte in den politischen Attentaten des 19. Jahrhunderts oder in den Terrorakten der 1970er Jahre. Erwähnt seien in diesem Zusammenhang etwa das Attentat auf den preußischen Ministerpräsidenten und Minister des Auswärtigen *von Bismarck* im Jahre 1866, die zwischen 1861 und 1883 verübten Anschläge auf Kaiser *Wilhelm I*, das Attentat auf die Olympischen Spiele in München 1972 oder die nationalen terroristischen Gewaltakte der sogenannten Rote-Armee-Fraktion. Da aber das Kompetenzfeld der terroristischen Gefahrenabwehr erst durch das Föderalismusreformgesetz I aus dem Zuständigkeitsbereich der allgemeinen Gefahrenabwehr herausgelöst worden ist, erstrecken sich die für eine Bewertung erforderlichen historischen Untersuchungen auf die grundsätzliche Verteilung der gefahrenabwehrrechtlichen Kompetenzen im deutschen Bundesstaatsgefüge.

1. Verfassungsgeschichtliche Grundlagen

a. Bismarcksche Reichsverfassung (1871)

Auffällig ist, dass dem Reich schon unter der Bismarckschen Verfassung lediglich einige spezielle Kompetenzen der Gefahrenabwehr – etwa in den Bereichen des Art. 4 Nr. 1 und Nr. 16 RV[230] – zugesprochen wurden, während die Einzelstaaten für den überwiegenden Teil des Verwaltungsrechts und damit auch für den Erlass allgemeiner Polizeigesetze[231] verantwortlich waren. Bereits 1871 wurde daher den Ländern die grundsätzliche Zuständigkeit für die Gefahrenabwehr zugewiesen.

Vor dem Hintergrund dieser Kompetenzzuweisungen verwundert es kaum, dass sich die tatsächliche Entwicklung des allgemeinen Polizeirechts in den Bundesstaaten des Deutschen Reiches auf höchst unterschiedliche Weise gestaltete. Diese ging beispielsweise in Preußen überwiegend auf die Rechtsprechung des Preußischen Oberverwaltungsgerichts zurück.[232] So hatte das Gericht in seiner grundlegenden Kreuzberg-Erkenntnis[233] unter Inbezugnah-

230 In Art. 4 Nr. 1 RV sind beispielsweise das Staatsbürgerschaftsrecht, das Passwesen und der Regelungsbereich über den Gewerbebetrieb aufgezählt.

231 *Holste*, Bundesstaat im Wandel, S. 165; *Oeter*, Integration und Subsidiarität, S. 37.

232 *Drews/Wacke/Vogel/Martens*, Gefahrenabwehr, § 1, 4., S. 6.

233 PrOVG 9, 353.

me des § 10 II 17 ALR den Tätigkeitsbereich der Polizei auf die Abwehr von Gefahren für die öffentliche Ruhe, Sicherheit und Ordnung beschränkt und damit die zunächst ebenfalls in ihren Aufgabenbereich einbezogene Wohlfahrtspflege ihrer Zuständigkeit entzogen.[234] In den süddeutschen Staaten wurden hingegen sogenannte Polizeistrafgesetzbücher verabschiedet, sodass es dort zu einer Herausbildung des materiellen Polizeirechts durch den jeweiligen Landesgesetzgeber kam.[235] Unter der Bismarckschen Reichsverfassung existierte folglich kein einheitliches Recht der allgemeinen Gefahrenabwehr.

b. Weimarer Reichsverfassung (1919)

Die grundsätzliche Zuständigkeit der Länder für den Aufgabenbereich der Gefahrenabwehr wurde unter der Weimarer Reichsverfassung beibehalten. Gleichzeitig wurden aber dem Reich nicht unerhebliche sicherheitsrechtliche Gesetzgebungskompetenzen zugeschrieben. Genannt seien vorliegend etwa die reichsrechtlichen Gesetzgebungsvorschriften der Artt. 7 Nr. 4, Nr. 6, Nr. 16 und 9 Nr. 2 WRV.

Von zentraler Bedeutung schien zunächst die Bedarfsgesetzgebungskompetenz des Art. 9 Nr. 2 WRV, welche es dem Reich ermöglichte, umfassende Vorschriften zum Schutz der öffentlichen Ordnung und Sicherheit zu erarbeiten. Dieses schöpfte jedoch die ihm zugestandene Kompetenz kaum aus.[236] Primärer Gesetzgeber auf dem Gebiet des Polizeirechts und Inhaber der Polizeigewalt blieben daher die Länder. Zu einer Kodifikation polizeilicher Bestimmungen kam es jedoch allein in Thüringen und Preußen, sodass es in den meisten Ländern bei den unter der Reichsverfassung von 1871 herausgebildeten materiellen Bestimmungen blieb.[237] Von ausschlaggebender Bedeutung für die weitere Entwicklung war allerdings das in Preußen erarbeite Polizeiverwaltungsgesetz[238], welches die von Rechtsprechung und Wissenschaft herausgebildeten Grundsätze des allgemeinen Polizeirechts systematisch[239] zusammenfasste. Aber auch das Reich veranlasste eine reichsweite Angleichung polizeilicher Regelungen, indem es den Ländern für die Unterhaltung ihrer Schutzpolizeien Subventionen zuwendete und diese sich im Gegenzug zur

---

234 *Drews/Wacke/Vogel/Martens*, Gefahrenabwehr, § 1, 4.a., S. 7; Pieroth/Schlink/Kniesel, Polizei- und Ordnungsrecht, § 1 Rn. 11.

235 *Boldt/Stolleis*, in: Lisken/Denninger, HbdPolzR, A Rn. 46; *Harnischmacher/Semerak*, Deutsche Polizeigeschichte, S. 64.

236 *Harnischmacher/Semerak*, Deutsche Polizeigeschichte, S. 87; vertiefend zu den auf diesen Kompetenztitel gestützten, jedoch zumeist gescheiterten Entwürfen der Gesetzgebung *Boldt/Stolleis*, in: Lisken/Denninger, HbdPolzR, A Rn. 57; *Rasch*, DÖV 1960, 81, 82.

237 *Drews/Wacke/Vogel/Martens*, Gefahrenabwehr, § 1, 5., S. 8; *Götz*, in: Jeserich/Pohl/Unruh, Deutsche Verwaltungsgeschichte 4, S. 415.

238 Gesetz v. 01.06.1931, PrGS, S. 77 ff.

239 *Boldt/Stolleis*, in: Lisken/Denninger, HbdPolzR, A Rn. 51.

Wahrung einheitlicher Grundsätze im Rahmen der Strukturierung des landeseigenen Polizeiwesens verpflichteten.[240] Auf dem Gebiet des Polizeirechts zeichneten sich damit unter der Weimarer Reichsverfassung erste Maßnahmen des kooperativen Föderalismus ab.[241]

Ergänzung fanden die gefahrenabwehrrechtlichen Gesetzgebungskompetenzen des Reiches durch eine beachtliche Anzahl sicherheitsrechtlicher Exekutivkompetenzen, die unter anderem in dem Verfassungsabschnitt über die Reichsverwaltung verankert waren.

2. Grundgesetzliches Kompetenzgefüge vor der Föderalismusreform I

a. Aufgabenverteilung zwischen Bund und Ländern

Unter dem Geltungsbereich des Grundgesetzes sind die sicherheitsrechtlichen Bestimmungen ebenfalls zwischen Bund und Ländern verteilt. So wurden dem Bund bislang beispielsweise folgende gefahrenabwehrrechtliche Gesetzgebungsmaterien zugewiesen: das Passwesen und das Ausländerrecht (Art. 73 Nr. 4 GG a.F.), der Zoll- und Grenzschutz (Art. 73 Nr. 5 GG a.F.), aber auch die Zuständigkeiten in den Bereichen des Luftverkehrs- und Eisenbahnwesens (Art. 73 Nr. 6, 6a GG a.F.) sowie des Gewerbe- und Kernenergierechts (Art. 74 Abs. 1 Nr. 11 und Nr. 11a GG a.F.). Der Aufgabenbereich der allgemeinen Gefahrenabwehr ist gemäß der Vorschriften der Artt. 70, 30 GG dagegen den Ländern vorbehalten.[242] Gleiches galt bis zum Inkrafttreten des Föderalismusreformgesetzes I grundsätzlich auch für das Kompetenzfeld der terroristischen Gefahrenabwehr.

Fraglich ist jedoch, welche Bedeutung die Vorschrift des Art. 73 Nr. 10 GG a.F. im Zusammenhang mit der Abwehr terroristischer Gefahren erlangt. Auf der Grundlage dieses Kompetenztitels ist es dem Bund möglich, eine koordinierende Gesetzgebung für die Zusammenarbeit des Bundes und der Länder auf den Gebieten der Kriminalpolizei, des Verfassungsschutzes und des Schutzes der auswärtigen Belange der Bundesrepublik vorzunehmen. Zusammenarbeit im Sinne von Art. 73 Nr. 10 GG a.F. meint dabei den Austausch von Informationen, die Gewähr gegenseitiger Hilfeleistungen sowie

---

240 *Götz*, in: Jeserich/Pohl/Unruh, Deutsche Verwaltungsgeschichte 4, S. 399; *Rasch*, DÖV 1960, 81, 82.

241 *Holste*, Bundesstaat im Wandel, S. 350 f.

242 So die ganz herrschende Meinung in Rechtsprechung und Literatur, vgl. BVerfGE 8, 143, 149 f.; 40, 261, 266; *Bullinger*, DÖV 1970, 761, 763; *Erbguth*, in: Sachs, GG, Art. 30 Rn. 10; *Mokros*, in: Lisken/Denninger, HbdPolzR, B Rn. 4; *Pernice*, in: Dreier, GG II, Art. 30 Rn. 18; *Schmidt-Jortzig*, DÖV 1998, 746, 749; *Stern*, Staatsrecht I, § 19 III.3.a., S. 675.

die Koordination von Maßnahmen.[243] Zugleich enthält Art. 73 Nr. 10 GG a.F. eine Kompetenz des Bundes für die internationale Verbrechensbekämpfung. Dem Kontext und Sinn der Norm entsprechend ist auch im Rahmen dieser Variante die Regelungsbefugnis des Bundes auf die internationale Zusammenarbeit beschränkt.[244] Es bestehen jedoch Meinungsverschiedenheiten[245] darüber, ob der Begriff der internationalen Verbrechensbekämpfung neben Maßnahmen der Strafverfolgung auch solche der Verbrechensverhütung und damit gegebenenfalls zugleich präventivrechtliche, sich möglicherweise auch auf die Terrorabwehr beziehende Elemente erfasst.

Klarzustellen ist zunächst, dass die Verbrechensverhütung nicht auf die Abwehr konkret bevorstehender Gefahren abstellt, vielmehr ist sie der Gefahrenabwehr zeitlich vorgelagert.[246] Der angesprochene Streitpunkt bezieht sich daher lediglich auf einen sehr eng umgrenzten Aufgabenbereich der terroristischen Gefahrenabwehr. Sobald sich ein bestimmter Sachverhalt zu einer das deutsche Hoheitsgebiet betreffenden konkreten terroristischen Gefahr verdichtet, kann sich der Bund nicht mehr auf die Kompetenzvorschrift des Art. 73 Nr. 10 GG a.F. berufen. Das folgt aus der Vorschrift des Art. 30 GG, die die Ausübung der staatlichen Befugnisse dem Zuständigkeitsbereich der Länder zuweist, soweit das Grundgesetz – wie für den Bereich der konkreten Gefahrenabwehr – keine anderweitige Regelung vornimmt. Selbst wenn also Art. 73 Nr. 10 GG a.F. präventivrechtliche Maßnahmen zur internationalen Verbrechensverhütung und damit zur Bekämpfung des Terrorismus[247] einschließen sollte, würde dadurch die grundsätzliche Zuständigkeit der Länder zur Abwehr terroristischer Gefahren im Inneren – welche der Verbrechensverhütung zeitlich nachgelagert ist – nicht berührt. Den Ländern wird aber infolge des heutigen Begriffsverständnisses der Gefahrenabwehr ebenfalls der vorgelagerte Bereich der Gefahrenvorsorge und damit auch der Aufgabenbe-

---

243 *Degenhart*, in: Sachs, GG, Art. 73 Rn. 49; *Kunig*, in: v. Münch/Kunig, GG III, Art. 73 Rn. 37; *Maunz*, in: ders./Dürig, GG IV, Art. 73 Rn. 155.

244 *Gade/Kieler*, Polizei und Föderalismus, S. 28 f.; *Heintzen*, in: v. Mangoldt/Klein/Starck, GG II, Art. 73 Nr. 10 Rn. 98; *Sannwald*, in: Schmid-Bleibtreu/Hofmann/Hopfauf, GG, Art. 73 Rn. 136; *Schreiber*, NJW 1997, 2137, 2140; *Staupe*, in: Die Reform des Bundesstaates, S. 161, 170; *Stettner*, in: Dreier, GG II, Art. 73 Rn. 46.

245 So schließt die herrschende Meinung nach *Baldus*, Transnationales Polizeirecht, S. 75; *Degenhart*, in: Sachs, GG, Art. 73 Rn. 53; *Schreiber*, NJW 1997, 2137, 2140; *Werthebach/Droste*, in: BK, GG IX, Art. 73 Nr. 10 Rn. 131; BT-Drs. 13/1550, S. 54 und wohl auch *Lisken/Denninger*, in: dies., HbdPolzR, C Rn. 159 die Verbrechensverhütung in den Begriff der internationalen Verbrechensbekämpfung ein. Der Bundesrat spricht sich hingegen in BR-Drs. 222/97 (B), S. 1 f. gegen die Einbeziehung der Verbrechensverhütung in den Kompetenztitel des Bundes nach Art. 73 Nr. 10 GG aus.

246 *Albers*, Determination polizeilicher Tätigkeit, S. 123 f.

247 Den Terrorismus als Anwendungsfall des Art. 73 Abs. 1 Nr. 10 GG ausdrücklich hervorhebend *Heintzen*, in: v. Mangoldt/Klein/Starck, GG II, Art. 73 Nr. 10 Rn. 98.

reich der Verbrechensverhütung zugewiesen.[248] Aus diesem Grund kann die vorliegende Frage, ob sich der in Art. 73 Nr. 10 GG a.F. enthaltene Begriff der internationalen Verbrechensbekämpfung tatsächlich auch auf die Verbrechensverhütung erstreckt, nicht dahinstehen. Eine klare Antwort lässt der Wortlaut des Art. 73 Nr. 10 GG a.F. zwar nicht erkennen. Dem Wortsinn[249] ist allerdings zu entnehmen, dass der Begriff der Verbrechensbekämpfung konsequenterweise auch die Verhütung von Straftaten umfasst. Gleichzeitig stellt der Kontext der Norm jedoch klar, darauf sei nochmals hingewiesen, dass die Vorschrift des Art. 73 Nr. 10 GG a.F. auf die internationale Zusammenarbeit und damit auf koordinierende Tätigkeiten beschränkt ist. Nur in diesem Umfang ist also der Bund zur Verbrechensverhütung im Bereich des internationalen Terrorismus zuständig. Die allgemeine Länderkompetenz zur Gefahrenvorsorge im Bereich des internationalen Terrorismus wird dadurch nicht berührt.

b. Eingliederung der Kompetenzen in das System der bundesstaatlichen Ordnung

Auch im Hinblick auf den Regelungskomplex der terroristischen Gefahrenabwehr stellt sich die Frage der Verankerung im System der bundesstaatlichen Ordnung.

Der Charakter der bundesstaatlichen Ordnung des Grundgesetzes wird vor allem durch die für die Staatlichkeit der Länder besonders wichtige Polizeihoheit[250] geprägt, die auch die Kompetenz zur Abwehr terroristischer Gefahren einschließt. Um im Laufe der vorliegenden Untersuchung beurteilen zu können, wie sich der im Zuge der Föderalismusreform I geschaffene neue Kompetenztitel des Art. 73 Abs. 1 Nr. 9a GG im Einzelnen zugunsten des Bundes auswirkt, gilt es zu erörtern, wie sich die sicherheitsrechtlichen Kompetenzen bislang zwischen Bund und Ländern verteilten.

Im Bereich der Gesetzgebung weist das Grundgesetz gemäß den Regelungen der Artt. 70, 30 GG grundsätzlich den Ländern die Kompetenzen für das Gefahrenabwehrrecht zu. Dieses Zugeständnis des Kompetenzverteilungssystems an die Länder wird jedoch nicht ohne Durchbrechungen gewährleistet. Einerseits bestehen ungeschriebene Annexkompetenzen[251] des Bundes zur selbstständigen Regelung der Ordnungs- und Polizeigewalt im Rahmen der ihm zugewiesenen Gesetzgebungsmaterien, andererseits weicht die Verfassung selbst in spezialpolizeilichen Gebieten von der grundsätz-

248 *Degenhart*, in: Sachs GG, Art. 73 Rn. 48; *Kluth*, in: ders., FödRefG, Art. 73 Rn. 9; *Roggan*, NJW 2009, 257.

249 *Baldus*, Transnationales Polizeirecht, S. 66.

250 *Gade/Kieler*, Polizei und Föderalismus, S. 48; *Middel*, Innere Sicherheit, S. 64.

251 BVerfGE 3, 407, 433; 8, 143, 149 f.; *Lisken*, NWVBl. 1995, 281.

lichen Polizei- und Ordnungsgewalt der Länder ab[252] und beauftragt den Bund mit deren Wahrnehmung. Daneben sieht das grundgesetzliche Kompetenzverteilungssystem auch die Zuweisung sicherheitsrechtlicher Zuständigkeiten an die Bundesexekutive vor. Zu erwähnen ist beispielsweise die Vollzugskompetenz des Art. 87 Abs. 1 Satz 2 GG, die es dem Bund gestattet, bestimmte Behörden, wie die Bundespolizei oder das Bundeskriminalamt, einzurichten.[253] Aber auch die Artt. 87d (Luftverkehr), 87e (Eisenbahnverkehr) und 89 GG (Bundeswasserstraßen) weisen dem Bund Vollzugskompetenzen gefahrenabwehrrechtlicher Natur zu. Damit verfügt dieser im Bereich der Exekutive ebenfalls über nicht unerhebliche sicherheitsrechtliche Zuständigkeiten.[254] Da aber die Länder in den sonstigen sicherheitsrechtlichen Bereichen grundsätzlich zum Gesetzesvollzug im Sinne des Art. 83 GG befugt sind und sie darüber hinaus nach der Regelung des Art. 30 GG ihre eigenen Sicherheits- und Ordnungsgesetze erlassen und vollziehen, ist durchaus zu konstatieren, dass ihnen auch auf dem Kompetenzfeld der Exekutive die grundsätzliche Polizeihoheit[255] zugewiesen wird.

Die Aufgabenwahrnehmung auf dem Kompetenzfeld des Gefahrenabwehrrechts wird folglich sowohl im Bereich der Gesetzgebung als auch im Bereich der Exekutive zwischen Bund und Ländern verteilt. Man kann dabei von einem „diffizilen [Kompetenz]Geflecht"[256] sprechen. Die fehlende Verankerung eines speziellen Polizeiabschnittes im Grundgesetz wird jedoch als Bestätigung der Polizei- und Ordnungsmacht der Länder interpretiert.[257] Einige Schrifttumsvertreter mahnen zwar den stetigen Zuwachs der Kompetenzen des Bundes sowie die daran anknüpfende Verschiebung der föderalen Kompetenzverteilung an.[258] Einer unbeschränkten Kompetenzzunahme auf Seiten des Bundes steht aber zum einen das bundesstaatliche Prinzip[259] entgegen, zum anderen hat das Bundesverfassungsgericht[260] dieser Entwicklung Gren-

252 Ähnlich auch *Pieroth/Schlink/Kniesel*, Polizei- und Ordnungsrecht, § 2 Rn. 35; *Tams*, DÖV 2007, 367, 370.

252 BVerfGE 97, 198, 214; *Werthebach/Droste*, in: BK, GG IX, Art. 73 Nr. 10 Rn. 96.

253 *Werthebach/Droste*, in: BK, GG IX, Art. 73 Nr. 10 Rn. 96.

254 *Tams*, DÖV 2007, 367, 370.

255 *Gade/Kieler*, Polizei und Föderalismus, S. 35; *Gusy*, DVBl. 1993, 1117, 1128; *Mokros*, in: Lisken/Denninger, HbdPolzR, B Rn. 5; *Pieroth/Schlink/Kniesel*, Polizei- und Ordnungsrecht, § 2 Rn. 35 und 40.

256 *Lisken*, NWVBl. 1995, 281, 284.

257 *Ders./Denninger*, in: dies., HbdPolzR, C Rn. 6 f.

258 So *Dies.*, in: dies., HbdPolzR, C 151; andeutend auch *Gusy*, Polizeirecht, § 1 Rn. 20; vgl. dazu auch *Mokros*, in: Lisken/Denninger, HbdPolzR, B 17, der auf den Kompetenzzuwachs des Bundeskriminalamtes im Zusammenhang mit der Terrorismusbekämpfung hinweist.

259 So *Lisken/Denninger*, in: dies., HbdPolzR, C 152.

260 BVerfGE 97, 198, 218.

zen gesetzt, indem es den Ausbau der Bundespolizei zu einer allgemeinen, mit den Ländern konkurrierenden Polizeimacht für unzulässig erklärte. Damit hat das Gericht am Beispiel der Bundespolizei klare Grenzlinien für die Beteiligung des Bundes an der Wahrnehmung polizeirechtlicher Aufgaben herausgearbeitet.

c. Zwischenergebnis

Das Grundgesetz wies die Polizei- und Ordnungsgewalt[261] bisher grundsätzlich den Ländern zu. Dem Bund wurde eine umfassende Legislativkompetenz auf dem Gebiet der terroristischen Gefahrenabwehr – insbesondere auf der Grundlage des Art. 73 Nr. 10 GG a.F. – vor dem Inkrafttreten des Föderalismusreformgesetzes I nicht zugestanden. Auch eine entsprechende Vollzugskompetenz des Bundes war in der Verfassung nicht verankert. Somit waren im Bereich der terroristischen Gefahrenabwehr die Länder für die Gesetzgebung und den Gesetzesvollzug zuständig.

III. Kompetenzfeld des Strafvollzugs

1. Verfassungsgeschichtliche Grundlagen

a. Bismarcksche Reichsverfassung (1871)

Ausdrückliche Erwähnung fand die Regelungsmaterie des Strafvollzugs in der Reichsverfassung von 1871 noch nicht. In Art. 4 Nr. 13 RV wurde dem Reich jedoch die Legislativkompetenz für das Strafrecht sowie für das gerichtliche Verfahren zugewiesen, die zugleich eine reichsrechtliche Zuständigkeit[262] für den Erlass eines Strafvollzugsgesetzes begründete. Trotz dieser Kompetenzzuordnung sollte es jedoch zu einer Verabschiedung eines Strafvollzugsgesetzes zu Zeiten des zweiten Deutschen Reiches nicht kommen. Vielmehr bildeten in dieser Epoche die fragmentarischen Bestimmungen der §§ 15 ff., 361 f. des Reichsstrafgesetzbuches[263] die alleinige gesetzliche

261 So die ganz herrschende Meinung, vgl. BVerfGE 8, 143, 149 f.; 109, 190, 215; *Dittmann*, Die Bundesverwaltung, S. 233; *Kern*, DVBl. 1950, 257, 260; *Papier*, DVBl. 1992, 1, 2 f.; *Baldus*, Transnationales Polizeirecht, S. 59 f. hingegen vertritt die Auffassung, dass von einer Polizeihoheit der Länder lediglich aus verfassungshistorischer Sicht gesprochen werden könne.

262 *Quedenfeld*, Strafvollzug, S. 2; *Schenk*, Einheitliche Regelung des Strafvollzugs, S. 13.

263 Strafgesetzbuch für den Norddeutschen Bund v. 31.05.1870, Bundes-Gesetzblatt des Norddeutschen Bundes, S. 197 ff., übernommen als Strafgesetzbuch für das Deutsche Reich (RStGB) durch das Gesetz betreffend die Redaktion des Strafgesetzbuches für den Norddeutschen Bund als Strafgesetzbuch für das Deutsche Reich v. 15.05.1871, RGBl., 127 ff.

Grundlage für den Regelungskomplex des Strafvollzugs.[264] Verschiedenste Bemühungen, ein vereinheitlichendes Reichsstrafvollzugsgesetz zu erlassen, scheiterten insbesondere an der drohenden finanziellen Überlastung der Einzelstaaten.[265] Die Rechtslage auf dem Gebiet des Strafvollzugs war damit nahezu ausschließlich durch die jeweiligen Verwaltungsbestimmungen der Gliedstaaten gekennzeichnet. Zwar hatten einige Gliedstaaten bereits vor der Gründung des Deutschen Reiches einzelne spezialgesetzliche Regelungen[266] erlassen, überwiegend stützte sich der Strafvollzug aber auf die jeweiligen Strafvollzugs-, Dienst- oder Anstaltsordnungen sowie auf eigens erlassene Verwaltungsvorschriften[267] der Gliedstaaten. Der Aufgabenbereich des Strafvollzugs war daher durch erheblich divergierende Rechtssysteme und Vollzugsformen geprägt.[268]

Eine erste Angleichung des Strafvollzugsrechts sollte durch die im Jahre 1897 beschlossenen „Grundsätze, welche bei dem Vollzuge gerichtlich erkannter Freiheitsstrafen bis zu weiterer gemeinsamer Regelung zur Anwendung kommen"[269] bewirkt werden.[270] Da diese aber nach allgemeiner Ansicht kein verbindliches Reichsrecht[271] schufen, führten sie lediglich zu einer äußeren Harmonisierung[272] der mannigfaltigen Verwaltungsbestimmungen. Die inhaltliche Verwirklichung des Strafvollzugs blieb dagegen weiterhin Sache der Landesverwaltungen.[273]

---

264 *Callies/Müller-Dietz*, StVollzG, Einl. Rn. 2; *Kaiser/Schöch*, Strafvollzug, § 2 Rn. 55; *Laubenthal*, Strafvollzug, Rn. 110; *Nitsch*, Die Unterbringung nach dem Strafvollzugsgesetz, S. 23; *Remmers*, in: Strafrechtliche Sanktionen und Strafvollzug, S. 40, 60; *Schenk*, Einheitliche Regelung des Strafvollzugs, S. 13.

265 *Kaiser/Schöch*, Strafvollzug, § 2 Rn. 55; *Schmidt*, Geschichte der Strafrechtspflege, § 303; vgl. dazu insbesondere auch die umfassenden Untersuchungen von *Quedenfeld*, Strafvollzug, S. 2 ff. und von *Schenk*, Einheitliche Regelung des Strafvollzugs, S. 5 ff.

266 So etwa das Gesetz betreffend die Beschäftigung der Strafgefangenen außerhalb der Anstalt v. 11.04.1854, PrGS, S. 143 ff.

267 *Callies/Müller-Dietz*, StVollzG, Einl. Rn. 3; *Claussen*, in: Jeserich./Pohl/Unruh, Deutsche Verwaltungsgeschichte 3, S. 463; *Remmers*, in: Strafrechtliche Sanktionen und Strafvollzug, S. 40, 59.

268 *Quedenfeld*, Strafvollzug, S. 10; *Schenk*, Einheitliche Regelung des Strafvollzugs, S. 10; *Schmidt*, Geschichte der Strafrechtspflege, § 300, S. 346.

269 Grundsätze v. 28.10.1897, Centralblatt für das Deutsche Reich, 308.

270 *Callies/Müller-Dietz*, StVollzG, Einl. Rn. 3; *Laubenthal*, Strafvollzug, Rn. 113; *Remmers*, in: Strafrechtliche Sanktionen und Strafvollzug, S. 40, 60.

271 *Kaiser/Schöch*, Strafvollzug, § 2 Rn. 55; *Spannagel*, Strafvollzugsordnung Baden-Württemberg, S. 45; die Rechtsnatur dieser vom Bundesrat erlassenen Grundsätze ist dabei keineswegs unumstritten, vgl. dazu etwa die Darstellungen bei *Quedenfeld*, Strafvollzug, S. 7 f.

272 *Quedenfeld*, Strafvollzug, S. 7 f.; *Schmidt*, Geschichte der Strafrechtspflege, § 303.

273 *Schenk*, Einheitliche Regelung des Strafvollzugs, S. 2.

b. Weimarer Reichsverfassung (1919)

In der Weimarer Verfassung wurde dem Reich in Art. 7 Nr. 3 WRV erstmals ausdrücklich die konkurrierende Kompetenz[274] für den Erlass eines Reichsstrafvollzugsgesetzes zugewiesen. Die Staatspraxis hat ein auf Art. 7 Nr. 3 WRV gestütztes Strafvollzugsgesetz zwar nicht auf den Weg gebracht, ganz untätig blieb der Reichsgesetzgeber aber nicht. So kam es 1927 zumindest zu einem Entwurf eines Strafvollzugsgesetzes, die einzelnen Hürden des Gesetzgebungsverfahrens vermochte dieser jedoch nicht passieren.[275] Ein ähnliches Ende nahm die von der Reichsregierung bereits seit Längerem angedachte Reform des Strafrechts. Sie ging insbesondere auf die fortschrittlichen Ansätze des Reichsjustizministers *Radbruch* zurück, der 1922 der Reichsregierung einen entsprechenden Gesetzentwurf vorlegte, ihn allerdings infolge der schwierigen politischen Verhältnissen der Weimarer Republik nicht umsetzen konnte.[276]

Die Regelungsmaterie des Strafvollzugs verblieb damit weiterhin in den Händen der Länder, die den Strafvollzug nach wie vor durch Verwaltungsvorschriften ausgestalteten.[277] Die landesrechtlichen Verwaltungsvorschriften erfuhren jedoch durch die im Jahre 1923 im Wege der Länderkooperation geschaffenen[278] und an die Stelle der Bundesratsgrundsätze von 1897 tretenden Reichsgrundsätze[279] eine Änderung. Und obwohl auch diese Reichsgrundsätze kein formelles und damit verbindliches Gesetzesrecht[280] schufen, erfüllten die Länder weitestgehend die darin vereinbarten Verpflichtungen, indem sie eine Angleichung[281] ihrer Dienst- und Vollzugsordnungen vornahmen. Dies führte zumindest zu einer teilweisen Rechtsvereinheitlichung[282] des Strafvollzugsrechts, das bisher durch „größte Buntscheckigkeit und Mannigfaltigkeit"[283] gekennzeichnet war. Die Verabschiedung eines für ihren jeweiligen Hoheitsbereich verbindlichen Strafvollzugsgesetzes haben die Länder aber nicht in Angriff genommen.[284] Vielmehr blieben die bereits während des Kai-

274 *Laubenthal*, Strafvollzug, Rn. 119.

275 *Müller-Dietz*, Recht und Nationalsozialismus, S. 92; *Quedenfeld*, Strafvollzug, S. 15.

276 *Schmidt*, Geschichte der Strafrechtspflege, § 334.

277 *Bochmann*, Die Rechtsstellung der Strafgefangenen, S. 29 ff.; *Callies/Müller-Dietz*, StVollzG, Einl. Rn. 6; *Schmidt*, Geschichte der Strafrechtspflege, § 344, S. 421.

278 *Quedenfeld*, Strafvollzug, S. 12.

279 Grundsätze für den Vollzug der Freiheitsstrafen v. 07.06.1923, RGBl. II, 263.

280 *Gentz*, DRiZ 1925, Sp. 547; *Schenk*, Einheitliche Regelung des Strafvollzugs, S. 105 und 110.

281 *Gentz*, ZStW 46 (1925), 129, 130; *Schmidt*, Geschichte der Strafrechtspflege, § 344, S. 421.

282 *Schenk*, Einheitliche Regelung des Strafvollzugs, S. 110; ähnlich bereits *Bumke*, in: Ders. (Hrsg.), Deutsches Gefängniswesen, S. 16, 28.

283 *Gentz*, ZStW 46 (1925), 129, 130.

284 So *Quedenfeld*, Strafvollzug, S. 19.

serreichs für die einzelnen Teilfragen des Vollzugs geschaffenen gesetzlichen Grundlagen weitestgehend bestehen.[285]

Änderungen im Bereich der Strafvollzugspraxis ergaben sich dann aber mit der Machtergreifung der Nationalsozialisten. So nahm die Geheime Staatspolizei unter dem Herrschaftsregime *Hitlers* insbesondere politische Gegner und jüdische Religionsangehörige in Vorbeuge- oder Schutzhaft, ohne ihr Handeln dabei auf eine richterliche Anordnung stützen zu können.[286] Auch setzte sie sich über bestehende Gerichtsurteile hinweg, die – aus ihrer Sicht – durch eine Konzentrationslagerhaft zu berichtigen waren.[287] Gleichzeitig unterstand die Geheime Staatspolizei einer Sondergerichtsbarkeit, sodass die durch sie verübten grundrechtswidrigen Hoheitsakte strafrechtlich nicht verfolgt wurden.[288]

2. Grundgesetzliches Kompetenzgefüge vor der Föderalismusreform I

a. Aufgabenverteilung zwischen Bund und Ländern

Bis zur Föderalismusreform I wies auch das Grundgesetz dem Bund die konkurrierende Gesetzgebungszuständigkeit für den Regelungsbereich des Erwachsenen- und Jugendstrafvollzugs zu. Art. 74 Abs. 1 Nr. 1 GG a.F. subsumierte dabei unter den Begriff des Strafvollzugs die Umsetzung der Anordnungen der Strafvollstreckungsbehörden.[289] Der Kompetenztitel erfasste damit sowohl den Vollzug der Freiheitsstrafen in den Justizvollzugsanstalten als auch der freiheitsentziehenden Maßregeln der Besserung und Sicherung.[290] Ebenfalls in Art. 74 Abs. 1 Nr. 1 GG a.F. verankert war die konkurrierende Gesetzgebungskompetenz des Bundes für den Regelungsbereich des Untersuchungshaftvollzuges.[291] Dieser wird grundsätzlich der Regelungsmaterie des gerichtlichen Verfahrens – namentlich dem Strafverfahren – zugeordnet[292] und soll daher im Rahmen der vorliegenden Arbeit nur am Rande Erwähnung finden. Im Vergleich zum Strafvollzug, der ausschließlich die Umsetzung rechtskräftig angeordneter Strafen zum Gegenstand hat, regelt die Untersu-

285 *Ders.*, Strafvollzug, S. 18.

286 *Boldt*, Verfassungsgeschichte, S. 275.

287 *Frotscher/Pieroth*, Verfassungsgeschichte, Rn. 632.

288 *Boldt*, Verfassungsgeschichte, S. 275; *Willoweit*, Verfassungsgeschichte, S. 319.

289 *Maunz*, in: ders./Dürig, GG V, Art. 74 Rn. 70; *Pieroth*, in: Jarass/Pieroth, GG/8, Art. 74 Rn. 6; *Rengeling*, in: HbdStR IV 2, § 100 Rn. 134; *Stettner*, in: Dreier, GG II, Art. 74 Rn. 24.

290 BVerfGE 85, 134, 142.

291 BT-Drs. 16/813, S. 12.

292 *Degenhart*, NVwZ 2006, 1209, 1213; *Stettner*, in: Dreier, GG II/2, Art. 74 Rn. 29; ähnlich auch *Kirschke/Brune*, FS 2009, 18.

chungshaft die vorübergehende Inhaftierung von Beschuldigten zur Strafverfahrenssicherung und knüpft damit zeitlich vor der Urteilsverkündung durch das Strafgericht an.

Bis zur Verabschiedung des Strafvollzugsgesetzes des Bundes im Jahre 1972 fiel die Ausgestaltung der Rechtsverhältnisse der Strafgefangenen uneingeschränkt in die Verantwortung der Landesexekutive. Im Jahre 1961 einigten sich die Landesjustizverwaltungen in Anknüpfung an die Grundsätze von 1897 und 1923 auf eine vereinheitlichende Dienst- und Vollzugsordnung, die die bis dahin sehr unterschiedlich ausgestalteten Vollzugsordnungen der Länder ersetzte.[293] Der Strafvollzug war folglich auch unter dem Grundgesetz zunächst durch die Kooperation der Länder geprägt. Sie wurde nach dem Inkrafttreten des Strafvollzugsgesetzes des Bundes allerdings durch eine Aufgabenwahrnehmung im Sinne des Art. 83 GG abgelöst. Eine Verwaltungskompetenz zum Vollzug der dem Bund in Art. 74 Abs. 1 Nr. 1 GG a.F. zugewiesenen Gesetzgebungskompetenzen war im Grundgesetz nämlich nicht enthalten.

b. Eingliederung der Kompetenzen in das System der bundesstaatlichen Ordnung

Auch im vorliegenden Zusammenhang stellt sich die Frage, wie die strafvollzugsrechtlichen Zuständigkeiten im System der bundesstaatlichen Ordnung verankert waren.

Ein Blick auf die Verfassungsgeschichte zeigt, dass bereits seit 1871 der Zentralgewalt die Gesetzgebungskompetenz für den Strafvollzug zugewiesen war. Wurde diese zunächst noch aus dem Sachzusammenhang des Art. 4 Nr. 13 RV abgeleitet, nahmen später die Weimarer Reichsverfassung und das Grundgesetz ausdrücklich auf den Regelungskomplex des Strafvollzugs Bezug (Art. 7 Nr. WRV, Art. 74 Abs. 1 Nr. 1 GG a.F.). Der Erlass eines Strafvollzugsgesetzes scheiterte jedoch sowohl unter der Bismarckschen als auch unter der Weimarer Reichsverfassung an den schwierigen finanziellen Verhältnissen der Gliedstaaten. Selbst im Geltungsbereich des Grundgesetzes kam es erst infolge des vom Bundesverfassungsgericht erteilten Regelungsauftrages zu einer Ausschöpfung der Gesetzgebungskompetenz für den Strafvollzug.[294] Das Gericht musste jüngst hinsichtlich des Jugendstrafvollzugs sogar einen weiteren Regelungsauftrag formulieren.[295]

---

293 *Arloth*, in: Arloth/Lückemann, StVollzG, Einl. Rn. 13; *Calliess/Müller-Dietz*, StVollzG, Einl. Rn. 9; *Laubenthal*, Strafvollzug, Rn. 125; *Quedenfeld*, Strafvollzug, S. 113.

294 BVerfGE 33, 1, 13; 40, 276.

295 BVerfGE 116, 69, 81 und 93.

Der verfassungshistorische Vergleich deckt damit zwei Parallelen auf: Zum einen besteht eine tradierte Zuweisung der Gesetzgebungszuständigkeit für den Strafvollzug an die Zentralgewalt. Zum anderen erfolgte über Jahrzehnte hinweg die Ausgestaltung des Strafvollzugs durch die Exekutive der Länder. Diese „ersatzsweise“ Aufgabenwahrnehmung durch die Landesverwaltungen spricht zwar zweifelsohne für den Staatscharakter der Länder. Das fortwährende Desinteresse des Gesetzgebers an der Schaffung einer gesetzlichen Grundlage deutet jedoch darauf hin, dass der Strafvollzug nur eine Randposition[296] im Bereich der staatlichen Aufgabenwahrnehmung einnimmt. Dazu trägt sicher auch die Tatsache bei, dass die Strafgefangenen – anders als sonstige gesellschaftliche Gruppen – über entsprechende Interessenvertretungen[297], die sich für eine zügigere Realisierung gesetzlicher Grundlagen beziehungsweise für eine Weiterentwicklung des vorhandenen Normenbestandes einsetzen könnten, kaum verfügen.[298] Das erscheint insoweit misslich, als in dem sensiblen Bereich des Strafvollzugs die Strafgefangenen erheblichen Grundrechtseingriffen ausgesetzt sind.

c. Zwischenergebnis

Mit der Zuweisung der Gesetzgebungskompetenz für den Strafvollzug an den Bund stand die bisherige Kompetenzverteilung des Grundgesetzes in der Tradition der jüngeren deutschen Verfassungsgeschichte. Der Bund machte von seiner Gesetzgebungskompetenz jedoch nur sehr zögerlich und auch nicht erschöpfend Gebrauch.

C. Ergebnis

Die sich auf das grundgesetzliche Bundesstaats- und Föderalismuskonzept sowie auf die Kompetenzfelder des Beamtenrechts, der terroristischen Gefahrenabwehr und des Strafvollzugs beziehenden Ausführungen schaffen die Grundlagen für die Prüfung der Reforminhalte des Föderalismusreformgesetzes I. Sie verdeutlichen zunächst, dass der Bundesstaat und der Föderalismus unter dem Grundgesetz einen relativen, aus der Verfassung heraus zu be-

296 *Müller-Dietz*, ZRP 2005, 156.

297 Vgl. dazu die „Öffentliche Liste über die beim Bundestag registrierten Verbände und deren Vertreter“, die bei derzeit 2142 zählenden Verbänden gerade einmal drei Verbände erfasst, welche die Interessen von Strafgefangenen repräsentieren. Die Liste ist abrufbar unter http://www.bundestag.de/bic/registrierteVerbaende.html, zuletzt aufgerufen am 22.11.2009.

298 Aufschlussreich sind in diesem Zusammenhang nicht zuletzt die Beobachtungen von Kreuzer, BewHi 2006, 195, 203 f., der die verschiedenen Schwachstellen der gesetzgeberischen Aufgabenerfüllung des Bundes dokumentiert.

stimmenden Charakter aufweisen. Beiden Begriffen liegt damit ein gewisses Maß an Flexibilität zugrunde, das ihnen zum einen durch die angewandte Verfassungspraxis und zum anderen durch die Norm des Art. 79 GG verliehen wird. So wurde nicht nur das staatsrechtliche Fundament des Bundesstaates im Lauf der letzten Jahrzehnte durch den verfassungsändernden Gesetzgeber immer wieder überarbeitet, vielmehr fand auch der Föderalismus gelegentlich eine neue Ausprägung. An dieser Entwicklung hat auch das Föderalismusreformgesetz I teil, das unmittelbar an dem System der Kompetenzverteilung und damit an einem der zentralen Bestandteile des bundesstaatlichen Prinzips anknüpft. Gleichzeitig setzt es sich zum Ziel, „die föderalen Elemente der Solidarität und der Kooperation einerseits und des Wettbewerbs andererseits“[299] zum Ausgleich zu bringen. Inwieweit das Föderalismusreformgesetz I dabei Änderungen an dem erörterten grundgesetzlichen Bundesstaats- und Föderalismuskonzept vornimmt, gilt es im Rahmen der nachstehenden Kapitel in Form einer allgemeinen Bewertung des verfassungsändernden Gesetzes zu prüfen.

Die vorstehende verfassungsgeschichtliche Analyse der unter der Bismarckschen und Weimarer Reichsverfassung sowie der bislang unter dem Grundgesetz bestehenden Kompetenzverteilungen in den Aufgabenbereichen des Beamtenrechts, der terroristischen Gefahrenabwehr und des Strafvollzuges bereitet dagegen die Auslegung und Verfassungsmäßigkeitsprüfung der durch das Föderalismusreformgesetz I eingeführten Kompetenzbestimmungen vor. Festzuhalten ist insoweit, dass die Zuständigkeiten in den Bereichen des Beamtenrechts und des Strafvollzuges bisher zwischen Bund und Ländern aufgeteilt waren. Im Rahmen der beamtenrechtlichen Kompetenzverteilung bestand dabei infolge der Einführung des Art. 74a GG zuletzt ein kompetenzrechtliches Übergewicht zugunsten des Bundes. Die Abwehr terroristischer Gefahren war dagegen den Ländern zur alleinigen Wahrnehmung überlassen.

299 BT-Drs. 16/813, S. 7.

Drittes Kapitel. Die Reformierung der bundesstaatlichen Ordnung durch das Föderalismusreformgesetz I

Nachstehend soll der Inhalt des ersten Föderalismusreformgesetzes untersucht werden. Bevor damit begonnen wird, stellt sich allerdings zunächst die Frage nach der Bedürftigkeit zur Reformierung der bundesstaatlichen Ordnung. Im Rahmen der Erörterung der aufgeworfenen Frage soll dabei auch kurz auf die bisherigen Bemühungen zur Reform der Bundesstaatsordnung eingegangen werden. Schließlich sollen die grundlegenden Änderungsbestimmungen des Föderalismusreformgesetzes I nach ihren wesentlichen Inhalte strukturiert und hinsichtlich ihrer Erfolgsaussichten bewertet werden.

A. Reformbedürftigkeit der bundesstaatlichen Ordnung

Das staatsrechtliche Schrifttum mahnt schon seit Jahrzehnten die grundsätzliche Reformbedürftigkeit[300] der bundesstaatlichen Ordnung an. Ihre Ursprünge zeichneten sich bereits in der von *Hesse* diagnostizierten Unitarisierung des deutschen Bundesstaates ab.[301] In der aktuellen Reformdiskussion werden insbesondere die mannigfaltigen vertikalen und horizontalen Koordinations- und Kooperationsgeflechte zwischen Bund und Ländern sowie die voranschreitende europäische Integration für die Notwendigkeit der Modernisierung der bundesstaatlichen Ordnung verantwortlich gemacht.[302] Wenngleich bereits vereinzelt die Gründe für die Reformbedürftigkeit der bundesstaatlichen Ordnung Erwähnung fanden, soll die nachstehende Auseinandersetzung mit den ihr zugeschriebenen Schwachstellen erhellen, ob die gern be-

300 Vgl. dazu aus dem heute kaum noch zu überblickenden Schrifttum Albers, ZG 2005, 182; *Arndt/Benda/v. Dohnanyi/Schneider/Süssmuth/Weidenfeld*, ZRP 2000, 201, 202; *Benda*, in: Konsens und Konkurrenz, S. 37, 40; *Grzeszick*, in: Maunz/Dürig, GG III, Art. 20 Abs. 4 Rn. 177; *Haug*, DÖV 2004, 190, 190; *Kirchhof*, ZG 2004, 209; *ders.*, DVBl. 2004, 977, 986; *Meier-Walser/Hirscher*, in: Krise und Reform, S. 9, 9; *Scholz*, in: FS Badura, S. 491, 511; *Schwanengel*, DÖV 2004, 553, 554; *Staats*, RuP 41 (2005), S. 18; *Starck*, JZ 1999, 473, 476 f.; *Zippelius/Würtenberger*, Staatsrecht, § 14 VII.2.; *Zypries*, ZRP 2003, 265.

301 Vgl. dazu bereits Kapitel 2, Punkt A.II.2.a.

302 *Grzeszick*, in: Maunz/Dürig, GG III, Art. 20 Abs. 4 Rn. 196; *Huber*, NJW 2004, Beilage zu Heft 27, 23; *Klatt*, VerwArch 82 (1991), S. 430 f.; *Lhotta*, ZParl 1993, 117, 127 f.

klagte Malaise der deutschen Bundesstaatsordnung – wie vielerorts bekundet – sogar als Krise[303] zu qualifizieren ist.

I. Balanceverschiebungen in Legislative und Exekutive

Eine zentrale Rolle unter den vielfältigen, die Reformbedürftigkeit der Bundesstaatsordnung auslösenden Ursachen kommt den bundesstaatlichen Balanceverschiebungen zu, die sich in den staatlichen Aufgabenbereichen der Legislative und Exekutive vollzogen haben. Im Folgenden werden daher die wichtigsten Ursachen dieser Gewichtsverschiebungen dargestellt.

Das grundgesetzliche Kompetenzverteilungssystem sieht für den Bereich der Gesetzgebung sowohl eine Zuordnung von Zuständigkeiten an die Länder als auch an den Bund vor. Seit Bestehen des Grundgesetzes wurden jedoch nach und nach zahlreiche, ursprünglich den Ländern zugewiesene Kompetenzen auf den Bund übertragen[304], sodass die Zuständigkeitskataloge des Bundes stetig anwuchsen. Dieser häufig mit der Erosion der Landeskompetenzen bildlich umschriebene Unitarisierungsprozess wurde durch eine umfassende Kompetenzauslegung und -wahrnehmung[305] des Bundes begleitet. Das bestehende Übergewicht der Zentralgewalt im Bereich der Gesetzgebung wurde zusätzlich aber auch durch die zentralistische Rechtsprechung des Bundesverfassungsgerichts verstärkt. Schon frühzeitig stellte das Gericht für die Kompetenzausübung des Bundes im Bereich der Rahmengesetzgebung nur sehr geringe Hürden auf, sodass der Bund auf der Grundlage des Art. 75 GG a.F. faktisch zum Erlass detaillierter Vorschriften legitimiert war.[306] Darüber hinaus versagte das Bundesverfassungsgericht der zum Bereich der konkurrierenden Gesetzgebung zählenden Bedürfnisklausel des Art. 72 Abs. 2 GG a.F. die Justiziabilität.[307] Mit der Unüberprüfbarkeit der Ermessensentscheidung im Sinne des Art. 72 Abs. 2 GG a.F. eröffnete es dem Bundesgesetzgeber

303 *Arndt*, in: Krise und Reform, S. 27; *Bauer*, DÖV 2002, 837; *Benz*, DÖV 1991, 586, 597 f.; *Depenheuer*, ZG 2005, 83; *Huber*, NJW 2004, Beilage zu Heft 27, 23; *Nettesheim*, in: FS Badura, S. 363; *Oeter*, in: Verfassungsreform und Grundgesetz, S. 115; *Schneider*, Der Staat 40 (2001), S. 272; *Scholz*, in: FS Badura, S. 491, 491; *Seidel*, RuP 40 (2004), S. 86; *Volkmann*, DÖV 1998, 613, 616; ausdrücklich anderer Ansicht ist *Kloepfer*, DÖV 2004, 566, 571.

304 *Depenheuer*, ZG 2005, 83; *Willoweit*, Verfassungsgeschichte, S. 366.

305 *Kloepfer*, DÖV 2004, 566, 568; *Schmidt-Jortzig*, DÖV 1998, 746, 748; *Zippelius/Würtenberger*, Staatsrecht, § 14 I.3.a.; zur Bestätigung dieser extensiven Kompetenzauslegung durch das Bundesverfassungsgericht vgl. beispielsweise die Entscheidungen in BVerfGE 5, 25 28 f.; 29, 402, 409; 55, 274, 308.

306 BVerfGE 4, 115, 129 f.; 25, 142, 152; *Seidel*, RuP 40 (2004), S. 86, 88; ähnlich *Papier*, in: 50 Jahre Herrenchiemseer Verfassungskonvent, S. 341, 343.

307 Vgl. etwa BVerfGE 2, 213, 224 f.; 10, 234, 245; 26, 338, 382 f.; 33, 224, 229.

insbesondere im Hinblick auf das Postulat der Einheitlichkeit der Lebensverhältnisse die Möglichkeit zu einer umfassenden Ausschöpfung der konkurrierenden Gesetzgebungszuständigkeiten.[308] Ein beliebtes Argument des Bundesgesetzgebers für das Erfordernis zur Herstellung einheitlicher Lebensverhältnisse im Bundesgebiet stellte beispielsweise das Sozialstaatsprinzip[309] dar. Aus systematischer Sicht ist es daher durchaus zutreffend, zu konstatieren, dass die Bedürfnisklausel des Art. 72 Abs. 2 GG a.F. in der Verfassungspraxis zu einer Angleichung der konkurrierenden Kompetenztitel an diejenigen der ausschließlichen Gesetzgebung führte.[310] Zwar vollzog sich mit der späteren Einführung der Erforderlichkeitsklausel ein Wandel in der Rechtsprechung des Bundesverfassungsgerichts, da es sich in seinem Urteil zum Altenpflegegesetz von der Injustiziabilität des Art. 72 Abs. 2 GG a.F. verabschiedete und zugleich strenge Richtlinien für die Interpretation der neuen Erforderlichkeitsklausel[311] erarbeitete. Dennoch ist nicht zu übersehen, dass die benannten Faktoren einen erheblichen Bedeutungsverlust[312] der Landesparlamente herbeiführten.

Nachteilig wirkte sich das Bestreben des Bundesgesetzgebers, einheitliche Lebensverhältnisse zu schaffen, aber auch deshalb aus, weil es – ebenso wie die Verschiebung der Gesetzgebungskompetenzen auf den Bund – nicht nur eine permanente Reduktion der Zuständigkeiten der regionalen Gesetzgeber und eine Umkehr des Grundsatzes der Regelzuständigkeit der Länder gemäß Artt. 70 Abs. 1, 30 GG zu verantworten hatte, sondern weil es auch eine erhebliche Schmälerung der Eigenstaatlichkeit der Länder zur Folge hatte.[313]

Die bundesstaatlichen Balanceverschiebungen führten ferner zu einer Veränderung der Stellung des Bundesrates. So sind im Laufe der Jahre aufgrund einer Vielzahl von Verfassungsänderungen die verfassungsrechtlich vorgeschriebenen Fälle der Zustimmungsbedürftigkeit von Bundesgesetzen erweitert worden.[314] Diese Mitwirkungsrechte in der Gesetzgebung des Bundes sind den Ländern überwiegend als Kompensation für die dem Bund über-

---

308 *Margedant*, APuZ 2003, Beilage 29/30, 6; *Ossenbühl*, DVBl. 1989, 1230, 1233.

309 *Hoppenstedt*, Bundesstaatliche Ordnung, S. 226; *Lhotta*, ZParl 1993, 117, 127 f.

310 *Haug*, DÖV 2004, 190, 192.

311 BVerfGE 106, 62, 142 ff.; *Merten*, Tagung des Staatswissenschaftlichen Forums, abgebildet bei *Schwanengel*, DVBl. 2004, 417, 419; *Scholz*, in: FS Badura, S. 491, 496; *Zypries*, ZRP 2003, 265, 267.

312 *Hofmann*, in: Schmidt-Bleibtreu/Klein, GG (10. Aufl.), Art. 20 Rn. 22; *Münch*, APuZ 1999, Beilage 13, 3, 7.

313 *Huber*, NJW 2004, Beilage zu Heft 27, 23; *Kloepfer*, DÖV 2004, 566, 568; *Papier*, in: 50 Jahre Herrenchiemseer Verfassungskonvent, S. 341, 342.

314 *Kloepfer*, DÖV 2004, 566, 589; *Ossenbühl*, DVBl. 1989, 1230, 1235; *Volkmann*, DÖV 1998, 613, 618.

tragenen originären Gesetzgebungszuständigkeiten gewährt worden.[315] Die Rolle des Bundesrates im Gesetzgebungsverfahren des Bundes hat damit in erheblichem Maße an Bedeutung gewonnen. Die durch ihn repräsentierten Regierungen der Länder können nämlich aufgrund der ihnen zugeschriebenen Mitspracherechte Einfluss auf die Bundespolitik nehmen. Insbesondere können sie die Inhalte der Politik – ihren Interessen entsprechend – mitbestimmen und bei Missfallen die zuvor vom Bundestag verabschiedeten Gesetzesvorhaben blockieren. Die im Falle eines zustimmungsbedürftigen Gesetzes bestehende Möglichkeit der Blockadepolitik[316] hat daher zu einem deutlichen Ausbau der Vetoposition[317] des Bundesrates geführt. Wenn auch die gelegentlich daraus resultierende Stagnation der Politik und der Gesetzgebung des Bundes wenig wünschenswert ist, kann richtigerweise darin ein verfassungswidriges Verhalten des Bundesrates nicht erkannt werden.[318] Zum einen kann nicht jeder vorenthaltenen Zustimmung per se der Verdacht einer politisch motivierten Blockademaßnahme unterstellt werden, zum anderen ist der Bundesrat – nach der Wertung des Grundgesetzes – ein von den Vorgaben des Bundestages unabhängiges Organ der Bundesgesetzgebung.[319]

Es mag durchaus fragwürdig sein, dass das Bundesverfassungsgericht auch an dieser bundesstaatlichen Balanceverschiebung einen Anteil trägt, indem es den die Zustimmungsbedürftigkeit begründenden Normen der Artt. 84 Abs. 1 und 85 Abs. 1 GG a.F. eine äußerst weite Interpretation zugrunde legt.[320] So erstreckt sich nach seiner Auffassung die Zustimmungsbedürftigkeit auch nur einer einzigen im Gesetzentwurf enthaltenen Norm bereits auf das gesamte gesetzgeberische Vorhaben des Bundes.[321] Jedoch hat das Bundesverfassungsgericht eine Korrektur dieser Spruchpraxis angekündigt.[322] Das Ergebnis der beschriebenen Entwicklungen wird durch diesen Vorsatz des Bundesverfassungsgerichts bisher allerdings kaum beeinflusst. Bis zur Reform der bundesstaatlichen Ordnung des Grundgesetzes im Herbst 2006 bedurften durchschnittlich etwa 55 Prozent der Bundesgesetze der Zustimmung des Bundesrates. Im Vergleich zu der ursprünglichen Quote der zustimmungsbedürftigen Bundesgesetze, die sich in den ersten

---

315 *Depenheuer*, ZG 2005, 83; *Grzeszick*, in: Maunz/Dürig, GG III, Art. 20 Abs. 4 Rn. 178.

316 *Kirchhof*, ZG 2004, 209, 219; *Scholz*, in: FS Badura, S. 491, 492; *Wilms*, ZRP 2004, 150.

317 *Schwanengel*, DÖV 2004, 553, 554; ähnlich *Ipsen*, in: JöR n.F. 38 (1989), S. 1, 32.

318 *Zippelius/Würtenberger*, Staatsrecht, § 14 I.2.a.

319 *Grzeszick*, in: Maunz/Dürig, GG III, Art. 20 Abs. 4 Rn. 181.

320 BVerfGE 8, 274, 294 f.; 24, 184, 195; 55, 274, 319 ff. m.w.N.; *Hofmann*, in: Schmidt-Bleibtreu/Klein, GG (10. Aufl.), Art. 20 Rn. 25; *Selg*, Mitwirkung des Bundesrates, S. 77 f.

321 BVerfGE 24, 184, 195; 105, 313, 339; *Arndt/Benda/v. Dohnanyi/Schneider/Süssmuth/Weidenfeld*, ZRP 2000, 201, 202; *Schmidt-Jortzig*, ZG 2005, 16, 19;

322 *Schwanengel*, DÖV 2004, 553, 554.

Jahren des Bestehens der Bundesrepublik auf rund 42 Prozent belief, ist damit ein Anstieg von durchschnittlich 13 Prozent zu verzeichnen.[323] Die im Rahmen der Bundesgesetzgebung anfänglich geltende Regel des Einspruchsgesetzes und Ausnahme des Zustimmungsgesetzes hat sich folglich schleichend in das Gegenteil verkehrt.[324]

Der Machtverlust der Landesparlamente ist nicht zuletzt auch auf die mannigfaltigen Maßnahmen der Zwischenländerkooperation[325] zurückzuführen. Zwar wird zu Recht vorgetragen, dass die Vereinbarung kooperativer Maßnahmen der Eigenstaatlichkeit der Länder weitaus mehr entspreche als eine Übertragung von Gesetzgebungskompetenzen auf den Bund.[326] Jedoch verschiebt sich aufgrund der intensiven Zusammenarbeit der Exekutivinstanzen – wie etwa in den Ministerpräsidenten- und Fachministerkonferenzen – die Wahrnehmung der legislativen Aufgaben zunehmend auf den Bereich der Exekutive.[327] Im Bereich der vertikalen Zusammenarbeit zeichnen sich die Nachteile der Kooperationsarbeit zudem in den verschiedenen Ingerenzrechten des Bundes ab.[328] Sie zwingen die Länder dazu, korrigierende Eingriffe des Bundes in den ihnen verbliebenen Zuständigkeitsbereichen zu akzeptieren.

---

323 Die Zahlen entstammen der Darstellung von *Münch*, http://www1.bpb.de/publikationen/P6FNVB,4,0,Die_Rolle_des_Bundesrates_im_politischen_Prozess.html, zuletzt aufgerufen am 22.11.2009; vgl. dazu auch die Ausführungen von *Ossenbühl*, DVBl. 1989, 1230, 1235; *Schmidt-Jortzig*, ZG 2005, 16, 19 f. und *Selg*, Mitwirkung des Bundesrates, S.60 ff. Sie entkräften den häufig unterstellten Anstieg der anfänglichen Quote der Zustimmungsbedürftigkeit von rund einem Drittel auf etwa durchschnittlich zwei Drittel, wie er sich etwa bei *Scholz*, in: FS Badura, S. 491, 504 findet. Dennoch kann der Bundesrat einen nicht zu verachtenden Bedeutungsgewinn auf dem Gebiet der Legislative des Bundes für sich verzeichnen, da immerhin mehr als die Hälfte aller verabschiedeten Bundesgesetze von seiner Zustimmung abhängig sind. Die neueren Erhebungen des Bundesrates zeigen jedoch, dass die Quote der zustimmungsbedürftigen Gesetze in der 16. Legislaturperiode des Bundestages auf insgesamt 41,7 Prozent abgefallen ist; vgl. dazu die vom Bundesrat veröffentliche Statistik unter http://www.bundesrat.de/nn_8396/DE/service/thema-aktuell/09/20091215-rueckblick-16-wp.html, zuletzt aufgerufen am 16.02.2010.

324 *Schwanengel*, DÖV 2004, 553, 558; ähnlich *Seidel*, RuP 40 (2004), S. 86, 88.

325 *Papier*, in: 50 Jahre Herrenchiemseer Verfassungskonvent, S. 341, 346; *Volkmann*, DÖV 1998, 613, 617.

326 BVerfGE 12, 205, 252; *Stober*, BayVbl. 1989, 97, 101.

327 *Ossenbühl*, DVBl. 1989, 1230, 1235.

328 *Huber*, NJW 2004, Beilage zu Heft 27, 23.

II. Ländergliederung

Ein weiteres, in der staatsrechtlichen Literatur vielfach diskutiertes Thema ist die Gliederung der Länder, die ebenfalls als reformbedürftig erachtet wird.[329] Wenn auch der Aspekt der Länderneugliederung aus der finalen Reformdebatte um das Föderalismusreformgesetz I gänzlich verdrängt wurde, soll er vorliegend dennoch in der gebotenen Kürze Erwähnung finden.

So wird in der Debatte um die Neugliederung des Bundesgebietes vorgetragen, dass die sich in Größe, Wirtschafts- und Finanzkraft unterscheidenden sechzehn Länder der Bundesrepublik ein sehr inhomogenes Erscheinungsbild[330] abgeben. Daher bestehen Überlegungen, die Kosten für die landesstaatliche Aufgabenwahrnehmung im Wege der Zusammenlegung der kleineren, leistungsschwächeren Bundesländer zu verringern. Auf diese Weise soll die Leistungs- und Wettbewerbsfähigkeit der Bundesländer insgesamt gestärkt werden. Über den wissenschaftlichen Diskurs hinaus hat sich die Idee einer Neugliederung – abgesehen von der Vereinigung der badischen und württembergischen Länder – in der Praxis bislang jedoch nicht durchzusetzen vermocht. Ursächlich dafür ist vor allem die kasuistische Regelung[331] des Art. 29 GG. Sie enthielt in ihrer ursprünglichen Fassung einen formal verbindlichen Verfassungsauftrag zur Neugliederung der nach dem Zweiten Weltkrieg größtenteils neu gebildeten Länder und sah für diese bezüglich der Neugliederung lediglich begrenzte Mitwirkungsrechte vor.[332] Der verfassungsändernde Gesetzgeber rückte von dieser ursprünglichen Zielsetzung des Art. 29 GG ab und ersetzte nicht nur den Verfassungsauftrag zur Länderneugliederung durch eine Ermessensbestimmung, sondern stärkte zugleich die den Ländern zugesprochenen Mitwirkungsrechte.[333] Die gegenwärtige Fassung des Art. 29 GG stellt damit hohe verfassungsrechtliche Anforderungen an eine Fusion der Länder.[334] Sie umschreibt nicht nur ein kompliziertes Verfahren zur Durchführung der Länderneugliederung, sondern setzt auch die Zustimmung der jeweilig betroffenen Landesvölker voraus.[335] Die im Jahre 1996 gescheiterte Fusion der Länder Berlin und Brandenburg verdeutlicht,

329 Vgl. etwa die Darstellung der Diskussion der Neugliederung des Bundesgebietes bei *Schiffers*, Weniger Länder – mehr Föderalismus?, S. 40 ff.; siehe aber auch *Kirchhof*, DVBl. 2004, 977, 986; *ders.*, ZG 2004, 209, 213; *Schäfer*, DVBl. 1973, 732 ff.; *Scholz*, in: FS Badura, S. 491, 493.

330 *Haug*, DÖV 2004, 190, 196.

331 *Maunz/Herzog/Scholz*, in: Maunz/Dürig, GG IV, Art. 29 Rn. 13 und 16.

332 *Hofmann*, in: HbdStR I 3, § 9 Rn. 87 f.

333 *Ders.*, in: HbdStR I 3, § 9 Rn. 87 f.

334 *Erbguth*, in: Sachs, GG, Art. 29 Rn. 75.

335 Nur der Vollständigkeit halber sei vorliegend darauf hingewiesen, dass die weniger komplizierten Bestimmungen der Artt. 118, 118a GG ebenfalls eine Länderneugliederung ermöglichen.

dass die mit einem solchen Zustimmungserfordernis verbundenen Befürchtungen – wie etwa die vor der Verpflichtung zur Übernahme bestehender Landesschulden oder vor einem Verlust der landsmannschaftlichen Identifikation – in der Praxis nahezu unüberwindbare Hürden für eine Neugliederung des Bundesgebietes aufstellen. Eine mögliche Länderneugliederung rückt damit zum gegenwärtigen Zeitpunkt in weite Ferne.

III. Finanzverfassung

Auch die finanzverfassungsrechtlichen Grundlagen der Bund-Länder-Beziehungen bilden einen Schwerpunkt in der Diskussion um die Reformbedürftigkeit der Bundesstaatsordnung. Insbesondere wird die im Wege vieler Verfassungsänderungen schleichend verankerte Aufgabenverflechtung und die draus resultierende Vermischung der zwischen Bund und Ländern aufgeteilten Kompetenzen beklagt.[336] So fiel das der Finanzverfassung ursprünglich zugrunde gelegte Trennsystem[337] einem bereits in den 1950er Jahren einsetzenden, durch den verfassungsändernden Gesetzgeber und die Staatspraxis veranlassten Abbau der eigenverantwortlichen Aufgabenwahrnehmung zum Opfer. Ursächlich für die Verantwortungsvermischung war dabei vor allem die Fondswirtschaft des Bundes. Sie ermöglichte es dem Bund, sich im Gegenzug für die Finanzierung von Landesaufgaben erhebliche Einflussrechte in denjenigen Kompetenzbereichen zuzusichern, die nach dem Zuständigkeitskatalog des Grundgesetzes eigentlich den Ländern vorbehalten waren.[338] Fortsetzung fand das zunächst nur in der Verfassungspraxis etablierte Dotationssystem des Bundes in den im Zuge der Großen Finanzreform in das Grundgesetz eingeführten Vorschriften über die Investitionshilfen (Art. 104a Abs. 4 GG a.F.) und die Unterstützungszahlungen (Artt. 91a, 91b GG a.F.) des Bundes. Diese Finanzierungsinstrumente des Bundes werden aus heutiger Sicht als das wohl schwerwiegendste Moment der finanzverfassungsrechtlichen Verantwortungsverflechtung betrachtet.[339] Die Verflechtungen erstrecken sich aber auch auf das grundgesetzlich verankerte Finanzausgleichssystem. Dort hat sich sowohl auf vertikaler als auch auf horizontaler Ebene ein nur noch schwer überschaubares Geflecht verfassungsrechtlicher Strukturen herausgebildet.[340] Die Verteilung der öffentlichen Finanzmittel wird daher ebenfalls als entflechtungs- und reformbedürftig empfunden.

---

336 *Kloepfer*, DÖV 2004, 566, 568; *Margedant*, APuZ 2003, Beilage 29/30, 6, 7.

337 *Schmalenbach*, Föderalismus und Unitarismus, S. 200; *Zenthöfer*, Wettbewerbsföderalismus, S. 167.

338 *Hoppenstedt*, Bundesstaatliche Ordnung, S. 133.

339 BT-Drs. 16/813, S. 7; *Volkmann*, DÖV 1998, 613, 617.

340 *Färber/Otter*, APuZ 2005, Beilage 13/14, 33; *Scholz*, in: FS Badura, S. 491, 492.

Belastet werden die Finanzbeziehungen im deutschen Bundesstaat zugleich durch den bereits im Dotationssystem des Bundes zum Ausdruck kommenden Bonitätsvorsprung des Bundes.[341] Dieser steht den zum Teil problematischen Haushaltslagen der Länder und Gemeinden konträr entgegen und ist aus verfassungsrechtlicher Sicht auch nicht unbeachtlich. So fordert insbesondere die Eigenstaatlichkeit von Bund und Ländern eine angemessene finanzielle Ausstattung der staatlichen Handlungsakteure ein.[342] Deshalb wird im Rahmen der Diskussion der Bund-Länder-Beziehungen die unterlegene Steuerhoheit der Länder[343] ebenfalls für reformbedürftig erachtet. Im Gegensatz zu den Ländern verfügt nämlich der Bund aufgrund der ihm im Bereich der Finanzverfassung eingeräumten Gesetzgebungs- und Ertragskompetenzen über beträchtliche Einnahmequellen.[344] Die schwache Einnahmenseite der Länder wird durch den Grundsatz der Vollzugskausalität zusätzlich verschärft. Danach wird die aus den verabschiedeten Gesetzen folgende Kostenlast nicht demjenigen Verantwortungsträger zugewiesen, welcher das Kosten verursachende Gesetz erlassen hat, vielmehr sind die Vollzugskosten von der mit der Ausführung des Gesetzes betrauten Gebietskörperschaft zu tragen.[345] Da gemäß der Vorschrift des Art. 83 GG in der Regel die Länder für den Vollzug von Bundesgesetzen zuständig sind, fallen Kostenbegründer und Kostenträger oftmals zum Nachteil der Länder auseinander.[346]

IV. Europäische Integration

Das vereinte Europa stellt die bundesstaatliche Ordnung ebenfalls vor eine schwierige Aufgabe. Seine Realisierung erforderte von Beginn an die Übertragung von innerstaatlichen Zuständigkeiten auf die Europäischen Gemeinschaften und die Europäische Union.[347] Dies blieb freilich nicht ohne Auswirkungen auf das grundgesetzliche Kompetenzgefüge. In der Diskussion um die Notwendigkeit einer Reform[348] der bundesstaatlichen Ordnung erlangt der

341 *Kloepfer*, DÖV 2004, 566, 569.

342 *Maurer*, Staatsrecht I, § 21 Rn. 3; *Scheller*, APuZ 2006, Beilage 50, 24, 25.

343 So etwa von *Fischdick*, Reform des föderalen Systems, S. 103 und *Hoppenstedt*, Bundesstaatliche Ordnung, S. 146.

344 *Zenthöfer*, Wettbewerbsföderalismus, S. 167; ähnlich *Oeter*, Integration und Subsidiarität, S. 511 und 523.

345 *Ekardt/Buscher*, DÖV 2007, 89, 91.

346 *Dies.*, DÖV 2007, 89, 91.

347 *Schwanengel*, DVBl. 2004, 417, 418 unter Hinweis auf *Kaiser*, Tagung des Staatswissenschaftlichen Forums.

348 *Hofmann*, in: Schmidt-Bleibtreu/Klein, GG (10. Aufl.), Art. 20 Rn. 17; *Kirchhof*, DVBl. 2004, 977, 986; *Vogel*, in: HbdVerfR, § 22 Rn. 21.

fortschreitende europäische Integrationsprozess daher gleichfalls ein großes Gewicht.

Die Bundesrepublik Deutschland ist im Vergleich zu den meisten anderen Mitgliedstaaten der Europäischen Union nicht als Einheits-, sondern als Bundesstaat ausgestaltet, sodass die europäische Integration sowohl auf die vom Bund als auch auf die von den Ländern wahrgenommenen Kompetenzen Einfluss nimmt. Anders als beim Bund wirkt sich die europäische Entwicklung bei den Ländern jedoch gleich in zweifacher Weise aus. Zum einen müssen sie gemeinschaftsrechtliche Zugriffe auf die ihnen originär zugewiesenen Kompetenzen – wie etwa auf den Gebieten der Bildung und Forschung, der Kultur oder des Rundfunkwesens – erdulden.[349] Zum anderen erleiden sie eine Erosion der ihnen über den Bundesrat gewährten Mitwirkungsrechte an der Gesetzgebung des Bundes, indem auch die dem Bund zugewiesen Gesetzgebungsbefugnisse auf die europäische Ebene übertragen werden.[350] Auf diese Weise werden die ohnehin schon infolge der innerstaatlichen Unitarisierung reduzierten Regelungsbereiche der Länder abermals beschnitten.[351]

Schwierigkeiten bereitet auch die Beteiligung der Länder am europäischen Gesetzgebungsverfahren. Bislang sahen die europäischen Grundlagenverträge über den Ausschuss der Regionen eine Einbeziehung der Länder auf europäischer Ebene vor.[352] Gemäß Art. 265 EGV ist dieser Ausschuss mit verschiedenen Stellungnahme- und Anhörungsrechten ausgestattet. Der Staatlichkeit der Länder entspricht diese Regionalvertretung jedoch nicht. Deutlich wird dies zum einen dadurch, dass dem Ausschuss eine ausschließlich beratende Funktion zukommt. Zum andern stellen die Länder lediglich 24 von derzeit 344 Mitgliedern des Kollegialorgans. Aufgrund der äußerst beschränkten Handlungsmacht der Länder werden die europäischen Entscheidungs- und Handlungsprozesse damit weitestgehend ohne Beteiligung der Länder getroffen. Abhilfe gegen die fehlende Einbeziehung der Länder versucht daher das Grundgesetz zu schaffen. So wird den Ländern über den erst im Jahr 1992 neu eingeführten Art. 23 GG a.F. eine Beteiligung am europäischen Gesetzgebungsprozess vermittelt. Danach wirken sie gemäß Artt. 23 Abs. 2 Satz 1, 50 GG in den sie betreffenden Angelegenheiten der Europäischen Union über den Bundesrat mit. Eine besondere Aufgabe kommt in diesem Zusammenhang den in Art. 23 Abs. 4-6 GG a.F. normierten Mitspracherechten der Länder zu. Soweit die Länder durch Maßnahmen der europäischen Ebene in ihren innerstaatlichen Kompetenzen beeinträchtigt werden,

349 *Huber*, NJW 2004, Beilage zu Heft 27, 23; *Zypries*, ZRP 2003, 265, 266.

350 *Hoppenstedt*, Bundesstaatliche Ordnung, S. 175; ähnlich *Vogel*, in: HbdVerfR, § 22 Rn. 21.

351 *Nettesheim*, in: FS Badura, 363, 364; *Zippelius/Würtenberger*, Staatsrecht, § 14 VII.1.; andeutend auch *Schweitzer*, VVDStRL 53 (1993), S. 48, 60 f.

352 Zu den Auswirkungen des Vertrages von Lissabon vgl. Punkt A.VI. dieses Kapitels.

wird ihnen darüber in Abhängigkeit von der Intensität des Eingriffs ein entsprechendes Beteiligungsrecht an der Willensbildung des Bundes eingeräumt. Diesen Mitwirkungsrechten liegt also die Bestrebung zugrunde, der unbewältigten Konfliktlage zwischen dem im Verhältnis zur Europäischen Union bestehenden Erfordernis einer einheitlichen, effizienten Außenvertretung der Bundesrepublik und der inneren Notwendigkeit des Erhalts der bundesstaatlichen Vielfalt gerecht zu werden.[353] Die durch Art. 23 GG a.F. bereitgestellte Lösung der Länderbeteiligung wird heute jedoch ebenfalls als reformbedürftig betrachtet. So werden die Regelungen des Art. 23 GG a.F. als schwerfällig, unzureichend und europauntauglich[354] beschrieben, denn die den Ländern im Gegenzug für die Aufgabe von originären Kompetenzen übertragenen Mitspracherechte können die erlittenen Verluste nicht vollständig ausgleichen. Ein von der jeweiligen Mehrheit abhängiges Recht zur Mitbestimmung wird nämlich in seiner Wirkkraft stets hinter einem eigenständigen Recht zur Selbstgestaltung zurückbleiben.[355] Das gilt nicht zuletzt deshalb, weil den Ländern in Art. 23 GG a.F. – mit Ausnahme des sechsten Absatzes – bloße Stellungnahmerechte eingeräumt werden. Soweit die Stellungnahmen des Bundesrates nach Art. 23 Abs. 5 Satz 2 GG maßgeblich zu berücksichtigen sind, werden sie zudem bei Vorliegen der Voraussetzungen des Art. 23 Abs. 5 Satz 3 GG durch die Notwendigkeit eines Zustimmungserfordernisses der Bundesregierung relativiert.

V. Zwischenergebnis

Die vorstehende Untersuchung bestätigt, dass in der aktuellen Debatte um die Reform der bundesstaatlichen Ordnung sehr unterschiedliche Momente und Entwicklungen als korrekturbedürftig betrachtet werden. Dabei erlangen vor allem zwei Problemkreise im bundesstaatlichen System eine besondere Bedeutung: das klare Übergewicht des Bundes im Verhältnis zu den Ländern, einschließlich der damit verbundenen Macht- und Balanceverschiebungen in der Legislative, der Exekutive und der Finanzverfassung sowie der zunehmende Machtzuwachs der europäischen Ebene zum Nachteil von Bund und Ländern. Im Zentrum der Kritik steht damit das System der verfassungsrechtlichen Kompetenzverteilung, das in nahezu allen Aufgabenbereichen für änderungsbedürftig erachtet wird.

353 *Kirchhof*, DVBl. 2004, 977, 984.

354 *Ders.*, DVBl. 2004, 977, 986; *Rüß*, Vereintes Europa, S. 118; *Seidel*, RuP 40 (2004), S. 86, 90.

355 *Nettesheim*, FS Badura, S. 363, 364.

VI. Bewertung

Während der fortschreitende Europäisierungsprozess von außen auf den deutschen Bundesstaat einwirkt, haben im Inneren die Unitarisierung sowie die erörterten Verantwortungsverschiebungen auf die bundesstaatliche Machtverteilung Einfluss genommen und die Reformbedürftigkeit der bundesstaatlichen Ordnung ausgelöst. Doch berechtigt dieser Zustand zu der Annahme, die Bundesstaatsordnung stecke in einer Krise? Die in diesem Kapitel dargelegten staatsrechtlichen und staatspolitischen Entwicklungen veranlassen jedenfalls *Staats* und *Seidel* zu dem Vorschlag[356], den Bundesstaat durch einen Einheitsstaat zu ersetzen. Eine ähnliche Aussage ist der Einschätzung zu entnehmen, die Länder seien nur noch als potenzierte Selbstverwaltungskörperschaften[357] zu qualifizieren.

Mögen – wie auch in dieser Arbeit herausgestellt worden ist – die Länder an ihren Kompetenzverlusten eine Mitverantwortung[358] tragen, so ist doch die Suche nach etwaigen Verantwortlichkeiten bei der Beantwortung der aufgeworfenen Frage wenig hilfreich. Vielmehr ist zu berücksichtigen, dass die grundgesetzliche Bundesstaatsordnung von Beginn an den jeweiligen zeitlichen Gegebenheiten angepasst worden ist. Sie wurde vor allem durch das in den 1960er und 1970er Jahren vorherrschende Streben nach größtmöglicher Einheitlichkeit im gesamten Bundesgebiet geprägt. Aus heutiger Sicht – insbesondere im Hinblick auf einen in Politik und Wissenschaft anvisierten Wettbewerbsföderalismus – entspricht die Gestalt der Bundesstaatsordnung einem vergangenen Zeitgeist. Wenn also die bundesstaatliche Ordnung zum gegenwärtigen Zeitpunkt als überholt empfunden und ihre Reformbedürftigkeit betont wird, so ist darin zunächst ein ganz natürlicher Entwicklungsprozess zu erblicken. Die Aufdeckung reformbedürftiger Schwachstellen der Bundesstaatsordnung oder einer korrekturbedürftigen Staatspraxis führt daher nicht zu der zwingenden Schlussfolgerung, die bundesstaatliche Ordnung befinde sich in einer Krise. Genauer betrachtet erfordert das Bestehen einer Krisensituation eine so schwerwiegende Reformbedürftigkeit, dass – nach objektiver Einschätzung der Lage – eine Existenzgefährdung für die Bundesstaatlichkeit besteht. Anderenfalls würde auch eine einfache Reformbedürftigkeit eine Krise der bundesstaatlichen Ordnung begründen. Dies wiederum würde unter Berücksichtigung der seit jeher bestehenden Diskussion um die Änderungsbedürftigkeit der bundesstaatlichen Ordnung bedeuten, dass sich der deutsche Bundesstaat in einer Dauerkrise befinde. Da aber anerkannt wird,

---

356 *Seidel*, RuP 41 (2005), S. 210, 211; *Staats*, RuP 41 (2005), S.18.

357 So lautet zum Beispiel die Feststellung von *Scholz*, in: FS Badura, S. 491, 492.

358 Ähnlich die Konklusion von *Huber*, NJW 2004, Beilage zu Heft 27, 23.

dass sich der grundgesetzliche Bundesstaat prinzipiell bewährt[359] hat, setzt eine Krisenbewertung eine qualifizierte Reformbedürftigkeit voraus. Diese verlangt – wie bereits angedeutet worden ist – einen den Bestand der Bundesstaatsordnung gefährdenden Zustand.
Die schwerwiegendste Folge der dargelegten Entwicklungen der bundesstaatlichen Ordnung stellt die Schwächung der Eigenstaatlichkeit der Länder dar. Sie bildet daher das zentrale Kriterium im Rahmen der vorzunehmenden Beurteilung der Existenzgefährdung der bundesstaatlichen Ordnung. Ist nämlich die den deutschen Bundesstaat kennzeichnende Staatlichkeit der Länder bedroht, steht ihm ein mögliches Umkippen in einen Einheitsstaat bevor. Nachstehend werden daher die Auswirkungen der inneren und der äußeren Reformursachen auf die Eigenstaatlichkeit der Länder untersucht und bewertet. Sie bilden sodann die Grundlage für die Einschätzung der eingangs aufgeworfenen Fragestellung.

Das Bundesverfassungsgericht konstatierte in seinem Urteil zum Hessischen Besoldungsanpassungsgesetz, dass die Länder nur dann als Staaten zu qualifizieren seien, „wenn ihnen ein Kern eigener Aufgaben als ‚Hausgut' unentziehbar verbleibt"[360]. Nach der Auffassung des Gerichts müsse den Ländern daher zumindest die Möglichkeit zur selbstbestimmten Gestaltung ihrer staatlichen Organisation und Grundstrukturen sowie eine angemessene Beteiligung am bundesstaatlichen Gesamtsteueraufkommen zukommen.[361] Nicht ausreichend sei dagegen „irgendein Rest von Gesetzgebungszuständigkeit, Verwaltungszuständigkeit und justizieller Zuständigkeit"[362].

Trotz der bestehenden Schwachstellen im System der bundesstaatlichen Ordnung agieren die Länder in eigenständigen, vom Bund abgegrenzten Verfassungsräumen, die sie – wie vom Bundesverfassungsgericht gefordert – selbstständig ausfüllen. So verfügen die Verfassungen der Länder über umfassende Grundrechtskataloge, die aufgrund ihrer Ausführlichkeit in der Regel den Umfang des grundgesetzlichen Grundrechtskataloges übersteigen. Darüber hinaus enthalten sie Vorschriften über Zusammensetzung, Wahl und Aufgabenbefugnisse der jeweiligen Landesvertretung sowie die sich über die Landesvertretung legitimierenden Landesregierungen. Zudem bestehen selbstständige organisationsrechtliche Bestimmungen für die Bereiche der legislativen, exekutiven und judikativen Aufgabenwahrnehmung. Gleiches gilt für den Aufgabenbereich der Finanzverfassung.

Das durch die Landesverfassungen vermittelte Bild sieht sich in den Aufgabenzuweisungen des Grundgesetzes bestätigt. Dies gilt zunächst für den Aufgabenbereich der Verwaltung. Nach Art. 83 GG führen nämlich die Län-

359 *Benz*, DÖV 1991, 586; *Kloepfer*, DÖV 2004, 566, 571; *Starck*, in: Föderalismusreform, Rn. 1; *Vogel*, in: HbdVerfR § 22 Rn. 20.
360 BVerfGE 34, 9, 20.
361 BVerfGE 34, 9, 20.
362 BVerfGE 34, 9, 19.

der die Bundesgesetze grundsätzlich als eigene Angelegenheit aus. Soweit ausnahmsweise der Bund an dem Vollzug von Bundesgesetzen beteiligt ist, setzt dies zumeist voraus, dass die Länder über den sie im Gesetzgebungsverfahren des Bundes repräsentierenden Bundesrat ihre Zustimmung erteilen müssen. Exemplarische Zustimmungserfordernisse in diesem Sinne enthalten etwa die Artt. 84 Abs. 1, 85 Abs. 1 GG a.F. Trotz der erwähnten bundesrechtlichen Zugriffsbefugnisse liegt die exekutorische Aufgabenwahrnehmung in diesem Aufgabenbereich schwerpunktmäßig bei den Ländern. Ähnliches gilt auch für die justizielle Zuständigkeitsverteilung des Grundgesetzes. Nach der Regelung des Art. 92 GG bilden Bundesgerichte die Ausnahme, Landesgerichte hingegen die Regel. Schon zahlenmäßig besitzen die in mehrere Instanzen gegliederten und auf verschiedene Rechtswege verteilten Gerichte der Länder im Verhältnis zu den wenigen Bundesgerichten ein eindeutiges Übergewicht. Anders gestaltet sich die Lage dagegen auf dem Gebiet der Gesetzgebung. Dort haben die Länder aufgrund des langjährigen Unitarisierungsprozesses eine erhebliche Reduktion ihrer Zuständigkeiten erfahren. Dennoch werden ihnen nach wie vor einige bedeutende Gesetzgebungskompetenzen zugewiesen, so etwa in den Bereichen des allgemeinen Sicherheitsrechts, des Kultur-, Medien- und Bildungsrechts, des Bauordnungs- und Kommunalrechts sowie in weiten Teilen des Straßen-, Umwelt- und Denkmalschutzrechts.[363] Eine besondere Situation hinsichtlich der Landeszuständigkeiten ergibt sich schließlich aus der Verteilung der finanzverfassungsrechtlichen Kompetenzen. Dort liegt nach der Wertung des Art. 105 GG der Schwerpunkt der Steuergesetzgebung beim Bund. Zu einem beträchtlichen Teil werden im deutschen Bundesstaat allerdings gemeinschaftliche Steuern erhoben, deren Erträge gemäß Art. 106 Abs. 3 GG sowohl dem Bund als auch den Ländern zufließen. Zusätzlich verfügen die Länder laut der Vorschrift des Art. 106 Abs. 2 GG über Steuereinnahmen, deren Erträge ihnen allein zukommen. Sie werden damit in zweifacher Weise am Gesamtsteueraufkommen beteiligt. Zwar haben sich die selbstständigen Einnahmenbefugnisse der Länder im Laufe der Zeit erheblich minimiert, der Umfang der ihnen insgesamt zugewendeten Steuern kann aber zum gegenwärtigen Zeitpunkt noch nicht als unangemessene Beteiligung am bundesstaatlichen Gesamtsteueraufkommen betrachtet werden.

Damit lässt sich feststellen, dass die Länder überwiegend im Bereich der Gesetzgebung, zum Teil aber auch im Bereich der Finanzverfassung Kompetenzeinbußen haben hinnehmen müssen. Sie wurden dabei – auch wenn diese keinen vollwertigen Ausgleich darstellen – auf dem Gebiet der Gesetzgebung allerdings in Form von Mitwirkungsrechten entschädigt. Die vom Bundesverfassungsgericht aufgestellten Kriterien für die Staatlichkeit der Länder sind infolge der beschriebenen Defizite jedoch noch nicht unterschritten. Den bes-

363 *Pernice*, in: Dreier, GG II, Art. 30 Rn. 18.

ten Beweis dafür bietet das verabschiedete Föderalismusreformgesetz I. Wären die Länder als Selbstverwaltungskörperschaften zu qualifizieren und damit ihrer staatlichen sowie politischen Macht beraubt, wäre die Verabschiedung dieses Reformwerkes, das sich vor allem eine Stärkung der Gesetzgebungskompetenzen der Länder[364] zum Ziel setzte, vermutlich nicht geglückt.

Bevor jedoch die Ausgangsfrage abschließend beantwortet werden kann, bedarf es in einem letzten Schritt der Prüfung, in welchem Ausmaß die europäische Integration die Staatlichkeit der Länder beeinträchtigt.

Nach der Auffassung des Bundesverfassungsgerichts ist die Europäische Union lediglich als Staatenverbund, nicht aber als europäischer Staat zu werten.[365] So darf die Europäische Union allein nach dem Prinzip der begrenzten Einzelermächtigungen tätig werden und unterliegt in ihrer Kompetenzausübung dem Subsidiaritätsprinzip sowie dem Grundsatz der Verhältnismäßigkeit.[366] Über die Kompetenz-Kompetenz[367] – wie sie den Mitgliedstaaten gebührt – verfügt die Europäische Union hingegen nicht. Nach derzeitiger Rechtslage wird die Staatlichkeit von Bund und Ländern durch die europäische Ebene daher nur berührt, soweit sie Hoheitsrechte auf diese übertragen haben und die soeben benannten Schutzmechanismen nicht eingreifen. Darüber hinaus bewahrt auf nationaler Ebene der Art. 23 Abs. 1 Satz 2, 3 GG die Länder vor einer weiteren Übertragung von Zuständigkeiten gegen ihren Willen. Eine Gefährdung der Eigenstaatlichkeit der Länder ist folglich zu verneinen. Vielmehr scheint sich künftig sogar eine Stärkung der Rechtsstellung der Länder abzuzeichnen. Bereits der im Jahre 2004 beschlossene EU-Verfassungsvertrag, dessen Ratifizierung an der Zustimmung der niederländischen und französischen Bevölkerung scheiterte, enthielt in Art. I-11 Abs. 3 Satz 3 ein durch die nationalen Parlamente wahrzunehmendes Subsidiaritätskontrollverfahren. Dieses Kontrollrecht berechtigt den Deutschen Bundestag dazu, zu prüfen, ob die Europäische Union ihre Kompetenzen im Einzelfall subsidiaritätsgerecht ausübt.[368] Trotz der misslungenen Ratifizierung des EU-Verfassungsvertrages ging die Idee eines solchen Kontrollverfahrens nicht verloren. Die Erneuerung der vertraglichen Grundlagen der Europäischen Union wurde nämlich im Jahre 2007 durch den zwischenzeitlich von allen 27 Mitgliedstaaten der Europäischen Union ratifizierten und zum 1. Dezember 2009 in Kraft getretenen Vertrag von Lissabon weiter vorangetrieben. Er übernimmt in Art. 3b Abs. 3 Satz 3 wortlautgetreu das in Art. I-11 Abs. 3 Satz 3 des EU-Verfassungsvertrages beschriebene Subsidiaritätsverfahren, in das der Bundesrat über das Klagerecht nach Art. 23 Abs. 1a GG eingebunden

---

364 BT-Drs. 16/813, S. 7.

365 BVerfGE 89, 155, 188.

366 BVerfGE 89, 155, 189; *Hobe*, Europarecht, Rn. 116.

367 *Rengeling*, in: FS Badura, S. 1135, 1146.

368 *Callies*, in: ders./Ruffert, VerfEU, Art. I-11 Rn. 58.

wird. Dies führt im Ergebnis nicht nur zu einer Stärkung des Deutschen Bundestages, sondern auch zu einer Stärkung der Landesregierungen. Ergänzt wird dieses neue Kontrollrecht durch das Urteil des Bundesverfassungsgerichts zum Vertrag von Lissabon.[369] Das Gericht hatte sich nämlich im Vorfeld der Ratifikation des Vertrages unter anderem mit der Verfassungsmäßigkeit des Zustimmungsgesetzes zum Vertrag von Lissabon und der Verfassungsmäßigkeit des Gesetzes über die Ausweitung und Stärkung der Rechte des Bundestages und des Bundesrates in Angelegenheiten der Europäischen Union[370] zu befassen. Während das Zustimmungsgesetz der Prüfung des Bundesverfassungsgerichts stand hielt, wurde das Ausweitungsgesetz aufgrund seiner Unvereinbarkeit mit Art. 38 Abs. 1 in Verbindung mit 23 Abs. 1 GG für verfassungswidrig erklärt, weil die in ihm geregelten Beteiligungsrechte der gesetzgebenden Körperschaften nicht hinreichend ausgestaltet waren.[371] Unter Berücksichtigung der durch das Bundesverfassungsgericht aufgestellten Vorgaben verabschiedete der Bundesgesetzgeber das Gesetz über die Ausweitung und Stärkung der Rechte des Bundestages und des Bundesrates in Angelegenheiten der Europäischen Union[372], sodass nunmehr den Befugnissen beider Gesetzgebungsorgane auf europäischer Ebene ausreichend Rechnung getragen wird. Dies hat abermals eine Stärkung der Landesregierungen zur Folge.

Die vorstehenden Erörterungen führen zu folgendem Endergebnis: Die Reformbedürftigkeit der bundesstaatlichen Strukturen ist ernst zu nehmen, weil sie zum Teil auf die Staatlichkeit der Länder durchschlägt. Eine massive, die grundlegenden Elemente der Bundesstaatsordnung – insbesondere die Staatlichkeit der Länder – bedrohende Beeinträchtigung ist aber nicht festzustellen. Wenn auch so mancher Schrifttumsvertreter auf der Grundlage eigener Beurteilungen zu dem Resultat gelangt, die bundesstaatliche Ordnung befinde sich in einer Krise, so sprechen doch die vorstehenden Ausführungen dafür, die Schäden an den bundesstaatlichen Grundlagen des Grundgesetzes nicht[373] als solche zu qualifizieren. Die Reformbedürftigkeit spiegelt vielmehr das Ergebnis einer zum gegenwärtigen Zeitpunkt überkommenen Bundesstaatsstruktur wider.

---

369 Vgl. dazu die Entscheidung des Bundesverfassungsgerichts zum Vertrag von Lissabon unter BVerfGE, 2 BvE 2/08 vom 30.06.2009, http://www.bundesverfassungsgericht.de/entscheidungen/es20090630_2bve000208.html, zuletzt aufgerufen am 22.11.2009.

370 Vgl. dazu den Gesetzentwurf in BT-Drs. 16/8489.

371 BVerfGE, 2 BvE 2/08 vom 30.06.2009, http://www.bundesverfassungsgericht.de/entscheidungen/es2009063 0_2bve000208.html, Rn. 406 ff., zuletzt aufgerufen am 22.11.2009.

372 Gesetz v. 22.09.2009, BGBl. I, 3022.

373 In diesem Sinne ebenfalls *Kloepfer*, DÖV 2004, 566, 571.

B. Bisherige Reformbemühungen

Die behandelten Schwachstellen der bundesstaatlichen Ordnung führten schon in der Vergangenheit dazu, dass verschiedene Gremien und Projekte zur Erarbeitung möglicher Lösungsvorschläge für eine Modernisierung der bundesstaatlichen Ordnung ins Leben gerufen worden sind. Wie die nachstehenden Ausführungen zeigen, ließ sich eine tatsächliche Umsetzung der gefundenen Ergebnisse jedoch nicht immer verwirklichen.

I. Die Bemühungen der 1960er, 1970er und 1990er Jahre

In den 1960er Jahren standen überwiegend die Finanzbeziehungen von Bund und Ländern im Mittelpunkt der bundesstaatlichen Reformbestrebungen. Die in diesem Zusammenhang diskutierten Änderungsvorschläge wurden im Wesentlichen dem Finanzreformgesetz[374] zugrunde gelegt, dessen Entwurf auf dem von der Troeger-Kommission erarbeiteten Gutachten über die Finanzreform in der Bundesrepublik Deutschland[375] beruhte. Gegenstand des die Finanzverfassung umgestaltenden Finanzreformgesetzes waren die Einführung der Gemeinschaftsaufgaben von Bund und Ländern (Artt. 91a, 91b GG) und der Investitionshilfenkompetenz des Bundes (Art. 104a Abs. 4 GG a.F.), die Erweiterung der Steuergesetzgebungshoheit des Bundes nach Art. 105 Abs. 2 GG, der Ausbau des Verbundsteuersystems gemäß Art. 106 Abs. 3 GG, die Überarbeitung der Steuerverwaltungszuständigkeiten im Sinne des Art. 108 GG und eine Modifizierung der Vorschrift über den Länderfinanzausgleich.[376] Die Große Finanzreform des Jahres 1969 stand damit vor allem im Zeichen des seinerzeit vorherrschenden Leitbildes[377] von der Schaffung bundesweit einheitlicher Lebensverhältnisse und führte tatsächlich zu einer Reformierung der bundesstaatlichen Ordnung des Grundgesetzes.

In den 1970er Jahren war die umfangreiche Erneuerung der bundesstaatlichen Strukturen eines der zentralen Themen der vom Deutschen Bundestag

---

374 21. Gesetz zur Änderung des Grundgesetzes (Finanzreformgesetz) v. 12.05.1969, BGBl. I, 359.

375 *Siekmann*, in: Sachs, GG, Art. 91a Rn. 4.

376 Siehe dazu das 21. Gesetz zur Änderung des Grundgesetzes (Finanzreformgesetz) v. 12.05.1969, BGBl. I, 359 sowie die vertiefenden Ausführungen von *Hofmann*, in: HbdStR I 3, § 9 Rn. 78 ff. und *Hoppenstedt*, Bundesstaatliche Ordnung, S. 138 ff.

377 *Selmer*, JuS 2006, 1052, 1053; vgl. diesbezüglich auch die Ausführungen unter Punkt A.III. dieses Kapitels.

eingesetzten Enquete-Kommission[378] zur Reformierung des Grundgesetzes. Die Kommission hatte die Aufgabe, „zu prüfen, ob und inwieweit es erforderlich ist, das Grundgesetz den gegenwärtigen und voraussehbaren zukünftigen Erfordernissen [...] anzupassen“[379]. In Bezug auf die bundesstaatliche Ordnung stellte sich die Kommission insbesondere den Problemkreisen der Verteilung der Gesetzgebungskompetenzen zwischen Bund und Ländern und der Positionierung des Bundesrates im bundesstaatlichen System.[380] Die Ergebnisse der Enquete-Kommission beschränkten sich jedoch auf die Formulierung bloßer Empfehlungen, da eine Totalrevision der Verfassung nicht für notwendig erachtet wurde.[381] Dennoch regte bereits jene Kommission erstens eine Abschaffung der Rahmenkompetenz des Bundes – einschließlich einer Überführung dieser Kompetenztitel in den Bereich der konkurrierenden Gesetzgebung – sowie zweitens eine Umwandlung der Bedürfnisklausel des Art. 72 Abs. 2 GG a.F. in eine Erforderlichkeitsklausel an.[382] Zu einer Realisierung der erarbeiteten Änderungsvorschläge sollte es jedoch damals nicht kommen.

Die in den nachfolgenden Jahren vor allem von Seiten der Länder immer wieder aufgegriffene Idee einer Reformierung der bundesstaatlichen Ordnung[383] des Grundgesetzes blieb ebenfalls erfolglos. Erst der Beitritt der neuen Bundesländer im Jahre 1990, der die Bundesstaatsordnung wohl vor ihre bisher schwierigste Herausforderung[384] stellte, lieferte den abschließenden Impuls für den erneuten Einsatz einer Verfassungskommission. So wurde der in Art. 5 des Einigungsvertrages formulierten Empfehlung, eine Verfassungsrevision insbesondere im Hinblick auf das Bund-Länder-Verhältnis zu überdenken, mit dem Einsatz einer Gemeinsamen Verfassungskommission von Bundestag und Bundesrat entsprochen. Dieses Gremium widmete sich nicht nur den aus dem Einigungsvertrag folgenden Aufgabenstellungen, sondern erarbeitete darüber hinaus auch weitere, vor allem den Ausbau der Europatauglichkeit der Verfassung betreffende Vorschläge.[385] Infolge der Arbeiten

---

378 Vgl. dazu den Schlussbericht der Enquete-Kommission Verfassungsreform, BT-Drs. 7/5924.

379 BT-Drs. 7/5924, S. 2.

380 BT-Drs. 7/5924, S. 123 ff. und S. 95 ff.

381 *Carl*, BWV 2002, 57, 58.

382 BT-Drs. 7/5924, S. 251 f.

383 Vgl. dazu beispielsweise den Bericht der vom nordrhein-westfälischen Landtag eingesetzten Bundesstaats-Kommission, abgedruckt bei Große-Sender (Hrsg.), Bericht der Kommission „Erhaltung und Fortentwicklung der bundesstaatlichen Ordnung innerhalb der Bundesrepublik Deutschland – auch in einem vereinten Europa“ oder den Bericht der Enquete-Kommission des Bayerischen Landtags „Reform des Föderalismus – Stärkung der Landesparlamente“, LT-Drs. 14/8660.

384 *Badura*, KritV 82 (1999), S. 428, 431.

385 Bericht der Gemeinsamen Verfassungskommission, BT-Drs. 12/6000, S. 6, 13 f.

der Gemeinsamen Verfassungskommission kam es daher im Jahre 1992 – neben einigen kleineren Reformgesetzen – zunächst zur Verabschiedung der so genannten „Europa-Novelle"[386]. Wenig später wurde dann im Jahre 1994 ein weiteres umfassendes Verfassungsreformgesetz[387] erlassen, das sich in nicht unerheblichem Maße auf die bundesstaatliche Ordnung auswirkte. So sah es nicht nur die bereits 1976 angeregte Einführung der Erforderlichkeitsklausel im Sinne des Art. 72 Abs. 2 GG a.F., sondern auch einige Verschiebungen in den Katalogen der Gesetzgebungskompetenzen der Artt. 74, 75 GG vor. Schließlich erhöhte das Reformgesetz infolge der Einführung des Art. 75 Abs. 2 GG a.F. die Anforderungen an die Rahmengesetzgebung des Bundes, da fortan auf ihrer Grundlage nur noch im Ausnahmefall der Erlass detaillierter oder unmittelbar geltender Regelungen gestattet war. Mit der Verwirklichung dieses lang ersehnten Reformierungsschubs erfuhren die Länder erstmals wieder eine Stärkung[388] ihrer Rechtsstellung.

II. Die Föderalismus-Kommission I

Obwohl die Verfassungsänderungsgesetze vom 21. Dezember 1992 und vom 27. Oktober 1994 wichtige Neuerungen zur Stabilisierung der bundesstaatlichen Ordnung enthielten, hat die permanente Debatte um die grundgesetzlichen Bundesstaatsstrukturen mit dem Auslauf des letzten Jahrhunderts erneut einen heftigen Auftrieb erlangt. Im Oktober 2003 wurde durch die Einsetzungsbeschlüsse von Bundestag und Bundesrat die gemeinsame Kommission zur Modernisierung der bundesstaatlichen Ordnung begründet. Dieser Föderalismus-Kommission I wurde aufgetragen, Lösungswege für eine „Modernisierung der bundesstaatlichen Ordnung [...] mit dem Ziel [zu erarbeiten], die Handlungs- und Entscheidungsfähigkeit von Bund und Ländern zu verbessern, die politischen Verantwortlichkeiten deutlicher zuzuordnen sowie die Zweckmäßigkeit und Effizienz der Aufgabenerfüllung zu steigern"[389]. Den vielfach beklagten Schwachstellen der bundesstaatlichen Ordnung sollte sie insbesondere mit Hilfe einer Untersuchung der Verteilung der Gesetzgebungskompetenzen sowie einer Analyse der Ausgestaltung der finanzverfassungsrechtlichen Beziehungen von Bund und Ländern, die sich auch auf die Artt. 91a, 91b und 104a Abs. 4 GG a.F. erstrecken sollte, entgegentreten.[390]

386 38. Gesetz zur Änderung des Grundgesetzes v. 21.12.1992, BGBl. I, 2086.

387 42. Gesetz zur Änderung des Grundgesetzes v. 27.10.1994, BGBl. I, 3146.

388 *Hofmann*, in: HbdStR I 3, § 9 Rn. 84; *Papier*, in: 50 Jahre Herrenchiemseer Verfassungskonvent, S. 341; ähnlich *Bauer*, in: Föderalismus im Diskurs, S. 51, 56.

389 BT-Drs. 15/1685, S. 1; BR-Drs. 750/03, S. 1.

390 BT-Drs. 15/1685, S. 1; BR-Drs. 750/03, S. 1.

Weitere Schwerpunkte der Kommissionsarbeit bildeten die Überprüfung der Mitwirkungsrechte der Länder in der Gesetzgebung des Bundes, die Rechtsstellung der Kommunen sowie abermals die Europafähigkeit des Grundgesetzes.[391]

Die Föderalismus-Kommission I behandelte unter Berücksichtigung des ihr erteilten Auftrages äußerst umfassende Vorschläge für eine Reformierung der Bundesstaatsordnung. Vor allem auch in den Bereichen des Beamtenrechts, der terroristischen Gefahrenabwehr und des Strafvollzugs erörterte die Kommission eine Vielzahl von Änderungen.[392] Gegenstand der beamtenrechtlichen Überlegungen war beispielsweise die Forderung, Art. 33 Abs. 5 GG abzuschaffen. Sie fand bereits Eingang in ein im Auftrag der Landesregierung von Nordrhein-Westfalen unter dem Vorsitz von *Bull* erarbeitetes Gutachten zur Reformierung des öffentlichen Dienstrechts, konnte sich aber in der Föderalismus-Kommission I nicht durchsetzen.[393]

Im Dezember 2004 erklärte die Föderalismus-Kommission I ihre Bemühungen für beendet. Obwohl ein nahezu fertiges Gesamtpaket zur Reformierung der bundesstaatlichen Ordnung vorlag, konnte ein Konsens im Hinblick auf die äußerst kontrovers diskutierten kompetenz- und finanzverfassungsrechtlichen Fragen des Bildungsbereichs nicht erlangt werden.[394] Damit schienen die gesamten Reformbestrebungen gescheitert.

C. Das Föderalismusreformgesetz I

Verloren gehen sollten die Ergebnisse der Föderalismus-Kommission I aber nicht. Vielmehr wurden sie durch den zwischen den Parteien CDU / CSU und SPD im November 2005 geschlossenen Koalitionsvertrag wieder aufgegriffen. Darin vereinbarten die Koalitionsparteien, die Arbeiten der Kommission

391 BT-Drs. 15/1685, S. 1; BR-Drs. 750/03, S. 1 f.

392 Vgl. dazu Bundestag/Bundesrat, Kommission, Zur Sache 1/2005, S. 210 ff., 250 ff. und 957 ff.

393 Vgl. dazu Bundestag/Bundesrat, Kommission, Zur Sache 1/2005, S. 239 ff.; siehe fernherhin *Battis*, ZBR 2010, 21, 24 sowie *Voßkuhle*, in: GVwR III, § 43 Rn. 97; das durch die Regierungskommission „Zukunft des öffentlichen Dienstes – Öffentlicher Dienst der Zukunft" und unter dem Vorsitz von *Bull* erarbeitete Gutachten ist unter http://www.regierungskommission.nrw.de/ imnrw/pdf/berrk.pdf abrufbar, zuletzt aufgerufen am 16.02.2010.

394 *Kröning*, RuP 41 (2005), S. 9, 10; *Albers*, ZG 2005, 182, 189 unter Hinweis auf *Wieland*, Professorengespräch des Deutschen Landkreistages 2005.

fortzusetzen.[395] Die angestrebten Änderungen des Grundgesetzes wurden daher schon wenige Monate später in einem mit den Ländern abgestimmten Gesetzentwurf[396] niedergeschrieben. Das angestrebte Gesetzesvorhaben ist sodann in den Beratungen der zuständigen Ausschüsse der Gesetzgebungsorgane überarbeitet und am 30. Juni 2006 zunächst mit der erforderlichen Zweidrittelmehrheit der Mitglieder des Deutschen Bundestages verabschiedet worden. Am 7. Juli 2006 fand das Reformvorhaben auch im Bundesrat die entsprechende Zustimmung.

Die Regelungen des Föderalismusreformgesetzes I erstrecken sich auf insgesamt 25 Grundgesetzartikel. Ihre Änderungen sollen vordringlich den entstandenen Kompetenz- und Finanzverflechtungen zwischen Bund und Ländern, letzteren zumindest in einem ersten Ansatz, den nur noch schwach ausgeprägten Gesetzgebungskompetenzen der Länder sowie der ebenfalls in Frage gestellten Europafähigkeit der Bundesstaatsordnung[397] entgegentreten. Dadurch soll eine transparentere Zuweisung von Verantwortlichkeiten sowie eine Revitalisierung der Handlungs- und Entscheidungsfähigkeit von Bund, Ländern und Kommunen erzielt werden.[398] Gleichzeitig soll die Föderalismusreform I „die föderalen Elemente der Solidarität und der Kooperation einerseits und des Wettbewerbs andererseits“[399] angemessenen ausgleichen.

Diese selbst gesteckten Ziele des Föderalismusreformgesetzes I erwecken den Anschein, dass das Grundgesetzänderungsgesetz an den im ersten Teil dieses Kapitels beschriebenen Schwachstellen der Bundesstaatsordnung anknüpft. Um beurteilen zu können, ob sich dieser Anschein bestätigt, ist es erforderlich, zunächst den Gesamtinhalt des Reformgesetzes einer näheren Betrachtung zu unterziehen. Da im Rahmen der nachstehenden Kapitel insbesondere die Kompetenzfelder des Beamtenrechts, der terroristischen Gefahrenabwehr und des Strafvollzugs im Mittelpunkt der Betrachtung stehen, konzentriert sich diese Untersuchung vor allem auf die vorgenommene Neustrukturierung der Gesetzgebungskompetenzen. Außer Betracht bleiben vorliegend die Hauptstadtklausel im Sinne des Art. 22 Abs. 1 GG sowie die Übergangsbestimmung des Art. 143c GG.

Im Anschluss an die Auseinandersetzung mit den Inhalten des Föderalismusreformgesetzes I können sodann die konkreten Erfolge und Misserfolge des verfassungsändernden Gesetzes bewertet werden.

---

395 Koalitionsvertrag der Parteien CDU/CSU und SPD vom 11. November 2005, S. 93, abrufbar unter http://www.bundestag.de/aktuell/archiv/2005/koalition/vertrag.pdf, zuletzt aufgerufen am 22.11.2009.

396 BT-Drs. 16/813; BR-Drs. 178/06; vgl. dazu auch den für die Ebene des einfachen Rechts relevanten Entwurf eines Föderalismusreform-Begleitgesetzes in BT-Drs. 16/814, BR-Drs. 179/06.

397 BT-Drs. 16/813, S. 7 f.

398 BT-Drs. 16/813, S. 7.

399 BT-Drs. 16/813, S. 7.

I. System der Gesetzgebungskompetenzen

Den wohl gewichtigsten Schwerpunkt des Föderalismusreformgesetzes I bildet die Neuordnung des Systems der Gesetzgebungskompetenzen.[400] So wird nicht nur die Kompetenzart der Rahmengesetzgebung aufgehoben, vielmehr werden auch die Gesetzgebungskataloge der ausschließlichen und konkurrierenden Gesetzgebung neu strukturiert.

1. Überblick über die Neuordnung der Kompetenzverteilung

Die entfallenen Kompetenztitel der Rahmengesetzgebung werden einerseits in die ausschließliche Gesetzgebung der Länder überführt, namentlich die beamtenrechtliche Kompetenz des Art. 75 Abs. 1 Nr. 1 GG a.F., die hochschulrechtliche Kompetenz des Art. 75 Abs. 1 Nr. 1a GG a.F. und die presserechtliche Kompetenz des Art. 75 Abs. 1 Nr. 2 GG a.F. Andererseits werden die Kompetenztitel des Art. 75 Abs. 1 Nr. 5 (Melde- und Ausweiswesen) und Nr. 6 (Schutz des deutschen Kulturgutes) GG a.F. in die ausschließliche Gesetzgebung des Bundes, alle übrigen Materien der alten Rahmengesetzgebung schließlich in die konkurrierende Gesetzgebung des Bundes übertragen. Bezüglich der in den Katalog der konkurrierenden Gesetzgebung aufgenommenen Rahmenkompetenzen, die sich nunmehr in Art. 74 Abs. 1 Nr. 27-33 GG verankert sehen, wird den Ländern gleichzeitig ein Abweichungsrecht im Sinne des Art. 72 Abs. 3 GG zugestanden.[401] Damit steht sowohl dem Bund als auch den Ländern eine echte Vollkompetenz[402] zur Regelung der benannten Materien zu (Art. 74 Abs. 1 Nr. 27-33 GG, Artt. 70, 72 Abs. 3 GG).

Aus dem bereits angedeuteten Abweichungsrecht der Länder im Sinne des Art. 72 Abs. 3 GG folgt, dass im Bereich der konkurrierenden Gesetzgebung ebenfalls einige Neuerungen vorgenommen wurden. So gewinnt dieser insbesondere die Kompetenzen des Art. 74 Abs. 1 Nr. 27-33 GG hinzu. Gleichzeitig muss die konkurrierende Gesetzgebung aber auch Zuständigkeiten an die anderen Kompetenzarten abgegeben. Zunächst verliert der Bund durch eine eingrenzende Konkretisierung des bestehenden Normtextes Zuständigkeiten an die ausschließliche Gesetzgebung der Länder, beispielsweise in Art. 74 Abs. 1 Nr. 1 (den Strafvollzug und Untersuchungshaftvollzug), in Nr. 3 (das Versammlungsrecht), in Nr. 7 (das Heimrecht), in Nr. 11 (die Ma-

---

400 BT-Drs. 16/813, S. 8 ff.

401 *Degenhart*, NVwZ 2006, 1209, 1212; *Frenz*, Jura 2007, 165, 169; *Kesper*, NdsVBl. 2006, 145, 149; *Selg*, Mitwirkung des Bundesrates, S. 184 f.; zu den unterschiedlichen Formen der konkurrierenden Gesetzgebung wird ausführlich unter Punkt C.I.2. dieses Kapitels Stellung genommen.

402 *Ipsen*, NJW 2006, 2801, 2804; *Schulze-Fielitz*, NVwZ 2007, 249, 253.

terien des Ladenschlusses, der Gaststätten, der Spielhallen und Schaustellung von Personen, der Messen, Ausstellungen und Märkte) oder in Nr. 18 (Teile des Wohnungswesens) GG a.F. Den Ländern werden die neuen Kompetenzen dabei über die Zuständigkeitsvermutung des Art. 70 Abs. 1 GG zugewiesen.[403] Daneben gibt der Katalog der konkurrierenden Gesetzgebung auch an den Bereich der ausschließlichen Gesetzgebung des Bundes Zuständigkeiten ab, so etwa die Regelungsbereiche des Art. 74 Abs. 1 Nr. 4a (Waffen- und Sprengstoffrecht) und Nr. 11a (Erzeugung und Nutzung der Kernenergie) GG a.F. Sie sind nunmehr in Art. 73 Abs. 1 Nr. 12, Nr. 14 GG niedergelegt.[404] Ferner wird an einigen Kompetenznormen der konkurrierenden Gesetzgebung – beispielsweise in Art. 74 Abs. 1 Nr. 19 (Gesundheitswesen), Nr. 22 (Straßenwesen) oder Nr. 24 (Umweltrecht) GG a.F. – eine tatbestandliche Konkretisierung vorgenommen.

Hinsichtlich der Kompetenzart der ausschließlichen Gesetzgebung ist festzustellen, dass die Länder – etwa infolge der Einführung der neuen Terrorabwehrkompetenz des Art. 73 Abs. 1 Nr. 9a GG – einige Kompetenzen an den Bund abgeben, der Katalog der ausschließlichen Gesetzgebung des Bundes hingegen vor solchen Verlusten verschont bleibt. Ihm fließen ausschließlich neue Kompetenzen zu, die er – wie dargelegt – aus den Kompetenzkatalogen der konkurrierenden Gesetzgebung und der abgeschafften Rahmengesetzgebung bezieht.

Insgesamt hat die Neustrukturierung des Systems der Gesetzgebungskompetenzen „starke Wanderbewegungen“[405] zwischen den verschiedenen Kompetenzarten und -bereichen hervorgerufen. Auffällig ist dabei der umfassende Zuwachs ausschließlicher Gesetzgebungskompetenzen von Bund und Ländern.[406] Beiden Kompetenzzuwächsen muss zugestanden werden, dass sie den Zielvorgaben der Reform entsprechend zu einer klareren Aufgaben- und Verantwortungstrennung von Bund und Ländern führen. Gleiches gilt für die Abschaffung der Rahmengesetzgebung, die auf der ersten Stufe durch eine rahmenbildende Gesetzgebung des Bundes und auf der zweiten Stufe durch eine ausfüllende beziehungsweise konkretisierende Gesetzgebung der Länder und damit durch eine zweigeteilte sowie ineinandergreifende Verantwortung geprägt war, nunmehr jedoch hinfällig geworden ist.

---

403 So auch *Ipsen*, NJW 2006, 2801, 2804; *Mayen*, DRiZ 2007, 51; *Selmer*, JuS 2006, 1052, 1057; ein Überblick über die neuen Länderkompetenzen im Einzelnen findet sich in der Gesetzesbegründung selbst, BT-Drs. 16/813, S. 9 sowie bei *Försterling*, ZG 2007, 36, 58 f.

404 BT-Drs. 16/813, S. 9.

405 *Häde*, JZ 2006, 930, 931.

406 Andeutend auch *Papier*, NJW 2007, 2145, 2146.

2. Neustrukturierung der konkurrierenden Gesetzgebung

Die Kompetenzart der konkurrierenden Gesetzgebung erfährt durch das Föderalismusreformgesetz I nicht nur eine Neuordnung ihrer Kompetenztitel, sondern auch eine doppelte Neustrukturierung in systematischer Hinsicht.

Zu erwähnen ist zunächst, dass die Erforderlichkeitsklausel des Art. 72 Abs. 2 GG a.F. in ihrem Anwendungsbereich reduziert wird. So werden durch das Reformgesetz diejenigen Materien des Art. 74 Abs. 1 GG a.F. aus dem Anwendungsbereich der Erforderlichkeitsklausel herausgenommen, die in dem abschließenden Katalog des neu gefassten Art. 72 Abs. 2 GG nicht mehr aufgezählt werden. Dies bedeutet, dass in den Fällen des Art. 72 Abs. 2 GG die Erforderlichkeit einer bundeseinheitlichen Regelung nach wie vor zu begründen ist, sie im Rahmen des Art. 72 Abs. 1 GG jedoch nur noch stillschweigend unterstellt wird.[407]

Dieser Reformpunkt wird in der Literatur vielfach kritisiert. Für nachteilig erachtet wird etwa, dass der Bundesgesetzgeber auf der Grundlage des neu gefassten Art. 72 Abs. 1 GG nunmehr, ähnlich wie im Rahmen der ausschließlichen Gesetzgebung, jederzeit und ohne Kontrollmöglichkeit zum Erlass von Gesetzen befugt sei.[408] Damit werde die konkurrierende Gesetzgebung der ausschließlichen Gesetzgebung faktisch gleichgestellt.[409] Dieser nicht ganz unbegründete Vorwurf geht einher mit der Befürchtung, dass die Eindämmung des Anwendungsbereichs der Erforderlichkeitsklausel eine die Länder benachteiligende Gewichtsverschiebung im System der föderalen Kompetenzverteilung nach sich ziehen könnte.[410] Insbesondere würden die gerade erst vom Bundesverfassungsgericht aufgestellten Anforderungen an die Interpretation der Erforderlichkeitsklausel entschärft[411], da diese nunmehr nur noch für die geschmälerte Fassung des Art. 72 Abs. 2 GG verbindlich sind. Beide Bedenken fallen schwer ins Gewicht und stehen dem Ziel der Reform, die nur noch schwach ausgeprägten Gesetzgebungskompetenzen der Länder zu stärken, entgegen. Daneben wirkt sich die Reduktion der Erforderlichkeitsprüfung aber auch in dogmatischer Hinsicht aus. So ist es umstritten, ob die Erforderlichkeit der bundeseinheitlichen Regelung fortan unwiderleglich zu vermuten[412] oder schlichtweg nicht mehr vorauszusetzen[413] ist. Gegen letztere Ansicht spricht jedoch schon der eindeutige Wortlaut der Gesetzesbegründung, wonach in den Fällen des Art. 72 Abs. 1 GG die Erforderlich-

407 BT-Drs. 16/813, S. 9.

408 *Frenz*, Jura 2007, 165, 166; *Papier*, NJW 2007, 2145, 2146.

409 *Nierhaus/Radenmacher*, LKV 2006, 385, 391; ähnlich auch *Küchenhoff*, NJ 2007, 106, 107.

410 *Degenhart*, NVwZ 2006, 1209, 1213.

411 *Selmer*, JuS 2006, 1052, 1056.

412 *Degenhart*, NVwZ 2006, 1209, 1210.

413 *Mayen*, DRiZ 2007, 51, 52.

keitsprüfung hinfällig werde, „weil Bund und Länder übereinstimmend von der Erforderlichkeit bundesgesetzlicher Regelungen ausgehen“[414].

Änderungen sieht das Föderalismusreformgesetz I aber nicht nur für die Erforderlichkeitsklausel des Art. 72 Abs. 2 GG vor, vielmehr wird die konkurrierende Gesetzgebung zugleich um die neue Variante der sogenannten Abweichungsgesetzgebung[415] zugunsten der Länder erweitert. Danach können die Länder, obwohl der Bund von seiner konkurrierenden Gesetzgebungskompetenz Gebrauch gemacht hat, eigenständige und abweichende Bestimmungen in den in Art. 72 Abs. 3 Satz 1 GG aufgezählten Regelungsbereichen treffen. Der verfassungsändernde Gesetzgeber eröffnet den Landesgesetzgebern damit die Möglichkeit, auf landesspezifische Eigenheiten reagieren zu können. Vom Recht der Abweichungsgesetzgebung ausgenommen sind allerdings die Klammerzusätze des Art. 72 Abs. 3 Satz 1 Nr. 1, Nr. 2 und Nr. 5 GG, die auch unter dem Begriff „abweichungsfeste Kerne“[416] zusammengefasst werden. Für den Fall des Bestehens parallelen Bundes- und Landesrechts ordnet Art. 72 Abs. 3 Satz 3 GG zudem den Vorrang des jeweils späteren Gesetzes an. Nach der Intention des verfassungsändernden Gesetzgebers ist die Rechtsfolge des Art. 72 Abs. 3 Satz 3 GG daher nicht die Außerkraftsetzung des früheren Rechts, vielmehr liegt der Norm ein bloßer Anwendungsvorrang zugrunde, sodass bei der Aufhebung des späteren Gesetzes das frühere seine Gültigkeit automatisch wiedererlangt. Art. 72 Abs. 3 Satz 3 GG beinhaltet somit eine Ausnahme von der bundesstaatlichen Kollisionsnorm des Art. 31 GG.[417]

Das neue Rechtsinstitut der Abweichungsgesetzgebung wird im Schrifttum eingehend diskutiert. Ursächlich dafür ist wohl nicht nur der Umstand, dass es sich um eine dem deutschen Staatsrecht bislang fremde Form[418] der konkurrierenden Gesetzgebung handelt, sondern auch die Tatsache, dass mit ihrer Einführung einige Unklarheiten verknüpft sind. Zu denken ist in diesem Zusammenhang zum Beispiel an die Frage der Auslegung des Begriffes der „abweichenden Regelungen“ im Sinne des Art. 72 Abs. 3 Satz 1 GG. Die Abweichungsgesetzgebung sieht sich daher erheblichen Einwänden ausgesetzt.[419] Kritik erfährt sie vor allem deshalb, weil sie durch die Festlegung abweichungsfester Kerne Elemente der gerade erst abgeschafften Rahmengesetzgebung aufgreife und somit die Schwierigkeiten bei der Grenzziehung

414 BT-Drs. 16/813, S. 9.

415 BT-Drs. 16/813, S. 11.

416 BT-Drs. 16/813, S. 11.

417 BT-Drs. 16/813, S. 11; *Nierhaus/Radenmacher*, LKV 2006, 385, 389.

418 *Degenhart*, NVwZ 2006, 1209, 1212; *Papier*, NJW 2007, 2145, 2146.

419 Vgl. nur *Kesper*, NdsVBl. 2006, 145, 150; *Selmer*, JuS 2006, 1052, 1056.; weniger kritisch hingegen *Mammen*, DÖV 2007, 376, 380; eine umfassende Stellungnahme zur neuen Abweichungsgesetzgebung findet sich bei *Meyer*, Föderalismusreform 2006, S. 164 ff.

zwischen Rahmen- und Einzelfallregelung in der Abweichungsgesetzgebung erneut aufleben lassen könnte.[420] Dies ist wohl eine berechtigte Befürchtung, wenn man bedenkt, dass der Bund in der Vergangenheit stets dazu tendierte, die Titel der Rahmengesetzgebung umfassend auszuschöpfen. Da nicht ersichtlich ist, warum er im Rahmen der Auslegung der abweichungsfesten Kerne einen weniger extensiven Maßstab anlegen sollte, scheinen Spannungen mit den Ländern insoweit tatsächlich vorprogrammiert zu sein.[421] Die aber wohl populärste der mit der Abweichungsgesetzgebung verbundenen Befürchtungen spiegelt sich in der Begrifflichkeit der „Ping-Pong-Gesetzgebung"[422] wider. Sie geht davon aus, dass sich durch ein gegenseitiges Ablösen der jeweils zuletzt erlassenen Bestimmungen ein Gesetzgebungsmarathon zwischen Bund und Ländern etablieren könnte, der nicht nur beim einfachen Rechtsanwender Unsicherheiten[423] über das anzuwendende Gesetz hervorrufen, sondern auch zu einem verwobenen „Geltungsmix"[424] von partiell geltendem Bundes- und Landesrecht führen könnte. Auf diese Weise drohe eine Rechtszersplitterung[425] auf den unter die Abweichungsgesetzgebung fallenden Sachgebieten einzutreten. Den Kritikern ist zwar zuzustimmen, soweit sie das Abweichungsrecht der Länder mit dem Reformgedanken der Entflechtung für unvereinbar erachten.[426] Gegen die beschriebenen Bedenken wird aber vorgetragen, dass es nicht Sinn und Zweck der Neuregelung des Art. 72 Abs. 3 Satz 1 GG sein dürfte, ein schwer überschaubares, divergierendes Geflecht bundes- und landesrechtlicher Bestimmungen zu schaffen.[427] Wenn auch der Sinn und Zweck des Art. 72 Abs. 3 Satz 1 GG im Ergebnis einem solchen Kompetenzgeflecht wohl kaum entgegenwirken können wird, bleibt es vorerst abzuwarten, ob Bund und Länder die ihnen an die Seite gestellte doppelte Vollkompetenz im Bereich der Abweichungsgesetzgebung tatsächlich missbrauchen werden. Eilig scheinen es die Länder mit

420 *Mammen*, DÖV 2007, 376, 378.

421 *Papier*, NJW 2007, 2145, 2148 spricht in diesem Zusammenhang davon, dass es keiner prophetischen Gaben bedürfe, um zu erkennen, dass der Bund versuchen werde, die abweichungsfesten Kerne als Einfallstor für den Erlass umfassender Bestimmungen zu nutzen.

422 *Häde*, JZ 2006, 930, 933; *Meyer*, Föderalismusreform 2006, S. 167; *Nierhaus/Radenmacher*, LKV 2006, 385, 390; *Stock*, ZG 2006, 226, 235; für wenig wahrscheinlich hält hingegen *Ipsen*, NJW 2006, 2801, 2805 ein solches Gesetzgebungsverhalten von Bund und Ländern.

423 *Mammen*, DÖV 2007, 376, 378; *Stock*, ZG 2006, 226, 235.

424 *Starck*, in: Föderalismusreform, Rn. 10; ähnlich *Degenhart*, NVwZ 2006, 1209, 1215.

425 *Nierhaus/Radenmacher*, LKV 2006, 385, 389; *Selg*, Mitwirkung des Bundesrates, S. 182.

426 *Selmer*, JuS 2006, 1052, 1056 f.

427 *Kesper*, NdsVBl. 2006, 145, 150.

der neuen Vorschrift des Art. 72 Abs. 3 GG jedenfalls nicht zu haben, da ein erster Anwendungsfall bislang noch nicht bekannt geworden ist.

Obwohl die Mehrheit des Schrifttums der neuen Abweichungsgesetzgebung eher ablehnend gegenüber tritt, bringt diese neue Form der konkurrierenden Gesetzgebung doch auch positive Aspekte mit sich. In einer Hinsicht wird die Einführung der Abweichungsgesetzgebung den Zielsetzungen der Reform nämlich in vollem Maße gerecht: Sie eröffnet für den Bereich der Gesetzgebung einen echten Wettbewerb zwischen Bund und Ländern.[428] Da aber sowohl der Bundesgesetzgeber als auch die abweichenden Landesgesetzgeber weiterhin an die Vorgaben des Verfassungs- und Europarechts gebunden sind, wird gleichzeitig darauf hingewiesen, dass die Spielräume der neuen Kategorie der konkurrierenden Gesetzgebung nicht überbewertet werden sollten.[429]

Im Ergebnis wird es dem mit der Abweichungsgesetzgebung einhergehenden Ausbau wettbewerbsföderaler Elemente wohl nicht möglich sein, die der neuen Kompetenzart zugleich anhaftenden Nachteile aufzuwiegen. Abschließend ist damit festzuhalten, dass die infolge des Föderalismusreformgesetzes I entstandene Dreiteilung der konkurrierenden Gesetzgebung in sogenannte Kern- (Art. 72 Abs. 1 GG), Bedarfs- (Art. 72 Abs. 2 GG) und Abweichungskompetenzen (Art. 72 Abs. 3 GG)[430] kaum geeignet ist, die gesteckten Reformziele in praxi zu erreichen. Vielmehr ist ein „mehrstufiges Regel-Ausnahme-Gefüge“[431] geschaffen worden, das einer verbesserten Kompetenz- und Verantwortungstrennung zwischen Bund und Ländern klar entgegensteht, gleichzeitig aber den Wettbewerb um die beste gesetzgeberische Lösung fördert.

II. System der Mitwirkungsrechte des Bundesrates

Das Föderalismusreformgesetz I intendiert neben einer Entflechtung der Gesetzgebungskompetenzen auch eine Überarbeitung des Systems der Mitwirkungsrechte des Bundesrates. Im Mittelpunkt steht dabei die Modifikation der zentralen Zustimmungsnorm des Art. 84 Abs. 1 GG a.F., auf deren Grundlage eine Senkung des Anteils der zustimmungsbedürftigen Bundesgesetze auf

---

428 *Mammen*, DÖV 2007, 376, 379; *Selg*, Mitwirkung des Bundesrates, S. 182; *Selmer*, JuS 2006, 1052, 1056; *Stock*, ZG 2006, 226, 233.

429 BT-Drs. 16/813, S. 11; *Rengeling*, DVBl. 2006, 1537, 1542.

430 So die Kategorisierung von *Ipsen*, NJW 2006, 2801, 2803; *Rengeling*, DVBl. 2006, 1537, 1542; anders hingegen etwa *Mayen*, DRiZ 2007, 51, 52, der eine Einteilung in die Kategorien der Vorrang-, Erforderlichkeits- und Abweichungsgesetzgebung vornimmt; ähnlich auch *Degenhart*, NVwZ 2006, 1209, 1210.

431 *Papier*, NJW 2007, 2145, 2147.

durchschnittlich 35 bis 40 Prozent angestrebt wird.[432] So können gemäß des neu gefassten Art. 84 Abs. 1 Satz 2 GG Bundesgesetze, welche die Einrichtung von Behörden und die Regelung des Verwaltungsverfahrens zum Gegenstand haben, nunmehr ohne Zustimmung der Länderkammer verabschiedet werden. Im Gegenzug dafür können die Länder – ähnlich wie im Rahmen des Art. 72 Abs. 3 Satz 1 GG – abweichende Bestimmungen treffen. Nur im Falle eines besonderen Bedürfnisses ist es den Ländern verwehrt, von ihrem Abweichungsrecht Gebrauch zu machen, vgl. Art. 84 Abs. 1 Satz 5 und 6 GG. Das Abweichungsrecht des Art. 84 Abs. 1 Satz 2 GG stellt damit die Regel, eine zwingend bundeseinheitliche Bestimmung im Sinne des Art. 84 Abs. 1 Satz 5 und 6 GG hingegen die Ausnahme dar. Dieser Punkt unterscheidet das Abweichungsrecht des Art. 84 Abs. 1 Satz 2 GG von der Bestimmung des Art. 72 Abs. 3 Satz 1 GG, da letztere den Ländern ein Abweichungsrecht nur in den von ihr umschriebenen Fällen einräumt.

Bisher wird die Novellierung des Art. 84 Abs. 1 GG in der Literatur[433] recht unterschiedlich betrachtet. Das ist vermutlich darauf zurückzuführen, dass die neue Fassung des Art. 84 Abs. 1 GG sowohl dem weitestgehend zustimmungsbefreiten Bundesgesetzgeber als auch den abweichungsberechtigten Landesgesetzgebern erhebliche Ermessensspielräume zur Verfügung stellt und somit erst die Verfassungspraxis selbst zeigen wird, ob die Norm zu einem Ausgleich des bundesstaatlichen Kräfteverhältnisses beitragen wird. So weist *Selmer*[434] nicht ohne Grund darauf hin, dass der Minderungsgrad der Quote der zustimmungsbedürftigen Bundesgesetze durch die Staatspraxis bedingt werde, während *Ipsen*[435] etwa die eingrenzende Wirkung des neuen Art. 84 Abs. 1 GG unabhängig von der künftigen Verfassungspraxis für sicher erachtet.

Unterschiedlich beurteilt wird aber nicht nur die Effizienz, sondern auch die Konzeption des neuen Art. 84 Abs. 1 GG. Erblicken einige[436] in der Neuregelung eine wenig geglückte und komplizierte Kompromisslösung, loben andere[437] an ihr, dass sie – ähnlich wie Art. 72 Abs. 3 GG – an dem Ausbau wettbewerbsföderaler Strukturen partizipiert. Anders als bei Art. 72 Abs. 3 GG wird das Risiko einer damit einhergehenden Rechtszersplitterung im Anwendungsbereich des Art. 84 Abs. 1 GG jedoch nahezu selbstverständ-

432 BT-Drs. 16/813, S. 14 f.

433 Eine vertiefende Auseinandersetzung mit der Norm des Art. 84 Abs. 1 GG findet sich bei *Meyer*, Föderalismusreform 2006, S. 106 ff. und bei *Selg*, Mitwirkung des Bundesrates, S. 119 ff.; zu den Kritikern vgl. die Nachweise in den nachfolgenden Fußnoten.

434 *Selmer*, JuS 2006, 1052, 1057.

435 *Ipsen*, NJW 2006, 2801, 2805.

436 *Selmer*, JuS 2006, 1052, 1057; *Starck*, in: Föderalismusreform, Rn. 9.

437 *Trute*, in: Föderalismusreform, Rn. 154.

lich[438] in Kauf genommen. Dennoch darf nicht übersehen werden, dass die grundsätzliche Befreiung des Bundesgesetzgebers von der Zustimmung des Bundesrates im Sinne des Art. 84 Abs. 1 GG a.F. auch einen partiellen Machtzuwachs des Bundes – allerdings beschränkt durch eine mögliche Ausübung des Abweichungsrechts der Länder – zur Folge hat. In den Schatten gestellt werden die positiven Effekte des Art. 84 Abs. 1 GG aber insbesondere durch die Einführung neuer Zustimmungsbedürftigkeiten – so etwa in den Artt. 72 Abs. 3 Satz 2, 73 Abs. 2, 74 Abs. 2, 84 Abs. 1 Satz 3 und 6 oder 143c Abs. 4 GG. Sie widersprechen dem mit der Novellierung des Art. 84 Abs. 1 GG bezweckten Abbau gegenseitiger Blockademöglichkeiten[439] von Bund und Ländern. Im Ergebnis wiegen daher die mit der Modernisierung der Mitwirkungsrechte des Bundesrates verbundenen Nachteile die angestrebten Reformerfolge in nicht unerheblichem Maße wieder auf.

III. System der Finanzverantwortung

Obwohl eine grundlegende Überarbeitung der Finanzverfassung der zweiten Föderalismusreformstufe vorbehalten ist, wurden einige finanzverfassungsrechtliche Modifikationen bereits im Rahmen der ersten Stufe der Föderalismusreform vorgenommen.

Ebenso wie im Bereich der Gesetzgebungskompetenzen sollen auf dem Gebiet der Finanzverfassung primär Verantwortlichkeiten entflochten und die Handlungsautonomie der bundesstaatlichen Akteure gestärkt werden.[440] So werden durch die Streichung des Art. 91a Abs. 1 Nr. 1 GG a.F. zunächst die Mischfinanzierungstatbestände der Artt. 91a, 91b GG a.F. eingeschränkt, an ihrem Rechtsinstitut aber weiterhin festgehalten. Aufrechterhalten wird zudem das Finanzierungsinstrument der Bundesfinanzhilfen im Sinne des Art. 104a Abs. 4 GG a.F., welches nunmehr in der neuen Vorschrift des Art. 104b GG Verankerung findet. Gemäß Art. 104b Abs.1 und Abs. 2 Satz 2 GG werden dabei die Anforderungen an die Gewährung von Bundesfinanzhilfen erhöht: Sie sind auf den Gebieten der ausschließlichen Gesetzgebung der Länder gänzlich ausgeschlossen und dürfen nur noch unter einer zeitlichen Befristung zur Verfügung gestellt werden. Beide Reformschritte werden im Schrifttum als halbherzig[441] und inkonsequent[442] bezeichnet. Diese

---

438 So etwa von *Nierhaus/Radenmacher*, LKV 2006, 385, 393; anderer Ansicht ist dagegen *Meyer*, Föderalismusreform 2006, S. 113.

439 BT-Drs. 16/813, S. 7 f.

440 BT-Drs. 16/813, S. 10; zu den einzelnen Änderungen vgl. S. 15 und 19 f.

441 *Kirchhof*, ZG 2006, 288, 291; ähnlich hinsichtlich der Bundesfinanzhilfen ist auch die Einschätzung von *Kesper*, NdsVBl. 2006, 145, 152, die in der Neuregelung des Art. 104b GG lediglich eine marginale Beschränkung der Investitionszahlungen des Bundes erkennen kann.

Kritik ist durchaus berechtigt, wenn man berücksichtigt, dass sowohl die Gemeinschaftsaufgaben als auch die Bundesfinanzhilfen in erheblichem Maße zur finanzverfassungsrechtlichen Verantwortungsverflechtung beigetragen haben.

Die Überarbeitung der bundesstaatlichen Finanzbeziehungen erstreckt sich allerdings auf drei weitere nicht zu verachtende Maßnahmen: Zum einen wird aufgrund der Neufassung des Art. 105 Abs. 2a GG a.F. die Steuerautonomie der Länder gefestigt, weil diese nunmehr zur selbstständigen Bestimmung des Steuersatzes der Grunderwerbssteuer berechtigt sind. Zum anderen bedürfen Bundesgesetze, welche die Länder zur Erbringung von Geldleistungen verpflichten, nach der Regelung des ebenfalls neu eingeführten Art. 104a Abs. 4 GG fortan der Zustimmung des Bundesrates, wenn die daraus entstehenden Ausgaben von den Ländern zu tragen sind. Von großer Bedeutung ist in diesem Zusammenhang auch die Verankerung des Verbots einer bundesgesetzlichen Aufgabenübertragung auf die Gemeinden und Gemeindeverbände gemäß Art. 84 Abs. 1 Satz 7 GG, das für den Bereich der Bundesauftragsverwaltung seinen Niederschlag in Art. 85 Abs. 1 Satz 2 GG findet. Eine solche Aufgabendelegation bleibt in Zukunft allein dem Landesgesetzgeber vorbehalten, während dem Bund der häufig kostenbelastende Durchgriff[443] auf die kommunale Ebene verwehrt bleibt. Damit wird die Eigenständigkeit der Kommunen in erheblicher Weise gestärkt und gleichzeitig eine klarere Aufgabentrennung zwischen Bund, Ländern und Kommunen herbeigeführt. Gleiches gilt für die Neufassung des Art. 104a Abs. 4 GG, da dieser ein paralleles, die Länder begünstigendes Schutzrecht[444] vor kostenbelastenden Bundesgesetzen zum Gegenstand hat. Die Durchgriffsverbote der Artt. 84 Abs. 1 Satz 7, 85 Abs. 1 Satz 2 GG und die Finanzbestimmung des Art. 104a Abs. 4 GG stellen somit substanzielle Neuerungen[445] im Gefüge der bundesstaatlichen Beziehungen dar. Aber auch die Reformierung des Art. 105 Abs. 2a GG kann positiv bewertet werden, weil sie eine Stärkung der landesrechtlichen Einnahmenautonomie[446] zu verantworten hat.

Die finanzverfassungsrechtlichen Änderungsbestimmungen des Föderalismusreformgesetzes I werden gelegentlich[447] als unzureichend betrachtet. Hinsichtlich der Beurteilung dieser Reformpunkte ist jedoch zu berücksichtigen, dass sie zunächst nur einen ersten Schritt in Richtung einer modernen

442 So *Hellermann*, in: Föderalismusreform, Rn. 364 im Hinblick auf die überarbeiteten Gemeinschaftsaufgaben.

443 *Ipsen*, NJW 2006, 2801, 2802.

444 *Nierhaus/Radenmacher*, LKV 2006, 385, 393.

445 Vgl. auch *Ipsen*, NJW 2006, 2801, 2805, der die Durchgriffsrechte der Art. 84 Abs. 1 Satz 7, Art. 85 Abs. 1 Satz 2 GG als fortschrittlich bewertet.

446 *Häde*, JZ 2006, 930, 939.

447 *Hellermann*, in: Föderalismusreform, Rn. 364 und 383; *Kesper*, NdsVBl. 2006, 145, 153.

Finanzverfassung darstellen können. Im Ergebnis beinhalten daher die Neuregelungen der Artt. 105 Abs. 2a, 87 Abs. 1 Satz 7 und 85 Abs. 1 Satz 2 GG – trotz des nur sehr zurückhaltenden Reformeifers im Bereich der Gemeinschaftsaufgaben und Bundesfinanzhilfen – wertvolle, die Handlungsautonomie der dezentralen Handlungseinheiten bekräftigende Bestimmungen.

IV. Europafähigkeit der Bundesstaatsordnung

Ziel des Föderalismusreformgesetzes I ist schließlich die Optimierung der Europatauglichkeit des Grundgesetzes. Die Frage der Europatauglichkeit stellt sich aufgrund des fortschreitenden europäischen Integrationsprozesses, der zu verschiedenen verfassungsrechtlichen Schwierigkeiten führt. Realisiert werden soll die angestrebte Optimierung durch eine Umgestaltung der Außenvertretungsregel des Art. 23 Abs. 6 Satz 1 GG a.F. sowie die Einführung der finanzverfassungsrechtlichen Europabestimmungen der Artt. 104a Abs. 6 und 109 Abs. 5 GG.[448]

Die Regelung des Art. 23 Abs. 6 Satz 1 GG a.F. erfährt durch das Föderalismusreformgesetz I eine zweifache Überarbeitung. Einerseits wird der Anwendungsbereich der Norm beschränkt, indem nur noch auf den Gebieten der schulischen Bildung, der Kultur und des Rundfunkrechts und nicht mehr in allen Bereichen der Landesgesetzgebung die Wahrnehmung der mitgliedstaatlichen Rechte durch einen Landesvertreter zu erfolgen hat. Andererseits wird die bisherige Sollvorschrift in eine Ist-Vorschrift umgewandelt. Die Ausübung der Vertretung im Sinne des Art. 23 Abs. 6 Satz 1 GG ist damit nicht mehr als Ermessensentscheidung, sondern als gebundene Entscheidung ausgestaltet.[449]

Dem neu eingeführten Art. 104a Abs. 6 Satz 1 GG liegt indes eine Haftungsregelung zugrunde, die die im Falle einer Verletzung supranationaler oder völkerrechtlicher Verpflichtungen entstandenen Lasten zwischen Bund und Ländern verteilen soll. Grundlage für die Lastenverteilung bildet dabei die grundgesetzliche Zuständigkeits- und Aufgabenverteilung. Die supranationale oder völkerrechtliche Verpflichtung hat nämlich künftig diejenige Gebietskörperschaft zu verantworten, die sich die konkrete Verletzungshandlung zurechnen lassen muss.[450] Ebenfalls einen haftungsrechtlichen Charakter weist die Neuregelung des Art. 109 Abs. 5 GG auf. Sie legt fest, dass die gegenüber der europäischen Ebene bestehenden haushaltsdisziplinarischen Verpflichtungen von Bund und Ländern gemeinsam zu erfüllen sind. Begründet wird die Einführung der Lastenverteilungsregel des Art. 109 Abs. 5 GG da-

448 BT-Drs. 16/813, S. 10 und 19 f.

449 So auch die Einschätzung von *Huber*, ZG 2006, 354, 373 f.

450 BT-Drs. 16/813, S. 19.

mit, dass die Länder und Kommunen in erheblicher Weise zum Gesamtstaatsdefizit beitragen.[451]

Die europarechtlichen Neuregelungen werden – wie auch die anderen Bestimmungen des Föderalismusreformgesetzes I – in der Literatur recht unterschiedlich betrachtet. So sorge zwar die überarbeitete Fassung des Art. 23 Abs. 6 GG infolge der Ersetzung der Sollbestimmung im Verhältnis zur Europäischen Union für ein einheitlicheres Auftreten[452] der Bundesrepublik. Die Eingrenzung des Anwendungsbereichs der landesrechtlichen Vertretungsregel wird jedoch überwiegend kritisch betrachtet, da sie den Ländern das Recht zur Außenvertretung nicht nur hinsichtlich der zentralen Gesetzgebungskompetenz der inneren Sicherheit, sondern auch in allen anderen nicht von Art. 23 Abs. 6 GG benannten Bereichen der Landesgesetzgebung entzieht.[453] Die neuen Haftungsregelungen der Artt. 104a Abs. 6 und 109 Abs. 5 GG werden im Schrifttum hingegen als gelungen umschrieben.[454] Sie führen eine interessengerechte Haftungsverteilung zwischen Bund und Ländern herbei.

Zuspruch findet darüber hinaus die Abschaffung der Rahmengesetzgebung, die bei der innerstaatlichen Umsetzung von EU-Richtlinien aufgrund des zweistufigen Gesetzgebungsverfahrens häufig zu Verzögerungen führte.[455] Dieser Reformschritt erhöhe – gleichermaßen wie die Einführung der Abweichungsgesetzgebung im Sinne des Art. 72 Abs. 3 GG – die Europatauglichkeit des Grundgesetzes.[456] Die neue Vollkompetenz ermögliche es nämlich dem Bund, den unionsrechtlichen Umsetzungsverpflichtungen zukünftig zunächst im Alleingang nachzukommen und somit ein drohendes Vertragsverletzungsverfahren im Sinne des Art. 226 EG abzuwenden.[457]

Wenn auch die Länder durch die Begrenzung des Anwendungsbereichs der speziellen Vertretungsregel des Art. 23 Abs. 6 GG schwer getroffen sind, sprechen im Ergebnis dennoch die restlichen Verfassungsänderungen für eine erhöhte Europafähigkeit der bundesstaatlichen Ordnung.

451 BT-Drs. 16/813, S. 20.

452 *Küchenhoff*, NJ 2007, 106, 107; ähnlich *Müller-Graf*, in: FS Scholz, S. 705, 720.

453 Vgl. etwa *Classen*, in: Föderalismusreform, Rn. 238; *Huber*, ZG 2006, 354, 374; *Nierhaus/Radenmacher*, LKV 2006, 385, 394 f.

454 *Huber*, ZG 2006, 354, 375; *Müller-Graf*, in: FS Scholz, S. 705, 722 ff.

455 *Classen*, in: Föderalismusreform, Rn. 212.

456 *Häde*, JZ 2006, 930, 936; *Huber*, in: FS Scholz, S. 595, 613.

457 *Häde*, JZ 2006, 930, 936; *Mammen*, DÖV 2007, 376, 377.

V. Zusammenfassende Gesamtwürdigung

Die Reform der bundesstaatlichen Ordnung des Jahres 2006 wird gelegentlich als die wohl bedeutendste Staatsreform[458] seit Bestehen des Grundgesetzes betrachtet. Dieser Einschätzung ist im formalen Sinne, das heißt hinsichtlich der Anzahl der im Föderalismusreformgesetz I enthaltenen Änderungsbestimmungen, beizupflichten. Bezüglich der materiellen Erfolgsaussichten des Reformgesetzes ist hingegen weitaus größere Zurückhaltung geboten, denn das Föderalismusreformgesetz I verkörpert zwar den Versuch, der Reformbedürftigkeit der Bundesstaatsordnung gerecht zu werden, einen inhaltlichen Erfolg garantiert es damit aber noch nicht. Zur Ermittlung seines inhaltlichen Erfolges kommen vorliegend zwei Möglichkeiten in Betracht: Einerseits können die selbst gesteckten Ziele des Reformgesetzes, andererseits die änderungsbedürftigen Schwachstellen der bundesstaatlichen Ordnung als Maßstab für die Bewertung der Erfolgsaussichten herangezogen werden.[459] Beide Maßstäbe sollen vorliegend zum Zwecke einer zusammenfassenden Gesamtwürdigung zur Anwendung kommen.

1. Zielvorgaben des ersten Föderalismusreformgesetzes

Im Rahmen der Darstellung der Reforminhalte wurde bereits im Einzelnen herausgestellt, dass die Modernisierungsbestimmungen des ersten Föderalismusreformgesetzes den Reformzielen teilweise entsprechen, ihnen zum Teil aber auch entgegenwirken. Im Rahmen der ersten Bewertungsalternative ergibt sich daher folgendes Gesamtbild:

Die Neuordnung der Gesetzgebungskompetenzen trägt infolge des Ausbaus der ausschließlichen Kompetenzen von Bund und Ländern und der Abschaffung der Rahmengesetzgebung zu einer klareren Verantwortungstrennung und zu einer Stärkung der Gesetzgebungskompetenzen der Länder bei. Die Beschränkung der Erforderlichkeitsklausel des Art. 72 Abs. 2 GG a.F. wird sich jedoch auf den Bereich der Landesgesetzgebung eher nachteilig auswirken.[460] Des Weiteren stehen die infolge der neu eingeführten Abweichungsgesetzgebung begründeten doppelten Vollkompetenzen von Bund und Ländern sowie das der konkurrierenden Gesetzgebung nunmehr insgesamt zugrunde liegende mehrstufige Regel-Ausnahme-Gefüge im Widerspruch zu dem Reformziel, eine transparentere Zuweisung von Verantwortlichkeiten zu etablieren. Hinsichtlich der Reformierung der Mitwirkungsrechte des Bundes-

458 So etwa von *Mävers*, DRiZ 2006, 106; *Nierhaus/Radenmacher*, LKV 2006, 385; zurückhaltender etwa *Degenhart*, NVwZ 2006, 1209, 1216; *Papier*, NJW 2007, 2145, 2146.

459 So *Hellermann*, in: Föderalismusreform, Rn. 363.

460 Ebenso *Häde*, ZG 2009, 1, 4.

rates muss gleichermaßen festgestellt werden, dass die Einführung neuer Zustimmungsbedürftigkeiten von Bundesgesetzen und das verschachtelte Regel-Ausnahme-System des neu gefassten Art. 84 Abs. 1 GG mit der angestrebten Aufgabenentflechtung nicht im Einklang stehen. Dennoch führt das neue Abweichungsrecht der Länder zugleich eine Stärkung der Landesparlamente herbei. Ob die mit der Novellierung des Art. 84 Abs. 1 GG a.F. beabsichtigte Reduktion der Quote zustimmungsbedürftiger Gesetze erzielt wird, kann dagegen zum gegenwärtigen Zeitpunkt noch nicht abgeschätzt werden. Auch die aufgeschobene Modernisierung der Finanzverfassung lässt nur eine zurückhaltende Beurteilung zu. So wirkt die minimalistische Überarbeitung der Gemeinschaftsaufgaben und der Bundesfinanzhilfen der anvisierten Entflechtung der Finanzverantwortung von Bund und Ländern kaum entgegen.[461] Den Bestimmungen der Artt. 84 Abs. 1 Satz 7, 85 Abs. 1 Satz 2, 104a Abs. 4 und 105 Abs. 2a GG ist allerdings zu attestieren, dass sie sowohl der angestrebten Revitalisierung der Handlungs- und Entscheidungsfähigkeit von Bund, Ländern und Kommunen entgegen kommen als auch einer klareren Aufgabentrennung dienlich sind. Während die Länder schließlich eine Beschränkung ihrer europarechtlichen Vertretungsregelung hinnehmen müssen, wird aufgrund der neuen Haftungsbestimmungen der Artt. 104a Abs. 6, 109 Abs. 5 GG und der Abschaffung der Rahmengesetzgebung im Ergebnis dennoch die ebenfalls angestrebte Optimierung der Europatauglichkeit erreicht.

Neben der Verwirklichung der vorstehend erörterten Reformziele verfolgt der verfassungsändernde Gesetzgeber zugleich das Anliegen, einen Ausgleich zwischen den „föderalen Elemente[n] der Solidarität und der Kooperation einerseits und des Wettbewerbs andererseits“[462] zu schaffen. Eine nähere Erläuterung dieser Zielvorgabe lässt sich der Gesetzesbegründung nicht entnehmen. Die Auswertung der einzelnen Reformpunkte ergab jedoch, dass die neu eingeführten Abweichungsrechte der Länder im Sinne der Artt. 72 Abs. 3, 84 Abs. 1 GG sowohl auf dem Gebiet der Gesetzgebung als auch im Bereich des Gesetzesvollzugs Raum für einen föderalen Wettbewerb schaffen. Ein Wettbewerb zwischen den Ländern wird sich künftig aber auch dort etablieren können, wo diese nunmehr zur Gesetzgebung und damit zum Beschreiten eigenständiger Lösungswege befugt sind. Zu denken ist in diesem Zusammenhang beispielsweise an die Bereiche des Strafvollzugs oder die Besoldung und Versorgung der Landes- und Kommunalbeamten. Schließlich ebnet auch die Neuregelung des Art. 105 Abs. 2a Satz 2 GG den Weg für ein Mehr an Wettbewerb, indem sie den Ländern die Möglichkeit zur Verfügung stellt, den Steuersatz der Grunderwerbssteuer eigenständig festzulegen. Das Föderalismusreformgesetz I führt somit zu einem vorsichtigen Ausbau wettbewerbsföderaler Strukturen, der sich insbesondere in der Stärkung der Eigenverant-

461 Ähnlich *ders.*, ZG 2009, 1, 16.
462 BT-Drs. 16/813, S. 7.

wortlichkeit der Länder widerspiegelt. Der zitierten Formulierung des verfassungsändernden Gesetzgebers ist dabei durchaus das Bewusstsein dafür zu entnehmen, dass – wie bereits im zweiten Kapitel ausgeführt wurde – der Wettbewerbsföderalismus im Grundsatz der Solidarität seine verfassungsrechtlichen Grenzen findet.

Abschließend ist damit zu konstatieren, dass sowohl im Bereich der Gesetzgebungskompetenzen als auch der Mitwirkungsrechte des Bundesrates die Reformerfolge zum Teil durch die Reform selbst neutralisiert werden. Bezüglich der finanzverfassungsrechtlichen und europarechtlichen Änderungsbestimmungen sowie des angestrebten Ausbaus wettbewerbsföderaler Strukturen ist jedoch eine positive Bilanz zu verzeichnen. Zurückzuführen ist das beschriebene ambivalente Gesamtbild auf das Ringen der unterschiedlichen bundesstaatlichen Kräfte im Rahmen des Reformprozesses. Er erforderte das Eingehen von Kompromissen.[463]

2. Schwachstellen der bundesstaatlichen Ordnung

In einem letzten Schritt sind schließlich die änderungsbedürftigen Schwachstellen der bundesstaatlichen Ordnung als Maßstab für die Bewertung der Erfolgsaussichten des Föderalismusreformgesetzes I heranzuziehen. Bemängelt werden – dies sei im vorliegenden Zusammenhang in Erinnerung gerufen[464] – insbesondere die bundesstaatlichen Balanceverschiebungen, die Inhomogenität der Bundesländer, die finanzverfassungsrechtlichen Verflechtungsstrukturen und die Europatauglichkeit der bundesstaatlichen Ordnung.

Den am Anfang dieses Kapitels aufgezeigten Balanceverschiebungen versucht die Reform entgegenzutreten, indem sie zum einen das Übergewicht des Bundes im Bereich der Gesetzgebung durch einen nicht unerheblichen Ausbau der Landeskompetenzen eindämmt und zum anderen die Vetoposition des Bundesrates durch die grundsätzliche Befreiung des Bundesgesetzgebers von dem weitläufigem Zustimmungserfordernis des Art. 84 Abs. 1 GG a.F. entschärft. Neutralisiert wird dieser Reformerfolg jedoch durch die Einführung neuer Zustimmungserfordernisse. Während eine mögliche Länderneugliederung und eine umfassende Modernisierung der finanzverfassungsrechtlichen Bund-Länder-Beziehungen gar nicht erst Gegenstand des Föderalismusreformgesetzes I waren, wird auch dem insbesondere durch die Artt. 91a, 91b und 104a Abs. 4 GG a.F. verursachten, höchst korrekturbedürftigen finanzverfassungsrechtlichen Verantwortungsgeflecht fast gar nicht entgegengetreten. Wohl wird aber – zumindest in einem ersten Anlauf – aufgrund der Einführung der Artt. 84 Abs. 1 Satz 7, 85 Abs. 1 Satz 2 GG die

463 *Kesper*, NdsVBl. 2006, 145, 158.

464 Vgl. dazu bereits die Ausführungen unter Punkt A. dieses Kapitels.

Haushaltsautonomie der Länder gefestigt und der unterlegenen Steuerhoheit der Länder mit der Einführung des Art. 105 Abs. 2a GG begegnet. Schließlich ist den Ländern im Rahmen des Art. 23 Abs. 6 GG die Vertretung der Bundesrepublik Deutschland bei der Europäischen Union nunmehr verbindlich übertragen und damit die Europafähigkeit der Bundesstaatsordnung verbessert worden. Diesbezüglich ist jedoch auch zu konstatieren, dass der erlangte Vorteil nur auf Kosten der Länder – namentlich im Wege einer Begrenzung des Anwendungsbereichs des Art. 23 Abs. 6 GG – erzielt wird.

Die Berücksichtigung der die Reformbedürftigkeit begründenden Schwachstellen der bundesstaatlichen Ordnung lässt damit ebenfalls nur einen bedingten Erfolg des Föderalismusreformgesetzes I erkennen. Eine positive Bilanz ist vor allem hinsichtlich der Behebung der bundesstaatlichen Balanceverschiebungen sowie der beginnenden Entflechtung der Finanzverantwortlichkeiten zu verzeichnen. Im Ergebnis eher nachteilig wirkt sich dagegen die Umgestaltung des die Europatauglichkeit der Bundesstaatsordnung betreffenden Art. 23 GG aus, der allerdings nicht losgelöst von den neuen europarechtlichen Haftungsbestimmungen der Artt. 104a Abs. 6 und 109 Abs. 5 GG betrachtet werden darf. Alles in allem ist dem Föderalismusreformgesetz I daher zu bescheinigen, dass es im Grundsatz die wesentlichen bundesstaatlichen Fehlentwicklungen erkannt hat.[465]

3. Zwischenergebnis

Trotz dieses zunächst recht nüchtern erscheinenden Befunds bleibt zu hoffen, dass die Staatspraxis in den nächsten Jahren die ihr neu eingeräumten Handlungsmöglichkeiten[466] sowohl im Sinne der benannten Reformziele als auch unter Berücksichtigung der bestehenden Schwachstellen nutzen wird. Den Ländern bieten insbesondere die gestärkten Kompetenzen die Chance, künftig eigene Ideen bei der Erfüllung ihrer staatlichen Aufgaben zu verwirklichen. Sollten sie diesen Weg wählen, würde dies der bundesstaatlichen Ordnung zugute kommen. Die in jeder Hinsicht misslungene Verantwortungsentflechtung würde damit in den Schatten gestellt.

D. Ergebnis

Zu bedenken ist, dass das Föderalismusreformgesetz I nur eine vorläufige Modernisierung der Bundesstaatsordnung herbeiführen kann. Dies erklärt sich zum einen aus der im zweiten Kapitel vorgenommenen Betrachtung der bisherigen Entwicklung des bundesstaatlichen Gefüges. Sie verdeutlicht, dass sich die

465 So auch *Häde*, JZ 2006, 930, 931; *Ipsen*, NJW 2006, 2801, 2806.
466 *Degenhart*, NVwZ 2006, 1209, 1215.

Bundesstaatsordnung des Grundgesetzes auch künftig in beständigem Wandel[467] befinden wird, wenn sie sich weiterhin erfolgreich neuen Herausforderungen stellen will. Zum anderen ist zu erwarten, dass sich die notwendige und bereits erfolgte Reformierung der Finanzverfassung auf das bestehende Bund-Länder-Verhältnis auswirken wird. Ob die in diesem Zusammenhang formulierten Zielvorgaben im Ergebnis tatsächlich realisiert werden, ist Gegenstand der Erörterungen des sechsten Kapitels dieser Untersuchung. Schon an dieser Stelle sei aber darauf hingewiesen, dass gegenwärtig bereits eine dritte Stufe[468] zur Reformierung der bundesstaatlichen Ordnung des Grundgesetzes diskutiert wird.

467 *Bauer*, in: HbdStR I 3, § 14 Rn. 105; *Ossenbühl*, DVBl. 1989, 1230; *Robbers*, in: FS Badura, S. 431.

468 So etwa von *Hofmann*, DÖV 2008, 833, 844.

Viertes Kapitel. Die Kompetenzfelder des Beamtenrechts, der terroristischen Gefahrenabwehr und des Strafvollzugs als Gegenstand des ersten Föderalismusreformgesetzes

Die vorstehende Untersuchung hat ergeben, dass die Neuordnung des Systems der Gesetzgebungskompetenzen den wichtigsten Bestandteil des ersten Föderalismusreformgesetzes darstellt. Dass die Überarbeitung des grundgesetzlichen Kompetenzverteilungssystems Konflikte zwischen dem Bundesgesetzgeber und den Landesgesetzgebern nach sich ziehen wird, haben sowohl die Nichtausfertigung des Verbraucherinformationsgesetzes durch Bundespräsident *Köhler* wegen eines möglichen Verstoßes gegen den neuen Art. 84 Abs. 1 Satz 7 GG als auch die von der Bundesregierung abgegebene Erklärung über die Unzuständigkeit des Bundes für die Regelung eines einheitlichen Nichtraucherschutzes exemplarisch aufgezeigt.[469] Wie die nachstehenden Ausführungen erkennen lassen, bringen auch die in den Bereichen des Beamtenrechts, der terroristischen Gefahrenabwehr und des Strafvollzugs erfolgten Kompetenzverschiebungen Schwierigkeiten für die Staatspraxis mit sich. Aufgabe des vierten Kapitels ist es daher, den Inhalt sowie die Verfassungsmäßigkeit der durch das Föderalismusreformgesetz I in diesen Kompetenzfeldern vorgenommenen Verfassungsänderungen zu begutachten.

A. Inhaltsbestimmung der verfassungsrechtlichen Neuregelungen

Im Folgenden sollen zunächst – gewissermaßen als allgemeiner Beitrag zu den neuen Kompetenzregelungen auf den Gebieten des Beamtenrechts, der terroristischen Gefahrenabwehr und des Strafvollzugs – die Inhalte der verfassungsrechtlichen Neureglungen dargestellt werden. In diese Untersuchung ist auch der Regelungsauftrag des Art. 33 Abs. 5 GG mit einzubeziehen.

Näher bestimmt werden können die neuen Verfassungsbestimmungen allein im Wege der Auslegung. Diese erfolgt unter Zugrundelegung der allgemeinen Regeln über die Verfassungsinterpretation[470], sodass zunächst am Wortlaut der einzelnen Norm anzuknüpfen ist. Besondere Bedeutung im

469 *Försterling*, ZG 2007, 36 f.

470 *Rozek*, in: v. Mangoldt/Klein/Starck, GG II, Art. 70 Rn. 50.

Rahmen der Interpretation von Kompetenzvorschriften erlangt nach der Auffassung des Bundesverfassungsgerichts daneben vor allem die historische Auslegung, sodass die Weimarer Verfassungsinterpretation, die grundgesetzliche Entstehungsgeschichte und auch die Staatspraxis wichtige Anhaltspunkte für die Inhaltsbestimmung zur Verfügung stellen können.[471] Ist eine Kompetenzmaterie darüber hinaus normativen, also nicht allein deskriptiven Charakters und vom Verfassungsgeber in Anlehnung an einen vorgefundenen Regelungsbereich formuliert worden, so ist anzunehmen, dass er die Grundstrukturen dieses Rechtsbereiches rezipieren wollte.[472] Gleiches muss für den verfassungsändernden Gesetzgeber gelten, wenn dieser Verschiebungen am System des bundesstaatlichen Kompetenzgefüges vornimmt, denn seine Motivation wird bei der Bezugnahme auf eine bereits bestehende normative Zuständigkeitsmaterie regelmäßig derjenigen des Verfassungsgebers entsprechen. Fernerhin können die systematische und die teleologische Auslegung Aufschluss über den Inhalt der neuen Kompetenzbestimmungen geben.

Erst wenn der Inhalt der neuen verfassungsrechtlichen Bestimmungen auf die beschriebene Weise hinreichend determiniert worden ist, kann eine sinnvolle Untersuchung der Verfassungsmäßigkeit der neuen Grundgesetznormen vorgenommen werden.

I. Kompetenzfeld des Beamtenrechts

Durch das Föderalismusreformgesetz I werden die beamtenrechtlichen Gesetzgebungskompetenzen neu strukturiert. Während die Zuständigkeit des Bundes für die Regelung der Rechtsverhältnisse der ihm unterstehenden Beamten im Sinne des Art. 73 Abs. 1 Nr. 8 GG in unveränderter Form erhalten bleibt, werden die ihm in den Artt. 74a und 75 Abs. 1 Nr. 1 GG a.F. zugewiesenen Kompetenzen gestrichen. Dieser Vorgang wird durch die Einführung des Art. 74 Abs. 1 Nr. 27 GG kompensiert, der es dem Bund fortan gestattet, die Statusrechte und Statuspflichten der Beamten der Länder, Gemeinden und anderen Körperschaften des öffentlichen Rechts sowie der Richter in den Ländern mit Ausnahme der Laufbahnen, Besoldung und Versorgung im Wege der konkurrierenden Gesetzgebung näher auszugestalten. Die Kompetenz des Art. 74 Abs. 1 Nr. 27 GG unterliegt dabei nicht der Erforderlichkeitsklausel des Art. 72 Abs. 2 GG. Gesetze des Bundes, die auf der Grundlage dieser Kompetenznorm ergehen, bedürfen nach Art. 74 Abs. 2 GG jedoch der Zustimmung des Bundesrates.

---

471 BVerfGE 3, 407, 414 f.; 33, 125, 152 f.; 61, 149, 174 ff.; 109, 190, 213; ein alleiniger Bezug auf die Staatspraxis findet sich in BVerfGE 77, 308, 331.

472 BVerfGE 109, 190, 218; vgl. fernerhin BVerfGE 67, 299, 315 ff.; *Degenhart*, in: Sachs, GG, Art. 70 Rn. 54; *Rozek*, in: v. Mangoldt/Klein/Starck, GG II, Art. 70 Rn. 52.

Bedingt durch den Fortfall der konkurrierenden Kompetenz des Art. 74a GG a.F. sowie der Rahmenkompetenz des Art. 75 Abs. 1 Nr. 1 GG a.F. gestalten die Länder die Besoldung, Versorgung, Laufbahnen und Rechtsverhältnisse der Landes- und Kommunalbeamten nun grundsätzlich selbst aus. Die hinzugewonnenen Kompetenzen stützen sich dabei auf die Regelungen der Artt. 70, 30 GG. Daneben erstreckt sich ihr Recht zur Gesetzgebung gemäß Art. 98 Abs. 3 GG zugleich auf die Regelung der Rechtsstellung der Richter in den Ländern. Der Umfang des gesetzgeberischen Gestaltungsspielraums der Länder wird allerdings durch die neue Kompetenzmaterie des Art. 74 Abs. 1 Nr. 27 GG, die nach Art. 98 Abs. 3 GG auch auf die besondere Rechtsstellung der Richter Anwendung findet, beschnitten. Daher stellt sich im Bereich der beamtenrechtlichen Legislativkompetenzen die Frage, wie der neue Kompetenztitel des Art. 74 Abs. 1 Nr. 27 GG auszulegen ist. Nur auf diese Weise kann festgestellt werden, inwieweit sich die Landeskompetenzen auf dem Gebiet des Beamtenrechts von der Regelung des Art. 74 Abs. 1 Nr. 27 GG abgrenzen. Erforderlich ist die Auslegung des Art. 74 Abs. 1 Nr. 27 GG aber auch deshalb, weil sich dazu in der Literatur bisher nur wenige detaillierte Äußerungen finden.[473]

Soweit auch nach dem Inkrafttreten des Föderalismusreformgesetzes I an der Zuständigkeitsnorm des Art. 73 Abs. 1 Nr. 8 GG festgehalten wird, besteht das Bedürfnis einer inhaltsbestimmenden Kompetenzauslegung nicht. Vielmehr kann diesbezüglich auf das bisherige Schrifttum zurückgegriffen werden. Allerdings gilt es dabei zu beachten, dass der Bundesgesetzgeber nunmehr von dem sich auf die Norm des Art. 73 Nr. 8 GG a.F. beziehenden Zustimmungserfordernis des Art. 74a Abs. 3 GG a.F. befreit ist.

Durch die Föderalismusreform I erfährt schließlich auch der Regelungsauftrag des Art. 33 Abs. 5 GG erstmals seit Bestehen des Grundgesetzes eine Überarbeitung. Nach dem Wortlaut der Neufassung des Art. 33 Abs. 5 GG ist das Recht des öffentlichen Dienstes nicht mehr nur unter Berücksichtigung der hergebrachten Grundsätze des Berufsbeamtentums zu regeln, sondern auch fortzuentwickeln. Fraglich ist daher, ob und gegebenenfalls in welchem Ausmaß sich diese Fortentwicklungsklausel auf das bisherige Verständnis des Art. 33 Abs. 5 GG auswirkt.

1. Auslegung des Art. 74 Abs. 1 Nr. 27 GG

Betrachtet man die sprachliche Gestaltung des Art. 74 Abs. 1 Nr. 27 GG, so lässt die Norm eine gewisse Grundstruktur erkennen. Sie teilt durch die Benennung des erfassten Personenkreises und die Umschreibung ihres sachlichen Regelungsgegenstandes die Norm in einen persönlichen sowie einen

473 Eine Ausnahme davon bilden die Erörterungen von *Battis/Grigoleit*, ZBR 2008, 1ff. und *Bochmann*, ZBR 2007, 1, 3 ff.

sachlichen Anwendungsbereich auf. Der persönliche Anwendungsbereich des Art. 74 Abs. 1 Nr. 27 GG umfasst dabei die Beamten der Länder, Gemeinden und anderen Körperschaften des öffentlichen Rechts.[474] Er erstreckt sich nach dem Wortlaut aber ausdrücklich auch auf die Richter in den Ländern.

Anders als der persönliche Anwendungsbereich birgt der sachlich-gegenständliche Anwendungsbereich des Art. 74 Abs. 1 Nr. 27 GG immense Ungewissheiten in sich. Er unterwirft die Statusrechte und -pflichten des benannten Personenkreises seinem Regelungsbereich, entzieht dem Bundesgesetzgeber aber zugleich die Befugnis zur Gestaltung der Laufbahnen, Besoldung und Versorgung. Dies bereitet nicht nur hinsichtlich der Interpretation der gewählten Begriffe der Statusrechte und -pflichten Schwierigkeiten, die zum Teil bereits während des Gesetzgebungsverfahrens[475] erkannt worden sind. Vielmehr ist darüber hinaus fraglich, wie die Regelungsbereiche des Laufbahn-, Besoldungs- und Versorgungsrechts von der sonstigen Statusgesetzgebung – also den hierzu in Beziehung stehenden Statusrechten und -pflichten – inhaltlich abzugrenzen sind. Vor diesem Hintergrund darf die getroffene Wortwahl des verfassungsändernden Gesetzgebers schon jetzt als „missglückt“[476] bezeichnet werden.

Um den beschriebenen Schwierigkeiten entgegenzutreten, wird nachstehend erörtert, was unter den verwendeten Termini der Statusrechte und Statuspflichten zu verstehen ist. Im Anschluss daran ist zu prüfen, inwieweit die Regelungsbereiche der Besoldung, Versorgung und Laufbahnen von dem Regelungsbereich der Statusrechte und -pflichten inhaltlich abzugrenzen sind.

a. Statusrechte und -pflichten

Obwohl die Kompetenzvorschrift des Art. 74 Abs. 1 Nr. 27 GG noch nicht lange im Verfassungstext verankert ist, bestehen bereits erhebliche Unstimmigkeiten über ihre Reichweite. Sie setzen an den Begriffen der Statusrechte und -pflichten an. So ist zum einen umstritten, ob die Termini der Statusrechte und Statuspflichten der Landesbeamten und -richter in einem engeren[477] oder einem weiteren Sinne zu interpretieren sind. Zum anderen wird im Rahmen der weiteren Auslegungsalternative diskutiert, ob der Topos der Status-

---

474 Ausgenommen sind jedoch die Kirchenbeamten, Landtagsabgeordneten, Mitglieder der Landesregierungen und die Inhaber von Ehrenämtern, ausführlich dazu *Degenhart*, in: Sachs, GG, Art. 74 Rn. 113 sowie *Stettner*, in: Dreier, GG II/2, Art. 74 Rn. 134 m.w.N.

475 *Schnellenbach*, http://webarchiv.bundestag.de/archive/2008/0506/ausschuesse/a06/foederalismusreform/Anhoerung/02_Inneres/Stellungnahmen/Prof__Dr__Helmut_Schnellenbach.pdf, S. 2, zuletzt aufgerufen am 22.11.2009.

476 So ausdrücklich *Battis/Grigoleit*, ZBR 2008, 1; ähnlich *Bochmann*, ZBR 2007, 1, 3, der von einer „sprachlich unglücklich“ formulierten Kompetenzzuweisung spricht.

477 *Wolff*, DÖV 2007, 504, 505; fernerhin wohl auch *Degenhart*, in: Sachs, GG, Art. 74 Rn. 114.

rechte und -pflichten deckungsgleich mit dem Begriff der Rechtsverhältnisse im Sinne der Artt. 75 Abs. 1 Nr. 1 GG a.F., 73 Abs. 1 Nr. 8 GG ist.[478] An Komplexität gewinnt der Meinungsstand dadurch, dass die im Schrifttum vertretenen Ansichten gelegentlich ineinandergreifen.[479] Im Ergebnis verwundert dieser Umstand aber kaum, wenn man bedenkt, dass die Begriffe der Statusrechte und -pflichten bisher weder auf verfassungsrechtlicher noch auf einfachgesetzlicher Ebene Verwendung fanden und damit auch noch keine Konkretisierung erfahren konnten.[480] Es fehlt schlicht an einer rechtsverbindlichen Definition.[481] Die nachstehende Auslegung soll daher helfen, den beschriebenen Streitstand einer Lösung zuzuführen.

(1) Wortlaut

Den Anknüpfungspunkt für die Wortlautauslegung der Gesetzgebungskompetenz des Art. 74 Abs. 1 Nr. 27 GG bildet der Begriff des Status, denn aus ihm müssen sich zwangsläufig die angesprochenen Rechte und Pflichten der Landesbeamten und Landesrichter ableiten. Im allgemeinen Sprachgebrauch be-

---

478 Für eine Deckungsgleichheit sprechen sich *Bochmann*, ZBR 2007, 1, 4 f. und *Knopp*, NVwZ 2006, 1216, 1219 aus. Diesen Autoren steht jedoch ein die Deckungsgleichheit ablehnendes Schrifttum entgegen. So ordnen insbesondere *Battis/Grigoleit*, ZBR 2008, 1 ff. den Art. 74 Abs. 1 Nr. 27 GG als „dienstrechtliche Kernbereichskompetenz" ein. Sie erblicken damit zwar im Vergleich zu dem bisherigen Art. 75 Abs. 1 Nr. 1 GG a.F., welcher auf den weitläufigen Begriff der Rechtsverhältnisse abstellte, in der neuen Kompetenznorm nur noch eine beschränkte beamtenrechtliche Zuständigkeit des Bundes, erachten aber nicht nur die im Wortlaut anklingenden Rechte und Pflichten des Statusrechts als von Art. 74 Abs. 1 Nr. 27 GG erfasst. Ebenso *Kersten*, ZfPR 2007, 72, 75 ff. und wohl auch *Huber*, http://webarchiv.bundestag.de/archive/2008/0506/ausschuesse/a06/ foederalismusreform/Anhoerung/02_Inneres/Stellungnahmen/Prof__Dr__Peter_M__Huber.pdf, S. 14, zuletzt aufgerufen am 22.11.2009. Zu einem ähnlichen Ergebnis gelangt schließlich *Meyer*, Föderalismusreform 2006, S. 288 ff., der zu dem angesprochenen Meinungsstand zwar nicht ausdrücklich Stellung bezieht, jedoch darauf hinweist, dass es neben den von Art. 74 Abs. 1 Nr. 27 GG abgedeckten Fragen des Statusrechts einen weiteren, dem ausschließlichen Gesetzgebungsrecht der Länder zugehörigen Regelungsbereich des Beamtenrechts gibt. Ebenfalls gegen eine Kongruenz der Begriffe der Statusrechte und -pflichten mit demjenigen der Rechtsverhältnisse sprechen sich *Battis/Nebel*, PersR 2007, 48, 51 aus.

479 Namentlich *Stettner*, in: Dreier, GG II/2, Art. 74 Rn. 134 f. legt die Statusrechte und -pflichten im Sinne des Art. 74 Abs. 1 Nr. 27 GG enger aus als den Begriff der Rechtsverhältnisse im Sinne des Art. 75 Abs. 1 Nr. 1 GG a.F. Zeitgleich spricht er sich aber dafür aus, dass auch die in Art. 33 Abs. 5 GG niedergelegten Grundsätze des Berufsbeamtentums dem Topos der Statusrechte und -pflichten unterfallen sollen. Ferner sprechen sich etwa *Biermann/Kammradt*, PersR 2006, 444, 445 einerseits für einen weit gefassten Begriff der Statusrechte und -pflichten aus, sind aber andererseits der Auffassung, dass eine abschließende Auslegung des Begriffes dahin stehen könne.

480 *Kersten*, ZfPR 2007, 72, 75.

481 *Auerbach*, DVP 2008, 397, 400.

zeichnet das aus dem Lateinischen stammende Substantiv einen Zustand oder eine Stellung innerhalb der Gesellschaft oder einer Gruppe.[482] In juristischer Hinsicht wird darunter ein die Rechtsstellung des Beamten ausgestaltendes Rechtsverhältnis verstanden, das zugleich alle damit zusammenhängenden Rechte und Pflichten umfasst.[483] Dieses sogenannte Beamtenverhältnis vermittelt dem einzelnen Beamten gegenüber seiner Beschäftigungskörperschaft einen Status, der auch als Sonderstatusverhältnis begriffen wird.[484] Die sprachliche Verwendung der Begriffe Statusrechte und -pflichten legt damit den Rückschluss nahe, dass sich der Regelungsgegenstand der Kompetenznorm des Art. 74 Abs. 1 Nr. 27 GG auf die Gesamtheit der Rechte und Pflichten erstreckt, die sich aus dem Status des Beamten – das heißt aus dem Rechtsverhältnis, welches zwischen dem Beamten und seiner Beschäftigungskörperschaft begründet ist – ableiten.[485] Nach dem Wortlaut des Art. 74 Abs. 1 Nr. 27 GG gilt dies allerdings nicht für die Regelungsbereiche der Laufbahnen, Besoldung und Versorgung.

Die im Normtext durch die Benennung der Statusrechte und -pflichten anklingende Subjektivierung erregt zudem den Anschein, Art. 74 Abs. 1 Nr. 27 GG beschränke sich allein auf eben jene Rechte und Pflichten. Seine Textfassung lässt daher vermuten, dass eine Befugnis des Bundes zur generellen Ausgestaltung des Beamtenstatus nicht begründet werden soll.[486] Dies erklärt wohl auch, warum einige[487] die Formulierung „Statusrechte und -pflichten" – im Vergleich zu der zuvor in Art. 75 Abs. 1 Nr. 1 GG a.F. enthaltenen Umschreibung der „Rechtsverhältnisse der im öffentlichen Dienste [...] stehenden Personen" – nahezu selbstverständlich als enger gefasst erachten.

(2) Genese

Eine Aussage darüber, welches Verständnis den Begriffen der Statusrechte und -pflichten zugrunde liegt, könnte möglicherweise der historischen Auslegung entlehnt werden.

Einen ersten verfassungsgeschichtlichen Anhaltspunkt könnte die bisherige Integration der beamtenrechtlichen Kompetenzbestimmungen im deutschen Bundesstaatssystem geben. In diesem Zusammenhang ist festzuhalten,

---

482 *N.N.*, Status, in: Duden, Fremdwörterbuch, S. 988; *N.N.*, Status, in: Duden, Bedeutungswörterbuch, S. 849.

483 *Bochmann*, ZBR 2007, 1, 4; *Kersten*, ZfPR 2007, 72, 75; *Loschelder*, ZBR 1978, 133, 137.

484 *Battis/Grigoleit*, ZBR 2008, 1; *Lecheler*, ZBR 2007, 18.

485 *Bochmann*, ZBR 2007, 1, 4.

486 *Ders.*, ZBR 2007, 1, 4; für ein sich schon im Wortlaut der Kompetenznorm andeutendes weiteres Verständnis der Begriffe Statusrechte und -pflichten sprechen sich hingegen *Battis/Grigoleit*, ZBR 2008, 1, 2 und 4 sowie *Kersten*, ZfPR 2007, 72, 75 aus.

487 *Battis/Nebel*, PersR 2007, 48, 51; *Degenhart*, NVwZ 2006, 1209, 1214; *Oeter*, in: Föderalismusreform, Rn. 39; *Stettner*, in: Dreier, GG II/2, Art. 74 Rn 134.

dass die Berechtigung, die Statusrechte und -pflichten auszugestalten, dem Bundesgesetzgeber gewissermaßen als Kompensation für die Streichung der Rahmenkompetenz des Art. 75 Abs. 1 Nr. 1 GG a.F. eingeräumt wird. Dies belegt die Gesetzesbegründung des verfassungsändernden Gesetzgebers, denn dort heißt es ausdrücklich: „Der bisher in der Rahmengesetzgebung enthaltene Kompetenztitel für die allgemeinen Rechtsverhältnisse der Landesbediensteten wird [...] auf die Länder übertragen. Der Bund erhält aber die konkurrierende Gesetzgebungsbefugnis zur Regelung der Statusrechte und -pflichten der Landesbeamten und -richter [...]“.[488] Des Weiteren wird betont: „Die neue Kompetenz zur Regelung der Statusrechte und -pflichten der Landesbeamten und -richter in Artikel 74 Abs. 1 Nr. 27 tritt an die Stelle der bisherigen Kompetenzen nach Artikel 75 Abs. 1 Satz 1 Nr. 1 und Artikel 98 Abs. 3 Satz 2 [GG]“.[489] Der Gesetzesbegründung ist damit zu entnehmen, dass der neuen Kompetenznorm des Art. 74 Abs. 1 Nr. 27 GG im Verhältnis zu Art. 75 Abs. 1 Nr. 1 GG a.F. eine ausgleichende Funktion zukommt. Ruft man sich vor diesem Hintergrund die im zweiten Kapitel[490] untersuchte verfassungsgeschichtliche Integration der beamtenrechtlichen Kompetenzbestimmungen im deutschen Bundesstaatssystem in Erinnerung, erlangt dieser Umstand durchaus Bedeutung. Es wurde dargelegt, dass sich seit der Weimarer Reichsverfassung – zunächst verankert in Art. 10 Nr. 3 WRV, später in Art. 75 Abs. 1 Nr. 1 GG a.F. – eine Grundsatz- beziehungsweise Rahmengesetzgebung der Zentralgewalt zur Regelung der Rechtsverhältnisse der Landesbeamten etabliert hatte. Wenn nun aber die Vorschrift des Art. 74 Abs. 1 Nr. 27 GG nach der Vorstellung des verfassungsändernden Gesetzgebers im Verhältnis zu Art. 75 Abs. 1 Nr. 1 GG a.F. eine ausgleichende Funktion aufweist, so spricht vieles dafür, dass dieser dem ersetzenden Kompetenztitel ein Kompetenzverständnis zugrunde legt, welches sich an dasjenige des Art. 75 Abs. 1 Nr. 1 GG a.F. anlehnt. Das muss umso mehr gelten, wenn man berücksichtigt, dass eine der wesentlichen Zielsetzungen[491] des Föderalismusreformgesetzes I die Abschaffung der Kompetenzart der Rahmengesetzgebung war. Der verfassungsändernde Gesetzgeber war damit gezwungen, für den Regelungsbereich des Art. 75 Abs. 1 Nr.1 GG a.F. einen neuen Platz im grundgesetzlichen Kompetenzgefüge zu finden. Im Hinblick auf die Kompetenzen der Länder fiel seine Entscheidung durch die Einordnung im Katalog der konkurrierenden Gesetzgebung weniger einschneidend aus, als dies – wenn man einmal von der Frage der Zulässigkeit einer solchen Möglichkeit absieht – bei einer Verankerung im Bereich der ausschließlichen Gesetzge-

---

488 Vgl. BT-Drs. 16/813, S. 8.

489 Vgl. BT-Drs. 16/813, S. 14; ebenfalls in diesem Sinne *Auerbach*, ZBR 2009, 217; *Drescher*, RiA 2007, 261; *Kersten*, ZfPR 2007, 72, 74; *Peters*, RiA 2008, 97.

490 Vgl. dazu Kapitel 2, Punkt B.I.2.b.

491 Vgl. insoweit bereits Kapitel 3, Punkt C.I.

bung der Fall gewesen wäre. Die Zugehörigkeit des neuen Art. 74 Abs. 1 Nr. 27 GG zur Kompetenzart der konkurrierenden Gesetzgebung steht folglich einem sich an Art. 75 Abs. 1 Nr. 1 GG a.F. anlehnenden Kompetenzverständnis grundsätzlich nicht entgegen. Vielmehr ist anzunehmen, dass die der Vorgängernorm zugeschriebene Klammerfunktion, auf deren Grundlage bezüglich der beamtenrechtlichen Grundstrukturen ein bestimmtes Mindestmaß an bundesweiter Einheitlichkeit sichergestellt werden konnte, unmittelbar auf die Nachfolgernorm des Art. 74 Abs. 1 Nr. 27 GG übergegangen ist und dass auch sie das beschriebene Mindestmaß an bundesweiter Einheitlichkeit gewährleisten soll. Fraglich ist aber, ob daraus zugleich der Schluss gezogen werden kann, dass der Kompetenznorm des Art. 74 Abs. 1 Nr. 27 GG damit auch ein über die Begrifflichkeiten der Statusrechte und -pflichten hinausreichendes Verständnis im Sinne eines gleichermaßen objektive Elemente einbeziehenden Regelungstatbestandes für den Beamtenstatus zugrunde zu legen ist. So sah es jedenfalls die Vorgängernorm des Art. 75 Abs. 1 Nr. 1 GG vor. Eine derart pauschalierte Übertragung des Kompetenzverständnisses der alten Rahmengesetzgebungskompetenz auf die Vorschrift des Art. 74 Abs. 1 Nr. 27 GG hätte dann zur Konsequenz, dass der verwendete Begriff der Statusrechte und -pflichten eine weitgehende Kongruenz[492] mit dem Begriff der Rechtsverhältnisse im Sinne der Art. 75 Abs. 1 Nr. 1 GG a.F. und Art. 73 Abs. 1 Nr. 8 GG aufweisen würde.

Gegen eine solche Kongruenz spricht jedoch, dass dem Bund in Art. 74 Abs. 1 Nr. 27 GG ein Titel der konkurrierenden Gesetzgebung zugewiesen wird, die Kompetenz der Rahmengesetzgebung folglich durch eine echte Vollkompetenz abgelöst wird. Dadurch wird der Umfang der Legislativbefugnisse des Bundes im Vergleich zur bisherigen Rechtslage erheblich erweitert. Dieser Umstand legt es nahe, an Art. 74 Abs. 1 Nr. 27 GG einen engeren Auslegungsmaßstab anzulegen. Anderenfalls stünde die Kompetenzübertragung in einem klaren Widerspruch zu der in der Begründung zum Verfassungsänderungsgesetz formulierten Absicht[493], die Personal- und Organisationshoheit der Bundesländer zu stärken. In die gleiche Richtung deutet die Entscheidung des verfassungsändernden Gesetzgebers, infolge der Verwendung der Begriffe der Statusrechte und -pflichten dem Verfassungstext einen bislang unbekannten Terminus hinzuzufügen. Der Wortlaut des Art. 74 Abs. 1 Nr. 27 GG könnte nämlich bewusst in Abkehr[494] von der bisherigen Formulierung des Art. 75 Abs. 1 Nr. 1 GG a.F. gefasst worden sein. Dies würde dann ebenfalls darauf hindeuten, dass ein über die Begrifflichkeiten

---

492 So die Auffassung von *Knopp*, NVwZ 2006, 1216, 1219.

493 Vgl. BT-Drs. 16/813, S. 8 und 14.

494 Infolge dieses Gedankens gelangt wohl auch *Wolff*, DÖV 2007, 504, 505 zu seiner Feststellung, dass die historische Auslegung eher für eine enge Auslegung der Begriffe der Statusrechte und -pflichten spreche.

der Statusrechte und -pflichten hinausreichendes Verständnis der Zuständigkeitsnorm des Art. 74 Abs. 1 Nr. 27 GG im Sinne eines generellen Regelungstatbestandes für den Beamtenstatus abzulehnen wäre.[495]

Da infolge der aufgezeigten Interpretationsgegensätze die historische Auslegungsmethode bisher eine eindeutige Aussage nicht erlaubt, ist zu ermitteln, ob sich gegebenenfalls aus den Gesetzgebungsmaterialien zum Föderalismusreformgesetz I ein weiterer Anhaltspunkt für die Interpretation der Statusrechte und -pflichten der Landesbeamten und -richter ableiten lässt. So lassen zunächst die den Beratungen des ersten Föderalismusreformgesetzes vorangegangenen Aussprachen der Föderalismus-Kommission I einen weitestgehenden Konsens darüber erkennen, dass bezüglich der Kernbereiche des Statusrechts auch weiterhin ein bundeseinheitliches Regelungsbedürfnis bestehe.[496] Eine Einigung über die Frage, für welche konkreten Rechtsbereiche in diesem Zusammenhang tatsächlich ein Bedürfnis bundeseinheitlicher Regelung bestehe, wurde jedoch nahezu während des gesamten Beratungszeitraums nicht erzielt. Auffällig ist vielmehr, dass der Begriff des Statusrechts während des Beratungsprozesses eine äußerst undifferenzierte Verwendung fand und eine grundsätzliche Beschränkung auf die mit dem Statusrecht verknüpften Rechte und Pflichten zunächst nicht zu erblicken war.[497] So wurden bei der Suche nach einer zusammenfassenden Begriffsumschreibung des Kernbereichs des Statusrechts, die im Grundgesetz Verankerung finden sollte, drei unterschiedliche Varianten diskutiert, namentlich „die Statusrechte und -pflichten“, die „grundlegende[n] Inhalte der Rechtsverhältnisse“ und die „grundlegenden Inhalte der Dienstverhältnisse“.[498] Eine Festlegung auf die

495 *Bochmann*, ZBR 2007, 1, 4.

496 Vgl. Bundestag/Bundesrat, Kommission, Zur Sache 1/2005, S. 210 ff.

497 Vgl. dazu beispielsweise die Beratungen des Bundesrates, Bundestag/Bundesrat, Kommission, Zur Sache 1/2005, S. 215; dort spricht der Vortragende *Teufel* von einem Erfordernis einer bundeseinheitlichen Regelung im Hinblick auf das „Wesen des Beamtenrechts, Rechtsform und Begründung, Dauer des Beamtenverhältnisses, Nichtigkeits- und Rücknahmegründe, Abordnung und Versetzung zwischen den Ländern, die aus dem Beamtenstatus folgenden Rechte und Pflichten [...]“. Im Rahmen der Beratungen der Ministerpräsidentenkonferenz wurde hingegen folgender Ausdruck gewählt: „ Die Länder erhalten die Gesetzgebungskompetenz für das Dienstrecht der Landesbeamten mit Ausnahme der statusrechtlichen Grundnormen [...]“, Bundestag/Bundesrat, Kommission, Zur Sache 1/2005, S. 222. Die Landtagspräsidenten sprechen wiederum von den „Rechtsverhältnisse[n] der Angehörigen des öffentlichen Dienstes im Landes- und Kommunalbereich mit Ausnahme der Regelungen zum Status der Beamten (Begründung, Ende, Rechte, Pflichten)“, Bundestag/Bundesrat, Kommission, Zur Sache 1/2005, S. 224. Darüber hinaus findet sich in den Beratungsunterlagen etwa folgende Formulierung: „die Rechtsverhältnisse der im öffentlichen Dienste der Länder [...] stehenden Personen [...] mit Ausnahme der statusregelnden Bestimmungen“, Bundestag/Bundesrat, Kommission, Zur Sache 1/2005, S. 225.

498 Bundestag/Bundesrat, Kommission, Zur Sache 1/2005, S. 234.

„Statusrechte und -pflichten" der Landesbediensteten enthielt erst der von den Kommissionsvorsitzenden präsentierte Textvorschlag zur Änderung des Grundgesetzes. Eine Antwort darauf, weshalb die Entscheidung der Kommission zugunsten dieser Textvariante ausfiel, ist aus den Arbeitsunterlagen der Föderalismus-Kommission I nicht abzuleiten.[499] Die sinnäquivalente Verwendung der Begriffe der Statusrechte und -pflichten neben den beiden anderen Textvarianten deutet jedoch darauf hin, dass eine Beschränkung auf die subjektive Komponente des Statusrechts nicht beabsichtigt war, sondern dass allein angestrebt wurde, den bundeseinheitlichen Kernbereich des Beamtenrechts abzusichern.[500] Die Entscheidung zugunsten der Begriffsformulierung „Statusrechte und -pflichten" fiel im Ergebnis vermutlich auf der Grundlage ästhetischer Erwägungen.[501] Der Arbeit der Kommission kann für die Interpretation der Statusrechte und -pflichten demzufolge die Erkenntnis entnommen werden, dass eine beamtenrechtliche Kernbereichskompetenz zugunsten des Bundes geschaffen werden sollte.

Aus der Gesetzesbegründung zum Föderalismusreformgesetz I lässt sich dagegen ein richtungsweisender Inhalt für die Interpretation der in Frage stehenden Begriffe nicht ableiten. Der verfassungsändernde Gesetzgeber betont zwar gleich zweifach die Absicht zur Stärkung der Personal- und Organisationshoheit der Länder, indem er ihnen die bisherige beamtenrechtliche Rahmenkompetenz des Bundes – wenn auch unter der Prämisse des Art. 74 Abs. 1 Nr. 27 GG – zuweist.[502] Zugleich legt dieser aber der Gesetzesbegründung – ebenfalls wie die Experten der Föderalismus-Kommission I – eine uneinheitliche Begriffsverwendung im Hinblick auf die Statusrechte und Statuspflichten der Landesbeamten und Landesrichter zugrunde. So wird einerseits von einer „Befugnis zur Regelung der grundlegenden Statusangelegenheiten" beziehungsweise von „bundeseinheitlichen Statusregelungen"[503] gesprochen, andererseits wird aber die Gesetzgebungskompetenz des Art. 74 Abs. 1 Nr. 27 GG auf die "Statusrechte und -pflichten"[504] beschränkt. Infolgedessen ist nicht ersichtlich, ob der verfassungsändernde Gesetzgeber dem Motiv der gestärkten Personal- und Organisationshoheit und damit der gestärkten Eigenstaatlichkeit der Länder oder dem Motiv eines bundesweit in den Grundsatzfragen des Statusrechts einheitlichen Regelungsbedürfnisses eine größere Bedeutung zumisst, er also entweder eine tatsächliche Beschränkung

499 *Battis/Grigoleit*, ZBR 2008, 1, 3, mit weiteren Anmerkungen.
500 *Kersten*, ZfPR 2007, 72, 76.
501 *Ders.*, ZfPR 2007, 72, 76.
502 BT-Drs. 16/813, S. 8 und 14.
503 BT-Drs. 16/813, S. 14.
504 BT-Drs. 16/813, S. 14.

auf die Rechte und Pflichten des Statusverhältnisses oder einen weiteren Regelungstatbestand für den Beamtenstatus beabsichtigt.[505]

Abschließend ist damit festzustellen, dass dem Kriterium der historischen Auslegung sowohl Anhaltspunkte für eine weitere als auch für eine engere Interpretation der Begriffe der Statusrechte und -pflichten zu entnehmen sind. Obwohl die Argumente für ein weiteres Interpretationsverständnis leicht überwiegen, kommt der historischen Auslegung insgesamt nur eine beschränkte Aussagekraft zu.

(3) Systematik

Fraglich ist, welches Normverständnis Art. 74 Abs. 1 Nr. 27 GG im Rahmen der systematischen Auslegung zugrunde zu legen ist. Die Wortlautauslegung ergab, dass sich die Regelungsbefugnis des Bundes allein auf die Ausgestaltung der subjektiven Komponente des Beamtenstatusverhältnisses beschränkt. Die objektive Komponente des Statusrechts bliebe danach unberücksichtigt. Die Binnensystematik der Kompetenznorm des Art. 74 Abs. 1 Nr. 27 GG gibt jedoch Anlass, dieses Ergebnis zu überdenken. So zählt das in der Zuständigkeitsnorm im Gleichklang mit den Regelungsmaterien der Besoldung und Versorgung aufgezählte Laufbahnrecht zwar ebenfalls zum Beamtenstatusrecht, die Laufbahn selbst verkörpert aber weder ein Recht noch eine Pflicht und ist damit Bestandteil des objektiven Statusrechts.[506] Dieser Umstand deutet darauf hin, dass der verfassungsändernde Gesetzgeber die in den Begriffen der Statusrechte und Statuspflichten anklingende Subjektivierung möglicherweise gar nicht gewollt hat.[507] Bezieht man in diese Überlegung die in der Gesetzesbegründung zum Föderalismusreformgesetz I enthaltene Definition[508]

505 Die Widersprüchlichkeit der Gesetzesbegründung findet auch bei *Bochmann*, ZBR 2007, 1, 3 f. Erwähnung; anderer Ansicht ist insoweit *Wolff*, DÖV 2007, 504, 505, der der Gesetzesbegründung eine enge Auslegung der Statusrechte und Statuspflichten entlehnt; *Battis/Grigoleit*, ZBR 2008, 1, 3 f. folgern aus den einschlägigen Gesetzesmaterialien hingegen, dass die Kompetenz zur Statusgesetzgebung im Sinne einer „dienstrechtliche[n] Kernbereichskompetenz zu verstehen ist" und sprechen sich damit für eine weitere Auslegung der Begriffe der Statusrechte und -pflichten aus. Dieser Auffassung ist auch *Kersten*, ZfPR 2007, 72, 75 f., der die in der Gesetzesbegründung erwähnten „bundeseinheitlichen Statusregelungen" als Hinweis darauf versteht, dass nicht nur die Rechte und Pflichten des Statusrechts, sondern all diejenigen Bereiche des Statusrechts durch den Bund einheitlich geregelt werden sollen, die „für ein bundeseinheitliches Verständnis des Berufsbeamtentums erforderlich" sind.

506 *Bochmann*, ZBR 2007, 1, 3; *Kersten*, ZfPR 2007, 72, 75.

507 *Battis/Grigoleit*, ZBR 2008, 1, 2.

508 Vgl. dazu BT-Drs. 16/813, S. 14; dort hat der verfassungsändernde Gesetzgeber unter Bezugnahme der Aussagen des Koalitionsvertrages der Großen Koalition vom 18. November 2005 die Statusrechte und -pflichten wie folgt umschrieben: „Statusrechte und -pflichten sind:

der Statusrechte und -pflichten mit ein, bestätigt sich der vorstehende Befund. Die dort vorgenommene Umschreibung der Statusrechte und -pflichten scheint überwiegend zufälliger Natur zu sein, weil sie sich auf eine Vielzahl unterschiedlicher Regelungsmaterien des Beamtenrechts erstreckt, ohne sich auf die Rechte und Pflichten der Beamten zu beschränken.[509] Insofern ist zu konstatieren, dass die in der Gesetzesbegründung verankerte Begriffskonkretisierung – die im Schrifttum zu Recht als „Sammelsurium"[510] betrachtet wird – ebenfalls für eine auch objektive Elemente des Statusrechts einbeziehende Auslegung der Statusrechte und -pflichten spricht.

Einen weiteren Anhaltspunkt für die Auslegung der Statusrechte und -pflichten stellt schließlich der Vergleich des Art. 74 Abs. 1 Nr. 27 GG mit der Kompetenz des Bundes zur Verfügung, die ihm im Hinblick auf seine eigene Beamtenschaft zusteht. Während der Bundesgesetzgeber nach Art. 73 Abs. 1 Nr. 8 GG weiterhin ausschließlich für die Rechtsverhältnisse der Bundesbeamten zuständig bleibt, wird infolge des Föderalismusreformgesetzes I die bisherige Kompetenz im Sinne des Art. 75 Abs. 1 Nr. 1 GG a.F. gestrichen und teilweise in den Zuständigkeitsbereich der Länder sowie in den Katalog der konkurrierenden Gesetzgebung überführt, ohne jedoch an dem früheren Begriff der Rechtsverhältnisse festzuhalten. Vergegenwärtigt man sich in diesem Zusammenhang die Verankerung der neuen beamtenrechtlichen Zuständigkeitsnorm im System der konkurrierenden Gesetzgebung des Bundes, so ergibt sich folgendes Bild: Der Kompetenztitel des Art. 74 Abs. 1 Nr. 27 GG unterfällt nicht dem Anwendungsbereich der reduzierten Erforderlichkeitsklausel des Art. 72 Abs. 2 GG. Vielmehr wird die Verabschiedung einer bundeseinheitlichen Regelung nach Art. 72 Abs. 1 GG schon von Verfassungs wegen für erforderlich erachtet. Auch eine abweichende Gesetzgebung der Länder im Sinne des Art. 72 Abs. 3 GG ist auf dem Gebiet der Statusrechte und Statuspflichten nicht gestattet. Zwar erlangt die Kompetenz des Art. 74 Abs. 1 Nr. 27 GG dadurch nicht den Rang einer ausschließlichen Gesetzge-

– Wesen, Voraussetzungen, Rechtsform der Begründung, Arten, Dauer sowie Nichtigkeits- und Rücknahme- gründe des Dienstverhältnisses,
– Abordnungen und Versetzungen der Beamten zwischen den Ländern und zwischen Bund und Ländern oder entsprechende Veränderungen des Richterdienstverhältnisses,
– Voraussetzungen und Formen der Beendigung des Dienstverhältnisses (vor allem Tod, Entlassung, Verlust der Beamten- und Richterrechte, Entfernung aus dem Dienst nach dem Disziplinarrecht),
– statusprägende Pflichten und Folgen der Nichterfüllung,
– wesentliche Rechte,
– Bestimmung der Dienstherrenfähigkeit,
– Spannungs- und Verteidigungsfall und
– Verwendungen im Ausland."

509 *Bochmann*, ZBR 2007, 1, 4.

510 *Lecheler*, ZBR 2007, 18, 21.

bungskompetenz, dem Bundesgesetzgeber soll aber eine einheitliche Ausgestaltung der Statusrechte und -pflichten möglich sein.[511] Diese feste Einbettung des Art. 74 Abs. 1 Nr. 27 GG im System der konkurrierenden Gesetzgebung spricht insbesondere auch aufgrund des damit verbundenen Eingriffs in den Hoheitsbereich der Länder dagegen, dass sich der Begriff der Statusrechte und -pflichten inhaltlich an den in Art. 73 Abs. 1 Nr. 8 GG verwendeten Rechtsbegriff der Rechtsverhältnisse anlehnt. Anderenfalls würde in die Personal- und Organisationshoheit der Länder stärker eingegriffen als dies vor der Föderalismusreform I der Fall war. Berücksichtigt man also, dass der Bund im Rahmen des Art. 73 Abs. 1 Nr. 8 GG die Rechtsverhältnisse seiner eigenen Beamtenschaft ausgestaltet, über die Norm des Art. 74 Abs. 1 Nr. 27 GG aber berechtigt ist, auf die Beamtenschaft der Länder im Wege einer echten Vollkompetenz Einfluss zu nehmen, so drängt sich die Feststellung auf, dass die Statusgesetzgebungskompetenz lediglich auf die bundesrechtliche Gestaltung eines „Kernbereich[s] des Beamtenrechts“[512], nicht aber auf eine einheitliche Gestaltung der Rechtsverhältnisse insgesamt abstellen will. Eine inhaltliche Ausrichtung des Begriffes der Statusrechte und -pflichten an dem vormaligen Begriff der Rechtsverhältnisse lässt der vorstehende Vergleich folglich nicht zu.

Aus der systematischen Stellung der Norm lässt sich ferner eine gleichzeitige Beschränkung auf die subjektiven Elemente des Statusrechts nicht herleiten. Um dem Beamtenrecht im Bundesstaat des Grundgesetzes in vollem Umfang gerecht werden zu können, müssen vielmehr auch die objektivrechtlichen Ausprägungen des Statusrechts von der Kompetenznorm des Art. 74 Abs. 1 Nr. 27 GG erfasst sein. Dies folgt schon aus der in der Gesetzesbegründung enthaltenen Begriffsdefinition. Sie bezieht sich nicht nur ausdrücklich auf Elemente des subjektiven, sondern auch des objektiven Statusrechts. Sie stimmt darüber hinaus in ihrem Wortlaut weitestgehend mit den von einem Kernbereichsverständnis geprägten Ergebnissen der Föderalismus-Kommission I überein.[513] Wenn also von einem generellen Regelungstatbestand für den Beamtenstatus gesprochen wird, so kann dieser nur im Sinne einer ebensolchen Kernbereichsnorm verstanden werden. Eine überwiegende Kongruenz zwischen den Topi der Rechtsverhältnisse im Sinne der Artt. 75 Abs. 1 Nr. 1 GG a.F., 73 Abs. 1 Nr. 8 GG und der Statusrechte und -pflichten im Sinne des Art. 74 Abs. 1 Nr. 27 GG lässt sich auf der Grundlage der vor-

511 *Battis/Nebel*, PersR 2007, 48, 52.

512 *Battis/Grigoleit*, ZBR 2008, 1, 2.

513 Vgl. dazu den von der Föderalismus-Kommission I im Zusammenhang mit den verfassungsrechtlichen Änderungsvorschlägen zeitgleich erarbeiteten Begleittext zu Art. 74 Abs. 1 Nr. 27 GG, Bundestag/Bundesrat, Kommission, Zur Sache 1/2005, S. 236.

getragenen systematischen und historischen Hintergründe nicht rechtfertigen.[514]

An Substanz gewinnt die „Kernbereichsvorstellung“[515] des Art. 74 Abs. 1 Nr. 27 GG schließlich dadurch, dass die Kompetenznorm erst durch das Zusammenspiel mit den für das Beamtentum verbindlichen materiellen Grundsätzen des Art. 33 Abs. 5 GG ihre endgültige inhaltliche Ausgestaltung erlangt.[516] Art. 33 Abs. 5 GG vermittelt nämlich nicht nur einen Regelungsauftrag, sondern auch eine funktionale Einrichtungsgarantie.[517] Durch den in Art. 33 Abs. 5 GG niedergelegten „Kernbestand von Strukturprinzipien“[518] soll das Berufsbeamtentum eine gleich bleibend gute Qualität der Verwaltung sicherstellen und damit ein Gegengewicht zu den polarisierenden politischen Kräften im Verfassungsstaat des Grundgesetzes bilden.[519] Wie der verfassungsändernde Gesetzgeber selbst feststellt, wird die in Art. 33 Abs. 5 GG niedergelegte verfassungsrechtliche Garantie des Berufsbeamtentums durch die Änderungen des ersten Föderalismusreformgesetzes nicht angetastet.[520] Bei der Interpretation der Vorschrift des Art. 74 Abs. 1 Nr. 27 GG darf folglich nicht übersehen werden, dass die im Zuge der Föderalismusreform I erweiterte Eigenverantwortung der Länder im Einklang mit dem Funktionsauftrag des Art. 33 Abs. 5 GG stehen muss.[521] Gerade aus diesem Grund stellt der verfassungsändernde Gesetzgeber dem Bund die Kompetenz für die Statusrechte und -pflichten der Beamten der Länder und Gemeinden an die Seite. Sie soll das „institutionelle Minimum des Berufsbeamtentums im Bundesstaat“ sichern.[522] Das Statusrecht des Bundes kann dabei der Gewährleistung des beschriebenen institutionellen Minimums aber nur gerecht werden, wenn nicht nur die einzelnen Rechte und Pflichten der Beamtenschaft, sondern auch die für den Bestand der Institution elementaren objektiven Regelungsstrukturen von der Kompetenzvorschrift des Art. 74 Abs. 1 Nr. 27 GG erfasst werden.[523] Die Korrelation des Art. 74 Abs. 1 Nr. 27 GG zur Verfassungsnorm des Art. 33 Abs. 5 GG spricht daher ebenfalls für eine gemäßigte Auslegung der Statusgesetzgebungskompetenz des Bundes, sodass all diejenigen Regelungen von der Kompetenznorm erfasst sind, die darauf abzielen, die beschriebene Funktion des Berufsbeamtentums insgesamt zu sichern. Sie ist

514 So aber im Ergebnis *Bochmann*, ZBR 2007, 1, 4 f.

515 Der verwendete Begriff stammt von *Battis/Grigoleit*, ZBR 2008, 1, 2.

516 *Oeter*, in: Föderalismusreform, Rn. 39; *Stettner*, in: Dreier, GG II/2, Art. 74 Rn 134.

517 BVerfGE 62, 374, 383; *Battis*, in: Sachs, GG, Art. 33 Rn. 65.

518 BVerfGE 8, 332, 343; 43, 242, 278; 56, 146, 162; 62, 374, 382 f.

519 BVerfGE 7, 155, 162; 8, 1, 16; 70, 251, 258/267; *Lecheler*, in: FS 50 Jahre BVerfG, S. 359, 365.

520 BT-Drs. 16/813, S. 10.

521 *Kersten*, ZfPR 2007, 72, 77 f.

522 *Battis/Grigoleit*, ZBR 2008, 1, 3; ebenso *Voßkuhle*, in: GVwR III, § 43 Rn. 77.

523 *Kersten*, ZfPR 2007, 72, 78.

mithin im Sinne einer „dienstrechtliche[n] Kernbereichskompetenz“[524] zu interpretieren.

(4) Zwischenergebnis

Resümierend ist festzuhalten, dass die enge, das heißt rein subjektive Auslegung des Topos der Statusrechte und -pflichten im Wortlaut der Norm Bestätigung findet. Für sie sprechen – ebenso wie für eine sich weitgehend am bisherigen Begriff der Rechtsverhältnisse orientierende Auslegung – sogar einige entstehungsgeschichtliche Anhaltpunkte. Die vorstehenden Erörterungen zeigen jedoch, dass den systematischen Aspekten der Auslegung ein besonderes Gewicht zukommt. Da sie ebenfalls durch die Entstehungsgeschichte bestätigt werden, ist im Ergebnis der gemäßigten Auslegung der Vorrang einzuräumen. Dies hat zur Folge, dass den Ländern nicht nur die Regelungsmaterien des Besoldungs-, Versorgungs- und Laufbahnwesens, sondern auch die übrigen Bereiche des Dienstrechts zugewiesen werden, die von dem in Art. 74 Abs. 1 Nr. 27 GG umschriebenen Statusrecht nicht in Bezug genommenen werden.

b. Besoldung, Versorgung und Laufbahnen

Weitaus weniger Meinungsverschiedenheiten bestehen hinsichtlich der Regelungsmaterien der Besoldung, Versorgung und Laufbahnen. Sie fallen nach dem Wortlaut des Art. 74 Abs. 1 Nr. 27 GG ausdrücklich in den Gesetzgebungsbereich der Länder. Ihrer Erwähnung in Art. 74 Abs. 1 Nr. 27 GG kann dabei allein eine klarstellende Funktion[525] zukommen, denn nach der Auffassung des verfassungsändernden Gesetzgebers[526] werden die bisher in den Artt. 74a, 75 GG a.F. verankerten Regelungsmaterien vollständig in die ausschließliche Gesetzgebung der Länder überführt. Ihre Zuständigkeit wird daher durch die Artt. 70, 30 GG, nicht aber durch Art. 74 Abs. 1 Nr. 27 GG begründet. Die Begriffe der Besoldung, Versorgung und Laufbahnen sind aber im Rahmen des Art. 74 Abs. 1 Nr. 27 GG insoweit bedeutsam, als sie von der Befugnis des Bundes zur Statusgesetzgebung materiell-rechtlich abzugrenzen sind.

Die Kompetenzbegriffe der Besoldung, Versorgung und Laufbahnen weisen einen normativen[527] Charakter auf. Zieht man zur Ermittlung dieses normativen Gehalts die Entstehungsgeschichte des Art. 74 Abs. 1 Nr. 27 GG heran, fällt das Augenmerk unmittelbar auf die Vorschrift des Art. 74a GG a.F. Bereits diese im Jahre 1971 in das Grundgesetz eingeführte Norm der

524 *Battis/Grigoleit*, ZBR 2008, 1, 4.
525 Ebenso *Oeter*, in: Föderalismusreform, Rn. 64.
526 BT-Drs. 16/813, S. 14.
527 *Degenhart*, in: Sachs, GG, Art. 74 Rn 115; *ders.*, NVwZ 2006, 1209, 1215.

konkurrierenden Gesetzgebung des Bundes rezipierte die Begriffe der Besoldung und Versorgung aus dem einfachen Recht.[528] Nach der Auffassung des Bundesverfassungsgerichts[529] füllt bei einer normativen Kompetenzumschreibung der zurzeit der Verfassungsgebung vorgefundene Regelungsbereich den Inhalt der Kompetenzmaterie maßgeblich aus. Bei gleicher Motivation kann für den verfassungsändernden Gesetzgeber nichts anderes gelten, sodass die verfassungsrechtlichen Begriffe der Besoldung und Versorgung in Anlehnung an das zur Zeit der Verfassungsänderung vorgefundene einfache Recht[530] auszulegen sind. Gemäß § 1 Abs. 2 BBesG erstreckte sich der Begriff der Besoldung vor der Föderalismusreform I schwerpunktmäßig auf das Grundgehalt, die Leistungsbezüge für Professoren, den Familienzuschlag, die Zulagen, die Vergütungen und die Auslandsdienstbezüge. Gegenstand des Versorgungsbegriffs waren nach der bisherigen Vorschrift des § 2 Abs. 1 BeamtVG insbesondere das Ruhegehalt, die Hinterbliebenenversorgung, die Unfallfürsorge und das Übergangsgeld. Die Regelungskomplexe der Besoldung und Versorgung umfassen damit auch nach neuer Rechtslage die in Erfüllung des Alimentationsprinzips zu erbringenden Leistungen zur Sicherung des angemessenen Lebensunterhalts der Beamten und ihrer Familienangehörigen.[531] Hinsichtlich des normativen Kompetenzbegriffes der Laufbahnen ist ebenfalls auf das einfache Recht – namentlich auf die auf der Grundlage der Kompetenznorm des Art. 75 Abs. 1 Nr. 1 GG a.F. erlassenen Regelungen des Beamtenrechtsrahmengesetzes – zurückzugreifen, die der verfassungsändernde Gesetzgeber bei der Verabschiedung des ersten Föderalismusreformgesetzes vorfand.[532] Danach werden insbesondere die bis vor Kurzem in den §§ 11 bis 16 BRRG normierten laufbahnrechtlichen Bestimmungen von dem landesrechtlichen Begriff der Laufbahnen erfasst.[533]

Aus entstehungsgeschichtlicher Perspektive muss sich die künftige Gesetzgebung der Länder in den Bereichen des Besoldungs-, Versorgungs- und Laufbahnrechts also an den beschriebenen Begriffsdefinitionen orientieren. Zudem ist die systematische Verknüpfung zu bedenken, die Art. 74 Abs. 1

---

528 Zur alten Rechtslage vgl. beispielsweise *Degenhart*, in: Sachs, GG (3. Aufl.), Art. 74a Rn. 7; *Oeter*, in: v. Mangoldt/Klein/Starck, GG II, Art. 74a I Rn. 9.

529 BVerfGE 109, 190, 218.

530 *Bochmann*, ZBR 2007, 1, 5; *Oeter*, in: v. Mangoldt/Klein/Starck, GG II, Art. 74a Rn. 9; kritisch hingegen *Schick*, in: FS Maunz, S. 281, 286 ff.

531 *Degenhart*, in: Sachs, GG, Art. 74 Rn 116 unter Bezugnahme auf BVerfGE 62, 354, 368.

532 *Bochmann*, ZBR 2007, 1, 5.

533 Da § 13 BRRG die Zulassungsvoraussetzungen für die Laufbahnen umschreibt, ist die ausdrückliche Hervorhebung des verfassungsändernden Gesetzgebers, die laufbahnrechtliche Gesetzgebungskompetenz der Länder erstrecke sich ebenfalls auf die Gestaltung des Zugangs zu den Laufbahnen, überflüssig, vgl. insoweit BT-Drs. 16/813, S. 14; sie unterstreicht jedoch den vorliegenden Befund der historischen Auslegung.

Nr. 27 GG zu der Vorschrift des Art. 33 Abs. 5 GG aufweist. Sie fordert die Berücksichtigung der hergebrachten Grundsätze des Art. 33 Abs. 5 GG – wie etwa des Alimentations- und Laufbahnprinzips – ein.[534]

2. Verweisung des Art. 98 Abs. 3 GG

Obwohl die Richter kraft ihrer in Art. 97 Abs. 1 GG formulierten Unabhängigkeit keine Beamten sind, soll im Folgenden kurz auf die in Art. 98 Abs. 3 GG vorgenommene Verweisung auf die Statusgesetzgebungskompetenz des Bundes eingegangen werden.

Gemäß Art. 98 Abs. 3 GG sind die Länder nach wie vor dazu berechtigt und verpflichtet, die Rechtsstellung der Richter in den Ländern in Abgrenzung zur Beamtenschaft auszugestalten. Bereits vor der Überarbeitung durch das Föderalismusreformgesetz I vermittelte die Kompetenznorm des Art. 98 Abs. 3 GG a.F. den Landesgesetzgebern die Befugnis zur Regelung des gesamten Richterdienstrechts.[535] Sie war jedoch durch die Bundeskompetenz des Art. 98 Abs. 3 Satz 2 GG a.F.[536] beschnitten, die den Bund dazu ermächtigte, Rahmenvorschriften hinsichtlich der Rechtsstellung der Richter zu erlassen. Diese Zuständigkeit wird nunmehr durch die Inbezugnahme des Art. 74 Abs. 1 Nr. 27 GG im Rahmen des neuen Art. 98 Abs. 3 GG abgelöst.[537] Die Länderkompetenz des Art. 98 Abs. 3 GG findet folglich fortan in der Statusgesetzgebungskompetenz des Bundes ihre Grenzen.

Aufgrund der in Art. 74 Abs. 1 Nr. 27 GG enthaltenen Klarstellung, die zu erkennen gibt, dass die Normierung der Besoldung und Versorgung der Richter in den Ländern nicht von der Statuskompetenz des Bundes erfasst ist, folgt die entsprechende Landeskompetenz – anders als bei den Beamten – nicht aus den Artt. 70, 30 GG, sondern aus der Spezialregelung des Art. 98 Abs. 3 GG.[538]

---

534 *Lecheler*, ZBR 2007, 18, 22; *Pechstein*, ZBR 2006, 285, 286; so wohl auch *Kluth*, in: ders., FödRefG, Art. 74 Rn. 18.

535 Vgl. dazu aus der alten Kommentarliteratur *Herzog*, in: Maunz/Dürig, GG V, Art. 98 Rn. 2; *Schulze-Fielitz*, in: Dreier, GG III/1, Art. 98 Rn. 25 sowie aus der neueren Literatur *Detterbeck*, in: Sachs, GG, Art. 98 Rn. 5.

536 Die Gesetzgebungskompetenz der Länder zur Gestaltung der Rechtsstellung der Landesrichter war vor der Föderalismusreform I fernerhin durch die konkurrierende Gesetzgebungskompetenz für die Besoldung und Versorgung der Landesrichter gemäß Art. 74a Abs. 4 i.V.m. Abs. 1 bis 3 GG a.F. eingeschränkt.

537 *Stettner*, in: Dreier, GG II/2, Art. 74 Rn 132.

538 Ebenso *Detterbeck*, in: Sachs, GG, Art. 98 Rn. 11.

3. Auslegung des Regelungsauftrags des Art. 33 Abs. 5 GG

Die neue Textfassung des Art. 33 Abs. 5 GG fordert, dass das Recht des öffentlichen Dienstes unter der Berücksichtigung der hergebrachten Grundsätze des Berufsbeamtentums zu regeln sowie fortzuentwickeln ist. Dem grammatikalischen Aufbau der Norm ist dabei zu entnehmen, dass sich die eingefügte Fortentwicklungsklausel ausdrücklich auf das Recht des öffentlichen Dienstes, nicht aber auf die hergebrachten Grundsätze des Berufsbeamtentums bezieht.[539]

Einen ersten Anhaltspunkt über die Bedeutung der eingefügten Wörter „und fortzuentwickeln" gibt die Untersuchung des Wortlautes der Norm. Der Präfix „fort-" ist in der vorliegenden verbalen Zusammensetzung im Sinne des Adverbs „weiter" zu verstehen, das sich anschließende Verb „entwickeln" im Sinne eines allmählichen Entstehens oder sich Herausbildens.[540] Der Normtext des neuen Art. 33 Abs. 5 GG erstreckt sich mithin sowohl auf die Regelung als auch die zukunftsorientierte weitere Herausbildung des öffentlichen Dienstrechts. Eine ähnliche Bedeutung ist bereits der ersten in Art. 33 Abs. 5 GG genannten Alternative „zu regeln" zu entnehmen, die soviel wie die Schaffung geordneter Verhältnisse[541] bedeutet. Auch sie schließt gesetzgeberische Maßnahmen zur Anpassung bestehender Normen an die sich ändernden Verhältnisse der Gesellschaft nicht aus, weil auch dadurch klare Rechtsverhältnisse geschaffen werden. Für die Einbeziehung der Worte „und fortzuentwickeln" bestand folglich aus dem Blickwinkel der Wortlautauslegung gar keine Notwendigkeit.

Zu untersuchen ist, ob sich aus den Gesetzgebungsmaterialien zum Föderalismusreformgesetz I weitere Anhaltspunkte für die Interpretation des neuen Fortentwicklungsauftrages ableiten lassen. So lassen die Aussprachen der Föderalismus-Kommission I erkennen, dass nicht nur über das generelle Erfordernis einer Änderung des Art. 33 Abs. 5 GG uneinheitliche Auffassungen bestanden, vielmehr wurden auch noch kurz vor dem Abschluss der Beratungen sehr unterschiedliche Änderungsvorschläge diskutiert.[542] Ähnlich wie bei der Aussprache über die Kompetenzvorschrift des Art. 74 Abs. 1 Nr. 27 GG ist den Arbeitsunterlagen der Kommission aber nicht zu entnehmen, warum sich im Textvorschlag der Kommissionsvorsitzenden die Änderungsvariante „und fortzuentwickeln" durchzusetzen vermochte, die dann später auch Ein-

---

539 BVerfGE 119, 247, 272 f.; BVerwG, 2 C 21.06, 26.06 und 29.07 vom 27.09.2007, Abs. 51, http://www.bundesverwaltungsgericht.de/media/archive/5756.pdf, zuletzt aufgerufen am 22.11.2009; *Masing*, in: Dreier, GG II/2, Art. 33 Rn. 72a; *Pechstein*, ZBR 2006, 285, 286; *Reineck*, DVP 2006, 485, 494.

540 *N.N.*, fort-/entwickeln, in: Duden, Bedeutungswörterbuch, S. 377 und 323.

541 *N.N.*, regeln, in: Duden, Bedeutungswörterbuch, S. 723.

542 Vgl. Bundestag/Bundesrat, Kommission, Zur Sache 1/2005, S. 238 ff.

gang in das Föderalismusreformgesetz I fand. Da sich aus den Vorarbeiten der Föderalismus-Kommission I keine weiteren Hinweise entnehmen lassen, helfen sie bei der Auslegung der neuen Fortentwicklungsklausel kaum weiter. Hervorzuheben ist allerdings, dass die Notwendigkeit der Änderung des Art. 33 Abs. 5 GG während des Beratungsprozesses wiederholt in Frage gestellt worden ist. Insofern findet das im Wege der grammatikalischen Auslegung gefundene Ergebnis Bestätigung.

Die Gesetzesbegründung zum Föderalismusreformgesetz I stellt – wenn auch in relativ knapper Form – ausdrücklich klar, dass mit der Einführung des Fortentwicklungsauftrages in Art. 33 Abs. 5 GG lediglich das permanente Bedürfnis zur Angleichung des öffentlichen Dienstrechts an die sich wandelnden zeitlichen Begebenheiten eine besondere Betonung erfahren soll.[543] In dem Gesetzentwurf hebt der verfassungsändernde Gesetzgeber zugleich hervor, dass weder die verfassungsrechtliche Garantie des Berufsbeamtentums angetastet, noch die Berücksichtigung der hergebrachten Grundsätze im Sinne des Art. 33 Abs. 5 GG beeinträchtigt werden soll.[544] Letzteres folgt zwar bereits aus dem eindeutigen Wortlaut der Norm, der Gesetzgeber nutzt jedoch – wie auch im vorliegenden Fall – regelmäßig die ihm eingeräumte Möglichkeit zur Begründung eines Gesetzentwurfs, um eine alternative Auslegung der eingeführten oder geänderten Norm zu verhindern. Die vorgenommene Klarstellung des verfassungsändernden Gesetzgebers unterstreicht in aller Deutlichkeit, dass die im Schrifttum gelegentlich geäußerte Befürchtung, mit der Neufassung des Art. 33 Abs. 5 GG stünde die Aushöhlung oder gar Abschaffung[545] des Berufsbeamtentums unmittelbar bevor, eine reine Fik-

543 BT-Drs. 16/813, S. 10; den gleichen Gedanken aufgreifend *Bergmann*, in: Hömig, GG, Art. 33 Rn. 11; *Masing*, in: Dreier, GG II/2, Art. 33 Rn. 72a trägt in diesem Zusammenhang unter Inbezugnahme der Gesetzesbegründung zum Beamtenstatusgesetz (BT-Drs. 16/4027, S. 20 f. und 39 f.) vor, der einfache Gesetzgeber scheine ebenfalls darauf abzustellen, dass Art. 33 Abs. 5 GG durch das Föderalismusreformgesetz I keinen wesentlichen Bedeutungswandel erfahren habe. Es ist zwar zu konstatieren, dass diese Aussage des einfachen Gesetzgebers als ein Indiz für die deklaratorische Natur der erfolgten Verfassungsänderung zu werten sein mag. Streng genommen kann die Begründung des auf der Kompetenznorm des Art. 74 Abs. 1 Nr. 27 GG beruhenden Gesetzentwurfs jedoch keine Aussage über den objektiven Willen des verfassungsändernden Gesetzgebers treffen. Die Gesetzesbegründung zum Beamtenstatusgesetz kann daher nicht im Rahmen der Auslegung des neu gefassten Art. 33 Abs. 5 GG herangezogen werden.

544 BT-Drs. 16/813, S. 10; sich der Auffassung der Gesetzesbegründung anschließend *Auerbach*, ZBR 2009, 217; *Butzer*, in: Kluth, FödRefG, Art. 33 Rn. 12; *Masing*, in: Dreier, GG II/2, Art. 33 Rn. 17a; *Pechstein*, ZBR 2006, 285, 286.

545 Diese Möglichkeit ziehen beispielsweise *Kempen*, http://webarchiv.bundestag.de/archive/2008/0506/ausschuesse/a06/foederalismusreform/Anhoerung/02_Inneres/Stellungnahmen/Prof__Dr__Bernhard_Kempen.pdf, S. 1 f., zuletzt aufgerufen am 22.11.2009 und *Knopp*, NVwZ 2006, 1216, 1219 in Betracht.

tion bleibt.[546] Das Resümee der historischen Auslegung deckt sich daher im Ergebnis mit demjenigen der Wortlautinterpretation: Der Einfügung der Fortentwicklungsklausel des Art. 33 Abs. 5 GG ist nach beiden Auslegungsmethoden lediglich eine deklaratorische[547] Wirkung zuzusprechen.

Konsequenz des vorliegenden Untersuchungsergebnisses ist, dass dem Regelungsauftrag des Art. 33 Abs. 5 GG grundsätzlich der gleiche Aussagegehalt innewohnt wie bereits vor dem Inkrafttreten des ersten Föderalismusreformgesetzes. Ein Zuwachs des Gestaltungsspielraums der Gesetzgeber in Bund und Ländern kann mithin nicht verzeichnet[548] werden. Diesem Standpunkt schließt sich auch die höchstrichterliche Rechtsprechung an.[549] Das ist nicht verwunderlich, da bereits die Altfassung des Art. 33 Abs. 5 GG nach ganz überwiegender Meinung[550] eine zeitgerechte Weiterentwicklung des Be-

546 *Höfling/Burkiczak*, DÖV 2007, 328, 330 weisen daher völlig zu Recht darauf hin, dass eine Abschaffung des Berufsbeamtentums auch schon deshalb nicht in Betracht komme, weil die ihm übertragene Aufgabe der Sicherung der Gesetzmäßigkeit der Verwaltung in einem Rechtsstaat dauerhaft gewährleistet werden müsse; ähnlich *Schönenbroicher*, DÖD 2003, 149, 151; diese Fiktion bereits im Gesetzgebungsverfahren zum Föderalismusreformgesetz I entschärfend *Battis*, http://webarchiv.bundestag.de/archive/2008/0506/ausschuesse/a06/foederalismusreform/Anhoerung/02_Inneres/Stellungnahmen/Prof__Dr__Dr__h_c__Ulrich_Battis.pdf, S. 2, zuletzt aufgerufen am 22.11.2009.

547 *Bergmann*, in: Hömig, GG, Art. 33 Rn. 11; *Bochmann*, ZBR 2007, 1, 10; *Kutscha*, http://webarchiv.bundestag.de/archive/2008/0506/ausschuesse/a06/foederalismusreform/Anhoerung/02_Inneres/Stellungnahmen/Prof__Dr__Martin_Kutscha.pdf, S. 1, zuletzt aufgerufen am 22.11.2009; *Lecheler*, ZBR 2007, 18, 23; *Masing*, in: Dreier, GG II/2, Art. 33 Rn. 72a; *Poscher*, http://webarchiv.bundestag.de/archive/2008/0506/ausschuesse/a06/foederalismusreform/Anhoerung/02_Inneres/Stellungnahmen/Prof__Dr__Ralf_Poscher.pdf, zuletzt aufgerufen am 22.11.2009; *Schnapp*, http://webarchiv.bundestag.de/archive/2008/0506/ausschuesse/a06/ foederalismusreform/ Anhoerung/02_Inneres/Stellungnahmen/Prof__Dr__Friedrich_E__Schnapp.pdf, S. 2, zuletzt aufgerufen am 22.11.2009; für einen überwiegend deklaratorischen Charakter sprechen sich *Höfling/Burkiczak*, DÖV 2007, 328 sowie *Landau/Steinkühler*, DVBl. 2007, 133 aus; zur Gegenmeinung vgl. schließlich *Meyer*, Föderalismusreform 2006, S. 287.

548 *Battis*, http://webarchiv.bundestag.de/archive/2008/0506/ausschuesse/a06/foederalismusreform/Anhoerung/02_Inneres/Stellungnahmen/Prof__Dr__Dr__h_c__Ulrich_Battis.pdf, S. 1 f., zuletzt aufgerufen am 22.11.2009; *Bochmann*, ZBR 2007, 1, 10.

549 Vgl. dazu die Entscheidung des Bundesverfassungsgerichts zur antragslosen Teilzeitbeschäftigung von Beamten, BVerfGE 119, 247, 272 f. – sowie die Entscheidung des Bundesverwaltungsgerichts zur Übertragung von Führungsämtern auf Zeit bei bereits auf Lebenszeit ernannten Beamten – BVerwG, 2 C 21.06, 26.06 und 29.07 vom 27.09.2007, Abs. 50 ff., http://www.bundesverwaltungsgericht.de/media/archive/5756.pdf, zuletzt aufgerufen am 22.11.2009.

550 So die ganz herrschende Meinung nach BVerfGE 7, 155, 162; 15, 167, 196; 43, 154, 168; *Battis*, in: Sachs, GG, Art. 33 Rn. 61a; *ders.*, NJW 2005, 800; *Battis/Nebel*, PersR 2007, 48, 49; *Bergmann*, in: Hömig, GG, Art. 33 Rn. 11; *Bochmann*, ZBR 2007, 1, 10;

amtenrechts ermöglichte. Die Neufassung des Art. 33 Abs. 5 GG wird daher vielfach als verfassungspolitisch verfehlt[551] oder wegen ihres fehlenden normativen Gehalts schlichtweg als überflüssig[552] betrachtet. *Höfling / Burkiczak* vertreten hingegen die Ansicht, die Erweiterung des Art. 33 Abs. 5 GG spiegele die Intention des verfassungsändernden Gesetzgebers wider, den „Verfassungstext kaum, aber die Verfassungsrechtslage zu ändern“[553]. Um ein völliges Leerlaufen der Verfassungsänderung zu vermeiden, sprechen sie der Fortentwicklungsklausel eine minimale Direktionswirkung zu, die sich jedoch maßgeblich darauf beschränken soll, an den Gestaltungsspielraum des Gesetzgebers zu erinnern.[554] Selbst wenn man der Auffassung von *Höfling /*

Butzer, in: Kluth, FödRefG, Art. 33 Rn. 5; *Höfling/Burkiczak*, DÖV 2007, 328, 329; *Kersten*, ZfPR 2007, 72, 77; *Landau/Steinkühler*, DVBl. 2007, 133, 136; *Masing*, in: Dreier, GG II/2, Art. 33 Rn. 72a; *Pechstein*, ZBR 2006, 285, 286; *Poscher*, http://webarchiv.bundestag.de/archive/2008/0506/ausschuesse/a06/foederalismusreform/Anhoerung/02_Inneres/Stellungnahmen/Prof__Dr__Ralf_Poscher.pdf, S. 1, zuletzt aufgerufen am 22.11.2009; *Schnapp*, http://webarchiv.bundestag.de/archive/2008/0506/ausschuesse/a06/foederalismusreform/Anhoerung/02_Inneres/Stellungnahmen/Prof__Dr__Friedrich_E__Schnapp.pdf, S. 2, zuletzt aufgerufen am 22.11,2009; *Schnellenbach*, http://webarchiv.bundestag.de/archive/2008/0506/ausschuesse/a06/foederalismusreform/Anhoerung/02_Inneres/Stellungnahmen/Prof__Dr__Helmut_Schnellenbach.pdf, S. 1, zuletzt aufgerufen am 22.11.2009; *Trute*, in: Föderalismusreform, Rn. 189; *Nokiel*, RiA 2007, 162; *Voßkuhle*, in: GVwR III, § 43 Rn. 74; anderer Ansicht ist *Koch*, DVBl. 2008, 805, 806, der die durch die Rechtsprechung vorgenommene Unterscheidung von Berücksichtigungs- und Beachtenspflichten für die ausbleibende Weiterentwicklung des Beamtenrechts verantwortlich macht und in Art. 33 Abs. 5 GG eine Justizkorrektur erblickt; eine abweichende Auffassung vertritt auch *Summer*, PersV 2007, 223, 225, der Art. 33 Abs. 5 GG im Verhältnis zum Europarecht einen kollisionsrechtlichen Charakter zuschreibt; anderer Ansicht ist zudem *Bamberger*, ZBR 2008, 361.

551 So etwa *Bochmann*, ZBR 2007, 1, 10; *Knopp*, NVwZ 2006, 1216, 1219.

552 Vgl. dazu die Stellungnahmen von *Battis*, http://webarchiv.bundestag.de/archive/2008/0506/ausschuesse/a06/foederalismusreform/Anhoerung/02_Inneres/Stellungnahmen/Prof__Dr__Dr__h_c__Ulrich_Battis.pdf, S. 1, zuletzt aufgerufen am 22.11.2009 und *Schnellenbach*, http://webarchiv.bundestag.de/archive/2008/0506/ausschuesse/a06/foederalismusreform/Anhoerung/02_Inneres/Stellungnahmen/Prof__Dr__Helmut_Schnellenbach.pdf, S. 1, zuletzt aufgerufen am 22.11.2009. Ersterer weist darauf hin, dass insbesondere die Teilzeitbeschäftigung und die Leistungsbesoldung von Beamten den schon unter der Altfassung des Art. 33 Abs. 5 GG bestehenden gesetzgeberischen Spielraum zur Fortentwicklung des öffentlichen Dienstrechtes aufzeigen. Die Überflüssigkeit der Fortentwicklungsklausel bestätigen im Schrifttum *Bochmann*, ZBR 2007, 1, 10 und *Lecheler*, ZBR 2007, 18, 23; anderer Ansicht sind hingegen *Butzer*, in: Kluth, FödRefG, Art. 33 Rn. 12 f. und *Meyer*, Föderalismusreform 2006, S. 285.

553 *Höfling/Burkiczak*, DÖV 2007, 328, 333.

554 *Dies.*, DÖV 2007, 328, 334; ähnlich *Butzer*, in: Kluth, FödRefG, Art. 33 Rn. 13 f., der Art. 33 Abs. 5 GG als Verfassungsdirektive einstuft.

Burkiczak folgte, so wäre der dem Fortentwicklungsauftrag des Art. 33 Abs. 5 GG zugemessene Gehalt allein tatsächlicher und nicht rechtlicher Natur. Eine mögliche tatsächliche Direktionskraft des Fortentwicklungsauftrages ist jedoch entbehrlich, da sie keinerlei Rechtsfolgen nach sich ziehen kann.

Die Auswirkungen der fehlenden rechtlichen Substanz der eingefügten Worte „und fortzuentwickeln“ werden vor allem in systematischer Hinsicht deutlich. Bund und Länder haben – ihren Zuständigkeiten im Sinne der Artt. 73 Abs. 1 Nr. 8, 74 Abs. 1 Nr. 27, 70, 30 GG entsprechend – den in Art. 33 Abs. 5 GG enthaltenen Regelungs- und Fortentwicklungsauftrag unter Berücksichtigung der hergebrachten Grundsätze des Berufsbeamtentums umzusetzen. Die Durchgriffsnorm[555] des Art. 33 Abs. 5 GG strahlt dabei unmittelbar in die Gestaltungsbefugnis des Bundes- und der Landesgesetzgeber ein, sodass ihr hinsichtlich der Grundstrukturen des Beamtenrechts eine wichtige Klammerfunktion[556] zukommt. Sie sorgt dafür, dass die Gesetzgebung in Bund und Ländern in den hergebrachten Grundsätzen des Berufsbeamtentums ihre materiell-rechtlichen Grenzen findet. Da sich infolge des ausschließlich deklaratorischen Charakters der Fortentwicklungsklausel die materielle Bandbreite des gesetzgeberischen Ermessens nicht verändert[557] hat, bedeutet dies, dass die Gesetzgeber in Bund und Ländern bei der Verwirklichung ihrer beamtenrechtlichen Kompetenzen nach wie vor den gleichen „Kernbestand von Strukturprinzipien“[558] zu berücksichtigen haben. Damit bleiben im Rahmen des Art. 33 Abs. 5 GG die von Verfassungsrechtsprechung und Literatur aufgestellten Leitlinien für den Gesetzgeber in Bund und Ländern weiterhin verbindlich. Für den Bereich des Besoldungs- und Versorgungsrechts bedeutet dies, dass die Besoldung und Versorgung der Beamten auch künftig dem in Art. 33 Abs. 5 GG festgeschriebenen Alimentationsgrundsatz entsprechen muss.[559] Den Beamten ist also der amtsangemessene Lebensunterhalt zu sich-

555 *Bochmann*, ZBR 2007, 1, 6; sich auf die Bereiche der Besoldung, Versorgung und Laufbahnen beschränkend *Lecheler*, ZBR 2007, 18, 22; *Masing*, in: Dreier, GG II/2, Art. 33 Rn. 94a und *Pechstein*, ZBR 2006, 285, 286.

556 Dies wird im Schrifttum ausdrücklich betont und soll vorliegend Zustimmung finden. Einwände werden aber insoweit erhoben, als Art. 33 Abs. 5 GG nunmehr als einzige verfassungsrechtliche Klammerregelung verstanden wird, so etwa von *Höfling/Burkiczak*, DÖV 2007, 328; *Masing*, in: Dreier, GG II/2, Art. 33 Rn. 94a; *Pechstein*, ZBR 2006, 285, 286 und wohl auch *Trute*, in: Föderalismusreform, Rn. 188. Da Art. 74 Abs. 1 Nr. 27 GG im Sinne einer Kernbereichskompetenz zu interpretieren ist, wird auch auf der Grundlage dieser Kompetenznorm eine Verklammerung des Beamtenrechts im Bundesstaat vorgenommen. Ebenfalls für eine solche zweifache Klammerwirkung spricht sich *Peters*, RiA 2008, 97 aus.

557 BVerfGE 119, 247, 272 f.; *Biermann/Kammradt*, PersR 2006, 444, 446; *Hoffmann*, NJW-Editorial 16/2009.

558 BVerfGE 8, 332; *Landau/Steinkühler*, DVBl. 2007, 133, 136.

559 *Battis*, in: Sachs, GG, Art. 33 Rn. 61a.

ern.[560] Daneben zählen nach überwiegender Auffassung auch das Laufbahn-[561] und Laufbahngruppenprinzip[562] zum Gewährleistungsinhalt des Art. 33 Abs. 5 GG. Diese beiden Grundsätze haben bisher zwar keine nähere Bestimmung durch das Bundesverfassungsgericht gefunden.[563] Das Laufbahnprinzip wird man allerdings als „Prinzip der Ämterordnung"[564] werten können, welches zugleich die Ausgestaltung des Zugangs zu den Laufbahnen[565] zum Gegenstand hat. Auch die Inhalte dieser hergebrachten Grundsätze des Berufsbeamtentums prägen weiterhin das öffentliche Dienstrecht.

II. Kompetenzfeld der terroristischen Gefahrenabwehr

Dem Bundesgesetzgeber wird durch das Föderalismusreformgesetz I in Art. 73 Abs. 1 Nr. 9a GG die ausschließliche Gesetzgebungskompetenz zur Abwehr von Gefahren des internationalen Terrorismus an die Seite gestellt. Die Gesetzgebungskompetenz umschreibt eine durch einfaches Gesetz auszugestaltende Aufgabenwahrnehmung durch das Bundeskriminalamt in den Fällen, in denen eine länderübergreifende Gefahr vorliegt, die Zuständigkeit einer Landespolizeibehörde nicht erkennbar ist oder eine oberste Landesbehörde um eine Aufgabenübernahme ersucht. Obwohl die eingefügte Zuständigkeitsnorm des Art. 73 Abs. 1 Nr. 9a GG Gegenstand der ausschließlichen

560 Vgl. dazu BVerfGE 4, 115, 135; 16, 94, 115 sowie *Nokiel*, RiA 2007, 162, 163; nach der Auffassung von *Battis*, NJW 2007, 1334, 1334 haben insbesondere die höchstrichterlichen Urteile zur Untergrenze der amtsangemessenen Alimentation Berücksichtigung zu finden. Er verweist diesbezüglich etwa auf die Urteile BVerfGE 12, 326, 334; BVerwG, NVwZ 2006, 1291 ff.; OVG Koblenz, NVwZ-RR 2006, 560 ff.

561 BVerfGE 62, 374, 383; 64, 323, 351; 71, 255, 268; *Bochmann*, ZBR 2007, 1, 5; *Lecheler*, Das Laufbahnprinzip, S. 11; *Lorse*, BayVBl. 2009, 449, 454; *Pechstein*, ZBR 2008, 73, 74; *Schnellenbach*, http://webarchiv.bundestag.de/archive/2008/0506/ausschuesse/a06/foederalismusreform/Anhoerung/02_Inneres/Stellungnahmen/Prof__Dr__Helmut_Schnellenbach.pdf, S. 2, zuletzt aufgerufen am 22.11.2009; *Voßkuhle*, in: GVwR III, § 43 Rn. 72; verwiesen sei allerdings auf die kritische Ansicht von *Nokiel*, RiA 2007, 115, 116 ff.

562 So zumindest die überwiegende Literaturmeinung, vgl. *Bochmann*, ZBR 2006, 69, 74 f.; *Hilg*, BayVBl. 2009, 459 f.; *Lorse*, BayVBl. 2009, 449, 456; *Pechstein*, ZBR 2006, 285, 288; *ders.*, ZBR 2008, 73, 74; in diesem Sinne auch *Leisner*, DÖV 1980, 496, 500.

563 *Pechstein*, ZBR 2008, 73, 74; im Schrifttum hat sich jedoch *Lecheler*, ZBR 1981, 265 ff. eingehend mit der Inhaltsbestimmung des Laufbahngrundsatzes auseinandergesetzt, auf dessen Ausführungen verwiesen sei.

564 *Lorse*, BayVBl. 2009, 449, 454; *Lecheler*, ZBR 1981, 265; ähnlich *Schnellenbach*, http://webarchiv.bundestag.de/archive/2008/0506/ausschuesse/a06/foederalismusreform/Anhoerung/02_Inneres/Stellungnahmen/Prof__Dr__Helmut_Schnellenbach.pdf, S. 2, zuletzt aufgerufen am 22.11.2009.

565 *Battis/Nebel*, PersR 2007, 48, 51.

Gesetzgebung des Bundes ist, bedarf ein auf ihrer Grundlage erlassenes Gesetz gemäß Art. 73 Abs. 2 GG der Zustimmung des Bundesrates. Die Zustimmungsbedürftigkeit erklärt sich wohl aus dem Umstand, dass der Bund die neue Kompetenz aus dem bisherigen Gesetzgebungsbereich der Länder bezieht.

Flankiert wird die Einfügung des Art. 73 Abs. 1 Nr. 9a GG durch einige weitere die innere Sicherheit betreffende Kompetenzverschiebungen. Zu denken ist in diesem Zusammenhang an die Übertragung der bisherigen Bundeskompetenz für das Versammlungsrecht auf die Länder (Art. 74 Abs. 1 Nr. 3 GG a.F.) oder etwa die Überführung der Kompetenz für das Waffen- und Sprengstoffrecht aus dem Bereich der konkurrierenden Gesetzgebung in den Katalog der ausschließlichen Gesetzgebung des Bundes (Art. 73 Abs. 1 Nr. 12 GG, Art. 74 Abs. 1 Nr. 4a GG a.F.).

1. Auslegung des Art. 73 Abs. 1 Nr. 9a GG

Die in der Öffentlichkeit mit größter Skepsis verfolgte Debatte über die Verabschiedung des Gesetzes zur Abwehr von Gefahren des internationalen Terrorismus durch das Bundeskriminalamt zeigt, dass mit der Einführung der neuen Bundeskompetenz im Sinne des Art. 73 Abs. 1 Nr. 9a GG Unsicherheiten verbunden sind.[566] Um ihnen entgegenzutreten, bedarf es einer eingehenden Untersuchung des verfassungsrechtlichen Rahmens der neuen Kompetenzvorschrift, die allein im Wege der Auslegung erfolgen kann. Dies gilt insbesondere vor dem Hintergrund, dass ähnlich wie bei dem neu eingeführten Kompetenztitel des Art. 74 Abs. 1 Nr. 27 GG auch im Hinblick auf Art. 73 Abs. 1 Nr. 9a GG Unstimmigkeiten über die Reichweite der Zuständigkeitsnorm bestehen. So wird vor allem unterschiedlich bewertet, ob

566 Vgl. dazu das Gesetz zur Abwehr von Gefahren des internationalen Terrorismus durch das Bundeskriminalamt v. 25.12.2008, BGBl. I, 3083. Aufwind erlangte die erwähnte Diskussion vor allem durch das Urteil des Bundesverfassungsgerichts zum nordrhein-westfälischen Verfassungsschutzgesetz, vgl. BVerfG, NJW 2008, 822 ff. Das geprüfte Landesgesetz räumte der Verfassungsschutzbehörde Befugnisse zu Datenerhebungen aus informationstechnischen Systemen, namentlich zu sogenannten Online-Durchsuchungen ein. Da der Entwurf eines Gesetzes zur Abwehr von Gefahren des internationalen Terrorismus durch das Bundeskriminalamt ebenfalls eine präventivpolizeiliche Befugnisnorm für Online-Durchsuchungen enthielt, wurde der Entwurf – wie vom damaligen Bundesinnenminister *Schäuble* noch am gleichen Tag der Urteilsverkündung angekündigt, vgl. dazu die Presseerklärung vom 27.02.2008, abrufbar unter http://www.bmi.bund.de/cln_165/SharedDocs/Pressemitteilungen/DE/2008/mitMarginalspalte/02/bundesverfassungsgericht.html?nn=109632, zuletzt aufgerufen am 22.11.2009 – an die Vorgaben des Bundesverfassungsgerichts angepasst. Zur Resonanz des vorgestellten Gesetzentwurfs vgl. etwa die Pressemeldungen in der FAZ, Nr. 90, 17.04.2008, S. 4 sowie in der FAZ, Nr.129, 05.06.2008, S. 4.

Art. 73 Abs. 1 Nr. 9a GG neben einer Gesetzgebungskompetenz für den Bund auch eine Verwaltungskompetenz zugunsten des Bundeskriminalamtes bereitstellt.[567] Dieser Meinungsstreit hat im Rahmen der Auslegung des Art. 73 Abs.1 Nr. 9a GG besondere Berücksichtigung zu finden.

Des Weiteren gilt es zu beachten, dass die gewählte Formulierung der „Abwehr von Gefahren des internationalen Terrorismus" einen normativen sowie faktischen Gehalt[568] aufweist, während die sonstigen Aussagen des Art. 73 Abs. 1 Nr. 9a GG einen überwiegend umschreibenden, konkretisierenden Charakter erkennen lassen. Letztere stellen klar, dass dem Bund erst bei Vorliegen einer der drei festgelegten Fallkonstellationen die Möglichkeit der Aufgabenwahrnehmung eröffnet wird und dass die sachliche Zuständigkeit[569] für die Wahrnehmung der Gefahrenabwehr im Bereich des internationalen Terrorismus ausschließlich zugunsten des Bundeskriminalamts begründet wird.

a. Gefahrenabwehr im Bereich des internationalen Terrorismus durch das Bundeskriminalamt

(1) Wortlaut

Den ersten wesentlichen Anknüpfungspunkt für die Interpretation des Art. 73 Abs. 1 Nr. 9a GG bildet der Begriff der Gefahrenabwehr, der mit den speziellen Gefahrenquellen des internationalen Terrorismus in Verbindung gesetzt wird.

Der normativ geprägte Begriff der Gefahrenabwehr findet typischerweise in dem Rechtsgebiet des Polizei- und Ordnungsrechts Verwendung. Deshalb liegt die Vermutung nahe, dass der verfassungsändernde Gesetzgeber den vorgefundenen Regelungsbereich mit der gewählten Formulierung rezipieren wollte. Bestätigung findet diese Überlegung in der Gesetzesbegründung zum Föderalismusreformgesetz I, in der ausdrücklich festgeschrieben ist, dass das Bundeskriminalamt auf der Grundlage des Art. 73 Abs. 1 Nr. 9a GG – ebenso wie die Landespolizeien – mit präventivpolizeilichen Befugnissen[570] ausgestattet werden soll. Aber auch der Wortlaut des Art. 73 Abs. 1 Nr. 9a GG deutet in seiner zweiten Fallvariante darauf hin, dass die Zuständigkeit des Bundeskriminalamtes auf der Grundlage des klassischen, primär landesrechtlich geprägten Gefahrenbegriffs begründet werden soll: Wird nämlich dort für ei-

567 Für eine reine Gesetzgebungskompetenz sprechen sich *Heintzen*, in: Föderalismusreform, Rn. 95 sowie *Stettner*, in: Dreier, GG II/2, Art. 73 Rn. 52 aus, während *Baum/Schantz*, ZRP 2008, 137; *Kluth*, in: ders., FödRefG, Art. 73 Rn. 6; *Schnapauff*, in: Hömig, GG, Art. 73 Rn. 14 und auch *Tams*, DÖV 2007, 367, 369 in Art. 73 Abs. 1 Nr. 9a GG zugleich eine Verwaltungskompetenz zugunsten des Bundes erblicken.

568 *Degenhart*, in: Sachs, GG, Art. 73 Rn. 46.

569 Vgl. dazu etwa *Hofmann/Gerke*, Allgemeines Verwaltungsrecht, Rn. 625 f.

570 BT-Drs. 16/813, S. 9.

ne Gefahrenabwehr durch das Bundeskriminalamt darauf abgestellt, dass die Zuständigkeit der entsprechenden Landespolizeibehörde mangels Landesbezugs noch nicht erkennbar sein darf, so bedeutet dies, dass nach Feststellung der Zuständigkeit die entsprechende Landespolizeibehörde die Aufgabe zur Gefahrenabwehr vom Bundeskriminalamt übernimmt.[571] Damit sind zeitlich nacheinander zwei unterschiedliche Behörden – einmal auf Bundes-, einmal auf Landesebene – mit derselben Aufgabenwahrnehmung betraut. Da die Landespolizeibehörden zur Abwehr von Gefahren auf den Gefahrenbegriff des Polizei- und Ordnungsrechts zurückgreifen, berechtigt dies zu dem Umkehrschluss, dass die vorgelagerte Kompetenz des Bundeskriminalamtes auf dem gleichen Gefahrenbegriff aufbaut. Der verfassungsrechtliche Begriff der Gefahrenabwehr im Sinne des Art. 73 Abs. 1 Nr. 9a GG ist nach dem Wortlaut der Norm mithin in Anlehnung an das Polizei- und Ordnungsrecht zu verstehen. Danach ist von einer Gefahr zu sprechen, wenn eine Sachlage oder ein Verhalten bei ungehindertem Geschehensablauf mit hinreichender Wahrscheinlichkeit ein polizeilich geschütztes Rechtsgut schädigen wird.[572] Aufgrund der Weitläufigkeit des modernen Gefahrenbegriffs sind von Art. 73 Abs. 1 Nr. 9a GG auch die im Vorfeld einer Gefahr angesiedelte Gefahrenvorsorge sowie die vorbeugende Straftatenbekämpfung mit erfasst.[573]

Der vorstehend im Wege der Wortlautauslegung präzisierte Gefahrenbegriff des Art. 73 Abs. 1 Nr. 9a GG ist jedoch im Zusammenhang mit dem internationalen Terrorismus zu sehen, auf dessen Gefahrenquellen die Gesetzgebungskompetenz Bezug[574] nimmt. Aus sprachwissenschaftlicher Sicht wird unter dem aus dem Lateinischen entlehnten Wort Terror beziehungsweise Terrorismus „die Verbreitung von Angst und Schrecken“ oder auch ein „gewalttätiges, rücksichtsloses Vorgehen, mit dessen Hilfe bestimmte Ziele“ – zumeist politischer Natur – „erreicht werden sollen“, verstanden.[575] Im allgemeinen Sprachgebrauch wird der Begriff des Terrorismus ergänzend dazu auch im Sinne eines Hervorrufens von Unsicherheit in der Bevölkerung sowie im Sinne einer Absicht begriffen, bestehenden, zumeist demokratischen Ord-

571 Vgl. dazu auch die weiteren Ausführungen unter Punkt A.II.1.b. dieses Kapitels.

572 *Pieroth/Schlink/Kniesel*, Polizei- und Ordnungsrecht, § 4 Rn 2.

573 So jedenfalls die überwiegende Meinung nach *Baldus*, http://webarchiv.bundestag.de/archive/2008/0506/ausschuesse/a06/foederalismusreform/Anhoerung/02_Inneres/Stellungnahmen/Prof__Dr__Manfred_Baldus.pdf, S. 9, zuletzt aufgerufen am 22.11.2009; *Heintzen*, in: Föderalismusreform, Rn. 98; *Pieroth/Schlink/Kniesel*, Polizei- und Ordnungsrecht, § 5 Rn 2 ff.

574 Vgl. dazu die Gesetzesbegründung zum Föderalismusreformgesetz I, BT-Drs. 16/813, S. 12.

575 *N.N.*, Terror/Terrorismus, in: Duden, Bedeutungswörterbuch, S. 886; N.N., Terror/Terrorismus, in: Duden, Herkunftswörterbuch, S. 844; *N.N.*, Terror/ Terrorismus, in: Duden, Fremdwörterbuch, S. 1032.

nungen die Stabilität zu nehmen.[576] Die Qualifikation der Internationalität erlangt der Terrorismus aufgrund der relativ offenen Formulierung des Art. 73 Abs. 1 Nr. 9a GG sowohl durch einen Staatsgrenzen überschreitenden Handlungsrahmen als auch durch einen über Staatsgrenzen hinausreichend vernetzten Täterkreis.[577] Gesetzgeberische Maßnahmen, die eine Zuständigkeitsbegründung des Bundeskriminalamtes bezüglich nationaler terroristischer Phänomene zum Gegenstand haben, können auf der Grundlage des Art. 73 Abs. 1 Nr. 9a GG folglich nicht realisiert werden.[578]

Über diese faktische, allgemein-sprachliche Bedeutung hinaus weist auch der Terminus des Terrorismus einen normativen Gehalt auf. So finden sich sowohl auf nationaler als auch auf europäischer Ebene Normen, die sich mit der Definition des Terrorismus auseinandersetzen und somit Einfluss auf die Auslegung des in die Verfassung eingeführten Begriffes nehmen.[579] Maßgebliche Bedeutung erlangt dabei der Rahmenbeschluss zur Terrorismusbekämpfung vom 13. Juni 2002[580], den der Rat der Europäischen Union auf der Grundlage der Artt. 29 Abs. 2, 31 Abs. 1 lit. e, 34 Abs. 2 lit. b EUV erließ. In Umsetzung des erwähnten Rechtsaktes passte der nationale Gesetzgeber nicht nur § 129a StGB entsprechend an, sondern übernahm zugleich in weiten Teilen die dort enthaltene Begriffsumschreibung des Terrorismus.[581] Da der verfassungsändernde Gesetzgeber die neue Kompetenzvorschrift des Art. 73 Abs. 1 Nr. 9a GG in Kenntnis dieser Rechtslage auf den Weg gebracht hat, ist – ebenso wie beim Begriff der Gefahrenabwehr – davon auszugehen, dass er den vorgefundenen national sowie europäisch geprägten Rechtsbegriff des

576 *Degenhart*, in: Sachs, GG, Art. 73 Rn. 46.

577 *Baldus*, http://webarchiv.bundestag.de/archive/2008/0506/ausschuesse/a06/foederalismusreform/Anhoerung/ 02_Inneres/Stellungnahmen/Prof__Dr__Manfred_Baldus.pdf, S. 9, zuletzt aufgerufen am 22.11.2009; *Tams*, DÖV 2007, 367, 373; die Internationalität dagegen auf den Tätigkeitskreis begrenzend *Kluth*, in: ders., FödRefG, Art. 73 Rn. 8; *Stettner*, in: Dreier, GG II/2, Art. 73 Rn. 53.

578 So auch ausdrücklich die Gesetzesbegründung selbst, BT-Drs. 16/813, S. 12 sowie *Kolmey*, http://webarchiv.bundestag.de/archive/2008/0506/ausschuesse/a06/foederalismusreform/Anhoerung/02_Inneres/Stellungnahmen/Uwe_Kolmey.pdf, S. 3, zuletzt aufgerufen am 22.11.2009.

579 BT-Drs. 16/813, S. 12; darüber hinaus bestehen auch auf internationaler Ebene Übereinkommen, die sich mit einer Begriffsdefinition des Terrorismus auseinandersetzen, vgl. dazu http://untreaty.un.org/English/ Terrorism.asp, zuletzt aufgerufen am 22.11.2009.

580 Siehe Abl. EU Nr. L 164, S. 3.

581 Vgl. dazu das Gesetz zur Umsetzung des Rahmenbeschlusses des Rates vom 13. Juni 2002 zur Terrorismusbekämpfung und zur Änderung anderer Gesetze v. 22.12.2003, BGBl. I, 2836 sowie *Miebach/Schäfer*, in: MünchKomm, StGB II/2, § 129a Rn. 17; *Suhr*, in: Callies/Ruffert, EUV/EGV, Art. 31 EUV Rn. 25; *Tams*, DÖV 2007, 367, 373.

Terrorismus rezipieren wollte.[582] Der in der Gesetzesbegründung zum Föderalismusreformgesetz I verankerten Aussage, dass der Begriff des internationalen Terrorismus in eben diesem Sinne zu interpretieren sei[583], kommt insoweit eine klarstellende Funktion zu. Abschließend ist daher zu festzuhalten, dass der normativ sowie faktisch ausgefüllte Begriff des Terrorismus keinesfalls als konturloses Phänomen[584] zu klassifizieren ist.

(2) Genese

Eine weitere Aussage über die dem Bundeskriminalamt zugewiesene Aufgabe der terroristischen Gefahrenabwehr könnte möglicherweise der Entstehungsgeschichte des Art. 73 Abs. 1 Nr. 9a GG entnommen werden.

Anders als bei der Inhaltsbestimmung des neuen beamtenrechtlichen Kompetenztitels im Sinne des Art. 74 Abs.1 Nr. 27 GG erübrigt sich vorliegend infolge der Neuartigkeit der Erscheinung des internationalen Terrorismus ein Rückblick auf die bisherige kompetenzrechtliche Integration dieses spezifischen Gefahrenbereichs im deutschen Bundesstaatssystem. Zu konstatieren ist jedoch, dass der Bund bisher weder im Bereich der Legislative noch im Bereich der Exekutive über entsprechende Kompetenzgrundlagen verfügte, er seine neue Zuständigkeit mithin aus dem Kompetenzbereich der Länder gewinnt. Berücksichtigt man, dass das grundgesetzliche Kompetenzverteilungssystem grundsätzlich den Ländern die Polizeihoheit zuweist und diese zugunsten des Bundes nur in einigen Ausnahmefällen durchbrochen wird, so sprechen die vorgetragenen Aspekte dafür, eine extensive Auslegung des neuen Art. 73 Abs. 1 Nr. 9a GG zu vermeiden.

Die im Vorfeld der Beratungen des ersten Föderalismusreformgesetzes erfolgten Aussprachen der Föderalismus-Kommission I zeigen, dass unter dem Stichwort der Terrorismusbekämpfung eine Vielzahl von Vorschlägen diskutiert worden ist, die die Einführung einer entsprechenden Kompetenzgrundlage für das Bundeskriminalamt zum Gegenstand hatten.[585] Doch verhinderte das Scheitern der Föderalismus-Kommission I einen abschließenden Konsens zugunsten einer der vorgebrachten Empfehlungen.[586] In der Gesetzesbegründung zum Föderalismusreformgesetz I finden sich dafür weitaus deutlichere Anhaltpunkte für die Auslegung des Art. 73 Abs. 1 Nr. 9a GG. Dort heißt es, dass mit Art. 73 Abs. 1 Nr. 9a GG eine „neue ausschließliche Bundeskompetenz zur Regelung präventiver Befugnisse des Bundeskriminal-

582 Ebenso *Stettner*, in: Dreier, GG II/2, Art. 73 Rn. 53.

583 BT-Drs. 16/813, S. 12.

584 So aber *Poscher*, http://webarchiv.bundestag.de/archive/2008/0506/ausschuesse/a06/foederalismusreform/Anhoerung/02_Inneres/Stellungnahmen/Prof__Dr__Ralf_Poscher.pdf, S. 6, zuletzt aufgerufen am 22.11.2009.

585 Vgl. Bundestag/Bundesrat, Kommission, Zur Sache 1/2005, S. 281 ff.

586 Vgl. Bundestag/Bundesrat, Kommission, Zur Sache 1/2005, S. 279 f.

amts bei der Abwehr von Gefahren des internationalen Terrorismus geschaffen"[587] werde. Aus der Gesetzesbegründung lässt sich somit folgender Gedanke ableiten: Wenn dem Bundeskriminalamt über die Norm des Art. 73 Abs. 1 Nr. 9a GG die angestrebten präventivrechtlichen Befugnisse zur Verfügung gestellt werden, so bedarf es – korrespondierend zu der Gesetzgebungskompetenz des Art. 73 Abs. 1 Nr. 9a GG – auch einer Vollzugskompetenz zugunsten des Bundeskriminalamtes. Eine ausdrücklich formulierte Verwaltungskompetenz für die in Art. 73 Abs. 1 Nr. 9a GG begründeten Gesetzgebungsbefugnisse ist in dem Verfassungsänderungsgesetz aber nicht zu finden. Auch sind der Gesetzesbegründung keinerlei Anhaltspunkte darüber zu entnehmen, dass eine bereits in der Verfassung zugunsten des Bundes verankerte Verwaltungskompetenz im Sinne der Art. 83 ff. GG auf die Zuständigkeitsnorm des Art. 73 Abs. 1 Nr. 9a GG Anwendung finden soll. Zieht man in dem vorliegenden Zusammenhang nochmals die Arbeitsunterlagen der Föderalismus-Kommission I zur Interpretation heran, so lässt sich zunächst die Vermutung aufstellen, der verfassungsändernde Gesetzgeber habe absichtlich auf die Einführung einer Vollzugskompetenz zugunsten des Bundeskriminalamtes verzichtet. Den Unterlagen der Föderalismus-Kommission I ist nämlich zu entnehmen, dass seinerzeit die Verankerung einer mit Art. 73 Abs. 1 Nr. 9a GG korrespondierenden Verwaltungskompetenz diskutiert worden ist.[588] Sie sollte in den Art. 87 GG eingeführt werden. Ein solcher Rückschluss wäre jedoch verfehlt, weil die Gesetzesbegründung davon ausgeht, dass das Bundeskriminalamt auf die ihm über die Gesetzgebungskompetenz einzuräumenden Befugnisse infolge der bestehenden „Bedrohungslage im Bereich des internationalen Terrorismus"[589] auch zugreifen kann. Vor diesem Hintergrund liegt es näher, anzunehmen, der verfassungsändernde Gesetzgeber habe auf die Einrichtung einer parallelen Verwaltungskompetenz oder die Anordnung der Anwendbarkeit einer schon vorhandenen Verwaltungskompetenz des Bundes ganz bewusst verzichtet, weil sie bereits auf andere Weise – namentlich durch Art. 73 Abs. 1 Nr. 9a GG selbst – begründet wird und daher nicht erforderlich war. Insoweit wird man von der grundsätzlich gebotenen restriktiven Auslegung des Art. 73 Abs. 1 Nr. 9a GG eine Ausnahme machen und der neuen Kompetenzvorschrift zugleich eine Verwaltungszuständigkeit entlehnen müssen.

Eine Aussage über den Regelungsgehalt des Art. 73 Abs. 1 Nr. 9a GG lässt sich schließlich aus der im Rahmen der Beratungen des ersten Föderalismusreformgesetzes erfolgten Sachverständigenanhörung – und insoweit soll der noch zu behandelnden Kritik an der sicherheitsrechtlichen Neurege-

587 BT-Drs. 16/813, S. 9.

588 Vgl. dazu die Übersichtstabelle in Bundestag/Bundesrat, Kommission, Zur Sache 1/2005, S. 288 f.

589 BT-Drs. 16/813, S. 12.

lung vorweggegriffen werden – ableiten. Dort wurde vorgetragen, dass dem Bundeskriminalamt aufgrund des Art. 73 Abs. 1 Nr. 9a GG erhebliche Zuständigkeiten im Bereich der terroristischen Gefahrenabwehr zugestanden würden, dieses faktisch sogar die alleinige Zuständigkeit für den beschriebenen Gefahrenbereich erhalte, weil der Terrorismus regelmäßig ohnehin staatenübergreifend organisiert sei.[590] Gegen diese Befürchtung ist jedoch einzuwenden, dass die Zuständigkeit der Länder in dem spezifischen Bereich der Terrorismusabwehr nicht nur im Hinblick auf nationale terroristische Phänomene, sondern auch dann begründet bleibt, wenn sich die Gefahr räumlich auf nur ein Bundesland beschränkt. Darüber hinaus folgt auch aus Art. 73 Abs. 1 Nr. 9a GG selbst, dass die Länder, soweit man die drei Fallkonstellationen der Kompetenznorm ausdrücklich in Bezug nimmt, sowohl in den Fällen, in denen die Zuständigkeit einer Landespolizeibehörde erkennbar wird, als auch in den Fällen, in denen gar kein Übernahmeersuchen einer obersten Landesbehörde erteilt wird, weiterhin kompetent bleiben.

(3) Systematik

Die bisherige Auslegung ergab, dass die neue Kompetenzvorschrift des Art. 73 Abs. 1 Nr. 9a GG den Bundesgesetzgeber dazu ermächtigt, den Rechtsrahmen für das materielle Gefahrenabwehrrecht im Bereich des internationalen Terrorismus zu erlassen. Die Gesetzgebungsmaterialien zum Föderalismusreformgesetz I deuten dabei zugleich darauf hin, dass die neue Kompetenzvorschrift eine entsprechende Verwaltungszuständigkeit für das Bundeskriminalamt begründet. Fraglich ist, ob an diesem Auslegungsergebnis auch aus systematischer Sicht festzuhalten ist. Die vorstehende Auslegung des Art. 73 Abs. 1 Nr. 9a GG stößt nämlich im Schrifttum auf Kritik.[591] Es besteht zwar weitestgehend Einigkeit darüber, dass die Norm des Art. 73 Abs. 1 Nr. 9a GG sowohl zu der sicherheitsrechtlichen Gesetzgebungskompetenz des Art. 73 Abs. 1 Nr. 10 GG als auch zu der mit dieser in Verbindung stehenden bundesunmittelbaren Verwaltungskompetenz des Art. 87 Abs. 1 Satz 2 einen systematischen Zusammenhang aufzuweisen scheint.[592] Unterschiedlich beurteilt wird jedoch, auf welcher Kompetenzgrundlage das Bun-

590 *Brillo*, http://webarchiv.bundestag.de/archive/2008/0506/ausschuesse/a06/foederalismusreform/Anhoerung/ 02_Inneres/Stellungnahmen/Enno_Brillo.pdf, S. 2, zuletzt aufgerufen am 22.11.2009; ähnlich *Poscher*, http://webarchiv.bundestag.de/archive/2008/0506/ausschuesse/a06/foederalismusreform/Anhoerung/02_Inneres/Stellungnahmen/Prof__Dr__Ralf_Poscher.pdf, S. 6, zuletzt aufgerufen am 22.11.2009.

591 Vgl. *Heintzen*, in: Föderalismusreform, Rn. 93 und *Stettner*, in: Dreier, GG II/2, Art. 73 Rn. 52.

592 So auch die Gegenmeinung, vgl. *Stettner*, in: Dreier, GG II/2, Art. 73 Rn. 52.

deskriminalamt den Vollzug der terroristischen Gefahrenabwehr realisieren soll.[593]

Die Ursache der Streitigkeit wurzelt im System der grundgesetzlichen Kompetenzverteilung. Dieses weist nämlich Bund und Ländern die Aufgabenbereiche der Gesetzgebung und Verwaltung grundsätzlich gesondert zu. Da die Verwaltungskompetenzen des Bundes in der Regel im VIII. Abschnitt des Grundgesetzes festgehalten sind, müsste sich – aus systematischer Sicht – auch die Verwaltungszuständigkeit des Bundeskriminalamtes für die Gefahrenabwehr im Bereich des internationalen Terrorismus in den Artt. 83 ff. GG wiederfinden. Eine entsprechende Normierung hat der verfassungsändernde Gesetzgeber jedoch nicht ausdrücklich veranlasst. Verstünde man den beschriebenen systematischen Grundsatz der getrennten Zuweisung von Gesetzgebungs- und Verwaltungskompetenzen in einem absoluten Sinne[594], hätte dies zur Konsequenz, dass der neue Art. 73 Abs. 1 Nr. 9a GG zwar eine bundesrechtliche Legislativkompetenz auf dem Gebiet der terroristischen Gefahrenabwehr begründen würde, sie aber aufgrund des Fehlens einer gleichzeitig eingeführten korrespondierenden Verwaltungskompetenz durch das Bundeskriminalamt nicht vollzogen werden könnte. Es ist jedoch nur schwer vorstellbar – und insoweit ist auf die ausdrückliche Erwähnung des Bundeskriminalamtes als vollziehende Behörde im Normtext des neuen Kompetenztitels des Art. 73 Abs. 1 Nr. 9a GG zu verweisen –, dass diese paradoxe Konstellation beabsichtigt ist.

Um der beschriebenen Kalamität entgegenzutreten, deuten sich zwei Lösungswege an. So könnten zunächst die Artt. 83 ff. GG Abhilfe schaffen. Nach der Grundregel des Art. 83 GG ist der Vollzug von Bundesgesetzen zwar grundsätzlich Aufgabe der Länder, die Verfassung kann jedoch etwas anderes bestimmen. Betrachtet man die bereits vorhandenen Bundesverwaltungskompetenzen in den Artt. 86 ff. GG, so könnte eine mögliche Zuständigkeit des Bundeskriminalamtes für die Abwehr von Gefahren im Bereich des internationalen Terrorismus ausschließlich der Vorschrift des Art. 87 Abs. 1 Satz 2 GG entlehnt werden, da die anderen Zuständigkeitsvorschriften einen entsprechenden Sachbezug vermissen lassen. Darüber hinaus könnte auch die Kompetenznorm des Art. 73 Abs. 1 Nr. 10 GG zu einer Lösung des

---

593 Zustimmung findet die Begründung der entsprechenden Verwaltungszuständigkeit über Art. 73 Abs. 1 Nr. 9a GG durch *Baldus*, http://webarchiv.bundestag.de/archive/2008/0506/ausschuesse/a06/foederalismusreform/Anhoerung/02_Inneres/Stellungnahmen/Prof__Dr__Manfred_Baldus.pdf, S. 8, zuletzt aufgerufen am 22.11.2009; *Kluth*, in: ders., FödRefG, Art. 73 Rn. 6; *Poscher*, http://webarchiv.bundestag.de/archive/2008/0506/ausschuesse/a06/foederalismusreform/Anhoerung/02_Inneres/Stellungnahmen/Prof__Dr__Ralf_Poscher.pdf, S. 3, zuletzt aufgerufen am 22.11.2009; *Schnapauff*, in: Hömig, GG, Art. 73 Rn. 14; *Tams*, DÖV 2007, 367, 369; abgelehnt wird sie jedoch durch die bereits in Fn. 124 erwähnten Kritiker.

594 Zuspruch findet diese Auslegung bei *Stettner*, in: Dreier, GG II/2, Art. 73 Rn. 52.

vorliegenden Problems beitragen. Sie vermittelte dem Bund nach verbreiteter Meinung[595] schon vor dem Inkrafttreten des ersten Föderalismusreformgesetzes neben den dort umschriebenen Gesetzgebungskompetenzen auch eine Verwaltungskompetenz. Es wäre denkbar, dass sich die Kompetenzvorschrift des Art. 73 Abs. 1 Nr. 9a GG an dem Leitbild des Art. 73 Abs. 1 Nr. 10 GG orientiert[596] und damit selbst die Verwaltungskompetenz für das Bundeskriminalamt zur Verfügung stellt. Im Rahmen der systematischen Auslegung des Art. 73 Abs. 1 Nr. 9a GG stellt sich also die Frage, ob sich die Neuregelung unter die bundesunmittelbare Verwaltungsvorschrift des Art. 87 Abs. 1 Satz 2 GG subsumieren lässt oder ob diese der Norm des Art. 73 Abs. 1 Nr. 10 GG nachempfunden ist und damit im Ergebnis die genetische Auslegung stützt.

Art. 87 Abs. 1 Satz 2 GG ermächtigt den Bund insbesondere zur Errichtung von Zentralstellen. Die Zusammenschau von Art. 87 Abs. 1 Satz 2 GG und Art. 73 Abs. 1 Nr. 10 GG ergibt, dass die Zentralstellen überwiegend der Realisierung der Zusammenarbeit von Bund und Ländern in den von beiden Normen beschriebenen sicherheitsrechtlichen Aufgabenbereichen und damit überwiegend koordinatorischen Verwaltungszwecken dienen.[597] Koordination aber bedeutet, dass es sich nicht um eine vollwertige Bundeskompetenz handeln kann, der Bund also für die ihm im Rahmen seiner Zentralstellenkompetenz zugewiesenen Aufgabenbereiche nicht allein zuständig ist.[598] Berücksichtigt man jedoch, dass Art. 73 Abs. 1 Nr. 9a GG den Bund mit einer vollwertigen ausschließlichen Legislativkompetenz im Bereich der terroristischen Gefahrenabwehr ausstattet, so wäre es wenig sinnvoll, ihm nur eine beschränkte Zentralstellenkompetenz zum Vollzug eben jener Legislativkompetenz einzuräumen. Die daraus folgende Unanwendbarkeit des Art. 87 Abs. 1 Satz 2 GG ist auch konsequent, wenn man bedenkt, dass der Rückgriff auf diese Kompetenznorm die norminterne Systematik des Art. 87 GG durchbrechen würde. Dieser kennt nämlich nicht nur die beschriebenen Zentralstellen, sondern gemäß Art. 87 Abs. 1 Satz 1 GG auch vollwertige bundesunmit-

---

595 In diesem Sinne etwa *Lerche*, in: Maunz/Dürig, GG V, Art. 87 Rn. 133 und 137, der ausdrücklich betont, dass Art. 73 Abs. 1 Nr. 10 GG „nicht einfach als nur materiellrechtliche Gesetzgebungskompetenz begriffen werden" kann; insbesondere unter Berücksichtigung der Entstehungsgeschichte des Art. 73 Abs. 1 Nr. 10 GG ebenfalls bejahend *Baldus*, Transnationales Polizeirecht, S. 108 ff. m.w.N.; zustimmend aus der neueren Literatur *Tams*, DÖV 2007, 367, 369; unter Hervorhebung des „Zusammenspiels" von Art. 73 Abs. 1 Nr. 10 GG und Art. 87 Abs. 1 Satz 2 GG diese Ansicht jedenfalls nicht zurückweisend und damit im Ergebnis wohl zustimmend *Burgi*, in: v. Mangoldt/Klein/Starck, GG III, Art. 87 Abs. 1 Rn. 45 ff.; anderer Ansicht ist *Gusy*, DVBl. 1993, 1117, 1119, der sich hinsichtlich der Verwaltungskompetenzen allein auf Art. 87 Abs. 1 Satz 2 GG beruft; ablehnend auch *Becker*, DÖV 1978, 551, 555.

596 *Tams*, DÖV 2007, 367, 369.

597 *Hermes*, in: Dreier, GG III/2, Art. 87 Rn. 47; *Sachs*, in: ders., GG, Art. 87 Rn. 40.

598 *Gusy*, DVBl. 1993, 1117, 1120; *Lerche*, in: Maunz/Dürig, GG V, Art. 87 Rn. 130.

telbare Verwaltungskompetenzen. Eine Vollziehung vollwertiger Legislativkompetenzen auf der Grundlage der Zentralstellenkompetenz des Art. 87 Abs. 1 Satz 2 GG widerspräche jener norminternen Differenzierung des Art. 87 GG. Die Auffassung von *Heintzen*[599], der in Ermangelung einer passenden Verwaltungsvorschrift den Vollzug des neuen Gesetzgebungstitels nur in den Schranken der Zentralstellenkompetenz des Art. 87 Abs. 1 Satz 2 GG für zulässig erklärt, ist insoweit zurückzuweisen.[600] Dies gilt vor allem auch deshalb, weil zu den bereits erörterten systematischen Aspekten erschwerend hinzu tritt, dass die Verwaltungsvorschrift des Art. 87 Abs. 1 Satz 2 GG – wie *Heinzten*[601] selbst zutreffend formuliert – im Falle einer Vollziehung des Art. 73 Abs. 1 Nr. 9a GG eine nachträgliche Erweiterung ihres Anwendungsbereichs erfahren würde. Für den Verfassungsgeber war aber im Zeitpunkt der Beratungen des Grundgesetzes eine terroristische Gefahrenabwehrkompetenz des Bundes nicht vorhersehbar, sodass es zumindest fraglich erscheint, ob nicht auch historische Gründe einer Ausweitung des Art. 87 Abs. 1 Satz 2 GG entgegenstehen.[602]

Vorzugswürdiger erscheint es daher, aus Art. 73 Abs. 1 Nr. 9a GG eine dem Umfang der Gesetzgebungskompetenz vollwertig entsprechende Verwaltungskompetenz zugunsten des Bundeskriminalamtes herzuleiten. Zwar ist auch dieser Lösungsweg wenig elegant[603], weil die Vorlage, an der sich Art. 73 Abs. 1 Nr. 9a GG orientiert, eine Ausnahme von der grundsätzlich gesonderten Zuweisung der Gesetzgebungs- und Verwaltungskompetenzen im Grundgesetz darstellt, sie mithin eine Sonderstellung einnimmt. Doch wiegt die Anlehnung des Art. 73 Abs. 1 Nr. 9a GG an einen bereits bestehenden Ausnahmetatbestand von diesem Grundsatz aus systematischer Sicht weitaus weniger schwer als eine an neuer Stelle des Grundgesetzes vorgenommene Durchbrechung des Geflechts grundgesetzlicher Kompetenzzuweisungen. Schließlich deutet nicht zuletzt die Existenz des Art. 73 Abs. 1 Nr. 10 GG darauf hin, dass sich der verfassungsändernde Gesetzgeber bei der Einführung des Art. 73 Abs. 1 Nr. 9a GG einer nicht gänzlich unbekannten, wenn auch weniger gewöhnlichen Technik der Kompetenzzuweisung bedient

599 *Heintzen*, in: Föderalismusreform, Rn. 94; einen ähnlichen, wenn auch etwas zurückhaltenderen Versuch unternimmt *Stettner*, in: Dreier, GG II/2, Art. 73 Rn. 52, der sich dafür ausspricht, dass Art. 87 Abs. 1 Satz 2 GG die Vorschrift des Art. 73 Abs. 1 Nr. 9a GG „flankier[e]".

600 Ebenfalls ablehnend, aber sich auf einen anderen Ansatz stützend *Meyer*, Föderalismusreform 2006, S. 301.

601 *Heintzen*, in: Föderalismusreform, Rn. 95.

602 Keine Bedenken kann *ders.*, in: Föderalismusreform, Rn. 95 erkennen, weil er den Wortlaut des Art. 87 Abs. 1 Satz 2 GG als „flexibel" erachtet.

603 *Baldus*, http://webarchiv.bundestag.de/archive/2008/0506/ausschuesse/a06/foederalismusreform/Anhoerung/02_Inneres/Stellungnahmen/Prof__Dr__Manfred_Baldus.pdf, S. 8, zuletzt aufgerufen am 22.11.2009; *Tams*, DÖV 2007, 367, 369.

hat.[604] Im Ergebnis sprechen somit die besseren Argumente dafür, die korrespondierende Verwaltungszuständigkeit für die Gefahrenabwehr im Bereich des internationalen Terrorismus unmittelbar aus Art. 73 Abs. 1 Nr. 9a GG abzuleiten.

b. Fallvarianten

Art. 73 Abs. 1 Nr. 9a GG ermächtigt das Bundeskriminalamt zur Abwehr von Gefahren im Bereich des internationalen Terrorismus. Eröffnet wird dem Bund dieses Aufgabengebiet jedoch nur hinsichtlich der dort benannten Fallkonstellationen. Somit stellt sich die Frage, inwieweit sie die Tätigkeit des Bundeskriminalamtes im Einzelnen beschränken.

Die erste Variante des Art. 73 Abs. 1 Nr. 9a GG fordert das Vorliegen einer länderübergreifenden Gefahr. Orientiert man sich an dem Wortlaut der neuen Kompetenznorm, so ist das Tatbestandsmerkmal einer länderübergreifenden Gefahr dann erfüllt, wenn mindestens zwei Länder von ein und derselben Gefahr betroffen sind. Bestätigung findet dieser Befund in der Gesetzesbegründung zum Föderalismusreformgesetz I, die ebenfalls darauf abstellt, dass nicht nur ein Land betroffen sein darf.[605] Es stützen aber auch systematische Erwägungen diese Interpretation der ersten Fallkonstellation des Art. 73 Abs. 1 Nr. 9 GG. Schon die in Art. 91 GG verankerte Vorschrift über den inneren Staatsnotstand setzt in ihrem Absatz 2 Satz 3 voraus, dass sich die dort umschriebene Gefahr – so wörtlich – auf das „Gebiet mehr als eines Landes" bezieht. Die darin anklingende Überregionalität wird üblicherweise in dem Sinne eines sich räumlich auf das Territorium mehrerer, zumindest jedoch zweier Länder erstreckenden Gefahrenherds verstanden.[606] Da mithin beide Normen in der Überregionalität der Gefahr die Zuständigkeit des Bundes begründet sehen, scheint es angebracht, die Grundsätze des Art. 91 Abs. 2 Satz 3 GG auf den neuen Kompetenztitel zu übertragen.[607]

Die zweite Fallgruppe der neuen Terrorabwehrkompetenz des Bundes verlangt nach einer Nichterkennbarkeit der Zuständigkeit einer Landespolizeibehörde. Im Rahmen der Wortlautauslegung wurde bereits erörtert, dass das Bundeskriminalamt auf der Grundlage dieses Kompetenztitels zur terroristischen Gefahrenabwehr nur bis zur Feststellung der Zuständigkeit der entsprechenden Landespolizeibehörde berechtigt ist.[608] Die Aufgabenwahrnehmung im Anwendungsbereich dieser Fallvariante ist damit durch zwei Besonderheiten gekennzeichnet: Zum einen ist die Zuständigkeit des Bundes

---

604 *Kluth*, in: ders., FödRefG, Art. 73 Rn. 6; *Schnapauff*, in: Hömig, GG, Art. 73 Rn. 14.

605 BT-Drs. 16/813, S. 12.

606 *Volkmann*, in: v. Mangoldt/Klein/Starck, GG III, Art. 91 Abs. 2 Rn. 41; *Windhorst*, in: Sachs, GG, Art. 91 Rn. 40.

607 *Tams*, DÖV 2007, 367, 374.

608 *Ders.*, DÖV 2007, 367, 374.

zeitlich beschränkt, zum anderen wird dieselbe Aufgabe – wenn auch zeitlich nacheinander – sowohl durch den Bund als auch durch die Länder wahrgenommen. Die daraus folgende Eingrenzung des Anwendungsbereichs der zweiten Fallvariante des Art. 73 Abs. 1 Nr. 9a GG findet in der Gesetzesbegründung zum Föderalismusreformgesetz I Bestätigung. Nach der Vorstellung des verfassungsändernden Gesetzgebers ist die Zuständigkeit einer Landespolizeibehörde im Sinne der zweiten Variante des Art. 73 Abs. 1 Nr. 9a GG nämlich dann nicht zu erkennen, wenn sich die sachlichen Anhaltspunkte für eine mögliche terroristische Handlung noch nicht so weit verdichtet haben, dass ein entsprechender Landesbezug festzustellen ist.[609] Durch die neue Zuständigkeit des Bundeskriminalamtes sollen also insbesondere Kompetenzdefizite – namentlich zeitliche Verzögerungen – verhindert werden, die durch das Herantragen von Hinweisen ausländischer Behörden entstehen können.[610] Das Motiv des verfassungsändernden Gesetzgebers für die Einführung der zweiten Fallgruppe beruht damit überwiegend auf teleologischen Erwägungen. Da aber die beschriebenen Kompetenzdefizite nur bis zur Erkennbarkeit der Gefahr bestehen, unterstreicht die genetisch-teleologische Auslegung das bereits im Rahmen der grammatikalischen Auslegung gefundene Ergebnis einer nur vorübergehend begründeten Zuständigkeit des Bundeskriminalamtes.

Die dritte Fallvariante des Art. 73 Abs. 1 Nr. 9a GG führt schließlich die Zuständigkeit des Bundeskriminalamtes zur Abwehr terroristischer Gefahren herbei, wenn eine oberste Landesbehörde das Bundesamt um eine Aufgabenübernahme ersucht. Der gewählten Formulierung ist dabei zu entnehmen, dass die Begründung der Zuständigkeit durch eine vorhergehende Entscheidung der entsprechenden obersten Landesbehörde bedingt[611] ist. Betrachtet man den Normtext der dritten Variante des Art. 73 Abs. 1 Nr. 9a GG vor dem Hintergrund des Art. 35 Abs. 1 GG, so ruft dies die Assoziation hervor, es handele sich bei dem neu geschaffenen Kompetenztitel um eine besondere Form der Amtshilfe.[612] Ähnlich wie die dritte Fallkonstellation des Art. 73 Abs. 1 Nr. 9a GG setzt nämlich auch die Amtshilfe im Sinne des Art. 35 Abs. 1 GG nach weitgehend gefestigter Meinung[613] ein Ersuchen der betroffenen Behörde voraus. *Meyer* sieht sich durch den beschriebenen systematischen Zusammenhang zu dem Schluss veranlasst, die von Art. 73 Abs. 1 Nr. 9a Var. 3 GG erfassten Fälle würden regelmäßig zugleich dem Anwen-

609 BT-Drs. 16/813, S. 12.
610 BT-Drs. 16/813, S. 12; ebenso *Meyer*, Föderalismusreform 2006, S. 303.
611 *Tams*, DÖV 2007, 367, 373.
612 So zugleich *Meyer*, Föderalismusreform 2006, S. 300 und *Tams*, DÖV 2007, 367, 373.
613 BGHZ 34, 184, 187; *Bauer*, in: Dreier, GG II, Art. 35 Rn. 19; *Erbguth*, in: Sachs, GG, Art. 35 Rn. 15; *Gubelt*, in: v. Münch/Kunig, GG II, Art. 35 Rn. 7; *Meyer-Teschendorf*, JuS 1981, 187, 188.

dungsbereich des Art. 35 Abs. 1 GG unterfallen.[614] Dem Vortrag von *Meyer* ist jedoch entgegenzuhalten, dass die Vorschrift über die Rechts- und Amtshilfe dazu dient, unter bestimmten Voraussetzungen die bestehenden Grenzen des grundgesetzlichen Kompetenzgefüges zu überwinden.[615] Die auf Art. 35 Abs. 1 GG gestützten Hilfeleistungen der ersuchten Behörde beschränken sich daher üblicherweise auf den Einzelfall, stehen also einem fortlaufenden Zusammenwirken oder einer dauerhaften Kooperation entgegen.[616] Der Norm des Art. 35 Abs. 1 GG kommt damit ein Ausnahmecharakter zu. Ein ganz anderer Normzweck liegt hingegen der Vorschrift des Art. 73 Abs. 1 Nr. 9a GG zugrunde. Sie soll – wie bereits hervorgehoben worden ist – fortan Kompetenzdefizite im Bereich der terroristischen Gefahrenabwehr vermeiden. Das Bundeskriminalamt kann diesem Auftrag nur gerecht werden, wenn es sich dem übertragenen Aufgabenbereich dauerhaft zuwendet und es sowohl in sachlicher als auch personeller Hinsicht entsprechend ausgestattet ist. Die Möglichkeit eines an das Bundeskriminalamt zu richtenden Übernahmeersuchens kann daher nicht allein im Sinne einer auf den Einzelfall beschränkten Möglichkeit zur Überwindung grundgesetzlicher Kompetenzbarrieren verstanden werden. Anderenfalls wäre es kaum denkbar, sie als sinnvolle Ergänzung[617] zu begreifen. Schließlich deutet nicht zuletzt auch die Verankerung des Art. 73 Abs. 1 Nr. 9a Var. 3 GG im Rahmen des VII. Abschnitt des Grundgesetzes darauf hin, dass die Norm als Gesetzgebungskompetenz, nicht aber als eine besondere Form der Amtshilfe einzustufen ist.

2. Zwischenergebnis

Festgestellt wurde, dass neben grammatikalischen auch historische Aspekte darauf hindeuten, dass der in Art. 73 Abs. 1 Nr. 9a GG verwendete Begriff der Gefahrenabwehr im Sinne des klassischen ordnungs- und polizeirechtlich geprägten Gefahrenbegriffs zu verstehen ist. Der mit ihm in Verbindung gesetzte Begriff des internationalen Terrorismus erlangt seine Konkretisierung durch nationale und europäische Normen.

---

614 *Meyer*, Föderalismusreform 2006, S. 300, vgl. dort auch die weiteren Anmerkungen, die *Meyer* zu der Feststellung drängen, dass die neue Kompetenzvorschrift des Art. 73 Abs. 1 Nr. 9a GG insgesamt überflüssiger Natur sei.

615 *Erbguth*, in: Sachs, GG, Art. 35 Rn. 10; *Pieroth*, in: Jarass/Pieroth, GG/10, Art. 35 Rn. 4.

616 *Bauer*, in: Dreier, GG II, Art. 35 Rn. 13.

617 *Kolmey*, http://webarchiv.bundestag.de/archive/2008/0506/ausschuesse/a06/foederalismusreform/Anhoerung/ 02_Inneres/Stellungnahmen/Uwe_Kolmey.pdf, S. 8, zuletzt aufgerufen am 22.11.2009; zurückhaltender, aber ähnlich *Poscher*, http://webarchiv.bundestag.de/archive/2008/0506/ausschuesse/a06/foederalismusreform/Anhoerung/02_Inneres/Stellungnahmen/Prof__Dr__Ralf_Poscher.pdf, S. 6, zuletzt aufgerufen am 22.11.2009.

Die vorstehenden genetischen und systematischen Erwägungen belegen zudem, dass der neu eingeführte Kompetenztitel des Art. 73 Abs. 1 Nr. 9a GG nicht nur eine Gesetzgebungs-, sondern auch eine Verwaltungskompetenz zugunsten des Bundeskriminalamtes begründet. Die Interpretation der einzelnen Fallkonstellationen des Art. 73 Abs. 1 Nr. 9a GG ergab schließlich, dass diese an klar umrissene Voraussetzungen gebunden sind. Damit bestätigt sich im Ergebnis die im Schrifttum zu findende Äußerung[618], es handele sich bei den drei Varianten des Art. 73 Abs. 1 Nr. 9a GG um eng umgrenzte, die Kompetenzzuweisung konkretisierende Tatbestandsmerkmale.

III. Kompetenzfeld des Strafvollzugs

Die Änderungen am grundgesetzlichen Kompetenzverteilungssystem erstrecken sich auch auf den Aufgabenbereich des Strafvollzugs. Die Überarbeitung der Kompetenznorm des Art. 74 Abs. 1 Nr. 1 GG a.F. hat dabei eine zweifache Erweiterung der ausschließlichen Zuständigkeiten der Landesgesetzgeber zur Folge. In einem ersten Schritt wird den Ländern durch die Streichung der Worte „und den Strafvollzug" die Gesetzgebungszuständigkeit für den Strafvollzug zugesprochen. In einem zweiten Schritt wird ihnen sodann durch die Einführung eines Klammerzusatzes in Art. 74 Abs.1 Nr. 1 GG ein weiterer Kompetenzzuwachs gewährt. Er stellt klar, dass der Bund über die Regelungsbefugnis für das gerichtliche Verfahren nunmehr nur noch unter Ausschluss des Untersuchungshaftvollzugsrechts verfügt.

1. Reichweite der neuen Länderkompetenz für den Strafvollzug

Weitaus schwieriger als die Auslegung der neuen beamtenrechtlichen und sicherheitsrechtlichen Gesetzgebungskompetenzen des Bundes im Sinne der Artt. 74 Abs. 1 Nr. 27, 73 Abs. 1 Nr. 9a GG gestaltet sich die Bestimmung der Reichweite der neuen Länderkompetenz für den Strafvollzug. Sie ist Bestandteil der allgemeinen Zuständigkeitszuweisung der Artt. 70, 30 GG, findet also keine ausdrückliche Erwähnung im Grundgesetz. Inhalt und Umfang dieses neuen landesrechtlichen Regelungsbereiches können folglich nicht anhand eines konkretisierenden Kompetenztitels ermittelt werden. Nachstehend soll daher der Versuch unternommen werden, die verfassungsrechtlichen Grenzen des den Ländern zugewiesenen Aufgabenbereiches des Strafvollzugs im Wege einer historisch sowie systematisch vergleichenden Untersuchung abzustecken. Das Ergebnis der Inhaltsbestimmung soll dabei zugleich die im fünften Kapitel noch vorzunehmende Auseinandersetzung mit der im Schrift-

618 *Stettner*, in: Dreier, GG II/2, Art. 73 Rn. 51.

tum geäußerten Kritik[619] an der beschriebenen Kompetenzänderung vorbereiten.

a. Genetische Zusammenhänge

Möglicherweise könnten zunächst der Entstehungsgeschichte einige Anhaltspunkte entnommen werden, die einen Rückschluss auf den Umfang der Strafvollzugskompetenz der Länder zulassen.

So könnte man überlegen, ob sich aus der bisherigen verfassungsgeschichtlichen Verankerung der strafvollzugsrechtlichen Kompetenzbestimmungen im deutschen Bundesstaatssystem eine Eingrenzung der neuen Länderkompetenz ableiten lässt. Die Ausführungen des zweiten Kapitels[620] zeigen jedoch, dass der Zentralgewalt schon seit 1871 die Legislativkompetenz für den Strafvollzug zugeordnet war. Ein rechtshistorischer Vergleich mit einer früheren Länderkompetenz zur Gesetzgebung scheidet folglich aus. Da die Kompetenz nach der Vorstellung des verfassungsändernden Gesetzgebers[621] an die Stelle der vorherigen Bundeskompetenz zur Regelung des Strafvollzugs im Sinne des Art. 74 Abs. 1 Nr. 1 GG a.F. treten soll, kann aber das Verständnis dieser unmittelbaren Vorläufernorm zur Bestimmung der Reichweite der Länderkompetenz herangezogen werden. Es ist nämlich davon auszugehen, dass der verfassungsändernde Gesetzgeber – ähnlich wie bei der Einführung neuer Bundeskompetenzen – auch im Rahmen der Begründung von Landeszuständigkeiten in Kenntnis des bisherigen Kompetenzverteilungssystems handelt. Auch wenn dieser den vorgefundenen Regelungsbereich des Art. 74 Abs. 1 Nr. 1 GG a.F. nicht über eine eigens geschaffene Einzelzuweisung, sondern – der Systematik des Grundgesetzes entsprechend – über die allgemeine Zuständigkeitszuweisung der Artt. 70, 30 GG den Ländern zuordnet, ist anzunehmen, dass er den Inhalt der normativ geprägten Vorläufernorm und damit auch die Grundstrukturen der auf ihrer Grundlage ergangenen Regelungen des Strafvollzugsgesetzes rezipieren wollte.[622]

Ein Indiz zur näheren Bestimmung des Inhalts und der Reichweite der neuen Gesetzgebungskompetenz der Länder könnte sich zudem aus den Gesetzesgebungsmaterialien zum Föderalismusreformgesetz I ableiten. So lassen die Aussprachen der gescheiterten Föderalismus-Kommission I bezüglich der Gesetzgebungskompetenz für den Strafvollzug ganz unterschiedliche

619 Vgl. dazu nur *Cornel*, NK 2005, 135; *Dünkel*, NK 2005, 5; *Koop*, ZfStrVo 2006, 3; *Lütkes*, NK 2006, 2; *Müller-Dietz*, ZfStrVo 2005, 38, 40; *ders.*, ZRP 2005, 156, 158; *Rehn*, NK 2005, 3.

620 Vgl. Kapitel 2, Punkt B.III.1.b.

621 BT-Drs. 16/813, S. 12.

622 Dieses Verständnis legt wohl auch *Degenhart*, NVwZ 2006, 1209, 1215 zugrunde, wenn er unter Einbeziehung des Strafvollzugs davon spricht, dass die „neugefassten Bestimmungen nahezu durchweg [als] normativ-rezeptiv bezeichnet werden“ müssen.

Vorschläge erkennen. Während einige dafür plädierten, die Kompetenz in den Bereich der ausschließlichen Gesetzgebung des Bundes zu überführen, wollten andere an der bisherigen Kompetenzlage festhalten.[623] Warum aber der Vorschlag der Kommissionsvorsitzenden vom 13. Dezember 2004[624] eine Streichung des Strafvollzugs aus der Zuständigkeitsnorm des Art. 74 Abs. 1 Nr. 1 GG zum Gegenstand hatte, bleibt im Verborgenen. Ein Erkenntnisgewinn kann den Vorarbeiten der Kommission daher nicht entnommen werden. Einen ähnlichen Eindruck scheint zunächst auch die Gesetzesbegründung zum Föderalismusreformgesetz I zu erwecken. Sie lässt nämlich eine gesonderte Begründung für die Verschiebung der Gesetzgebungskompetenz vermissen.[625] Wenn aber der verfassungsändernde Gesetzgeber darauf verzichtet, eine Erklärung für die Verfassungsänderung vorzunehmen, kann sein Verhalten als Hinweis darauf gedeutet werden, dass er mit der Rechtsänderung keinerlei Schwierigkeiten verbindet. Dies legt die Vermutung nahe, dass der verfassungsändernde Gesetzgeber die Verlagerung der Zuständigkeit deshalb als unproblematisch ansah, weil er sie als gleichwertig mit der bisherigen Bundeskompetenz erachtet.

Das genetische Fundament der neuen Länderkompetenz deutet damit darauf hin, dass den Ländern nur diejenige Kompetenzspanne eingeräumt werden soll, die zuvor auch dem Bund auf der Grundlage des Art. 74 Abs. 1 Nr. 1 GG a.F. zugesprochen worden ist.

b. Systematische Einordnung

Anhaltspunkte für eine Inhaltsbestimmung der neuen Länderkompetenz könnten schließlich aus der systematischen Einordnung des Strafvollzugs im grundgesetzlichen Verfassungsgefüge hergeleitet werden. Der genuin staatliche Aufgabenbereich weist zwar nicht nur Korrelationen zu nationalen, sondern auch zu internationalen Vorgaben auf. Da den Schwerpunkt der vorliegenden Arbeit die nationalen Verfassungsbezüge bilden, beschränkt sich die nachstehende systematische Analyse jedoch auf die Berücksichtigung der Aussagen des Grundgesetzes. Hinsichtlich der völkerrechtlichen Standards und Verpflichtungen sei auf die einschlägige Fachliteratur verwiesen.[626] Im Folgenden stellt sich damit allein die Frage, welchen aus der Verfassung fol-

623 Vgl. dazu im Einzelnen Bundestag/Bundesrat, Kommission, Zur Sache 1/2005, S. 957 f.

624 Vgl. Bundestag/Bundesrat, Kommission, Zur Sache 1/2005, S. 960.

625 Vgl. dazu BT-Drs. 16/813, S. 12; schon im Gesetzgebungsverfahren kritisch darauf hinweisend *Seebode*, http://webarchiv.bundestag.de/archive/2008/0506/ausschuesse/a06/foederalismusreform/Anhoerung/02_Justiz/Stellungnahmen/Prof__Dr__Manfred_Seebode.pdf, S. 2, zuletzt aufgerufen am 22.11.2009.

626 Vgl. dazu etwa den Hinweis des Bundesverfassungsgerichts in BVerfGE 116, 69, 90 f. sowie die umfassenden Ausführungen von *Pollähne*, StV 2007, 553 ff.

genden Einschränkungen die Landesgesetzgeber bei der Wahrnehmung ihrer neuen Kompetenz unterliegen.

Festzustellen ist, dass der Aufgabenbereich des Strafvollzugs unter einem starken Einfluss der Rechtsprechung des Bundesverfassungsgerichts steht. Sie soll deshalb der nachstehenden Bestimmung des neuen gesetzgeberischen Gestaltungsspielraums der Länder als Leitfaden zugrunde gelegt werden.

In seiner grundlegenden Entscheidung aus dem Jahre 1972 wies das Bundesverfassungsgericht zunächst die weitere Anwendbarkeit der grundrechtsbeschränkenden Rechtsfigur des besonderen Gewaltverhältnisses auf die Rechtsverhältnisse des Strafgefangenen zurück und konstatierte, dass in die Grundrechte der Strafgefangenen künftig nur noch durch oder aufgrund eines Gesetzes eingegriffen werden dürfe.[627] Zur Begründung zog es die in Art. 1 Abs. 3 GG formulierte Grundrechtsbindung der drei staatlichen Gewalten heran.[628] Diese Bindungsklausel entfaltet nach nahezu einhelliger Meinung[629] auch für die Gesetzgeber in den Ländern volle Wirksamkeit, sodass diese bei der Gestaltung ihrer landesrechtlichen Strafvollzugsregelungen ebenfalls den im Grundgesetz normierten Grundrechtskatalog in vollem Umfang zu beachten haben. Das folgt nicht nur bereits aus Art. 1 Abs. 3 GG selbst, der eine Unterscheidung zwischen den drei staatlichen Gewalten des Bundes und der Länder nicht erkennen lässt, sondern auch aus der Wertung des Art. 28 Abs. 3 GG, der die Verbindlichkeit der Grundrechte in den Ländern voraussetzt. Die Länder sind damit verpflichtet, den Strafvollzug gesetzlich zu regeln.

Eine Verbindung zu der vorstehenden Entscheidung weist das jüngst veröffentlichte Urteil des Bundesverfassungsgerichts zum Erfordernis einer gesetzlichen Grundlage für den Jugendstrafvollzug auf. Darin betont das Gericht ausdrücklich, dass auch jugendliche Straftäter Eingriffe in ihre Grundrechte nur zu erdulden haben, soweit sie sich auf eine gesetzliche Grundlage zurückführen lassen.[630] In der erwähnten Entscheidung formuliert das Gericht gleichzeitig einen gesetzlichen Regelungsauftrag an den Gesetzgeber des Bundes. Nachdem jedoch die Gesetzgebungskompetenz für den Strafvollzug durch das Föderalismusreformgesetz I auf die Länder übertragen worden ist, müssen nunmehr die regionalen Gesetzgeber dem Auftrag des Bundesverfassungsgerichts gerecht werden.[631] Die dogmatische Begründung für die Über-

627 BVerfGE 33, 1, 10 f.

628 BVerfGE 33, 1, 11.

629 Vgl. etwa BVerfGE 103, 332, 347 f.; *Dreier*, in: ders., GG I, Art. 1 Abs. 3 Rn. 37; *Herdegen*, in: Maunz/Dürig, GG I, Art. 1 Abs. 3 Rn. 92; *Höfling*, in: Sachs, GG, Art. 1 Rn. 85; *Starck*, in: v. Mangoldt/Klein/Starck, GG I, Art. 1 Abs. 3 Rn. 221.

630 BVerfGE 116, 69, 81.

631 *Försterling*, ZG 2007, 36, 61; *Goerdeler/Pollähne*, ZJJ 2006, 250, 251; dieser Auffassung ist auch der einfache Gesetzgeber des Bundes, vgl. BT-Drs. 16/2691, S. 2.

leitung dieser Verpflichtung auf die Länder wurzelt dabei ebenfalls in der Bindungsklausel des Art. 1 Abs. 3 GG. Sind nämlich die Länder ebenso wie der Bund bei der Erfüllung ihrer staatlichen Aufgaben an die Vorschrift des Art. 1 Abs. 3 GG und damit an die Wahrung der im Grundgesetz normierten Grundrechte gebunden, so bedeutet dies, dass auch sie den Jugendstrafvollzug auf eine gesetzliche Grundlage zu stellen haben.

Inhaltlich hat sich die Ausgestaltung der künftigen Landesstrafvollzugsgesetze an dem verfassungsrechtlich gebotenem Vollzugsziel der Resozialisierung zu orientieren. Das Bundesverfassungsgericht hat wiederholt hervorgehoben, dass der Vollzug der Freiheitsstrafe darauf ausgerichtet sein muss, dem Inhaftierten die Möglichkeit einzuräumen, sich nach der Entlassung aus der Strafhaft wieder in die Gesellschaft einordnen zu können.[632] Den verfassungsrechtlichen Rang des Vollzugsziels der Resozialisierung leitet das Gericht primär aus dem aus Art. 1 Abs. 1 GG folgenden Gebot zum Schutz der Menschenwürde ab. Es verbiete, den Einzelnen zum Objekt staatlichen Handels zu degradieren.[633] Darüber hinaus entspreche das Erfordernis der Ausrichtung des Strafvollzugs an dem Vollzugsziel der Resozialisierung dem „Selbstverständnis einer Gemeinschaft“, deren Werteordnung nicht nur die Achtung der Menschenwürde in den Mittelpunkt rücke, sondern gleichzeitig dem Sozialstaatsprinzip verpflichtet sei.[634] Die Verwirklichung der Resozialisierung kann der einzelne Strafgefangene aus seinem in Art. 2 Abs. 1 in Verbindung mit Art. 1 Abs. 1 GG niedergelegten Grundrecht geltend machen.[635] Das Bundesverfassungsgericht betont jedoch zugleich, dass sich der dem Strafvollzug zugrunde liegende Resozialisierungsgedanke ebenfalls aus der Schutzpflicht des Staates für die Sicherheit aller Bürger rechtfertige.[636] Insoweit bestehe jedenfalls zwischen dem Vollzugsziel der Resozialisierung und dem Begehren des Schutzes der Allgemeinheit vor der Begehung weiterer Straftaten kein Widerspruch.[637] Diese Feststellung des Gerichts lässt unschwer vermuten, dass nicht alle sechzehn Länder das Verhältnis des Resozialisierungsgedankens zum Sicherungsgedanken im Strafvollzug einheitlich beurteilen werden.

Die Rechtsprechung des Bundesverfassungsgerichts zum Resozialisierungsgedanken im Strafvollzug müssen die Länder dennoch gegen sich gelten

632 Ständige Rechtsprechung des Bundesverfassungsgerichts, vgl. nur BVerfGE 33, 1, 8; 35, 202, 235 f.; 36, 174, 188; 45, 187, 238 f.; 64, 261, 276; 74, 102, 122 f.; 98, 169, 200 f.; eine umfassende Auseinandersetzung mit der Rechtsprechung des Bundesverfassungsgerichts zum Resozialisierungsgedanken im Strafvollzug findet sich bei *Leyendecker*, (Re-)Sozialisierung und Verfassungsrecht, S. 141 ff.

633 BVerfGE 109, 133, 150 f.

634 BVerfGE 45, 187, 238 f.

635 BVerfGE 35, 202, 236; 98, 169, 200.

636 BVerfGE 116, 69, 85.

637 BVerfGE 116, 69, 86.

lassen. Dogmatisch gründet die Pflicht der Landesgesetzgeber zur Ausrichtung des Strafvollzugs an dem Vollzugsziel der Resozialisierung auf der Bindungsklausel des Art. 1 Abs. 3 GG. Das gilt zumindest insoweit, als sich der Resozialisierungsgedanke unmittelbar aus dem Grundrecht der Menschenwürde ableitet. Soweit das Vollzugsziel der Resozialisierung zusätzlich auf sozialstaatlichen Erwägungen aufbaut, kommt dagegen die Homogenitätsklausel des Art. 28 Abs. 1 Satz 1 GG zur Anwendung. Sie stellt sicher, dass die verfassungsmäßige Ordnung in den Ländern insbesondere auch den Grundsätzen eines sozialen Rechtsstaates entspricht. Freilich sind die Landesgesetzgeber dadurch nicht an jede einzelne Vorgabe des vom Bund erlassenen Strafvollzugsgesetzes gebunden. Verpflichtet werden sie vielmehr durch das Sozialstaatsprinzip selbst, sodass sie – wie zuvor der Bund – zumindest die fundamentalen Voraussetzungen für ein menschenwürdiges Dasein gewährleisten müssen.[638] Unterstützung finden die beschriebenen verfassungsrechtlichen Beschränkungen durch die einfachgesetzliche Vorschrift des § 31 Abs. 1 BVerfGG. Diese Norm bindet nämlich nicht nur die Verfassungsorgane des Bundes, sondern auch die Verfassungsorgane der Länder an die ergangenen Entscheidungen des Bundesverfassungsgerichts. Die Bindungsklausel des § 31 Abs. 1 BVerfGG erweitert folglich den Wirkungskreis der Entscheidungen des Bundesverfassungsgerichts über den Anwendungsbereich der materiellen Rechtskraft hinaus und erklärt die verfassungsgerichtlichen Entscheidungen gegenüber allen staatlichen Hoheitsträgern – mithin auch gegenüber den Landesgesetzgebern – für verbindlich.[639]

Damit ist festzuhalten, dass der staatliche Aufgabenbereich des Strafvollzugs in seinen Grundzügen bereits durch die Verfassung selbst inhaltlich determiniert wird.[640] Insbesondere aus Art. 1 Abs. 3 GG resultiert eine unitarisierende Wirkung[641] der Grundrechte. Sie wird infolge der durch den Freiheitsentzug hervorgerufenen massiven Grundrechtseinschränkungen ein eklatantes Auseinanderfallen der zu erlassenden strafvollzugsrechtlichen Landesgesetze verhindern. Obwohl die Gesetzgeber in den Ländern den

---

638 *Henneke*, in: Schmidt-Bleibtreu/Hofmann/Hopfauf, GG, Art. 28 Rn. 17; *Tettinger*, in: v. Mangoldt/Klein/Starck, GG II, Art. 28 Rn. 65.

639 So die wohl herrschende Literaturmeinung nach *Bethge*, in: Maunz/Schmidt-Bleibtreu/Klein/Bethge, BVerfGG, § 31 Rn. 76 und 121; *Heusch*, in: Umbach/Clemens/Dollinger, BVerfGG, § 31 Rn. 64, 68 und 70; *Lecheler*, ZBR 2007, 18, 22; *Ziekow*, Jura 1995, 522, 525; unter Inbezugnahme des vorliegenden Zusammenhangs ebenfalls zustimmend *Aumüller*, http://webarchiv.bundestag.de/archive/2008/0506/ausschuesse/a06/foederalismusreform/Anhoerung/02_Justiz/Stellungnahmen/Thomas_Aumueller.pdf, S. 2, zuletzt aufgerufen am 22.11.2009.

640 *Robbers* http://webarchiv.bundestag.de/archive/2008/0506/ausschuesse/a06/foederalismusreform/Anhoerung /02_Justiz/Stellungnahmen/Prof__Dr__Gerhard_Robbers.pdf, S. 2, zuletzt aufgerufen am 22.11.2009.

641 *Herdegen*, in: Maunz/Dürig, GG I, Art. 1 Abs. 3 Rn. 93.

vorstehend untersuchten verfassungsrechtlichen Beschränkungen unterliegen, verbleibt ihnen bei der Verwirklichung ihrer strafvollzugsrechtlichen Landesnormen dennoch ausreichend Raum zur individuellen Gestaltung.

2. Untersuchungshaftvollzug

Parallel zu der Gesetzgebungskompetenz für den Strafvollzug wird den Ländern die Regelungsbefugnis für das Recht des Untersuchungshaftvollzugs zugewiesen. Als Bestandteil des gerichtlichen Verfahrens war dieser Kompetenzbereich seit der Reichsverfassung von 1871 traditionell der Zentralgewalt zur gesetzlichen Regelung zugeordnet, vgl. Art. 4 Nr. 13 RV, Art. 7 Nr. 3 WRV sowie Art. 74 Abs. 1 Nr. 1 GG a.F. Die Kompetenzänderung bricht daher aus dem bisherigen System der verfahrensrechtlichen Gesetzgebungszuständigkeiten aus. Dieses sah nämlich bisher eine vollständige Regelung des gerichtlichen Verfahrens durch das Reich beziehungsweise den Bund vor. Folge der Zuständigkeitsneuordnung ist, dass der Bund für die Regelungsmaterien des Strafrechts und des Strafverfahrensrechts weiterhin konkurrierend zuständig ist, die Länder die Aufgabengebiete des Strafvollzugs und des Untersuchungshaftvollzuges aber in eigener Zuständigkeit wahrnehmen. Da der Gesetzesbegründung zum Föderalismusreformgesetz I auch hinsichtlich dieser Kompetenzverschiebung keine gesonderte Begründung zu entnehmen ist, lässt sich nur mutmaßen, dass der verfassungsändernde Gesetzgeber dem Untersuchungshaftvollzug – trotz seiner Zugehörigkeit zum gerichtlichen Verfahren – wohl eine größere Sachnähe zum Strafvollzugsrecht als zum Strafverfahrensrecht zuweist.[642] Die Staatspraxis wird zeigen, inwieweit die Separation der Gesetzgebungskompetenz für den Untersuchungshaftvollzug vom sonstigen gerichtlichen Verfahren zu Abgrenzungsschwierigkeiten führen wird.[643]

B. Formelle Verfassungsmäßigkeit der verfassungsrechtlichen Neuregelungen

Im Anschluss an die vorstehende Auslegung der neuen Verfassungsnormen in den Bereichen des Beamtenrechts, der terroristischen Gefahrenabwehr und

642 In diesem Sinne ist wohl auch die Kommentierung von *Pieroth*, in: Jarass/Pieroth, GG/10, Art. 70 Rn. 20 zu verstehen, wenn er darauf hinweist, dass den Ländern die Gesetzgebungskompetenz für den Untersuchungshaftvollzug als Bestandteil des gerichtlichen Verfahrens insoweit zugeordnet ist, „als es um die Durchführung der Untersuchungshaft parallel zum Strafvollzug geht".

643 *Försterling*, ZG 2007, 36, 61.

des Strafvollzugs soll nunmehr die Verfassungsmäßigkeit des ersten Föderalismusreformgesetzes im Hinblick auf die in den benannten Zuständigkeitsfeldern erfolgten Grundgesetzänderungen erörtert werden. Die maßgebliche Norm für die Bestimmung der Verfassungsmäßigkeit von Verfassungsänderungen bildet die Vorschrift des Art. 79 GG. Sie legt in Satz 1 ihres ersten Absatzes fest, dass das Grundgesetz nur durch ein Gesetz geändert werden kann. Daraus folgt, dass auch verfassungsändernde Gesetze im ordentlichen Gesetzgebungsverfahren des Bundes ergehen.[644] Bei der Verabschiedung verfassungsändernder Gesetze werden daher dieselben Organe wie im einfachen Gesetzgebungsverfahren tätig.[645] Die formelle Verfassungsmäßigkeit des ersten Föderalismusreformgesetzes richtet sich also grundsätzlich nach den allgemeinen Bestimmungen der Artt. 76 ff. und Art. 82 GG. Ergänzend dazu kommen die Vorschriften des Art. 79 Abs. 1 und 2 GG zur Anwendung, die an die formelle Verfassungsmäßigkeit von Grundgesetzänderungsgesetzen spezifische Anforderungen stellen.

I. Zuständigkeit

Die Zuständigkeit des Bundes für die Verabschiedung verfassungsändernder Gesetze lässt sich unmittelbar aus Art. 79 Abs. 1 und 2 GG ableiten. Während die Verbandskompetenz des Bundes der Vorschrift des Art. 79 Abs. 1 und Abs. 2 GG entspringt, weil das dort angesprochene Gesetz auf ein Gesetz des Bundes abstellt, lässt sich die Organkompetenz der gesetzgebenden Körperschaften des Bundes allein aus Art. 79 Abs. 2 GG herauslesen. Dort wird ausdrücklich festgeschrieben, dass ein Gesetz zur Änderung des Grundgesetzes jeweils der Zustimmung von zwei Dritteln der Mitglieder des Bundestages und des Bundesrates bedarf. Die Regierungsfraktionen der CDU / CSU und SPD waren folglich dazu berechtigt, den Entwurf des Föderalismusreformgesetzes I in das Gesetzgebungsverfahren des Bundes einzuleiten.[646]

II. Gesetzgebungsverfahren mit qualifizierten Mehrheiten

Das Gesetzgebungsverfahren des Bundes beginnt gemäß Art. 76 Abs. 1 GG mit der Einbringung der Gesetzesinitiative in das parlamentarische Verfahren.

---

644 *Badura*, in: HbdStR VII, § 160 Rn. 3; *Birk*, JuS 1978, 168, 174; *Sachs*, in: ders., GG, Art. 79 Rn. 10; *Maurer*, Staatsrecht I, § 22 Rn. 5; *Schaub*, Der verfassungsändernde Gesetzgeber, S. 63.

645 *Dreier*, in: ders., GG II, Art. 79 Abs. 1 Rn. 11.

646 Vgl. dazu den Gesetzentwurf in BT-Drs. 16/813.

Daran schließt sich das in Art. 77 GG normierte sowie in den einfachgesetzlichen Normen der §§ 78 ff. GOBT konkretisierte Hauptverfahren an, in dem der Gesetzentwurf vom Bundestag beraten und beschlossen wird. Die dem Bundesrat im Rahmen des Gesetzgebungsverfahrens zugestandenen Mitwirkungsrechte werden durch die Vorschriften der Artt. 77, 78 GG festgelegt. Bei verfassungsändernden Gesetzen besteht nach der Vorschrift des Art. 79 Abs. 2 GG darüber hinaus die Besonderheit, dass sowohl der Gesetzesbeschluss des Bundestages im Sinne des Art. 77 Abs. 1 Satz 1 GG[647] als auch die erforderliche Zustimmung des Bundesrates mit der qualifizierten Mehrheit von zwei Dritteln der jeweiligen Mitglieder ergehen muss. Erst wenn die vorstehenden Voraussetzungen vorliegen, kann ein verfassungsänderndes Gesetz gemäß Art. 82 GG ausgefertigt und verkündet werden.

Das Föderalismusreformgesetz I wurde am 7. März 2006 als Gesetzentwurf der Regierungsfraktionen in den Bundestag eingebracht.[648] Er stellt eine Gesetzesvorlage aus der Mitte des Bundestages im Sinne der zweiten Variante des Art. 76 Abs. 1 GG dar, die zugleich den formellen Anforderung des § 76 Abs. 1 GOBT genügt. Dort heißt es, dass Vorlagen der Mitglieder des Bundestages von einer Fraktion oder von zumindest fünf Prozent der Mitglieder des Bundestages unterzeichnet sein müssen.

Daran angeschlossen haben sich die von § 78 Abs. 1 Satz 1 GOBT vorausgesetzten Beratungen des Gesetzentwurfes. Die erste Beratung des Föderalismusreformgesetzes I erfolgte am 10. März 2006. Nach ihrer Beendigung wurde die Überweisung des Gesetzentwurfs an die betroffenen Ausschüsse des Bundestages beschlossen.[649] Die zweite und dritte Beratung[650] fanden bereits am 30. Juni 2006 statt, wobei letztere in die Schlussabstimmung im Sinne des Art. 77 Abs. 1 Satz 1 GG einmündete, sodass der Entwurf in der Fassung der Beschlussempfehlung des Rechtsausschusses[651] von 428 der insgesamt 612 Mitglieder des Deutschen Bundestages angenommen werden konnte. Nur wenige Tage später nahm auch der Bundesrat mit der Gegenstimme des Landes Mecklenburg-Vorpommern und der Enthaltung des Landes Schleswig-Holstein den vom Bundestag beschlossenen Gesetzentwurf an.[652] Beide gesetzgebenden Körperschaften haben damit erfolgreich die von Art. 79 Abs. 2 GG geforderte Zweidrittelmehrheit ihres Hauses herbeigeführt. Das im Sinne des Art. 78 GG zustande gekommene Föderalismusreformgesetz I wurde sodann am 28. August 2006 von Bundespräsident *Köhler* – nach erfolgter Gegenzeichnung der Bundeskanzlerin *Merkel* sowie der betroffenen

647 *Sachs*, in: Sachs, GG, Art. 79 Rn. 22; Stern, Staatsrecht I, § 5 III.1.
648 Siehe dazu bereits die Angaben in Fn. 179.
649 BT-StenBer., 16. WP/23. Sitzung v. 10.03.2006, S. 1749 A-1787 B.
650 BT-StenBer., 16. WP/44. Sitzung v. 30.06.2006, S. 4233 A-4298 C.
651 BT-Drs. 16/2010.
652 BR-StenBer., 824. Sitzung v. 07.07.2006, S. 222 D.

Bundesminister *Schäuble*, *Zypries* und *Steinbrück* – entsprechend den Bestimmungen der Artt. 82 Abs. 1 Satz 1, 58 Satz 1 GG und des § 29 Abs. 1 GOBReg ausgefertigt.[653] Nachdem das Föderalismusreformgesetz I am 31. August 2006 im Bundesgesetzblatt verkündet worden war[654], konnte es zum 1. September 2006 in Kraft treten.

III. Textänderungsgebot des Art. 79 Abs. 1 Satz 1, 2. HS GG

Ein zusätzliches formelles Erfordernis für verfassungsändernde Gesetze stellt die Norm des Art. 79 Abs. 1 Satz 1 GG auf. Das in ihrem zweiten Halbsatz verankerte Textänderungsgebot[655] schreibt vor, dass das Verfassungsänderungsgesetz den Wortlaut des Grundgesetzes ausdrücklich ändern oder ergänzen muss, um formelle Verfassungsdurchbrechungen[656] zu unterbinden.

Das Föderalismusreformgesetz I ordnet sowohl für die Vorschrift des Art. 33 Abs. 5 GG a.F. als auch für die Einführung des Art. 74 Abs. 1 Nr. 27 GG und die Streichung der Artt. 74a, 75 GG a.F. eine ausdrückliche Angleichung des Grundgesetzes an. Auch die die Rechtsstellung der Richter in den Ländern betreffende Norm des Art. 98 Abs. 3 GG a.F. passt das Föderalismusreformgesetz I explizit an die angestrebte Verfassungsrechtslage an. Fernerhin ist das Textänderungsgebot im Hinblick auf die Einführung der neuen Terrorabwehrkompetenz des Bundes im Sinne des Art. 73 Abs. 1 Nr. 9a GG und die Verlagerung der bisherigen konkurrierenden Gesetzgebungskompetenzen für die Bereiche des Strafvollzugs und des Untersuchungshaftvollzugs im Sinne des Art. 74 Abs. 1 Nr. 1 GG a.F. gewahrt.[657]

IV. Zwischenergebnis

Als Zwischenergebnis ist festzuhalten, dass das von Bundestag und Bundesrat verabschiedete Föderalismusreformgesetz I keine formellen Mängel aufweist.

---

653 Siehe das Gesetz zur Änderung des Grundgesetzes (Art. 22, 23, 33, 52, 72, 74, 74a, 75, 84, 85, 87c, 91a, 91b, 93, 104a, 104b, 105, 107, 109, 125a, 125b, 125c, 143c) v. 28.06.2006, BGBl. I, 2034.

654 Siehe bereits Fn. 186.

655 Zu dieser Begriffsverwendung vgl. etwa *Badura*, in: HbdStR VII, § 160 Rn. 18; *Zippelius/Würtenberger*, Staatsrecht, § 6 III.1.

656 *Hain*, in: v. Mangoldt/Klein/Starck, GG II, Art. 79 Abs. 1 Rn. 6.

657 Vgl. zum Ganzen das Gesetz zur Änderung des Grundgesetzes (Art. 22, 23, 33, 52, 72, 74, 74a, 75, 84, 85, 87c, 91a, 91b, 93, 104a, 104b, 105, 107, 109, 125a, 125b, 125c, 143c) v. 28.06.2006, BGBl. I, 2034 f. und 2036.

Es steht in formeller Hinsicht vollumfänglich im Einklang mit der Verfassung.

C. Materielle Verfassungsmäßigkeit der verfassungsrechtlichen Neuregelungen

Die materielle Verfassungsmäßigkeit von grundgesetzändernden Gesetzen richtet sich ausschließlich nach der Bestimmung des Art. 79 Abs. 3 GG.[658] Sie erklärt eine Änderung des Grundgesetzes, durch welche die Gliederung des Bundes in Länder, die grundsätzliche Mitwirkung der Länder bei der Gesetzgebung oder die in den Artt. 1 und 20 GG niedergelegten Grundsätze berührt werden, für unzulässig. Damit werden die tragenden Leitgedanken des Grundgesetzes – gewissermaßen als verfassungsrechtlicher Kernbestand – der Disposition der verfassungsändernden Gewalt entzogen.[659] Berührt ein Verfassungsänderungsgesetz die in Art. 79 Abs. 3 GG formulierten Unantastbarkeiten, so führt dies dessen Nichtigkeit herbei.[660] Nachstehend stellt sich folglich die Frage, ob die die Bereiche des Beamtenrechts, der terroristischen Gefahrenabwehr und des Strafvollzugs betreffenden Änderungsbestimmungen des ersten Föderalismusreformgesetzes materiell-rechtlich mit den Vorgaben des Art. 79 Abs. 3 GG übereinstimmen.

I. Schrankenbestimmungen des Art. 79 Abs. 3 GG

Die materielle Bindungsklausel des Art. 79 Abs. 3 GG schreibt die Schrankenbestimmungen[661] für die Verfassungsmäßigkeit grundgesetzändernder Gesetze fest. Der Wortlaut des Art. 79 Abs. 3 GG weist infolge der Verwendung der Termini „grundsätzlich", „Grundsätze" und „berührt" jedoch sehr unscharfe Formulierungen auf, die im Zusammenspiel mit dem gleichzeitigen Verweis auf die ausfüllungsbedürftigen Grundsatznormen der Artt. 1 und 20 GG die Interpretation der Schranken des Art. 79 Abs. 3 GG in erheb-

658 Siehe nur BVerfGE 87, 181, 196; *Dreier*, in: ders., GG II, Art. 79 Abs. 3 Rn. 14 m.w.N.

659 So die Auffassung des staatsrechtlichen Schrifttums, vgl. *Badura*, Staatsrecht, F Rn. 64 und 67; *Hain*, in: v. Mangoldt/Klein/Starck, GG II, Art. 79 Abs. 3 Rn. 28; *Huber*, Volksgesetzgebung und Ewigkeitsgarantie, S. 50; *Ipsen*, Staatsrecht I, Rn. 1037; *Zippelius/Würtenberger*, Staatsrecht, § 6 III.2., S. 49.

660 Ganz herrschende Meinung, vgl. nur *Dreier*, in: ders., GG II, Art. 79 Abs. 3 Rn. 14; *Hoffmann*, in: BK, GG X, Art. 79 Abs. 1 und 2, Rn. 37; *Ipsen*, Staatsrecht I, Rn. 1044; *Pieroth*, in: Jarass/Pieroth, GG/10, Art. 79 Rn. 6; *Stern*, Staatsrecht I, § 5 IV.3., S. 167.

661 *Badura*, Staatsrecht, F Rn. 64; *Pieroth*, in: Jarass/Pieroth, GG/10, Art. 79 Rn. 6.

lichem Maße erschweren.[662] Hinzu tritt, dass sich auch aus der komplexen und schwierigen Entstehungsgeschichte des Art. 79 Abs. 3 GG nur wenige Anhaltpunkte für eine eingehende Bestimmung der Schranken verfassungsändernder Gesetze ableiten lassen.[663] Ähnliches gilt hinsichtlich der systematischen Stellung des Art. 79 GG. Aus der Verankerung des Art. 79 GG im VII. Abschnitt des Grundgesetzes lässt sich zwar schlussfolgern, dass eine Verfassungsänderung nur im Wege des Gesetzgebungsverfahrens des Bundes vorgenommen werden kann. Rückschlüsse auf den Inhalt der Grenzen des Art. 79 Abs. 3 GG lassen sich daraus jedoch nicht ziehen. Es verwundert daher kaum, wenn sich im Schrifttum gelegentlich die Feststellung findet, dass Bedeutung und Gehalt der Ewigkeitsklausel noch lange nicht erschöpfend analysiert sind.[664]

Das Bundesverfassungsgericht setzte sich allerdings im sogenannten Abhör-Urteil näher mit Reichweite und Funktion der materiellen Bindungsklausel auseinander. Darin konstatierte das Gericht, dass Art. 79 Abs. 3 GG den Sinn habe, „zu verhindern, daß die geltende Verfassungsordnung in ihrer Substanz, in ihren Grundlagen auf dem formal-legalistischen Weg eines verfassungsändernden Gesetzes beseitigt und zur nachträglichen Legalisierung eines totalitären Regimes mißbraucht werden kann“[665]. Daher verbiete sich „eine prinzipielle Preisgabe der dort genannten Grundsätze“[666]. In Anknüpfung daran scheide nach der Auffassung des Gerichts eine Berührung der Grundsätze des Art. 79 Abs. 3 GG jedenfalls dann aus, „wenn ihnen im allgemeinen Rechnung getragen wird und sie nur für eine Sonderlage [...] aus evident sachgerechten Gründen modifiziert werden“[667]. Das Bundesverfassungsgericht spricht der Verfassungsnorm des Art. 79 Abs. 3 GG folglich ein restriktives Verständnis zu. Beanstandet wurde diese Einschätzung zunächst durch das Sondervotum der Richter *Geller, Rupp* und *von Schlabrendorff*. Ihrer Auffassung zufolge ist eine Berührung der in Art. 79 Abs. 3 GG benannten Gewährleistungen nämlich schon dann gegeben, wenn bereits ein Teilbereich der geschützten Elemente außer Acht gelassen wird oder diese einem allmählichen Verfallsprozess ausgesetzt werden.[668] Als Argument führt

662 *Evers*, in: BK, GG X, Art. 79 Abs. 3 Rn. 149; *Loewenstein*, Verfassungsänderung, S. 46.

663 So etwa *Estel*, Bundesstaatsprinzip und direkte Demokratie, S. 30 ff. und *Hesse*, AöR 98 (1973), S. 1, 5 (Fn. 7); zur Entstehungsgeschichte des Art. 79 GG im Allgemeinen *v. Doemming/Füsslein/Matz*, JöR n.F. 1 (1951), S. 1, 573 ff.

664 *Blasche*, VR 2008, 12; *Stern*, JuS 1985, 329, 329.

665 BVerfGE 30, 1, 24.

666 BVerfGE 30, 1, 24.

667 BVerfGE 30, 1, 24; sich dieser Auffassung anschließend *Sannwald*, in: Schmidt-Bleibtreu/Hofmann/Hopfauf, GG, Art. 79 Rn. 39.

668 BVerfGE 30, 1, 41 f.; vgl. dazu auch die Ausführungen von *Estel*, Bundesstaatsprinzip und direkte Demokratie, S. 39.

diese Gegenposition an, dass sich die Norm des Art. 79 Abs. 3 GG nicht auf ein bloßes Revolutionsverbot beschränke, vielmehr erkläre sie bestimmte Grundentscheidungen der Verfassung für „unverbrüchlich“.[669] Darüber hinaus verbiete schon die gewählte Formulierung „berührt“ jeden Eingriff in die von Art. 79 Abs. 3 GG geschützten Gewährleistungen.[670] Man wird jedoch nicht verhehlen können, dass auch nach dieser Ansicht Modifikationen der durch die Ewigkeitsklausel garantieren Grundsätze nicht ausgeschlossen sind, solange sie nicht den angesprochenen Verfallsprozess einleiten.[671]

Die dem Abhör-Urteil zugrunde liegende Interpretation des Art. 79 Abs. 3 GG ist auch in der Literatur auf Kritik gestoßen.[672] Gegen das Auslegungsergebnis des Bundesverfassungsgerichts wird vorgetragen, dass ein derart minimalistisches[673] Verständnis des Art. 79 Abs. 3 GG dazu führe, dass der normative Gehalt der Vorschrift nicht hinreichend ausgeschöpft werde.[674] Soweit sich im Schrifttum unter Bezugnahme auf die Abhör-Entscheidung des Bundesverfassungsgerichts daher vereinzelt[675] die Auffassung findet, es handele sich bei Art. 79 Abs. 3 GG gerade nicht um eine restriktiv zu interpretierende Verfassungsnorm, ist diesem Ansatz jedoch ein wesentliches Argument entgegen zu halten: Eine extensive Interpretation des Art. 79 Abs. 3 GG würde verkennen, dass die Norm eine Ausnahme zu dem in der Verfassung gleichzeitig verankerten demokratischen Prinzip der Volkssouveränität[676] darstellt, das besagt, dass alle Staatsgewalt vom Volke auszugehen hat.

Eine Relativierung des aufgezeigten Konflikts zeichnete sich in der späteren Rechtsprechung des Bundesverfassungsgerichts ab. In seinen letzten Entscheidungen zur materiellen Bindungsklausel hielt das Gericht nämlich nur noch am zweiten Teil seiner dem Abhör-Urteil zugrunde gelegten Auslegung des Art. 79 Abs. 3 GG fest, distanzierte sich also von der anfänglichen minimalistischen Interpretation des Art. 79 Abs. 3 GG.[677] Das Bundesverfassungsgericht räumt dem verfassungsändernden Gesetzgeber nunmehr die

669 BVerfGE 30, 1, 38 f.

670 *Evers*, in: BK, GG X, Art. 79 Rn. 150; *Möller*, Die verfassungsgebende Gewalt des Volkes und die Schranken der Verfassungsrevision, S. 158.

671 Vgl. dazu *Huber*, Volksgesetzgebung und Ewigkeitsgarantie, S. 50.

672 *Estel*, Bundesstaatsprinzip und direkte Demokratie, S. 38 f.; *Häberle*, JZ 1971, 145, 149 ff.; *Sachs*, in: ders., GG, Art. 79 Rn. 36; *Rupp*, NJW 1971, 275, 284; *Stern*, JuS 1985, 329, 331; *Zacharias*, in: Thiel (Hrsg.), Wehrhafte Demokratie, S. 57, 64 m.w.N.

673 Der Begriff der minimalistischen Auslegung geht auf die Untersuchungen von *Bryde*, Verfassungsentwicklung, S. 239 zurück.

674 *Dreier*, in: ders., GG II, Art. 79 Abs. 3 Rn. 19.

675 *Alberts*, JuS 1972, 319, 321; *Häberle*, JZ 1971, 145, 150.

676 So *Maunz/Dürig*, in: dies., GG V, Art. 79 Rn. 31; ähnlich *Pieroth*, ZRP 2008, 90.

677 *Bryde*, in: v. Münch/Kunig, GG III, Art. 79 Rn. 28; *Dreier*, in: ders., GG II, Art. 79 Abs. 3 Rn. 19.

Möglichkeit ein, „die positivrechtlichen Ausprägungen“ der in Art. 79 Abs. 3 GG genannten Grundsätze „aus sachgerechten Gründen zu modifizieren“[678]. Gleichwohl bleibt das Gericht – im Einklang mit dem herrschenden, ebenfalls zu einer etwas engeren Auslegung des Art. 79 Abs. 3 GG tendierenden Schrifttum[679] – bei seiner Auffassung, dass es sich bei Art. 79 Abs. 3 GG grundsätzlich um eine „eng auszulegende Ausnahmevorschrift“[680] handele. Diese Ansicht ist auch folgerichtig, wenn man berücksichtigt, dass ein extensiveres Verständnis des Art. 79 Abs. 3 GG dem Bundesverfassungsgericht eine umfängliche Möglichkeit zur Kontrolle der rechts- und verfassungspolitischen Entwicklungen im Staate des Grundgesetzes an die Seite stellen würde.[681] Ein solches Kontrollrecht wäre vom Normzweck der Ewigkeitsgarantie aber nicht mehr gedeckt. Dieser legt die Entscheidung zur Anpassung des Grundgesetzes an die sich ändernden Verhältnisse in das Ermessen des verfassungsändernden Gesetzgebers und nicht in das Ermessen des Bundesverfassungsgerichts.

Die mit der Interpretation des Art. 79 Abs. 3 GG einhergehenden Schwierigkeiten zeigen, dass sich allgemeingültige Aussagen über den Gehalt der einzelnen Schrankenbestimmungen der Ewigkeitsgarantie nicht treffen lassen.[682] Sie müssen daher einer separaten Betrachtung unterzogen werden. Erst im Anschluss daran kann festgestellt werden, ob die die Bereiche des Beamtenrechts, der terroristischen Gefahrenabwehr und des Strafvollzugs betreffenden Änderungen des Föderalismusreformgesetzes I die von Art. 79 Abs. 3 GG geschützten verfassungsrechtlichen Kernbestimmungen berühren. Im Rahmen dieser Einschätzung gilt es, zwischen möglichen „normativen Zementierungen“[683] auf der einen Seite und einem weitestgehenden Bedeutungsverlust des Art. 79 Abs. 3 GG auf der anderen Seite einen gerechten Ausgleich zu finden.[684]

---

678 BVerfGE 109, 279, 310 unter Inbezugnahme der früheren Entscheidungen BVerfGE 84, 90, 121; 94, 49, 103; sich daran anschließend *Zippelius/Würtenberger*, Staatsrecht, § 6 III.2.d.

679 *Löw*, DÖV 1979, 819, 822; *Sachs*, in: ders., GG, Art. 79 Rn. 26; *Pieroth*, in: Jarass/Pieroth, GG/10, Art. 79 Rn. 6; *Sannwald*, in: Schmidt-Bleibtreu/Hofmann/Hopfauf, GG, Art. 79 Rn. 37.

680 BVerfGE 109, 279, 310.

681 *Bryde*, in: v. Münch/Kunig, GG III, Art. 79 Rn. 28; *Evers*, in: BK, GG X, Art. 79 Abs. 3 Rn. 152.

682 Zur Ablehnung pauschalierender Aussagen über die Reichweite des Art. 79 Abs. 3 GG vgl. *Dreier*, in: ders., GG II, Art. 79 Abs. 3 Rn. 19.

683 Die zitierte Begrifflichkeit geht auf *Maunz/Dürig*, in: dies., GG V (50. Liefg.), Art. 79 Rn. 31 zurück.

684 *Bryde*, in: v. Münch/Kunig, GG III, Art. 79 Rn. 28; *Elgeti*, Föderativklausel, S. 31.

1. Bundesstaatsprinzip

a. Schutzsystematik der bundesstaatlichen Garantien

Da sich das Föderalismusreformgesetz I die Modernisierung der bundesstaatlichen Ordnung zum Ziel setzt, bildet die für die Prüfung seiner Verfassungsmäßigkeit relevanteste Schranke die Bundesstaatlichkeit selbst. Auf sie wird im Wortlaut des Art. 79 Abs. 3 GG gleich dreifach Bezug genommen. Während die Gliederung des Bundes in Länder (Art. 79 Abs. 3 Var. 1 GG) und die grundsätzliche Mitwirkung der Länder bei der Gesetzgebung (Art. 79 Abs. 3 Var. 2 GG) als spezielle Komponenten des Bundesstaatsprinzips explizit Erwähnung finden, wird über die Verweisung auf die in Art. 20 GG niedergelegten Grundsätze auch ein allgemeiner Bezug zur Bundesstaatlichkeit hergestellt (Art. 79 Abs. 3 Var. 3 GG in Verbindung mit Art. 20 Abs.1 GG).

Die mehrfache Aufzählung bundesstaatlicher Gewährleistungen im Rahmen des Art. 79 Abs. 3 GG führt daher zu der Frage, ob der zusätzlich zu den beiden ausdrücklichen Schutzkomponenten des Art. 79 Abs. 3 Var. 1, 2 GG erfolgte Bezug auf den Art. 20 Abs. 1 GG überhaupt beabsichtigt ist. Nach überwiegender Auffassung wird die Verweisung des Art. 79 Abs. 3 Var. 3 GG schon deshalb nicht als überflüssig betrachtet[685], weil der ausdrückliche Wortlaut des Art. 79 Abs. 3 GG keinen anderen Rückschluss zulässt. *Jestaedt* hingegen formuliert die Überlegung, dass eine doppelte Absicherung der Bundesstaatlichkeit im Rahmen des Art. 79 Abs. 3 GG ausscheide, weil sich dafür keine plausible Erklärung finde.[686] Diese Ansicht ist nicht überzeugend. Der Bundesstaat des Grundgesetzes ist in Art. 20 Abs. 1 GG nämlich lediglich als demokratischer und sozialer Bundesstaat determiniert, sodass für dessen konkrete Ausgestaltung vielseitige Möglichkeiten[687] bestehen. Da die speziellen bundesstaatlichen Komponenten des Art. 79 Abs. 3 GG dem grundgesetzlichen Bundesstaat ein unabänderliches Gepräge verleihen, ihnen mithin gegenüber Art. 20 Abs. 1 GG eine beschreibende Funktion zukommt, kann von einer fehlenden Begründung für die zweifache Absi-

---

685 In diesem Sinne etwa *Bushart*, Verfassungsänderung in Bund und Ländern, S. 65; *Dreier*, in: ders., GG II, Art. 79 Abs. 3 Rn. 47; *Estel*, Bundesstaatsprinzip und direkte Demokratie, S. 59; *Hesse*, AöR 98 (1973), S. 1, 8; *Evers*, in: BK, GG X, Art. 79 Abs. 3 Rn 209; *Ipsen*, Staatsrecht I, Rn. 1042; Sachs, in: ders., GG, Art. 79 Rn. 62; ähnlich auch *Blasche*, Die grundsätzliche Mitwirkung der Länder bei der Gesetzgebung, S. 115; ausdrücklich anderer Ansicht sind aufgrund entstehungsgeschichtlicher Erwägungen *Elgeti*, Föderativklausel, S. 30 sowie *Jestaedt*, in: HbdStR II 3, § 29 Rn. 48 ff., dessen Argumente allerdings durch die ausführliche genetische Auslegung von *Blasche*, VR 2008, 12, 13 ff. Widerlegung finden.

686 So aber *Jestaedt*, in: HbdStR II 3, § 29 Rn. 48.

687 *Blasche*, VR 2008, 12, 13.

cherung der Bundesstaatlichkeit im Rahmen des Art. 79 Abs. 3 GG nicht ausgegangen werden.[688] Es kann der Norm des Art. 79 Abs. 3 Var. 3 GG daher nicht unterstellt werden, ihre Verweisung auf die in Art. 20 GG niedergelegten Grundsätze erstrecke sich nicht auf die in Art. 20 Abs. 1 GG festgeschriebene Bundesstaatlichkeit.

Im Anschluss an die Erörterung der vorstehenden Problematik stellt sich weiterhin die Frage, in welchem Verhältnis die unterschiedlichen Schutzvarianten der Bundesstaatlichkeit zueinander stehen. Das Bundesverfassungsgericht hat sich bisher mit der bezeichneten Thematik nicht näher auseinandergesetzt.[689] Im staatsrechtlichen Schrifttum finden sich hingegen unterschiedliche Äußerungen zur bundesstaatlichen Regelungssystematik im Rahmen des Art. 79 Abs. 3 GG. So stehen nach der ganz überwiegenden Meinung[690] die beiden bundesstaatlichen Teilprinzipien des Art. 79 Abs. 3 Var. 1, 2 GG gleichwertig neben der allgemeinen bundesstaatlichen Gewährleistung im Sinne des Art. 79 Abs. 3 Var. 3 in Verbindung mit Art. 20 Abs. 1 GG. Die Begründungen für ein derartiges Verständnis der Schutzsystematik der bundesstaatlichen Garantien des Art. 79 Abs. 3 GG gehen dabei auf ganz verschiedene Ansätze zurück. Während einige die Art. 79 Abs. 3 Var. 1, 2 GG als formale Konkretisierungen[691] oder exemplarische Aufzählungen[692] der in Art. 20 Abs. 1 GG festgeschriebenen Bundesstaatlichkeit begreifen, sind andere[693] der Auffassung, dass die Regelungsgehalte der Art. 79 Abs. 3 Var. 1, 2 GG zwar bereits in der allgemeinen Verbürgung des Art. 20 Abs. 1 GG enthalten sind, sie aber insbesondere der Präzisierung der in Art. 20 Abs. 1 GG formulierten Bundesstaatlichkeit dienen.

Nach der in der Literatur vertretenen Gegenansicht erübrigt sich dagegen ein Rückgriff auf Art. 20 Abs. 1 GG, weil anderenfalls die speziellen Bundesstaatskomponenten ohne jeglichen Sinn Eingang in die Ewigkeitsklausel gefunden hätten.[694] Diese Auffassung weist den Vorteil auf, dass durch ein

---

688 *Ders.*, VR 2008, 12 f.

689 BVerfGE 34, 9, 19 ff.; 87, 181, 196 f.; 92, 203, 237.

690 *Bushart*, Verfassungsänderung in Bund und Ländern, S. 65; *Dreier*, in: ders., GG II, Art. 79 Abs. 3 Rn. 47; *Evers*, in: BK, GG X, Art. 79 Abs. 3 Rn. 209; *Hain*, Die Grundsätze des Grundgesetzes, S. 394; *Hesse*, AöR 98 (1973), S. 1, 8; *Isensee*, in: HbdStR IV 2, § 98 Rn. 263; *Sachs*, in: ders., GG, Art. 79 Rn. 62; *Maurer*, Staatsrecht I, § 10 Rn. 16; *Zacharias*, in: Thiel (Hrsg.), Wehrhafte Demokratie, S. 57, 95 f.

691 Vgl. dazu beispielsweise *Evers*, in: BK, GG X, Art. 79 Abs. 3 Rn. 209.

692 *Isensee*, in: HbdStR IV 2, § 98 Rn. 263.

693 So etwa *Blasche*, VR 2008, 12, 17.

694 So insbesondere *Maunz/Dürig*, in: dies., GG V (50. Liefg.), Art. 79 Rn. 40 und 46; ebenfalls in diesem Sinne, jedoch ohne nähere Ausführungen *Greszick*, in: Maunz/Dürig, GG III, Art. 20 Abs. 4, Rn. 42; ganz vereinzelt wird in diesem Zusammenhang auch die Auffassung vertreten, dass ein Auseinanderdividieren der normativen Inhalte der Teilprinzipien im Sinne der Art. 79 Abs. 3 Var. 1, 2 GG und der allge-

Leerlaufen der Verweisung des Art. 79 Abs. 3 Var. 3 GG die geschützten bundesstaatlichen Elemente relativ deutlich umschrieben würden.[695] Für die herrschende Auffassung spricht jedoch, dass die drei Tatbestandsvarianten durch das Bindewort „oder" miteinander verknüpft werden und ihnen damit – formal-juristisch betrachtet – von Verfassungs wegen eine gleichberechtigte Relevanz zugemessen wird.[696] Des Weiteren wird im Schrifttum zu Recht vorgetragen, dass sich der Zweck der Revisionsschutzklausel des Art. 79 Abs. 3 GG nicht darin erschöpfen könne, organisatorische Teilstrukturen des Bundesstaatsprinzips um ihrer selbst willen für unantastbar zu erklären.[697] Wie Art. 20 Abs. 1 GG zeigt, setzt sich die Gestalt des grundgesetzlichen Bundesstaates nicht nur aus diesen beiden Teilstrukturen zusammen, sondern erlangt ihre Prägung gerade auch durch die Umschreibung als demokratischer und sozialer Bundesstaat.[698] Die Bundesstaatlichkeit kann daher nicht nur als bloßes Ordnungsprinzip begriffen werden, vielmehr steht sie gleichberechtigt neben den anderen in Art. 20 Abs. 1 GG benannten Staatsstrukturprinzipien.[699] Im Ergebnis sprechen damit die besseren Argumente dafür, die Bundesstaatlichkeit gleichermaßen durch alle drei Varianten der Ewigkeitsklausel des Art. 79 Abs. 3 GG als geschützt anzusehen. Demzufolge sind im Rahmen der Prüfung der Verfassungsmäßigkeit des Föderalismusreformgesetzes I nicht nur die Teilprinzipien der Art. 79 Abs. 3 Var. 1, 2 GG zu berücksichtigen. Es ist auch die allgemeine Verweisung des Art. 79 Abs. 3 Var. 3 GG auf die in Art. 20 Abs. 1 GG normierte Bundesstaatlichkeit zu bedenken.

b. Gliederung in Bund und Länder

Die Gliederung des Bundes in Länder ist die erste von Art. 79 Abs. 3 GG angesprochene bundesstaatliche Garantie. Sie schützt in formeller Hinsicht die Existenz der Länder.[700] Wenn auch darin keine Gewährleistung für das Fort-

meinen Gewährleistung des Art. 20 Abs. 1 GG wenig Erfolg versprechend sei. Vielmehr seien beide Schutzkomponenten infolge ihres identischen Regelungsgehalt als einheitliche Absicherung der Bundesstaatlichkeit zu begreifen. Vertiefende Ausführungen zu dieser vorliegend nur der Vollständigkeit halber erwähnten und namentlich von *Hain* vertretenen Auffassung finden sich bei *Hain*, in: v. Mangoldt/Klein/Starck, GG II, Art. 79 Abs. 3 Rn. 119.

695 *Isensee*, in: HbdStR IV 2, § 98 Rn. 263.

696 *Evers*, in: BK, GG X, Art. 79 Abs. 3 Rn. 209.

697 *Hesse*, AöR 98 (1973), S. 1, 8.

698 *Ders.*, AöR 98 (1973), S. 1, 8; ähnlich auch *Evers*, in: BK, GG X, Art. 79 Abs. 3 Rn. 210.

699 *Ipsen*, Staatsrecht I, Rn. 1042.

700 *Eiselstein*, NVwZ 1989, 323, 323; *Harbich*, Der Bundesstaat, S. 145; *Kirchner/Haas*, JZ 1993, 760, 769; *Sachs*, in: ders., GG, Art. 79 Rn 42; *Sannwald*, in: Schmidt-Bleibtreu/Hofmann/Hopfauf, GG, Art. 79 Rn. 41.

bestehen der gegenwärtig vorhandenen Bundesländer erblickt werden kann[701], so verbietet Art. 79 Abs. 3 Var. 1 GG dem verfassungsändernden Gesetzgeber dennoch ausdrücklich, die bundesstaatliche Ordnung des Grundgesetzes in einen Einheitsstaat[702] umzugestalten. In materieller Hinsicht fordert die durch Art. 79 Abs. 3 GG gesicherte Gliederung des Bundes in Länder die Organisation der Länder als Staaten.[703] Ihr Staatscharakter setzt – wie das Bundesverfassungsgericht schon frühzeitig herausgestellt hat – einen Mindestbestand an eigenen Aufgaben voraus.[704] Welche Aufgabenbereiche den Ländern insgesamt zur Wahrung ihrer Staatlichkeit zugewiesen sein müssen, lässt sich abstrakt kaum erörtern. Es muss ihnen jedoch in den Bereichen der Legislative, der Exekutive, der Judikative und des Finanzwesens ein bestimmtes Maß an Kompetenzen zugeordnet sein, das von derart „substanziellem Gewicht" ist, dass ihnen genügend Möglichkeiten zur aktiven Mitgestaltung des föderalen Gemeinwesens verbleiben.[705] Eine Garantie für die Zuweisung spezieller Kompetenzmaterien an die Länder lässt sich aus der Gewährleistung des Art. 79 Abs. 3 Var. 1 GG jedoch nicht ableiten.[706] Verschiebungen am bestehenden System der Kompetenzverteilung sind also zulässig.[707] Im Rahmen der Beurteilung von Kompetenzverlagerungen bleibt allerdings zu berücksichtigen, dass immer nur eine Gesamtbetrachtung der Bund und Ländern insgesamt zugewiesenen Kompetenzen Aufschluss über ein mögliches Berühren der Länderstaatlichkeit im Sinne des Art. 79 Abs. 3 Var. 1 GG und damit

---

701 *Dreier*, in: ders., GG II, Art. 79 Abs. 3 Rn. 21; zu dem theoretischen Streitstand, aus wie vielen Ländern sich die bundesstaatliche Ordnung des Grundgesetzes mindestens zusammenzusetzen hat, vgl. beispielsweise die vertiefenden Ausführungen von *Bryde*, in: v. Münch/Kunig, GG III, Art. 79 Rn. 30 und *Evers*, in: BK, GG X, Art. 79 Abs. 3 Rn. 212, beide m.w.N.

702 *Maunz/Dürig*, in: dies., GG V (50. Liefg.), Art. 79 Rn. 33; *Stern*, Staatsrecht I, § 5 IV.5.a.α., S. 169.

703 So die ganz herrschende Meinung nach BVerfGE 34, 9, 19; *Eiselstein*, NVwZ 1989, 323; *Dreier*, in: ders., GG II, Art. 79 Abs. 3 Rn. 22; *Evers*, in: BK, GG X, Art. 79 Abs. 3 Rn. 213; *Hesse*, AöR 98 (1973), S. 1, 7; *Kirchner/Haas*, JZ 1993, 760, 769; *Sannwald*, in: Schmidt-Bleibtreu/Hofmann/Hopfauf, GG, Art. 79 Rn. 42; *Stern*, Staatsrecht I, § 5 IV.5.a.α., S. 169.

704 BVerfGE 34, 9, 19 f.; vgl. dazu auch die Ausführungen in Kapitel 2, Punkt A.II.1.d.(2).(b). und Kapitel 3, Punkt A.VI.

705 *Stern*, Staatsrecht I, § 5 IV.5.a.α., S. 169; auf das Gebiet der Gesetzgebung besonders hinweisend *Hesse*, AöR 98 (1973), S. 1, 7.

706 *Scheuner*, DÖV 1966, 513, 517.

707 *Bryde*, in: v. Münch/Kunig, GG III, Art. 79 Rn. 31; *Dreier*, in: ders., GG II, Art. 79 Abs. 3 Rn. 22; *Sannwald*, in: Schmidt-Bleibtreu/Hofmann/Hopfauf, GG, Art. 79 Rn. 42.

über die Verfassungsmäßigkeit der konkreten Maßnahme des verfassungsändernden Gesetzgebers geben kann.[708]

c. Grundsätzliche Mitwirkung der Länder bei der Gesetzgebung

Die zweite bundesstaatliche Gewährleistung des Art. 79 Abs. 3 GG bezieht sich auf die grundsätzliche Mitwirkung der Länder bei der Gesetzgebung. Die überwiegende Meinung[709] subsumiert unter diese Tatbestandsvariante des Art. 79 Abs. 3 GG lediglich das Recht der Länder zur Mitwirkung an der Gesetzgebung des Bundes. Diese Beschränkung des Anwendungsbereichs des Art. 79 Abs. 3 Var. 2 GG ist auch folgerichtig, weil die eigenständige Gesetzgebung der Länder bereits dem Schutz des Art. 79 Abs. 3 Var. 1 GG unterfällt.[710] Darüber hinaus ergäbe eine Erwähnung der Mitwirkung der Bundesländer an ihrer eigenen Gesetzgebung schlichtweg keinen Sinn.[711]

Der explizite Wortlaut des Art. 79 Abs. 3 Var. 2 GG lässt fernerhin erkennen, dass den Ländern das Recht zur Mitwirkung an der Gesetzgebung des Bundes nur „grundsätzlich" eingeräumt wird. Der Schutz des Art. 79 Abs. 3 Var. 2 GG erstreckt sich somit weder auf den Erhalt des derzeitig eingerichteten Systems der Mitwirkung in Form von Zustimmungs- und Einspruchsgesetzen noch auf die gegenwärtig etablierte Anzahl und Ausprägung der einzelnen Zustimmungs- und Einspruchsrechte des Bundesrates.[712] Nach verbreiteter Ansicht ist sogar eine Ablösung des verankerten Bundesratsmodells durch ein Senatsmodell nach amerikanischem Vorbild möglich.[713] Die Veränderungssperre des Art. 79 Abs. 3 GG fordert in ihrer zweiten Variante jedoch einen Mindestbestand an Beteiligungsrechten ein. Den Ländern darf also nicht die Möglichkeit genommen werden, sich am Willensbildungspro-

---

708 *Evers*, in: BK, GG X, Art. 79 Abs. 3 Rn. 214; ähnlich im Ergebnis *Hesse*, AöR 98 (1973), S. 1, 18.

709 So die herrschende Meinung nach *Bryde*, in: v. Münch/Kunig, GG III, Art. 79 Rn. 32; *Dreier*, in: ders., GG II, Art. 79 Abs. 3 Rn. 23; *Evers*, in: BK, GG X, Art. 79 Abs. 3 Rn. 217; *Harbich*, Der Bundesstaat, S. 131; *Hesse*, AöR 98 (1973), S. 1, 18; *Kirchner/Haas*, JZ 1993, 760, 770; anderer Ansicht sind *Maunz/Dürig*, in: dies., GG V (50. Liefg.), Art. 79 Rn. 37; *Sannwald*, in: Schmidt-Bleibtreu/Hofmann/Hopfauf, GG, Art. 79 Rn. 43; *Zippelius/Würtenberger*, Staatsrecht, § 6 III.2.a.

710 *Evers*, in: BK, GG X, Art. 79 Abs. 3 Rn. 217.

711 *Hesse*, AöR 98 (1973), S. 1, 18.

712 *Bryde*, in: v. Münch/Kunig, GG III, Art. 79 Rn. 32; *Harbich*, Der Bundesstaat, S. 135; *Maunz/Dürig*, in: dies., GG V (50. Liefg.), Art. 79 Rn. 36; *Stern*, Staatsrecht I, § 5 IV.5.a.β., S. 170.

713 Zu dieser jedoch nicht unumstrittenen Frage vgl. etwa die Anmerkungen bei *Evers*, in: BK, GG X, Art. 79 Abs. 3 Rn. 219 f., der zu den vertretenen Auffassungen auch entsprechende Nachweise bereitstellt.

zess der Bundesgesetzgebung in substanziellem Maße zu beteiligen.[714] Die Frage, ob eine am bestehenden System der Mitwirkungsrechte anknüpfende Maßnahme des verfassungsändernden Gesetzgebers die den Ländern über Art. 79 Abs. 3 Var. 2 GG garantierten Beteiligungsrechte bei der Gesetzgebung des Bundes berührt, kann nur im Wege einer vergleichenden Gesamtbetrachtung beantwortet werden.[715] Dabei sind die angestrebte Maßnahme des verfassungsändernden Gesetzgebers und der Bestand der vorhandenen gliedstaatlichen Mitwirkungsrechte in Relation zu setzten.

d. Bundesstaat im Sinne des Art. 20 Abs. 1 GG

Der Inhalt der Gewährleistungen des Art. 79 Abs. 3 Var. 3 GG hängt von der Bewertung der bundesstaatlichen Regelungssystematik des Art. 79 Abs. 3 GG ab. In der vorliegenden Untersuchung wurde dargelegt, dass die im staatsrechtlichen Schrifttum vorherrschende Meinung, die Bundesstaatlichkeit sei durch alle drei Varianten der Ewigkeitsklausel gleichermaßen geschützt, die besseren Argumente für sich beansprucht. Dies bedeutet, dass nicht nur die Art. 79 Abs. 3 Var. 1, 2 GG bestimmte Gewährleistungen bereitstellen, sondern auch die Verweisung des Art. 79 Abs. 3 Var. 3 GG am Schutz der Bundesstaatlichkeit teil hat. In der Literatur wird zwar betont, dass die bundesstaatlichen Teilprinzipien der ersten beiden Varianten des Art. 79 Abs. 3 GG bereits einen beträchtlichen Bestandteil der Bundesstaatlichkeit absichern.[716] Unabhängig von der Möglichkeit eines doppelten Schutzes bestimmter bundesstaatlicher Grundsätze wird man aber zumindest den Grundsatz der Bundestreue und den Grundsatz der föderativen Gleichheit der Länder zu den überwiegend von Art. 79 Abs. 3 Var. 3 in Verbindung mit Art. 20 Abs. 1 GG erfassten bundesstaatlichen Inhalten zählen müssen.[717] Ähnlich verhält es sich schließlich mit der in Art. 20 Abs. 1 GG vorgenommenen Umschreibung des grundgesetzlichen Bundesstaates als demokratischer und sozialer Bundesstaat. Sie darf nicht als bloßer redaktioneller Zufall abgetan werden, denn aus der Verflechtung der bundesstaatlichen Ordnung mit den Grundsätzen des demokratischen Rechtsstaates folgt, dass auch die Länder als „Zentren demokratisch legitimierter politischer Entscheidung[en]“ ausgestaltet sein müssen.[718] Diesen Aspekt wird man ebenfalls überwiegend den inhaltlichen Ge-

---

714 *Dreier*, in: ders., GG II, Art. 79 Abs. 3 Rn. 24; *Sannwald*, in: Schmidt-Bleibtreu/Hofmann/Hopfauf, GG, Art. 79 Rn. 44.

715 *Dreier*, in: ders., GG II, Art. 79 Abs. 3 Rn. 24.

716 So beispielsweise *Sachs*, in: ders., GG, Art. 79 Rn. 62.

717 *Estel*, Bundesstaatsprinzip und direkte Demokratie, S. 60; nur den Grundsatz der Bundestreue unterstreichend Dreier, in: ders., GG II, Art. 79 Abs. 3 Rn. 48; den Grundsatz der föderativen Gleichheit hervorhebend *Kaufmann*, Bundesstaat und Deutsche Einheit, S. 120.

718 *Hesse*, AöR 98 (1973), S. 1, 10, 14 ff. und 19, m.w.N.

währleistungen der dritten Variante der Unveränderlichkeitssperre zuordnen müssen.

e. Auswertung

Die vorherigen Ausführungen zeigen die für eine Verfassungsänderung bestehenden Grenzen auf, die der Grundsatz der Bundesstaatlichkeit vorgibt. Nunmehr gilt es zu erörtern, ob die kompetenzrechtlichen Änderungsbestimmungen des Föderalismusreformgesetzes I diesen Schrankenbestimmungen genügen. Im Fokus der vorliegenden Arbeit stehen zwar die Kompetenzverschiebungen in den Bereichen des Beamtenrechts, der terroristischen Gefahrenabwehr und des Strafvollzugs, es wurde jedoch herausgestellt, dass die Beurteilung der materiellen Verfassungsmäßigkeit der benannten Bestimmungen nur im Wege einer Betrachtung der Bund und Ländern insgesamt zugewiesenen Kompetenzen vorgenommen werden kann. Einfluss auf die vorliegende Bewertung haben zudem der Aspekt der grundsätzlichen Gestaltungsfreiheit des verfassungsändernden Gesetzgebers sowie der Grundsatz der Einheit der Verfassung.[719]

In Anlehnung an diese Kriterien stellt sich vorliegend zunächst die Frage, ob die durch das Föderalismusreformgesetz I veranlassten Kompetenzverschiebungen auf dem Gebiet der Legislative mit der bundesstaatlichen Garantie des Art. 79 Abs. 3 Var. 1 GG im Einklang stehen. Eine Vereinbarkeit in diesem Sinne ist gegeben, wenn die konkreten Änderungsbestimmungen den Staatscharakter der Länder nicht berühren. Die Länder müssen also auch nach neuer Verfassungsrechtslage noch über einen substanziellen Anteil an den im Bundesstaat verteilten Gesetzgebungskompetenzen verfügen.

Im Laufe der letzten Jahrzehnte haben sich die Gesetzgebungszuständigkeiten der Länder stark zurückgebildet. Um dieser Entwicklung entgegenzuwirken, nimmt das Föderalismusreformgesetz I eine umfassende Neuordnung der grundgesetzlichen Legislativkompetenzen vor. Gegenstand der Neustrukturierung ist – wie die ausführlichen Erörterungen des dritten Kapitels belegen – insbesondere ein quantitativer Ausbau der ausschließlichen Legislativkompetenzen der Länder. An diesem Kompetenzzuwachs partizipieren auch die neuen beamten- und strafvollzugsrechtlichen Gesetzgebungszuständigkeiten der Länder, die zugleich einen genuin staatlichen Charakter aufweisen und damit zum sachlichen und organisatorischen Kernbereich der Staatlichkeit zählen. Werden dem Bund Zuständigkeiten dieses Charakters entzogen und den Ländern zugeordnet, so hat dies nicht nur eine bloße quantitative, sondern auch eine qualitative Stärkung der Staatlichkeit der Länder zur Folge. Dennoch haben die Länder im Zuge der Föderalismusreform I nicht nur Kompetenzen hinzugewonnen, ihnen wurde infolge der Einführung der Ter-

719 BVerfGE 1, 14, 32; *Evers*, in: BK, GG X, Art. 79 Abs. 3 Rn. 156.

rorabwehrkompetenz des Bundes gemäß Art. 73 Abs. 1 Nr. 9a GG auch eine wichtige Gesetzgebungskompetenz entzogen. Die neue Gefahrenabwehrkompetenz des Bundes wurde aus dem den grundsätzlich den Ländern zugewiesenen kernstaatlichen Aufgabengebiet der inneren Sicherheit herausgetrennt und stellt demzufolge eine weitere Ausnahme von der Polizeihoheit der Länder dar. Man könnte annehmen, dass dadurch ein massiver Eingriff in die Polizeihoheit der Länder und damit in deren Eigenstaatlichkeit vorgenommen wird. Berücksichtigt man jedoch, dass dem Bund auch in anderen sicherheitsrechtlichen Bereichen partielle Kompetenzen zugestanden werden und dass es sich bei der Norm des Art. 73 Abs. 1 Nr. 9a GG um eine tatbestandlich eng umrissene[720] Kompetenzvorschrift handelt, wiegt die Übertragung der Terrorabwehrkompetenz auf den Bund nicht sonderlich schwer. Das muss insbesondere vor dem Hintergrund des Gewinns der neuen beamten- und strafvollzugsrechtlichen Gesetzgebungskompetenzen gelten, die den erlittenen Verlust nicht nur kompensieren, sondern im Ergebnis sogar für ein Anwachsen der kernstaatlichen Aufgabengebiete auf der Ebene der Länder sorgen.

Richtet man den Blick auf das gesamte Reformgesetz, so ist fernerhin festzustellen, dass die untersuchte Stärkung der Gesetzgebungskompetenzen der Länder in der Einführung des neuen Länderabweichungsrechts im Sinne des Art. 72 Abs. 3 GG Ergänzung findet. Allerdings werden die beschriebenen Reformerfolge, wenn auch nicht vollumfänglich, durch die sich auf den Bereich der Gesetzgebung der Länder nachteilig auswirkende Reduzierung des Anwendungsbereichs der Erforderlichkeitsklausel des Art. 72 Abs. 2 GG a.F. neutralisiert.[721] Die durch das Föderalismusreformgesetz I veranlassten Kompetenzverschiebungen auf dem Gebiet der Legislative führen im Ergebnis aber trotzdem zu einem Ausbau der Länderzuständigkeiten, der in diesem Umfang sogar eine Aufwertung der Länderstaatlichkeit zur Folge hat. Da also eine Berührung der bundesstaatlichen Gewährleistungen des Art. 79 Abs. 3 Var. 1 GG nicht gegeben ist, lagen die verfassungsrechtlichen Änderungsbestimmungen auf dem Gebiet der Legislative im freien Ermessen des verfassungsändernden Gesetzgebers.

Ebenfalls im Rahmen der Prüfung der materiellen Verfassungsmäßigkeit zu berücksichtigen sind die die bundesstaatliche Gewährleistung des Art. 79 Abs. 3 Var. 2 GG betreffenden Regelungen des ersten Föderalismusreformgesetzes. Die ihnen zugrunde liegenden Veränderungen sind mit den inhaltlichen Vorgaben des Art. 79 Abs. 3 Var. 2 GG vereinbar, wenn den Ländern

720 Vgl. dazu die Auslegung des Art. 73 Abs. 1 Nr. 9a GG unter Punkt A.II. dieses Kapitels.

721 Siehe zum Ganzen die ausführliche Betrachtung sowie Bewertung der Neuordnung des Systems der Gesetzgebungskompetenzen durch das Föderalismusreformgesetz I im Rahmen des Kapitels 3, Punkte I. und V.

im Rahmen der Gesetzgebung des Bundes auch nach der neuen Verfassungsrechtslage noch ein bestimmtes Mindestmaß an Beteiligungsrechten verbleibt.

In den letzten Jahrzehnten wurden den Ländern – als Ersatz für die dem Bund übertragenen Gesetzgebungszuständigkeiten – immer wieder Mitwirkungsrechte in der Gesetzgebung des Bundes eingeräumt. Dadurch hat sich die Zahl der verfassungsrechtlich vorgeschriebenen Fälle der Zustimmungsbedürftigkeit von Bundesgesetzen drastisch erhöht. Die überwiegende Anzahl der an den Beteiligungsrechten anknüpfenden Verfassungsänderungsbestimmungen des Föderalismusreformgesetzes I hat daher eine Streichung oder Beschränkung der bestehenden Zustimmungsrechte zum Gegenstand. Gleichzeitig werden aber auch neue Zustimmungsbedürftigkeiten eingeführt. Zu ihnen zählen insbesondere das beamtenrechtliche Zustimmungserfordernis des Art. 74 Abs. 2 sowie das sicherheitsrechtliche Zustimmungserfordernis des Art. 73 Abs. 2 GG. Es wurde im Rahmen des dritten Kapitels dargelegt, dass auf diesem Wege bereits das Reformgesetz selbst die Reduktion der Zustimmungsrechte relativiert.[722] Berücksichtigt man zugleich das schleichende Wachstum der Mitwirkungsrechte des Bundesrates, das sich im Vorfeld der Föderalismusreform I ereignete, so verfügen die Länder auch nach der neuen Verfassungsrechtslage noch über einen substanziellen Bestand an gliedstaatlichen Beteiligungsrechten auf dem Gebiet der Gesetzgebung des Bundes. Eine Berührung der bundesstaatlichen Garantie des Art. 79 Abs. 3 Var. 2 GG scheidet mithin aus. Auch im vorliegenden Zusammenhang übte der verfassungsändernde Gesetzgeber sein Gestaltungsermessen fehlerfrei aus.

Abschließend bleibt zu erörtern, ob sich die an der bundesstaatlichen Ordnung des Grundgesetzes ansetzenden Änderungsbestimmungen des Föderalismusreformgesetzes I zugleich im Rahmen der Schrankenbestimmung des Art. 79 Abs. 3 Var. 3 GG bewegen. Das ist im Hinblick auf die in Art. 20 Abs. 1 GG verankerte Verflechtung der bundesstaatlichen Ordnung mit den Grundsätzen der Demokratie dann der Fall, wenn die Länder auch nach der neuen Verfassungsrechtslage noch als demokratisch legitimierte Entscheidungszentren zu qualifizieren sind. Den Landesparlamenten darf nicht die Verantwortung abgesprochen werden, über grundlegende Sachfragen selbstständig zu befinden.[723]

Der bereits geprüfte Ausbau der Gesetzgebungskompetenzen der Länder zeigt, dass den Landesparlamenten durch das Föderalismusreformgesetz I viele neue Sachfragen zur selbstständigen Entscheidung anvertraut worden sind. Es ist sowohl eine quantitative als auch eine qualitative Mehrung der gliedstaatlichen Gesetzgebungskompetenzen vorgenommen worden. Dieser

722 Vgl. zum Ganzen die detaillierte Untersuchung sowie Bewertung der Neugestaltung des Systems der Mitwirkungsrechte durch das Föderalismusreformgesetz I im Rahmen des Kapitels 3, Punkte II. und V.

723 *Hesse*, AöR 98 (1973), S. 1, 20.

Vorgang bewirkt nicht nur die bereits festgestellte Aufwertung der Staatlichkeit der Länder, unter dem Blickwinkel des Art. 20 Abs. 1 GG wird damit vielmehr zugleich der den Landesparlamenten zustehende Umfang politischer Gestaltungsmöglichkeiten erweitert. Daraus resultiert eine unmittelbare Steigerung der demokratisch legitimierten Entscheidungsgewalt der Landesparlamente. Eine Berührung der durch Art. 79 Abs. 3 Var. 3 GG geschützten Inhalte erfolgte also nicht, sodass der verfassungsändernde Gesetzgeber auch im vorliegenden Kontext seine grundsätzliche Gestaltungsfreiheit ermessensfehlerfrei ausübte.

2. Rechtsstaatsprinzip

Die verfassungsrechtlichen Änderungsbestimmungen des Föderalismusreformgesetzes I müssen nicht nur im Einklang mit den Grundsätzen des Bundesstaatsprinzips stehen, sondern auch mit den von Art. 79 Abs. 3 Var. 3 GG in Bezug genommenen Grundsätzen des Rechtsstaatsprinzips vereinbar sein. Hinsichtlich der vorliegend zu untersuchenden Neugestaltung der grundgesetzlichen Kompetenzordnung ist daher zu erörtern, ob die konkreten Maßnahmen des verfassungsändernden Gesetzgebers den zum Rechtsstaatsprinzip zählenden und in Art. 20 Abs. 2 Satz 2 GG normierten Grundsatz der Gewaltenteilung berühren.[724]

Art. 20 Abs. 2 Satz 2 GG schreibt vor, dass die Staatsgewalt durch besondere Organe der Gesetzgebung, der vollziehenden Gewalt und der Rechtsprechung ausgeübt wird. Durch dieses auf die Lehre von *Montesquieu* zurückzuführende Organisationsprinzip wird also eine Aufteilung der Staatsgewalt zwischen den angeführten Funktionsbereichen vorgenommen.[725] Den unterschiedlichen Gewalten wird dabei jeweils ein wesenseigener, unentzieh-

---

724 Im Zusammenhang mit der rechtsstaatlichen Schrankenbestimmung des Art. 79 Abs. 3 GG ist umstritten, ob neben den ausdrücklich von Art. 20 Abs. 2 Satz 2 GG und Art. 20 Abs. 3 GG in Bezug genommenen Teilgewährleistungen des Rechtsstaatsprinzips auch weitere rechtsstaatliche Grundsätze wie beispielsweise das Rückwirkungsverbot, das Verhältnismäßigkeitsprinzip oder das Prinzip möglichst umfassenden Rechtsschutzes der Verweisung des Art. 79 Abs. 3 Var. 3 GG unterfallen und damit für unabänderlich erklärt werden; vgl. dazu insbesondere die vertiefenden Ausführungen des Bundesverfassungsgerichts im Rahmen seiner Abhör-Entscheidung in BVerfGE 30, 1, 24 f. sowie die Anmerkungen des Sondervotums in BVerfGE 30, 1, 40 f.; aus der Literatur vgl. etwa die Stellungnahme von *Dreier*, in: Ders., GG II, Art. 79 Abs. 3 Rn. 53 m.w.N. Genauere Ausführungen zu diesem Streitstand sind im vorliegenden Zusammenhang entbehrlich, verwiesen sei insoweit auf die sogleich unter Punkt C.I.3. dieses Kapitels aufgeführte Begründung.

725 *Dreier*, in: ders., GG II, Art. 79 Abs. 3 Rn. 50; *Sachs*, in: ders., GG, Art. 20 Rn. 79 und 81.

barer Kernbereich zugewiesen.[726] Während eben jener Kernbereich vor den Zugriffen der anderen Gewalten absoluten Schutz genießt, sind in den Randbereichen der einzelnen Gewalten in begrenztem Maße Gewichtsverschiebungen zulässig.[727]

Ein Verstoß gegen den Grundsatz der Gewaltenteilung kommt unter Berücksichtigung der vorstehenden Kriterien nur dann in Betracht, wenn die kompetenzrechtlichen Änderungsbestimmungen in den geschützten Kernbereich einer Gewalt eingreifen. Nach seiner Gesetzesbegründung soll das Föderalismusreformgesetz I vorrangig hinderliche Aufgabenverflechtungen zwischen Bund und Ländern beseitigen sowie klar abgrenzbare Verantwortlichkeiten schaffen.[728] Deshalb werden vor allem im Bereich der Gesetzgebung die Zuständigkeiten zwischen Bund und Ländern neu verteilt. Da aber in den anderen Aufgabenbereichen – namentlich auf den Gebieten der Exekutive und der Judikative – nur marginale verfassungsrechtliche Veränderungen vorgenommen werden, erinnert sei etwa an die Einführung der neuen Exekutivkompetenz des Bundes im Sinne des Art. 73 Abs. 1 Nr. 9a GG, bewegen sich die Gewichtsverschiebungen überwiegend im Rahmen der gesetzgebenden Gewalt. Sie berühren folglich den Kernbereich der anderen Gewalten gar nicht erst. Der verfassungsändernde Gesetzgeber machte mithin auch unter dem Blickwinkel der Gewaltenteilung von seinem Gestaltungsermessen ordnungsgemäß Gebrauch.

3. Sonstige geschützte Verfassungsprinzipien

Neben den geprüften Grundätzen der Bundesstaatlichkeit und der Gewaltenteilung werden durch die in Art. 79 Abs. 3 GG enthaltene Verweisung auf die Vorschrift des Art. 20 GG auch noch weitere Verfassungsprinzipien der Ewigkeitsklausel unterworfen. Zu denken ist etwa an das Demokratie- oder das Sozialstaatsprinzip. Diese materiellen Verfassungsprinzipien sind durch die überwiegend organisatorisch geprägten Änderungsbestimmungen des Föderalismusreformgesetzes I, welche sich insbesondere auf die Verschiebung einzelner Gesetzgebungskompetenzen und die Veränderung des Kataloges grundgesetzlich verankerter Zustimmungsbedürftigkeiten konzentrieren, nicht betroffen. Das gilt insbesondere auch im Hinblick auf den in Art. 20 Abs. 2 Satz 1 geschützten und zum Demokratieprinzip zählenden Grundsatz der Volkssouveränität, der es dem verfassungsändernden Gesetzgeber verwehrt,

---

726 *Kirchner/Haas*, JZ 1993, 760, 767.

727 BVerfGE 9, 268, 279 f.; 22, 106, 111; 34, 52, 59; *Maunz/Dürig*, in: dies., GG V (50. Liefg.), Art. 79 Rn. 48.

728 BT-Drs. 16/813, S. 7.

dem Volk die Staatsgewalt zu entziehen[729]. Das auf die Modernisierung der bundesstaatlichen Ordnung abzielende Föderalismusreformgesetz I nimmt zwar eine Verschiebung von Gesetzgebungszuständigkeiten zwischen Bund und Ländern vor, sodass es zu einem Austausch des durch das jeweilige Parlament vertretenen Volkes kommt. Berührt wird der Grundsatz der Volkssouveränität dadurch aber schon deshalb nicht, weil Legitimationsunterschiede zwischen dem das ganze Bundesvolk repräsentierenden Bundestag und den die Landesvölker repräsentierenden Landtagen nicht bestehen. Auch verfügen alle Bundesländer über dieselben, durch das Grundgesetz zugewiesenen Gesetzgebungskompetenzen.

4. Regelungsauftrag des Art. 33 Abs. 5 GG

Nach der Erörterung der Frage, ob die Neuordnung des Systems der Kompetenzverteilung mit den Vorgaben des Art. 79 Abs. 3 GG vereinbar ist, soll abschließend die Aufmerksamkeit auf den Regelungsauftrag des Art. 33 Abs. 5 GG gelenkt werden. Die Auslegung des neu gefassten Art. 33 Abs. 5 GG ergab, dass der eingefügte Zusatz „und fortzuentwickeln" keinerlei materiell-rechtliche Folgen nach sich zieht, der Verfassungsänderung also ein ausschließlich deklaratorischer Charakter zukommt. Dies hat zur Konsequenz, dass sich die im Schrifttum gelegentlich formulierte Frage, inwieweit bestimmte Kernaussagen des Art. 33 Abs. 5 GG möglicherweise ebenfalls an der Revisionsschutzklausel des Art. 79 Abs. 3 GG partizipieren[730], gar nicht erst stellt. Die Norm des Art. 33 Abs. 5 GG blieb nämlich bis zur Föderalismusreform I in ihrer Ursprungsfassung bestehen. Weist sie auch nach der derzeitigen Verfassungsrechtslage noch den originären materiellen Gehalt auf, so müsste sie sich selbst dann nicht an den Kriterien messen lassen, die das Grundgesetz in Art. 79 GG für die Wirksamkeit von Verfassungsänderungen aufstellt, wenn die aufgeworfene Frage bejaht würde. Das folgt insbesondere aus der Wertung des Art. 79 Abs. 3 GG, die erkennen lässt, dass die Revisionsschutzklausel allein den verfassungsändernden Gesetzgeber, nicht aber auch den Verfassungsgeber[731] bindet.

---

729 *Sachs*, in: ders., GG (3. Aufl.), Art. 79 Rn. 67; ähnlich auch *Battis/Kersten*, Standortmarketing im Bundesstaat, S. 64 f.

730 Vgl. zu diesem Streitstand etwa die Ausführungen bei *Evers*, in: BK, GG X, Art. 79 Abs. 3 Rn. 191 sowie *Jachmann*, in: v. Mangoldt/Klein/Starck, GG II, Art. 33 Rn. 41 und Rn. 29, beide m.w.N. zu beiden Ansichten.

731 *Badura*, in: HbdStR VII, § 160 Rn. 29; *Dreier*, in: ders., GG II, Art. 79 Abs. 3 Rn. 14, m.w.N.

II. Grundsatz der Bundestreue

Die vorstehende, von der bisherigen Kompetenzwahrnehmung losgelöste und damit abstrakte Prüfung der materiellen Verfassungsmäßigkeit zeigt, dass die in den Bereichen des Beamtenrechts, der terroristischen Gefahrenabwehr und des Strafvollzugs erfolgte Kompetenzneuordnung mit den Vorgaben des Art. 79 Abs. 3 GG vorbehaltlos im Einklang steht. Eines Rückgriffs auf die kompetenzbeschränkende Funktion des verfassungsrechtlichen Grundsatzes der Bundestreue – so wie ihn das Bundesverfassungsgericht im Rahmen seiner Entscheidung zur Verfassungsmäßigkeit des Art. 74a GG a.F. für erforderlich hielt[732] – bedarf es daher nicht.

Unterstützung erfährt dieses Ergebnis durch die ersten Einschätzungen des staatsrechtlichen Schrifttums zum Föderalismusreformgesetz I. Dort zeichnen sich nämlich Zweifel darüber ab, ob und gegebenenfalls inwieweit der Grundsatz der Bundestreue zur Beschränkung der neuen Kompetenzen der Länder herangezogen werden darf.[733] Soweit seine Anwendbarkeit Befürwortung findet, wird darauf hingewiesen, dass für eine abschließende Beurteilung die künftigen politischen Entwicklungen abzuwarten seien.[734] Das ist auch zutreffend, weil sich die infolge des akzessorischen Charakters der Bundestreue notwendigen konkreten Rechtsverhältnisse zwischen Bund und Ländern sowie letzterer untereinander in den vorliegend untersuchten Kompetenzbereichen derzeit noch nicht vollumfänglich abschätzen lassen. Dies gilt um so mehr, wenn man bedenkt, dass das Bundesverfassungsgericht im Rahmen seiner Rechtsprechung wiederholt hervorgehoben hat, dass die der Begründung einer Pflicht zu bundesfreundlichem Verhalten zugrunde liegende Rechtsbeziehung nicht zwingend verfassungsrechtlicher Natur sein muss, sondern auch einen verwaltungs- oder privatrechtlichen Charakter aufweisen könne.[735]

D. Ergebnis

Soweit das Bundesverfassungsgericht bisher über die Verfassungsmäßigkeit verfassungsändernder Gesetze zu entscheiden hatte, haben sie der Prüfung des Gerichtes standgehalten.[736] Sollte das Bundesverfassungsgericht die vorstehend beleuchteten Kompetenznormen eines Tages überprüfen müssen, so

732 BVerfGE 34, 9, 19 ff.

733 *Degenhart*, in: Sachs, GG, Art. 74 Rn. 120; *ders.*, NVwZ 2006, 1209, 1214.

734 *Lecheler*, ZBR 2007, 18, 23.

735 Ständige Rechtsprechung des Bundesverfassungsgerichts, vgl. nur BVerfGE 13, 54, 75; 42, 103, 117 f.; 103, 172, 88; 104, 238, 247 f.

736 *Badura*, Staatsrecht, F Rn. 66.

ließe sich dieser Befund erweitern. Die Auslegung und die Verfassungsmäßigkeitsprüfung der neuen Zuständigkeiten in den Bereichen des Beamtenrechts, der terroristischen Gefahrenabwehr und des Strafvollzugs zeigen, dass die benannten Vorschriften wirksamer Bestandteil des Grundgesetzes sind.

Fünftes Kapitel. Drei Jahre nach der Reform – Eine erste Bilanz zu den Auswirkungen des Föderalismusreformgesetzes I

Die vorliegende Arbeit soll ihre Fortsetzung in einer ersten Bilanz zu den Auswirkungen des Föderalismusreformgesetzes I finden. Im Rahmen dieser Untersuchung wird zunächst erörtert, in welchem Umfang sich die Gestalt der bundesstaatlichen Ordnung durch die erste Stufe der Föderalismusreform verändert hat. Sodann werden die die Regelungsbereiche des Beamtenrechts, der terroristischen Gefahrenabwehr und des Strafvollzugs betreffenden verfassungsrechtlichen Änderungen einer bilanzierenden Einschätzung unterzogen.

A. Auswirkungen auf die Gestalt der bundesstaatlichen Ordnung

Fraglich ist, wie sich das Föderalismusreformgesetz I auf die bisherige Gestalt des grundgesetzlichen Bundesstaates und Föderalismus auswirkt. Den Maßstab für die Beurteilung der aufgeworfenen Frage bilden die Ausarbeitungen des zweiten und dritten Kapitels, die sich umfassend mit der Rechtslage vor der Föderalismusreform I und den grundlegenden Inhalten des Reformgesetzes auseinandersetzen.

I. Bundesstaatskonzept des Grundgesetzes

Änderungen nimmt das Föderalismusreformgesetz I in erster Linie an den rechtlichen Strukturen der bundesstaatlichen Ordnung des Grundgesetzes vor. Sie sind insbesondere durch eine Neuordnung der Gesetzgebungskompetenzen geprägt. Auffällig ist, dass die Verschiebungen der einzelnen Gesetzgebungszuständigkeiten auch zugunsten der Länder vorgenommen worden sind, verwiesen sei insoweit nur auf die vorstehend untersuchten beamtenrechtlichen und strafvollzugsrechtlichen Gesetzgebungskompetenzen der Länder. Diese Kompetenzgewinne wirken sich aber nicht nur auf die Kompetenzverteilung, sondern auch auf den Staatscharakter der Länder aus, der sich durch den Ausbau der Eigenverantwortung der Landesparlamente gestärkt[737] sieht.

Die beschriebenen Balanceverschiebungen im Bereich der Legislative gehen mit einer Überarbeitung der Zustimmungsrechte des Bundesrates ein-

737 Siehe auch *Meyer*, Föderalismusreform 2006, S. 383.

her, die den rechtlichen Strukturen des Bundesstaates ebenfalls ein verändertes Bild verleiht. Gleiches gilt für die die Europafähigkeit der Bundesstaatsordnung bestärkenden Regelungen. Die Mehrzahl der den Bundesstaat ausgestaltenden Bestimmungen sieht sich jedoch lediglich marginalen Änderungen ausgesetzt. Sie waren – wie etwa die Regelungen über die Neugliederung des Bundesgebietes – entweder gar nicht erst Gegenstand der Diskussionen um die Föderalismusreform I oder sind – wie die zentralen Normen der Finanzverfassung – bewusst einer zweiten Reformstufe vorbehalten worden. Trotz des in formeller Hinsicht recht erheblichen Umfanges des Föderalismusreformgesetzes I ergeben sich neben den bereits erwähnten Änderungen kaum Neuerungen für die Bundesstaatsstruktur des Grundgesetzes. Wohl aber ist zu konstatieren, dass dem bundesstaatlichen Gepräge insgesamt ein Dezentralisierungsschub versetzt wurde, der im Rahmen der Auslegung des bundesstaatlichen Prinzips Berücksichtigung zu finden hat und den „[be]ständigen Wandel" des Bundesstaates in den nächsten Jahren beeinflussen wird. Das Föderalismusreformgesetz I setzt daher die mit dem 42. Grundgesetzänderungsgesetz begonnene Leitlinie zur Modernisierung der Bundesstaatsordnung fort.

II. Föderalismuskonzept des Grundgesetzes

Folgen hat das Föderalismusreformgesetz I auch für das dem Grundgesetz zugrunde liegende Föderalismuskonzept. Dieses war in den letzten Jahrzehnten überwiegend durch das Modell des kooperativen Föderalismus geprägt. Die vorgenommene Bewertung der grundlegenden Änderungsbestimmungen des Föderalismusreformgesetzes I verdeutlicht, dass durch das verfassungsändernde Gesetz die wettbewerblichen Elemente des Föderalismus wieder mehr in den Vordergrund gerückt werden. Erinnert sei im vorliegenden Zusammenhang vor allem an die Abweichungsrechte der Länder im Sinne der Artt. 72 Abs. 3, 84 Abs. 1 GG, an die vielen neuen Gesetzgebungskompetenzen der Länder oder etwa an die finanzverfassungsrechtliche Neuregelung des Art. 105 Abs. 2a Satz 2 GG. Diese Neuerungen führen zu einem vorsichtigen Ausbau wettbewerbsföderaler Strukturen, durch die der Föderalismus des Grundgesetzes in seiner Gestalt verändert wird. Das Ausmaß seiner Veränderung kann jedoch zunächst nur als erste behutsame Abkehr von dem in den letzten Jahrzehnten gelebten Modell des kooperativen Föderalismus begriffen werden. Die neuen wettbewerbsfördernden Elemente treten nämlich lediglich neben die beibehaltenen Elemente des kooperativen Föderalismus.[738] Sichtbar

738 *Kluth*, in: ders., FödRefG, Einführung Rn. 75; *Seckelmann*, DÖV 2009, 747, 757; ähnlich *Michael*, JZ 2006, 884, 887 und 890, der die neuen Abweichungsrechte der Länder allerdings als Bestandteile des experimentellen Bundesstaates qualifiziert, der nach

wird dies zum Beispiel daran, dass auch nach der ersten Stufe der Föderalismusreform an dem Rechtsinstitut der Gemeinschaftsaufgaben festgehalten wird. In die gleiche Richtung deutet etwa die im Rahmen der Analyse der neuen terroristischen Gefahrenabwehrkompetenz des Bundes in Bezug genommene von Elementen des kooperativen Föderalismus gekennzeichnete[739] Gesetzgebungskompetenz des Bundes im Sinne des Art. 73 Abs. 1 Nr. 10 GG. Sie ist im Zuge der Föderalismusreform I keinerlei Änderungen unterzogen worden und vereint folglich nach wie vor kooperative Momente in sich.

Im Ergebnis ist damit zu konstatieren, dass der das Föderalismuskonzept des Grundgesetzes bislang prägende kooperative Föderalismus nicht durch den kompetitiven Föderalismus abgelöst wird. Vielmehr formen fortan beide Strömungen die Gestalt des grundgesetzlichen Föderalismus. Wie die Erörterungen des zweiten Kapitels zeigen, liegt die Ursache für das Nebeneinander von kooperativen und kompetitiven Föderalismuselementen unter anderem darin, dass jeder bundesstaatlichen Ordnung kooperative Züge immanent sind. Dem Föderalismusreformgesetz I war damit von vornherein die Etablierung eines totalen Wettbewerbsföderalismus verwehrt.

B. Auswirkungen auf die Kompetenzfelder des Beamtenrechts, der terroristischen Gefahrenabwehr und des Strafvollzugs

Die Untersuchung der Auswirkungen des Föderalismusreformgesetzes I auf das Beamtenrecht, die terroristische Gefahrenabwehr und den Strafvollzug ist zunächst auf eine Auseinandersetzung mit den ersten Begutachtungen des Schrifttums und auf eine Bewertung der Eingliederung der verfassungsrechtlichen Neuregelungen im System der bundesstaatlichen Ordnung gerichtet. Im Anschluss daran werden die ersten Kompetenzausübungen in Bund und Ländern skizziert, die Aufschluss darüber geben, ob und inwieweit die neuen Handlungsspielräume in der Staatspraxis bereits Anwendung finden.

---

seiner Auffassung seit der Föderalismusreform I neben dem bisherigen Modell des unitarischen Bundesstaates besteht.

739 *Heintzen*, in: v. Mangoldt/Klein/Starck, GG II, Art. 73 Rn. 90.

I. Kompetenzfeld des Beamtenrechts

1. Diskussion der verfassungsrechtlichen Neuregelungen

Die Neuordnung der beamtenrechtlichen Gesetzgebungskompetenzen und die Überarbeitung der materiellen Vorschrift des Art. 33 Abs. 5 GG stehen mit der Verfassung im Einklang. Dennoch wurden bereits während des Gesetzgebungsverfahrens zum Föderalismusreformgesetz I Einwände gegen die neuen beamtenrechtlichen Verfassungsbestimmungen erhoben, die zwischenzeitlich insbesondere im juristischen Schrifttum Zuspruch und Bekräftigung gefunden haben. Vorliegend stellt sich daher die Frage, ob und inwieweit die vorgebrachte Kritik tatsächlich gerechtfertigt ist. Aufgrund der Vielschichtigkeit der vorgetragenen Äußerungen konzentriert sich die nachstehende Untersuchung primär auf die für die Rechtswissenschaft relevanten Kritikpunkte.

a. Gesetzgebungskompetenzen

(1) Würdigung der Rechtsliteratur

Im Mittelpunkt der an der neuen Kompetenzlage im Bereich des Beamtenrechts geübten Kritik steht die Reföderalisierung der Regelungsbereiche des Laufbahn-, Besoldungs- und Versorgungswesens. Sie wird von den im Rahmen des Gesetzgebungsverfahrens angehörten Sachverständigen und den Vertretern des beamtenrechtlichen Schrifttums gleichermaßen beanstandet. So wird immer wieder die Befürchtung geäußert, dass sie zu einer Zersplitterung[740] des einheitlichen Beamtenrechts führen werde. Dies wirke sich zunächst deshalb negativ aus, weil die neue Kompetenzlage infolge der künftig fehlenden Möglichkeit, den Zugang zu den Laufbahnen bundesweit einheitlich zu regeln, die Mobilität der Beamten beschränken könnte.[741] Daher sei ein dem Auseinanderdividieren der Laufbahnsysteme in Bund und Ländern entgegenwirkendes koordinierendes Zusammenarbeiten der Länder zwingend erforderlich.[742] Folge der bevorstehenden rechtlichen Auseinanderentwicklung werde aber auch die Etablierung eines Besoldungs- und Versorgungsge-

740 *Kempen*, http://webarchiv.bundestag.de/archive/2008/0506/ausschuesse/a06/foederalismusreform/Anhoerung/02_Inneres/Stellungnahmen/Prof__Dr__Bernhard_Kempen.pdf, S. 1, zuletzt aufgerufen am 22.11.2009; *Küchenhoff*, NJ 2007, 106, 107; *Lecheler*, ZBR 2007, 18, 21; *Leppek*, ZBR 2009, 325; *Stein*, DVBl. 2006, 420, 421; *Summer*, ZBR 2006, 187, 188; hinsichtlich der Besoldung vgl. *Biermann/Kammradt*, PersR 2006, 444, 445.

741 *Schnellenbach*, http://webarchiv.bundestag.de/archive/2008/0506/ausschuesse/a06/foederalismusreform/Anhoerung/02_Inneres/Stellungnahmen/Prof__Dr__Helmut_Schnellenbach.pdf, S. 2, zuletzt aufgerufen am 22.11.2009; *Summer*, PersV 2007, 223, 229.

742 *Knopp/Schröder*, NJ 2007, 97, 101.

fälles in Bund und Ländern sein.[743] Es drohe nämlich die Gefahr, dass die Länder die Besoldung und Versorgung ihrer Beamtenschaft fortan nach Maßgabe ihrer jeweiligen Wirtschaftskraft und Haushaltslage gestalten könnten.[744] Insbesondere wird der in der Begründung des Föderalismusreformgesetzentwurfs enthaltene Vortrag, die Personalausgaben würden die Haushalte der Länder regelmäßig mit mehr als 40 Prozent[745] belasten, im Schrifttum als Hinweis darauf gewertet, dass die finanziell weniger stark ausgestatteten Länder ihre neu erworbenen Gestaltungsspielräume überwiegend als Rechtfertigungsgrund für die Einleitung von Sparmaßnahmen im Bereich der Beamtenbesoldung und -versorgung heranziehen dürften.[746] Dies degradiere die Beamten zu „Bauernopfer[n] des Wettbewerbsföderalismus“, die sich in einem “Wettlauf nach unten“ wieder fänden.[747] Während der Sachverständige *Kutscha*[748] aus diesem Grunde die Berücksichtigung des hergebrachten Grundsatzes der Besoldungsgleichheit von gleichen und vergleichbaren Dienstposten anmahnt, sehen sich *Battis* und *Schnellenbach* dazu veranlasst, darauf hinzuweisen, dass die Verankerung wettbewerbsföderaler Elemente im Bereich der Beamtenbesoldung und -versorgung faire Wettbewerbsbedingungen[749] voraussetze. Diese seien gegenwärtig zwar nicht vorhanden, könnten allerdings durch eine entsprechende Reformierung der Finanzverfassung, die die finanziellen Grundlagen für einen gerechten Übergang zu einem wettbe-

743 *Bochmann*, ZBR 2007, 1, 15; *Knopp*, NVwZ 2006, 1216, 1220; *ders.*, DÖD 2006, 237, 242.

744 *Kempen*, http://webarchiv.bundestag.de/archive/2008/0506/ausschuesse/a06/foederalismusreform/Anhoerung/02_Inneres/Stellungnahmen/Prof__Dr__Bernhard_Kempen.pdf, S. 3, zuletzt aufgerufen am 22.11.2009.

745 BT-Drs. 16/813, S. 8.

746 *Biermann/Kammradt*, PersR 2006, 444, 445; *Knopp*, DÖD 2006, 237, 242.

747 *Kutscha*, http://webarchiv.bundestag.de/archive/2008/0506/ausschuesse/a06/foederalismusreform/Anhoerung/02_Inneres/Stellungnahmen/Prof__Dr__Martin_Kutscha.pdf, S. 1, zuletzt aufgerufen am 22.11.2009.

748 *Ders.*, http://webarchiv.bundestag.de/archive/2008/0506/ausschuesse/a06/foederalismusreform/Anhoerung/02_Inneres/Stellungnahmen/Prof__Dr__Martin_Kutscha.pdf, S. 1, zuletzt aufgerufen am 22.11.2009 unter Inbezugnahme von BVerfGE 12, 326, 334.

749 *Battis*, http://webarchiv.bundestag.de/archive/2008/0506/ausschuesse/a06/foederalismusreform/Anhoerung/02_Inneres/Stellungnahmen/Prof__Dr__Dr__h_c__Ulrich_Battis.pdf, S. 3, zuletzt aufgerufen am 22.11.2009; *Schnellenbach*, http://webarchiv.bundestag.de/archive/2008/0506/ausschuesse/a06/foederalismusreform/Anhoerung/02_Inneres/Stellungnahmen/Prof__Dr__Helmut_Schnellenbach.pdf, S. 3, zuletzt aufgerufen am 22.11.2009; dies im Schrifttum ebenfalls einfordernd *Bochmann*, ZBR 2007, 1, 15 f.; ebenso *Voßkuhle*, in: GVwR III, § 43 Rn. 78.

werbsföderalen System legen müsste, herbeigeführt werden.[750] Werde dies versäumt, würden sich die schon bisher bestehenden Ungleichheiten zwischen den Ländern weiter verfestigen.[751] Weitaus pessimistischer fällt jedoch das Urteil von *Knopp*[752] aus, der die Auffassung vertritt, dass selbst das Bundesverfassungsgericht einem solchen Wettlauf nur wenig entgegenzusetzen hätte. *Summer*[753] vertritt hingegen die Meinung, dass das Gericht auf der Grundlage des Alimentationsgrundsatzes der Absenkung der Besoldungs- und Versorgungsleistungen in Bund und Ländern durchaus Grenzen setzen werde.

Eng im Zusammenhang mit den befürchteten Ungleichheiten im Besoldungs- und Versorgungsrecht steht die Vermutung eines nicht unerheblichen Teils des Schrifttums, dass ein funktionierender und fairer Wettbewerb im Bereich des Beamtenrechts zwischen Bund und Ländern sowie letzteren untereinander gar nicht erst zu erwarten sei.[754] Die Begründungen für das Ausbleiben eines solchen Wettbewerbs beruhen dabei auf unterschiedlichen Argumenten. So wird zunächst etwa von *Stein*[755] ausgeführt, dass es schon an den strukturellen Voraussetzungen für einen gleichwertigen Wettbewerb auf dem Gebiet des Beamtenrechts fehle. Ursächlich dafür sei vor allem der Umstand, dass die Frage der Länderneugliederung bislang kaum erörtert worden sei. Zudem wird von *Summer*[756] angeführt, dass der angestrebte Wettbewerb ausbleiben werde, weil der Anreiz für einen Dienstherrenwechsel, der ausschließlich auf der Grundlage einer höheren Besoldung beruhe, vermutlich einen erheblichen Umfang aufweisen müsste. Seien aber die Länder schon bisher damit beschäftigt gewesen, einen verfassungsgemäßen Haushalt auszuarbeiten, so würden ihnen auch zukünftig kaum ausreichend finanzielle Mittel für eine großzügigere Besoldungs- und Versorgungspolitik zur Verfügung stehen.[757]

---

750 *Poscher*, http://webarchiv.bundestag.de/archive/2008/0506/ausschuesse/a06/foederalismusreform/Anhoerung/02_Inneres/Stellungnahmen/Prof__Dr__Ralf_Poscher.pdf, S. 2, zuletzt aufgerufen am 22.11.2009.

751 *Battis*, http://webarchiv.bundestag.de/archive/2008/0506/ausschuesse/a06/foederalismusreform/Anhoerung/ 02_Inneres/Stellungnahmen/Prof__Dr__Dr__h_c__Ulrich_Battis.pdf, S. 3, zuletzt aufgerufen am 22.11.2009; ähnlich *Schnellenbach*, http://webarchiv.bundestag.de/archive/2008/0506/ausschuesse/a06/foederalismusreform/Anhoerung/02_Inneres/Stellungnahmen/Prof__Dr__Helmut_Schnellenbach.pdf, S. 3, zuletzt aufgerufen am 22.11.2009.

752 *Knopp*, NVwZ 2006, 1216, 1219 f.; *Knopp/Schröder*, NJ 2007, 97, 99.

753 *Summer*, ZBR 2006, 187, 188.

754 *Knopp/Schröder*, NJ 2007, 97, 100; *Küchenhoff*, NJ 2007, 106, 107; *Summer*, ZBR 2006, 187, 188; ebenfalls zweifelnd *Bochmann*, ZBR 2007, 1, 15.

755 *Stein*, DVBl. 2006, 420, 421.

756 *Summer*, ZBR 2006, 187, 188.

757 *Knopp/Schröder*, NJ 2007, 97, 100.

Bedenken gegen die Reföderalisierung des Beamtenrechts werden in der Rechtsliteratur schließlich auch unter Inbezugnahme der Vorschrift des Art. 74a GG a.F. angemeldet. So sei nur wenig nachvollziehbar, warum die Motivation für die Einführung der konkurrierenden Kompetenzvorschrift des Art. 74a GG a.F. – nämlich den unerwünschten Besoldungswettlauf zwischen Bund und Ländern zu unterbinden – im Jahre 2006 keinerlei Gültigkeit mehr entfalte.[758] Zwar sei die begonnene Reformierung der bundesstaatlichen Ordnung grundsätzlich zu begrüßen, soweit sich die dabei im Vordergrund stehenden Reföderalisierungstendenzen jedoch auf die Materie des Beamtenrechts erstreckten, sei allerdings an der Geeignetheit und Zweckdienlichkeit der Reformmaßnahmen zu zweifeln.[759] Insbesondere das im Wege der Föderalismusreform dezentralisierte Laufbahnrecht und das mit diesem verbundene Besoldungsrecht bedürften bundesweit einheitlicher Standards.[760] Die neue Kompetenzlage erteile letztlich aber nicht nur dem Grundsatz der Einheitlichkeit der Lebensverhältnisse eine Absage, vielmehr werde sie infolge der neu eingeführten, dabei jedoch überaus missverständlich formulierten Gesetzgebungskompetenz des Art. 74 Abs. 1 Nr. 27 GG in Zukunft auch erhebliche juristische Streitigkeiten auslösen.[761]

(2) Stellungnahme

Die vorstehenden Ausführungen explizieren die vielfältige und nuancenreiche Kritik an der Neuordnung der beamtenrechtlichen Gesetzgebungskompetenzen. Sie kann jedoch nicht ohne Weiteres hingenommen werden. Vielmehr lassen sich den vorgetragenen Kritikpunkten die Argumente weiterer Literaturstimmen sowie einige der im Rahmen dieser Arbeit gefundenen Ergebnisse entgegenhalten.

So ist zunächst hinsichtlich der möglicherweise eintretenden Zersplitterung des Beamtenrechts zu konstatieren, dass die bundesstaatliche Ordnung des Grundgesetzes ihre Prägung gerade durch die mit eigener Staatlichkeit ausgestatteten Länder erlangt. Die Staatlichkeit der Länder sah sich jedoch in der Vergangenheit immer wieder dem im Verfassungsleben vorherrschenden Streben nach Einheitlichkeit ausgesetzt. Die dadurch erlittenen Substanzver-

---

758 *Degenhart*, NVwZ 2006, 1209, 1214; *Lecheler*, ZBR 2007, 18, 23; *Pechstein*, ZBR 2006, 285; *Schnapp*, http://webarchiv.bundestag.de/archive/2008/0506/ausschuesse/a06/foederalismusreform/Anhoerung/02_Inneres/Stellungnahmen/Prof__Dr__Friedrich_E__Schnapp.pdf, S. 3, zuletzt aufgerufen am 22.11.2009; *Summer*, ZBR 2006, 69, 85.

759 *Bochmann*, ZBR 2007, 1, 14; *Kempen*, http://webarchiv.bundestag.de/archive/2008/0506/ausschuesse/a06/foederalismusreform/Anhoerung/02_Inneres/Stellungnahmen/Prof__Dr__Bernhard_Kempen.pdf, S. 2, zuletzt aufgerufen am 22.11.2009; *Lecheler*, ZBR 2007, 18.

760 *Summer*, ZBR 2006, 69, 85.

761 *Bochmann*, ZBR 2007, 1, 14.

luste der Länderstaatlichkeit werden nunmehr durch die beamtenrechtlichen Kompetenzverschiebungen, die eine Stärkung der Personal- und Organisationshoheit der Länder und zugleich einen Ausbau der Eigenstaatlichkeit der Länder herbeiführen, partiell wieder ausgeglichen.[762] Damit einhergehende Ungleichheiten im Besoldungs-, Versorgungs- und Laufbahnrecht können vor diesem Hintergrund schon deshalb nicht negativ bewertet werden, weil derartige Divergenzen gerade die Wesensart eines Bundesstaates auszeichnen.[763] Unterschiede in der Gesetzgebung sind – anders als in einem Einheitsstaat – immanenter Bestandteil eines auf einer bundesstaatlichen Ordnung beruhenden Verfassungsstaates.

Die bezüglich der Mobilität der Beamtenschaft geäußerten Bedenken lassen sich dadurch entschärfen, dass – wie die Kritiker *Knopp / Schröder* selbst feststellen – weder der Bund noch die Länder ein vernünftiges Interesse an der Etablierung eines die Ab- und Zuwanderung von Beamten behindernden Laufbahngefüges[764] haben werden. Insbesondere der finanzstarke Bund und die reicheren Länder wären im Falle bundesweit undurchlässiger Laufbahnstrukturen dadurch geschädigt, dass ihnen ein Abwerben hochqualifizierter Beamter nur noch in beschränktem Maße möglich wäre. Für die finanzschwächeren Länder wären dagegen abweichende Laufbahnbestimmungen wohl kaum eine geeignete Schutzmaßnahme im Kampf gegen die Abwanderung hochqualifizierter Beamter, weil vorrangig die Besoldungshöhe für den Wechselwunsch der Beamten entscheidend sein dürfte.[765]

Ebenfalls wenig überzeugend ist die gelegentlich formulierte Besorgnis, die Länder würden sich ihrer beamtenrechtlichen Gestaltungsräume allein unter Berücksichtigung ihrer teilweise kritischen Haushaltslage, das heißt zur Rechtfertigung von Einsparmaßnahmen, annehmen. Ruft man sich die Auslegungsergebnisse des vierten Kapitels[766] dieser Untersuchung in Erinnerung, so wird deutlich, dass sich der Gestaltungsspielraum des an die Vorschrift des Art. 33 Abs. 5 GG gebundenen Gesetzgebers trotz der Einfügung der Fortentwicklungsklausel nicht verändert hat. Die von der Verfassungsrechtsprechung aufgestellten Leitlinien für den Gesetzgeber in Bund und Ländern bleiben auch weiterhin bindend. Weder die geringere Wirtschaftskraft eines Landes noch eine angespannte Haushaltssituation würde daher eine die Strukturprinzipien des Art. 33 Abs. 5 GG missachtende Besoldungs- und Versor-

762 In die gleiche Richtung deutend *Stettner*, in: Dreier, GG II /2, Art. 74 Rn. 133.

763 BVerfGE 3, 58, 158; 17, 319, 331; sinngemäß auch BVerfGE 12, 139, 143; *Oeter*, in: Föderalismusreform, Rn. 64; ähnlich *Wilhelm*, ZBR 1971, 129, 137.

764 *Knopp/Schröder*, NJ 2007, 97, 101; ebenso *Drescher*, RiA 2007, 261, 266, der dies bereits durch erste praktische Erfahrungen belegt.

765 So die Auffassung von *Knopp/Schröder*, NJ 2007, 97, 101, die beide Seiten eines undurchlässigen Laufbahngefüges beleuchten.

766 Vgl. dazu die Ausführungen des Kapitels 4, Punkt A.I.3.

gungsgesetzgebung rechtfertigen können. Insofern ist *Summer* beizupflichten, wenn er ausführt, dass das Bundesverfassungsgericht auf der Grundlage des Alimentationsgrundsatzes eine verfassungswidrige Absenkung der Besoldungs- und Versorgungsleistungen in den Ländern zu verhindern wissen wird.[767] Dies gilt umso mehr, als das Gericht[768] zwischenzeitlich wiederholt herausgestellt hat, dass die unter Umständen schwierige Finanzlage der öffentlichen Haushalte allein eine Beschränkung des Alimentationsgrundsatzes nicht rechtfertige. Vielmehr sei für eine Absenkung der Alimentation das Hinzutreten weiterer Momente erforderlich. Die Alimentierung sei „keine dem Umfang nach beliebig variable Größe, die sich einfach nach den wirtschaftlichen Möglichkeiten der öffentlichen Hand [...] bemessen“ lasse. Würde man nämlich ausschließlich auf die finanzielle Lage der öffentlichen Haushalte abstellen, könnte der Gesetzgeber uneingeschränkt auf den Grundsatz der Alimentation zugreifen, sodass im Ergebnis die Schutzfunktion des Art. 33 Abs. 5 GG ins Leere liefe.[769]

Auch den kritischen Gedanken hinsichtlich der Streichung des nachträglich in die Verfassung eingeführten konkurrierenden Kompetenztitels des Art. 74a GG a.F. lassen sich Argumente entgegensetzen. Soweit nämlich die Abschaffung des Art. 74a GG a.F. als Fehlentscheidung des verfassungsändernden Gesetzgebers betrachtet wird, ist vorliegend auf die im zweiten Kapitel[770] dargelegten Zweifel an der Verfassungsmäßigkeit dieser Norm zu verweisen. Nach der zutreffenden Ansicht von *Stettner*[771] beendet die vorgenommene Neuordnung der beamtenrechtlichen Gesetzgebungskompetenzen einen „zentralen Eingriff in die Staatlichkeit der Länder und damit in die föderalistische Struktur der Bundesrepublik Deutschland überhaupt“. Einen ähnlichen Zuspruch formuliert *Oeter*[772], wenn er die Streichung des Art. 74a GG a.F. als einen „Befreiungsschlag“ der Länder wertet. Nach seiner Auffassung drücke sich dieser darin aus, dass die Länder mit der ihnen übertragenen Befugnis, die Besoldung und Versorgung ihrer Beamtenschaft selbstständig zu regeln, einen ihrer ureigensten Aufgabenbereiche zurückerhalten.[773] Vor diesem Hintergrund sei es nur konsequent, den Ländern zur Sicherung ihrer neuen Besoldungshoheit gleichzeitig auch die Möglichkeit zur Gestaltung ihres Laufbahnwesens mit auf den Weg zu geben.[774] Soweit die

767 Zu der gleichen Feststellung gelangen auch *Frank/Heinicke*, ZBR 2009, 34, 35 f.

768 BVerfGE 44, 249, 264 f.; 76, 256, 311; 81, 363, 378; 99, 300, 320; 114, 258, 291; 117, 372, 388.

769 Vgl. zum Ganzen BVerfGE 117, 372, 388.

770 Vgl. dazu Kapitel 2, Punkt B.I.2.c., vgl. aber auch BVerfGE 34, 9, 19 f.; *Degenhart*, in: BK, GG VIII (131. Akt.), Art. 74a, Rn 112.

771 *Stettner*, in: Dreier, GG II /2, Art. 74 Rn. 133.

772 *Oeter*, in: Föderalismusreform, Rn. 64.

773 Ebenso *Staupe*, in: Die Reform des Bundesstaates, S. 161, 163.

774 *Oeter*, in: Föderalismusreform, Rn. 40.

neue beamtenrechtliche Kompetenzverteilung dabei im Einzelfall zu unzumutbaren besoldungs-, versorgungs- oder laufbahnrechtlichen Ungleichheiten im Bundesgebiet führen sollte, könne schließlich immer noch auf das kompetenzbeschränkende Korrektiv der Bundestreue zurückgegriffen werden, das auch schon vor der Einführung des Art. 74a GG a.F. zur Überwindung von bundesstaatlichen Divergenzen herangezogen worden sei.[775] So hätten die Länder etwa im Rahmen ihrer Besoldungsgesetzgebung zu berücksichtigen, dass „trotz der in Art. 109 GG verbürgten selbständigen Haushaltswirtschaft von Bund und Ländern das Finanzwesen im Bundesstaat ein Gesamtgefüge darstellt"[776]. Da die Rechtsprechung des Bundesverfassungsgerichts zum Grundsatz der Bundestreue auch für die Gesetzgeber in den Ländern verbindlich ist, sind Gesetzgebungsakte, die gegen den ungeschriebenen Verfassungssatz der Bundestreue verstoßen, kaum zu erwarten.

Nicht entkräften lässt sich allerdings der von *Battis* und *Schnellenbach* vorgebrachte Einwand, dass es hinsichtlich der Verankerung wettbewerbsföderaler Elemente im Bereich des Beamtenrechts an fairen Wettbewerbsbedingungen fehle. Es bleibt daher zu hoffen, dass die Föderalismus-Kommission II, die sich ausschließlich dem Zwecke der Modernisierung der Finanzbeziehungen von Bund und Ländern widmete, gleichwertige finanzverfassungsrechtliche Ausgangbedingungen geschaffen hat. Diese zweite Stufe der Föderalismusreform ändert jedoch nichts daran, dass Ungleichheiten, die sich im Rahmen des in der Gesetzgebung bereits eröffneten Wettbewerbsföderalismus ergeben könnten, durch die inhaltlichen Vorgaben des Grundsatzes der Bundestreue und des Art. 33 Abs. 5 GG abgefedert werden.

b. Regelungsauftrag des Art. 33 Abs. 5 GG

(1) Würdigung der Rechtsliteratur

Die im Gesetzgebungsverfahren angehörten Sachverständigen und die Rechtsliteratur richten ihre Kritik nicht nur gegen die Neuordnung der beamtenrechtlichen Gesetzgebungskompetenzen, auch die Überarbeitung des Regelungsauftrags des Art. 33 Abs. 5 GG sieht sich vielfältigen Einwänden ausgesetzt.

Im Rahmen der Ausführungen des vorstehenden Kapitels fand Erwähnung, dass die Erweiterung des Art. 33 Abs. 5 GG aufgrund ihres fehlenden normativen Gehalts als überflüssig[777] betrachtet wird. Insbesondere in der Anhörung zum Föderalismusreformgesetz I wurde vorgetragen, dass das Beamtenrecht schon auf der Grundlage der ursprünglichen Fassung des Art. 33

775 BVerfGE 4, 115, 140; 34, 9, 44 f.; *Bochmann*, ZBR 2007, 1, 6; *Meyer*, Föderalismusreform 2006, S. 288; ähnlich *Dillenburger*, NJW 2009, 1115, 1116.

776 BVerfGE 4, 115, 140.

777 Vgl. dazu Kapitel 4, Punkt A.I.3.

Abs. 5 GG in beträchtlichem Maße fortgeschrieben worden sei.[778] Die hergebrachten Grundsätze des Berufsbeamtentums hätten nämlich bisher einer Weiterentwicklung des Beamtenrechts nicht entgegengestanden.[779] Im Schrifttum findet sich daher gelegentlich auch der Vorwurf, die in Art. 33 Abs. 5 GG eingefügte Fortentwicklungsklausel sei als juristisch nutzlose Verfassungslyrik zu qualifizieren.[780] Eine ähnlich kritische Einschätzung liegt der Auffassung zugrunde, die die Ergänzung des Regelungsauftrages als „dilatorische[n] Formelkompromiss" wertet, der gleichzeitig dem Streben nach Veränderung und dem Festhalten an den bisherigen Grundsätzen gerecht werden solle.[781] Ein solcher Auftrag sei widersprüchlich und lasse an seiner Sinnhaftigkeit zweifeln.[782] Nach der Ansicht einiger Sachverständiger erweist sich die erweitere Fassung des Art. 33 Abs. 5 GG darüber hinaus auch als schädlich, weil sie die Gefahr in sich berge, dass – wie etwa nach der Vorlage des sogenannten Bull-Gutachtens im Jahre 2003 – erneut eine mögliche Auflösung des Berufsbeamtentums diskutiert werden könnte.[783]

Neben dieser Grundsatzkritik an der Neufassung des Art. 33 Abs. 5 GG finden sich auch ganz konkrete Beanstandungen im Schrifttum und in den Aussagen der Sachverständigen. So wird zunächst von *Battis*[784] vermutet,

---

778 *Battis*, http://webarchiv.bundestag.de/archive/2008/0506/ausschuesse/a06/foederalismusreform/Anhoerung/ 02_Inneres/Stellungnahmen/Prof__Dr__Dr__h_c__Ulrich_Battis.pdf, S. 1, zuletzt aufgerufen am 22.11.2009.

779 BVerfGE 15, 167, 196; 43, 154, 168; *Poscher*, http://webarchiv.bundestag.de/archive/2008/0506/ausschuesse/a06/foederalismusreform/Anhoerung/02_Inneres/Stellungnahmen/Prof__Dr__Ralf_Poscher.pdf, S. 1, zuletzt aufgerufen am 22.11.2009; *Schnellenbach*, http://webarchiv.bundestag.de/archive/2008/0506/ausschuesse/a06/foederalismusreform/Anhoerung/02_Inneres/Stellungnahmen/Prof__Dr__Helmut_Schnellenbach.pdf, S. 1, zuletzt aufgerufen am 22.11.2009.

780 *Knopp*, NVwZ 2006, 1216, 1219; *Knopp/Schröder*, NJ 2007, 97, 98; anderer Ansicht sind insoweit *Höfling/Burkiczak*, DÖV 2007, 328, 334.

781 *Höfling/Burkiczak*, DÖV 2007, 328, 333.

782 *Bochmann*, ZBR 2007, 1, 10; *Knopp*, NVwZ 2006, 1216, 1219.

783 *Battis*, http://webarchiv.bundestag.de/archive/2008/0506/ausschuesse/a06/foederalismusreform/Anhoerung/02_Inneres/Stellungnahmen/Prof__Dr__Dr__h_c__Ulrich_Battis.pdf, S. 2, zuletzt aufgerufen am 22.11.2009, der zutreffenderweise zugleich darauf hinweist, dass eine solche Auflösung des Beamtentums sowohl nach bisheriger als auch nach aktueller Verfassungsrechtlage nicht mit Art. 33 Abs. 5 GG im Einklang stünde; vgl. ferner *Kempen*, http://webarchiv.bundestag.de/archive/2008/0506/ausschuesse/a06/foederalismusreform/Anhoerung/02_Inneres/Stellungnahmen/Prof__Dr__Bernhard_Kempen.pdf, S. 1 f., zuletzt aufgerufen am 22.11.2009; ähnlich auch *Schnellenbach*, http://webarchiv.bundestag.de/archive/2008/0506/ausschuesse/a06/foederalismusreform/Anhoerung/02_Inneres/Stellungnahmen/Prof__Dr__Helmut_Schnellenbach.pdf, S. 1, zuletzt aufgerufen am 22.11.2009.

784 *Battis*, http://webarchiv.bundestag.de/archive/2008/0506/ausschuesse/a06/foederalismusreform/Anhoerung/02_Inneres/Stellungnahmen/Prof__Dr__Dr__h_c__Ulrich_Bat

dass das Motiv für die Überarbeitung des Art. 33 Abs. 5 GG darin liege, eine „Bevormundung durch das Bundesverfassungsgericht in besoldungs- und versorgungsrechtlichen Fragen“ zu vermeiden. Des Weiteren gelangt *Bochmann*[785] zu der Einschätzung, dass der durch Art. 33 Abs. 5 GG vermittelte weitläufige gesetzgeberische Gestaltungsspielraum zum Erlass äußerst unterschiedlicher beamtenrechtlicher Regelungen in Bund und Ländern führen könnte. Da *Bochmann* aber zugleich darauf hinweist, dass einem solchen Regelungswettbewerb der Länder verfassungsimmanente Schranken auferlegt seien, nimmt er bereits selbst eine Relativierung seiner Bedenken vor. Nach seiner Auffassung setze vor allem der Grundsatz der Bundestreue einem möglichen Besoldungswettlauf sowie einem undurchlässigen System laufbahnrechtlicher Bestimmungen Grenzen.[786] Die weitläufige, dem Gesetzgeber in Bund und Ländern über Art. 33 Abs. 5 GG eingeräumte Gestaltungsbefugnis wird fernerhin von *Pechstein*[787] in Bezug genommen. Er erinnert daran, dass der hergebrachte Laufbahngrundsatz vor dem Hintergrund der möglichen Etablierung inkompatibler laufbahnrechtlicher Strukturen in erheblichem Maße an Bedeutung gewinnen werde. Zur Vermeidung eines Laufbahnwirrwarrs in Bund und Ländern werde jedenfalls eine Absprache der Länder erforderlich werden.[788] Diese rechtfertige sich insbesondere daraus, dass die gegenseitige Anerkennungspflicht für die Befähigung zu einer Laufbahn im Sinne des § 122 Abs. 2 BRRG zukünftig nicht mehr bestehen werde.[789] Ebenfalls Bedenken meldet *Kempen* bezüglich der vorgenommenen Erweiterung des Art. 33 Abs. 5 GG an. Er weist der Ergänzung des Art. 33 Abs. 5 GG – anders als die wohl herrschende Meinung – nicht nur eine deklaratorische, sondern auch eine normative, den gesetzgeberischen Gestaltungsspielraum ausweitende Bedeutung zu und befürchtet, dass der bislang klar umrissene Alimentationsgrundsatz künftig seine Konturen und damit auch seine normative Wirkkraft verlieren werde.[790] Nach seiner Vorstellung könne diese Ent-

tis.pdf, S. 2, zuletzt aufgerufen am 22.11.2009; später auch *Battis/Nebel*, PersR 2007, 48, 49.

785 *Bochmann*, ZBR 2007, 1, 6.

786 BVerfGE 4, 115, 140 – hinsichtlich des Besoldungsrechts; vgl. zum Ganzen *Bochmann*, ZBR 2007, 1, 6; die verfassungsrechtlichen Grenzen heben auch *Frank/Heinicke*, ZBR 2009, 34, 35 ff. hervor.

787 *Pechstein*, ZBR 2006, 285, 287 f.

788 Einen Abstimmungsbedarf erkennen auch *Frank/Heinicke*, ZBR 2009, 34, 37, die sich allerdings nicht wie *Pechstein* auf die Regelung der Laufbahnen beschränken, sondern – abgeleitet aus dem Grundsatz der Bundestreue – eine Absprache auch auf den Gebieten der Beamtenbesoldung und -versorgung für erforderlich erachten.

789 *Pechstein*, ZBR 2008, 73.

790 *Kempen*, ZBR 2006, 145, 147.

wicklung nur noch durch ein koordinierendes Zusammenwirken der Länder aufgehalten werden.[791]

Die Gedanken zur Reichweite des gesetzgeberischen Gestaltungsspielraums münden schließlich in die Überlegungen zur Klammerwirkung des Art. 33 Abs. 5 GG ein.[792] So wird unter Bezugnahme auf die ebenfalls erfolgte kompetenzrechtliche Neuordnung des Beamtenrechts gerügt, dass eine Verklammerung des Beamtenrechts in Zukunft nur noch auf der Grundlage des Art. 33 Abs. 5 GG erfolgen werde.[793] Es sei davon auszugehen, dass die aufgrund der neuen Verfassungsrechtslage unmittelbar bevorstehenden Beeinträchtigungen des Beamtenrechts durch diese Klammer allein nicht abgewendet werden könnten.[794]

(2) Stellungnahme

Der vielerorts bemängelten Neufassung des Art. 33 Abs. 5 GG lassen sich verschiedene Argumente entgegensetzen. Gleichzeitig muss jedoch eingestanden werden, dass sich nicht alle der vorgetragenen Bedenken entkräften lassen.

Soweit zunächst die Einfügung der Fortentwicklungsklausel als widersprüchlich bezeichnet wird, ist an die im Rahmen des vierten Kapitels dieser Untersuchung vorgenommene Auslegung des neu gefassten Art. 33 Abs. 5 GG zu erinnern. Sie ergab, dass die Fortentwicklungsklausel keinen eigenständigen rechtlichen Gehalt aufweist, sich der Reglungsgehalt des Art. 33 Abs. 5 GG also nicht verändert hat.[795] Hielte man trotz dieses Umstandes an der vermeintlichen Widersprüchlichkeit fest, müsste auch an der Sinnhaftigkeit der ursprünglichen Fassung des Art. 33 Abs. 5 GG gezweifelt werden. Art. 33 Abs. 5 GG ermöglichte nämlich – wie die Auslegung der Norm erkennen lies – schon vor der Verfassungsänderung sowohl eine Bewahrung der tradierten Beamtenrechtsgrundsätze als auch eine Weiterentwicklung des Beamtenrechts.

Bezüglich der von *Bochmann* bereits selbst entschärften Befürchtung, es könne aufgrund des durch Art. 33 Abs. 5 GG nur geringfügig beschnittenen gesetzgeberischen Gestaltungsspielraums zu einer Auseinanderentwicklung des Beamtenrechts in Bund und Ländern kommen, ist auf die vorherige Stellungnahme zur Neuordnung der beamtenrechtlichen Gesetzgebungskompetenzen zu verweisen.[796] Dort finden sich bereits entsprechende Ausführungen

---

791 *Ders.*, ZBR 2006, 145, 149.

792 Vgl. dazu bereits Kapitel 4, Punkt A.I.3.

793 *Höfling/Burkiczak*, DÖV 2007, 328; ähnlich *Masing*, in: Dreier, GG II, Art. 33 Rn. 17 und *Oeter*, in: Dreier, GG II /2, Art. 33 Rn. 94a.

794 *Pechstein*, ZBR 2006, 285, 286.

795 Vgl. Kapitel 4, Punkt A.I.3.

796 Vgl. Punkt B.I.1.a.(2). dieses Kapitels.

zur kompetenzbeschränkenden Funktion der Bundestreue. Ergänzend dazu ist im vorliegenden Zusammenhang auf die Bindungsklausel des § 31 Abs. 1 BVerfGG hinzuweisen. Sie erklärt die Entscheidungen des Bundesverfassungsgerichts gegenüber allen staatlichen Hoheitsträgern – das heißt auch gegenüber den Landesgesetzgebern – für verbindlich und kann auf diese Weise formal-juristisch das notwendige Mindestmaß an Einheitlichkeit im Beamtenrecht gewährleisten.[797] Wenn fernerhin *Pechstein* darauf hinweist, dass zur Vermeidung eines bundesweiten Laufbahnwirrwarrs eine Absprache der beteiligten bundesstaatlichen Akteure unumgänglich sei, so kann diesem Vortrag nur zugestimmt werden. Wollen Bund und Länder in ihrem gegenseitigen Interesse durchlässige Laufbahnstrukturen schaffen, so setzt dies konsequenterweise auch einen Austausch über geplante Regelungen beziehungsweise Änderungsbestimmungen voraus. Wenig Verständnis verdienen dagegen die von *Kempen* zur Kenntnis gegebenen Erwägungen. Es sei nochmals darauf hingewiesen, dass die Vorschrift des Art. 33 Abs. 5 GG keinerlei normative Änderungen erfahren hat. Dies bedeutet, dass sich die von *Kempen* befürchtete Konturenlosigkeit des Alimentationsprinzips nicht entwickeln wird. Ein Rückgriff auf das Instrument der Länderkoordination ist mithin entbehrlich. Das ist auch folgerichtig, wenn man bedenkt, dass sich das Föderalismusreformgesetz I zum Ziel gesetzt hat, „die föderalen Elemente der Solidarität und der Kooperation einerseits und des Wettbewerbs andererseits neu aus[zu]balancieren".

Widerspruch verdient auch die Überlegung, eine Verklammerung des Beamtenrechts werde in Zukunft nur noch über die materielle Vorschrift des Art. 33 Abs. 5 GG erfolgen. Im Rahmen dieser Untersuchung wurde dargelegt, dass die kompetenzrechtliche Klammerfunktion des Art. 75 Abs. 1 Nr. 1 GG a.F. auf den ihm unmittelbar nachfolgenden Kompetenztitel des Art. 74 Abs. 1 Nr. 27 GG übergegangen ist.[798] Daher ist nicht nur der Vorschrift des Art. 33 Abs. 5 GG, sondern auch der Kernbereichskompetenz des Art. 74 Abs. 1 Nr. 27 GG eine Klammerfunktion und damit ein vereinheitlichender Charakter zuzusprechen. Er steht einer unbegrenzten Auseinanderentwicklung des Rechts entgegen.

Nicht entkräften lässt sich dagegen der Vorwurf, die Überarbeitung des Art. 33 Abs. 5 GG sei überflüssig. Er sieht sich infolge des erwähnten Auslegungsergebnisses sogar bestätigt. Gleiches gilt für die Vorhaltung, der Fortentwicklungsklausel käme lediglich eine lyrische Bedeutung zu. Versuche, die Fortentwicklungsklausel gewissermaßen als Aufforderung zur Modernisierung des Beamtenrechts zu begreifen[799], ihr also zumindest eine tatsäch-

797 *Lecheler*, ZBR 2007, 18, 22; vgl. dazu aber auch die Anmerkungen unter Kapitel 4, Punkt A.III.1.b.

798 Vgl. Kapitel 4, Punkt A.I.1.a.(2).

799 So etwa *Auerbach*, DVP 2008, 397, 398.

liche Bedeutung beizumessen, verstehen sich allenfalls als Schönheitskorrekturen. Nicht ganz unberechtigt ist auch die Auffassung, die Fortentwicklungsklausel sei schädlich. Es ist nicht von der Hand zu weisen, dass sich das Schrifttum seit der Föderalismusreform I verstärkt mit der Vorschrift des Art. 33 Abs. 5 GG auseinandersetzt. Daher ist es wohl nur eine Frage der Zeit, wann sich dort die Debatte über die Zulässigkeit und Zweckmäßigkeit der Abschaffung des Berufsbeamtentums erneut entfachen wird.

Bestätigt sieht sich schließlich der von *Battis* geäußerte Verdacht, dass mit der Neufassung des Art. 33 Abs. 5 GG vordergründig der bundesverfassungsgerichtlichen Bevormundung des Gesetzgebers ein Ende gesetzt werden sollte. So erklärt *Koch*[800], dass die Modifikation des Art. 33 Abs. 5 GG dazu anhalten solle, der grundsätzlichen Tendenz der Rechtsprechung, den gesetzgeberischen Handlungsspielraum unter Zuhilfenahme der hergebrachten Beamtenrechtsgrundsätze weit über den Wortlaut des Art. 33 Abs. 5 GG hinaus zu beschränken, entgegenzuwirken. Mit Hilfe der Änderung des Art. 33 Abs. 5 GG werde gewissermaßen eine Justizkorrektur vorgenommen, die zukünftig ein rückwärtsgewandtes Festhalten an tradierten Idealen verhindere.[801] Dass sich die dem verfassungsändernden Gesetzgeber unterstellte Justizkorrektur zwischenzeitlich jedoch erledigt haben dürfte, zeigen die ersten höchstrichterlichen Stellungnahmen zur Fortentwicklungsklausel. Sie lassen unmissverständlich erkennen, dass Art. 33 Abs. 5 GG nach wie vor der gleiche Aussagegehalt zukommt.[802]

c. Zwischenergebnis

Die vorstehende Untersuchung zeigt, dass mit der Überarbeitung der beamtenrechtlichen Verfassungsbestimmungen keine schwerwiegenden juristischen Probleme einhergehen. Die Neuordnung der Gesetzgebungskompetenzen bereitet lediglich in sprachlicher und finanzverfassungsrechtlicher Hinsicht Schwierigkeiten. Während die unglückliche Formulierung des Art. 74 Abs. 1 Nr. 27 GG im Wege der Auslegung überwunden werden kann, bleibt im Übrigen zu hoffen, dass von der Föderalismus-Kommission II Lösungen für einen auch aus dem Blickwinkel der Finanzverfassung gerechteren

---

800 *Koch*, DVBl. 2008, 805, 808.

801 *Ders.*, DVBl. 2008, 805, 808, der im vorliegenden Zusammenhang insbesondere die von der Rechtsprechung vorgenommene Unterscheidung von Berücksichtigungs- und Beachtenspflichten für eine ausbleibende Weiterentwicklung des Beamtenrechts verantwortlich macht; vgl. zu dieser Binnendifferenzierung durch das Bundesverfassungsgericht fernerhin die Anmerkungen von *Voßkuhle*, in: GVwR III, § 43 Rn. 73, der auch entsprechende Nachweise bereit stellt.

802 BVerfGE 119, 247, 272 f.; BVerwG, 2 C 21.06, 26.06 und 29.07 vom 27.09.2007, Abs. 50 ff., http://www.bundesverwaltungsgericht.de/media/archive /5756.pdf, zuletzt aufgerufen am 22.11.2009; auf diese Urteile ebenfalls aufmerksam machend *Auerbach*, DVP 2008, 397, 398.

Konkurrenzföderalismus erarbeitet worden sind.[803] Hinsichtlich der Erweiterung des Regelungsauftrages des Art. 33 Abs. 5 GG ist zu konstatieren, dass sich der Einwand der Überflüssigkeit dieser verfassungsändernden Maßnahme als zutreffend herausgestellt hat.

Im Ergebnis erweisen sich die erwähnten Kritikpunkte aber als kleinere Mängel, sodass der Einschätzung, die Beamten würden infolge der verfassungsrechtlichen Änderungsbestimmungen des Föderalismusreformgesetzes I zu „Bauernopfer[n] des Wettbewerbsföderalismus" degradiert, ausdrücklich zu widersprechen ist.

2. Eingliederung der kompetenzrechtlichen Neuregelungen in das System der bundesstaatlichen Ordnung

Die Einordnung der beamtenrechtlichen Gesetzgebungskompetenzen im bundesstaatlichen Gefüge des Grundgesetzes wurde im zweiten Kapitel dieser Arbeit eingehend untersucht. Gegenstand der dortigen Ausführungen war die Verfassungsrechtslage, die bis zum Inkrafttreten der Föderalismusreform I Bestand hatte. Im Folgenden soll nunmehr erörtert werden, wie sich die infolge des Föderalismusreformgesetzes I neu geordneten beamtenrechtlichen Kompetenzbestimmungen in das System der bundesstaatlichen Ordnung eingliedern. Zurückgegriffen werden kann dabei sowohl auf die Ergebnisse des zweiten Kapitels als auch auf die Resultate der Auslegung des Art. 74 Abs. 1 Nr. 27 GG, die in Teilen bereits eine erste Auseinandersetzung mit dieser Frage erforderte.[804] Ebenfalls verwertet werden können die Ergebnisse des vorstehenden Untersuchungspunktes.

Die historischen Ausführungen des zweiten Kapitels zeigen, dass im Bereich des Beamtenrechts die Gesetzgebungsräume von Bund und Ländern grundsätzlich getrennt sind. Diese Verantwortungsteilung wird unter dem Grundgesetz durch die Kompetenznormen der Artt. 73 Abs. 1 Nr. 8, 70, 30 GG herbeigeführt und fand durch die Änderungen des Föderalismusreformgesetzes I gleich in dreifacher Weise Bestätigung. Die erste relevante Änderung in diesem Sinne stellt die Streichung der Rahmenkompetenz des Art. 75 Abs. 1 Nr. 1 GG a.F. dar, die eine Ausnahme von der grundsätzlichen Kompetenztrennung zwischen Bund und Ländern bildete. Ebenso bedeutsam für die Absicherung der grundsätzlichen Trennung der Gesetzgebungsräume im Bereich des Beamtenrechts ist der Fortfall der in den 1970er Jahren eingeführten konkurrierenden Gesetzgebungskompetenz des Art. 74a GG a.F. Diese Kompetenznorm, die es dem Bund ermöglichte, für die Besoldung und Versorgung der Beamten der Länder und Gemeinden einheitliche Standards zu schaffen, durchbrach – wie die Vorschrift des Art. 75 Abs. 1 Nr. 1 GG a.F.

803 Vgl. dazu Kapitel 6 dieser Untersuchung.

804 Siehe dazu Kapitel 2, Punkte B.I.2.c./d. und Kapitel 4, Punkt C.I.

– die grundsätzliche Verantwortungsteilung zugunsten des Bundes. Mit der Streichung des Art. 74a GG a.F. entfällt aber nicht nur die konkurrierende Gesetzgebungskompetenz des Bundes, sondern auch das sich auf die ausschließliche Zuständigkeitsnorm des Art. 73 Nr. 8 GG a.F. beziehende Zustimmungserfordernis des Art. 74a Abs. 3 GG a.F. Hinsichtlich der Ausgestaltung der in seinem Dienst stehenden Personen erlangt der Bund folglich ein Teilstück seiner Hoheitsgewalt zurück.[805] Festzustellen ist also, dass die benannten Änderungen zu einer klareren Kompetenzverantwortung von Bund und Ländern führen.

Eine vollständige Beseitigung der Einflussmöglichkeiten des Bundes auf die Beamtengesetzgebung der Länder wird durch den Fortfall der Artt. 74a, 75 Abs. 1 Nr. 1 GG a.F. allerdings nicht erreicht. Vielmehr folgt der Rahmenkompetenz die konkurrierende Zuständigkeit des Art. 74 Abs. 1 Nr. 27 GG nach. Im Rahmen der genetischen und systematischen Auslegung des Art. 74 Abs. 1 Nr. 27 GG wurde herausgearbeitet, dass die Einführung des Art. 74 Abs. 1 Nr. 27 GG zunächst eine Stärkung der Rechtsstellung des Bundes bewirkt.[806] Anders als bei Art. 75 Abs. 1 Nr. 1 GG a.F. handelt es sich nämlich bei der Vorschrift des Art. 74 Abs. 1 Nr. 27 GG um eine echte Vollkompetenz des Bundes. Als Gegenstand der konkurrierenden Gesetzgebung unterfällt sie dabei weder dem Anwendungsbereich der überarbeiteten Erforderlichkeitsklausel im Sinne des Art. 72 Abs. 2 GG, noch ist den Ländern auf dem Gebiet der Statusrechte und -pflichten eine abweichende Gesetzgebung auf der Grundlage des Art. 72 Abs. 3 GG gestattet. Die Möglichkeit des Bundes, auf die Beamtenschaft der Länder und Gemeinden im Wege der Statusgesetzgebung Einfluss zunehmen, hat damit eine besonders tiefgreifende Verankerung im System der konkurrierenden Gesetzgebung gefunden. Der Bund ist – von etwaigen materiell-rechtlichen Vorgaben einmal abgesehen – folglich in dem ihm durch Art. 74 Abs. 1 Nr. 27 GG zugestandenen Gestaltungsermessen ähnlich frei wie im Rahmen seiner ausschließlichen Zuständigkeiten. Und insoweit ist zu konstatieren, dass die durch das Föderalismusreformgesetz I herbeigeführte Kompetenzverteilung von der verfassungsgeschichtlichen Integration der beamtenrechtlichen Gesetzgebungskompetenzen abweicht. Sie steht aber nach wie vor mit dem Grundsatz abgestufter Gesetzgebungskompetenzen[807] im Einklang. Differenzierte die Verfassung vor dem Inkrafttreten des Föderalismusreformgesetzes I noch zwischen den Kompetenzarten der Rahmengesetzgebung, der konkurrierenden und der aus-

805 *Meyer*, Föderalismusreform 2006, S. 186.

806 Ebenso *Kersten*, ZfPR 2007, 72, 74; *Lecheler*, ZBR 2007, 18, 22; *Meyer*, Föderalismusreform 2006, S. 287; *Schnapp*, http://webarchiv.bundestag.de/archive/2008/0506/ausschuesse/a06/foederalismusreform/Anhoerung/02_Inneres/Stellungnahmen/Prof__Dr__Friedrich_E__Schnapp.pdf, S. 5, zuletzt aufgerufen am 22.11.2009.

807 Vgl. dazu bereits die Ausführungen in Kapitel 2, Punkt B.I.2.c.

schließlichen Gesetzgebung, verzichtet sie nunmehr auf die Rahmenkompetenz. Seit der Föderalismusreform I stellt damit die konkurrierende Gesetzgebung den mildesten Eingriff in die Länderhoheit dar. Vor diesem Hintergrund erscheint es folgerichtig, dass der verfassungsändernde Gesetzgeber dem Bund einen – wenn auch systematisch fest verankerten – konkurrierenden und eben gerade nicht einen ausschließlichen Kompetenztitel zur Regelung des Statusrechts in den Ländern zugesprochen hat.

Nachteilig wirkt sich für den Bund allerdings der Umstand aus, dass die Norm des Art. 74 Abs. 1 Nr. 27 GG in ihrem sachlichen Anwendungsbereich enger ist als die Vorgängernorm des Art. 75 Abs. 1 Nr. 1 GG a.F. Sie erstreckt sich nicht mehr auf die Rechtsverhältnisse, sondern nur noch auf das Statusrecht der Beamten. Die Länder erhalten infolge der Streichung der Artt. 74a, 75 Abs. 1 Nr. GG a.F. also nicht nur die Gesetzgebungskompetenz für die Ausgestaltung der Laufbahnen, Besoldung und Versorgung der Landes- und Kommunalbeamten, sondern auch die Kompetenz für die übrigen, nicht zum Statusrecht zählenden Bereiche des Dienstrechts. Der Bund erfährt damit nicht nur eine Stärkung, sondern auch eine gleichzeitige Schwächung seiner Rechtsstellung.

Die wohl wichtigsten Konsequenzen zieht jedoch die Streichung des Art. 74a GG a.F. nach sich.[808] Sie revidiert die Anfang der 1970er Jahre getroffene Entscheidung, dem Bund zur Herstellung einer bundesweiten Rechtseinheit im Beamtenrecht die Gesetzgebungskompetenz für die Besoldung und Versorgung der Landes- und Kommunalbeamten zu übertragen. Des Weiteren beseitigt sie den durch die Einführung des Art. 74a GG hervorgerufenen Eingriff in die Organisations- und Personalhoheit der Länder, der zugleich als Eingriff in ihre Staatlichkeit zu werten war.[809] Die Streichung des Art. 74a GG a.F. gibt den Ländern folglich einen wesentlichen Teil ihrer Eigenstaatlichkeit zurück. Dieser Zugewinn an Staatlichkeit findet dadurch Ergänzung, dass den Ländern im Rahmen der Föderalismusreform I weitere wichtige Gesetzgebungskompetenzen etwa für das Versammlungsrecht, das Ladenschluss- und Gaststättenrecht, das allgemeine Presserecht, das Notarwesen, den Strafvollzug oder aber für weite Teile des Hochschulrechts[810] überantwortet worden sind. Ihnen wird daher künftig im Bereich der Gesetzgebung ein größeres Gewicht zukommen als dies bisher der Fall war. Der Rückübertragung der Besoldungs- und Versorgungskompetenz kommt dabei aber deshalb eine besondere Bedeutung zu, weil sie gleichzeitig die negativen

808 *Oeter*, in: Föderalismusreform, Rn. 64.

809 Vgl. dazu bereits die vertiefende Stellungnahme unter Punkt B.I.1.a.(2). dieses Kapitels.

810 Eine Aufzählung aller neuen Länderkompetenzen findet sich in der BT-Drs. 16/813, S. 9.

Wechselwirkungen, die zwischen der Kompetenznorm des Art. 74a GG a.F. und der bundesstaatlichen Ordnung des Grundgesetzes bestanden, eliminiert.

Zusammenfassend bleibt somit festzuhalten, dass seit dem Inkrafttreten des Föderalismusreformgesetzes I die gesetzgeberische Verantwortung im Bereich des Beamtenrechts wieder klarer und auch sachnäher zwischen den bundesstaatlichen Akteuren verteilt ist. Während der Bund nur noch auf der Grundlage der Statuskompetenz des Art. 74 Abs. 1 Nr. 27 GG in den Zuständigkeitsbereich der Länder eingreifen darf, beschränken sich die landesrechtlichen Eingriffsrechte in den Kompetenzraum des Bundes auf die neu eingeführte Zustimmungsnorm des Art. 74 Abs. 2 GG. Erinnert sei daran, dass die dem Art. 75 Abs. 1 Nr. 1 GG a.F. nachfolgende konkurrierende Zuständigkeitsnorm des Art. 74 Abs. 1 Nr. 27 GG dabei im Sinne einer dienstrechtlichen Kernbereichskompetenz zu verstehen ist. Sie berechtigt den Bund, das Beamtenstatusrecht sowohl in subjektiver als auch in objektiver Hinsicht zu regeln und stellt in diesem Umfang das nötige Mindestmaß an Einheitlichkeit im Beamtenrecht sicher. Rechtsvereinheitlichend wirken darüber hinaus die Grundsätze des Art. 33 Abs. 5 GG und der Bundestreue. Die im Schrifttum gelegentlich vorgetragene Bemerkung[811], das Föderalismusreformgesetz I habe die Zuständigkeitsverteilung im Bereich des Beamtenrechts hinter diejenige der Weimarer Reichsverfassung zurückfallen lassen, ist vor diesem Hintergrund nicht nachvollziehbar. Die gegenwärtige Zuständigkeitsverteilung bricht zwar mit der hergebrachten Rahmen- beziehungsweise Grundsatzkompetenz der Zentralgewalt, sie lehnt sich aber insoweit an die tradierte Zuständigkeitsverteilung an, als sie erstens den Kompetenzverlust des Bundes durch die Einführung der konkurrierenden Gesetzgebungskompetenz des Art. 74 Abs. 1 Nr. 27 GG kompensiert und zweitens den Ländern die Kompetenz für die Besoldung und Versorgung der eigenen Beamtenschaft zurückgibt.

3. Kompetenzwahrnehmung des Bundes

Die durch die Föderalismusreform I vorgenommene Neuordnung der beamtenrechtlichen Gesetzgebungskompetenzen veranlasste den Bund zu einer Überarbeitung der gesetzlichen Bestimmungen des Beamtenrechts. So nahm der Bundesgesetzgeber einerseits eine Anpassung seiner eigenen beamtenrechtlichen Regelungen vor und erließ andererseits das für die Beamten der Länder und Kommunen verbindliche Beamtenstatusgesetz.

a. Überarbeitung der beamtenrechtlichen Bestimmungen des Bundes

Die Neuregelung der beamtenrechtlichen Bestimmungen des Bundes erfolgte im Wesentlichen durch die Verabschiedung des Bundesbesoldungs- und Ver-

811 So etwa bei *Bochmann*, ZBR 2007, 1, 14 f.

sorgungsanpassungsgesetzes 2008 / 2009[812] sowie des Dienstrechtsneuordnungsgesetzes[813]. Außerdem wurde die Bundeslaufbahnverordnung[814] reformiert.

(1) Bundesbesoldungs- und Versorgungsanpassungsgesetz 2008 / 2009

Das am 1. Januar 2009 in vollem Umfang in Kraft getretene Bundesbesoldungs- und Versorgungsanpassungsgesetz 2008 / 2009 führte zu einer Erhöhung der Bezüge der Besoldungs- und Versorgungsempfänger des Bundes.[815] Das Gesetz orientiert sich insoweit an den Vorgaben der § 14 Abs. 1 BBesG, § 70 Abs. 1 BeamtVG, die eine Angleichung der Besoldungs- und Versorgungsbezüge im Hinblick auf die Entwicklung der allgemeinen wirtschaftlichen und finanziellen Verhältnisse ermöglichen. Die Anhebung der Bezüge nach dem Bundesbesoldungs- und Versorgungsanpassungsgesetz 2008 / 2009 erfolgte dabei unter Berücksichtigung des Tarifabschlusses für die Angestellten des öffentlichen Dienstes des Bundes vom 31. März 2008.[816] Im Ergebnis sind folgende Änderungen festzustellen:

Die Grundgehaltssätze sowie Anwärtergrundbeträge wurden zum 1. Januar 2008 jeweils um einen Sockelbetrag erhöht und zusätzlich zum 1. Januar 2008 um 3,1 Prozent sowie zum 1. Januar 2009 um weitere 2,8 Prozent linear angehoben.[817] Auch der Familienzuschlag, die Amtszulagen, der Auslandszuschlag und der Auslandskinderzuschlag hatten an diesen prozentualen Erhöhungen teil.[818] Den Versorgungsempfängern wurden die Bezügeerhöhungen[819] gleichermaßen gewährt, allerdings unter Beibehaltung der schrittweisen Abflachung des Versorgungsniveaus[820], die mit dem Vorsorgungsänderungsgesetz 2001 begonnenen wurde. Im Übrigen wurde eine An-

812 Gesetz über die Anpassung von Dienst- und Versorgungsbezügen im Bund 2008/2009 (Bundesbesoldungs- und Versorgungsanpassungsgesetz 2008/2009 - BBVAnpG 2008/2009) v. 29.07.2008, BGBl. I, 1582.

813 Gesetz zur Neuordnung und Modernisierung des Bundesdienstrechts (DNeuG) v. 05.02.2009, BGBl. I, 160.

814 Verordnung über die Laufbahnen der Bundesbeamtinnen und Bundesbeamten (BLV) v. 12.02.2009, BGBl. I, 284.

815 Siehe dazu BT-Drs. 16/9059, S. 9 und 45 sowie *Meier*, ZBR 2009, 235, der eine umfassende Untersuchung der einzelnen Änderungen des Bundesbesoldungs- und Versorgungsanpassungsgesetz 2008/2009 vornimmt.

816 BT-Drs. 16/9059, S. 1.

817 Art. 1 Nr. 3 (§ 14 Abs. 2 BBesG) und Art. 2 Nr. 1 (§ 14 Abs. 2 BBesG) BBVAnpG 2008/2009.

818 Art. 1 Nr. 3 (§ 14 Abs. 2 BBesG) und Art. 2 Nr. 1 (§ 14 Abs. 2 BBesG) BBVAnpG 2008/2009; zur gleichermaßen erfolgten Anpassung der Erschwerniszulagen, der Mehrarbeitsvergütung und der Bezüge nach fortgeltendem Recht vgl. die Ausführungen von *ders.*, ZBR 2009, 235, 240 f.

819 Art. 3 Nr. 4 (§ 71 BeamtVG) und Art. 4 Nr. 2 (§ 71 BeamtVG) BBVAnpG 2008/2009.

820 Vgl. dazu BT-Drs. 16/9059, S. 1 und 44 sowie *ders.*, ZBR 2009, 235, 242.

gleichung des Bezugsniveaus Ost[821] an das Bezugsniveau West vorgenommen und allen Dienst- und Versorgungsempfängern im Januar 2009 eine Einmalzahlung in Höhe von 225 EUR zugesprochen.[822]

(2) Dienstrechtsneuordnungsgesetz und Bundeslaufbahnverordnung

Anders als es der Umfang der Gesetzesmaterialien vermuten lässt, zielt das Dienstrechtsneu-ordnungsgesetz nicht auf eine erschöpfende Dienstrechtsreform ab, vielmehr handelt es sich um ein aus vielen kleineren Neuerungen zusammengesetztes, sich auf die bloße Neuordnung des Beamtenrechts des Bundes konzentrierendes Gesetz.[823] Die Ursache dafür liegt darin, dass das Dienstrechtsneuordnungsgesetz – ebenso wie das Beamtenstatusgesetz – Bestandteil einer mehrstufigen Dienstrechtsreform des Bundes[824] ist. Damit erhebt das Gesetz also gar nicht den Anspruch, im Alleingang eine umfassende Reform des Beamtenrechts zu realisieren.

Das als Artikelgesetz ausgestaltete und bislang lediglich teilweise in Kraft getretene[825] Dienstrechtsneuordnungsgesetz nimmt insbesondere eine Neufassung des Bundesbeamtengesetzes sowie eine Anpassung der allgemeinen besoldungs- und versorgungsrechtlichen Regelungen des Bundes vor. Sie gilt es, im Rahmen der vorliegenden Untersuchung näher zu betrachten. Der Vollständigkeit halber sei erwähnt, dass das Dienstrechtsneuordnungsgesetz darüber hinaus auch Änderungen für die spezialgesetzlichen Bestimmungen des Beamtenrechts des Bundes – wie etwa das Bundespolizeibeamtengesetz oder das Abgeordnetengesetz – vorsieht.[826]

(a) Änderung des Bundesbeamtengesetzes und der Bundeslaufbahnverordnung

Einen Schwerpunkt des Dienstrechtsneuordnungsgesetzes bilden die von ihm im Bereich des Bundesbeamtengesetzes veranlassten Änderungen, die sich auf eine Stärkung des in Art. 33 Abs. 2 GG festgeschrieben Leistungsprinzips

821 Art. 12 (§ 12a 2. BesÜV) BBVAnpG 2008/2009; BT-Drs. 16/9059, S. 49; *Drescher*, RiA 2008, 248, 253.

822 Art. 2 Nr. 3 (§ 85 BBesG) und Art. 4 Nr. 3 (§ 72 BeamtVG) BBVAnpG 2008/2009.

823 *Battis*, PersR 2009, 89, 89; *Kettner*, DÖD 2009, 216, 218; *Wolff*, ZBR 2009, 73, 77 f.

824 Siehe dazu die Ausführungen der Bundesregierung unter http://www.bmi.bund.de/cae/servlet/contentblob/367994/publicationFile/13272/DNeuG_Detail.pdf, S. 1 zuletzt aufgerufen am 22.11.2009.

825 Art. 17 DNeuG.

826 Eine vertiefende Auseinandersetzung mit den Bestimmungen des Dienstrechtsneuordnungsgesetzes findet sich im Schrifttum beispielsweise bei *Battis*, NVwZ 2009, 409 ff.; *Peters*, RiA 2008, 97 ff.; *Wolff*, ZBR 2009, 73 ff.; *Ziekow*, DÖV 2008, 569 ff.

sowie die Sicherung der Wettbewerbsfähigkeit des öffentlichen Dienstes konzentrieren.[827]

In Umsetzung des erst genannten Ziels wurden die Probezeit für die Bundesbeamten auf drei Jahre[828] erhöht und die Mindestaltersgrenze von 27 Jahren für die Ernennung zum Beamten auf Lebenszeit[829] gestrichen. Auch besteht nunmehr die Möglichkeit, im Falle der Erbringung von Spitzenleistungen einen Beamten bereits während der Probezeit zu befördern[830] oder etwa die Einstellung in ein höheres Amt als das Eingangsamt der Laufbahn vorzunehmen, wenn der Bewerber über entsprechende berufliche Erfahrungen oder sonstige Qualifikationen[831] verfügt. Ebenfalls der Förderung des Leistungsprinzips dienlich ist die neu eingeführte Pflicht der Bundesbeamten, an Maßnahmen der dienstlichen Qualifizierung zur Erhaltung oder Fortentwicklung der eigenen Kenntnisse und Fähigkeiten teilzunehmen.[832] Daneben entspricht auch der neue Grundsatz der „Rehabilitation vor Versorgung“[833] dem Leistungsprinzip, da dieser eine Versetzung in den Ruhestand wegen Dienstunfähigkeit nur dann zulässt, wenn der betroffene Beamte nicht anderweitig verwendbar ist.

Um zukünftig die Wettbewerbsfähigkeit des öffentlichen Dienstes zu sichern, wurde das Laufbahnrecht des Bundes reformiert.[834] Im Mittelpunkt der erfolgten Neugestaltung des Laufbahnrechts des Bundes steht die Reduzierung der bislang rund 125 Laufbahnen der Bundeslaufbahnverordnung.[835] Verwirklicht wurde die Verringerung der Laufbahnen durch die Neufassung des Laufbahnbegriffes in § 16 Abs. 1 BBG. Anders als bisher umfasst eine Laufbahn „nicht mehr lediglich die Ämter derselben Fachrichtung, die eine gleiche Vor- und Ausbildung voraussetzen“[836], vielmehr erstreckt sich eine Laufbahn fortan auf alle Ämter, die verwandte und gleichwertige Ausbildungen voraussetzen. Der neue Laufbahnbegriff ermöglicht somit eine Bündelung der bisherigen Laufbahnen.[837]

---

827 BT-Drs. 16/7076, S. 2; *Leppek*, ZBR 2009, 325, 326.

828 § 11 Abs. 1 Satz 3 BBG, § 28 Abs. 1 BLV; *Battis*, NVwZ 2009, 409, 410; *Peters*, RiA 2008, 97, 103; *Wolff*, ZBR 2009, 73, 75.

829 BT-Drs. 16/7076, S. 102; *Grunewald/Lösch*, RiA 2008, 201, 206.

830 § 22 Abs. 4 BBG und BT-Drs. 16/7076, S. 105.

831 §§ 17 Abs. 7, 20 BBG, § 25 BLV sowie BT-Drs. 16/7076, S. 104; *Battis*, NVwZ 2009, 409, 410; *Leppek*, ZBR 2009, 325, 331.

832 § 61 Abs. 2 BBG; *Wolff*, ZBR 2009, 73, 75.

833 BT-Drs. 16/7076, S. 111.

834 § 44 Abs. 1 Satz 3 BBG; BT-Drs. 16/7076, S. 93; *Peters/Lösch/Grunewald*, ZBR 2009, 1.

835 *Grunewald/Lösch*, RiA 2008, 201, 203; *Kettner*, DÖD 2009, 216.

836 BT-Drs. 16/7076, S. 103; *Wolff*, ZBR 2009, 73.

837 *Grunewald/Lösch*, RiA 2008, 201, 205.

Die durch das Dienstrechtsneuordnungsgesetz vorgenommene Überarbeitung des Bundesbeamtengesetzes wird durch die neu gefasste Bundeslaufbahnordnung ergänzt.[838] Sie legt in § 6 BLV fest, dass zwar einerseits die Laufbahngruppen des einfachen, mittleren, gehobenen und höheren Dienstes bestehen bleiben, andererseits aber in den Laufbahngruppen nur noch neun Laufbahnen eingerichtet werden können. Verbessert wurde die Wettbewerbsfähigkeit des öffentlichen Dienstes auch durch die Anpassung des Laufbahnrechts an die Studienabschlüsse[839] Bachelor und Master und durch die Öffnung des Laufbahnrechts[840] für Tätigkeiten in öffentlichen zwischenstaatlichen oder überstaatlichen Einrichtungen. Zudem wurden die Voraussetzungen für den Wechsel von der Privatwirtschaft in den öffentlichen Dienst erleichtert.[841] Die Einführung eines allgemeinen Benachteiligungsverbotes, das sich auf die Fälle von Schwangerschaft, Mutterschutz, Elternzeit, Teilzeit und Telearbeit, aber auch auf familienbedingte Beurlaubungen erstreckt, sichert ebenfalls die Wettbewerbsfähigkeit des öffentlichen Dienstes, da es für eine bessere Vereinbarkeit von Familie und Beruf sorgt.[842]

Abschließend ist zu erwähnen, dass aufgrund der demografischen Entwicklung – in Anlehnung an die entsprechende Regelung in der gesetzlichen Rentenversicherung – eine schrittweise Anhebung des Pensionseintrittsalters auf 67 Jahre im Bundesbeamtengesetz verankert wurde.[843]

(b) Änderung des Bundesbesoldungs- und des Beamtenversorgungsgesetzes

Die Neureglung der besoldungs- und versorgungsrechtlichen Bestimmungen stellt einen weiteren wichtigen Bestandteil des Dienstrechtsneuordnungsgesetzes dar. Sie führte einerseits zu einer technischen Anpassung der Regelungen des Bundesbesoldungsgesetzes und des Beamtenversorgungsgesetzes, denn beide Gesetze enthielten Vorschriften, für die der Bund aufgrund der neuen beamtenrechtlichen Gesetzgebungskompetenzen der Länder keine Regelungsbefugnis mehr besitzt.[844] Andererseits nutzte der Bundesgesetzgeber die Gelegenheit, die Besoldung und Versorgung der Bundesbeamten auch im Übrigen anzugleichen.

838 §§ 16 bis 26 BBG; *Battis*, NVwZ 2009, 409, 410.

839 § 17 Abs. 4 und 5 BBG; *Peters/Lösch/Grunewald*, ZBR 2009, 1, 2 und 3.

840 §§ 33 Abs. 2, 45 BLV; *Battis*, ZBR 2010, 21, 25.

841 Siehe etwa § 11 Abs. 1, § 20 BBG; vgl. zudem *Peters*, RiA 2008, 97, 104.

842 § 25 BBG; siehe auch § 28 Abs. 2 BBG; vgl. zudem *Battis*, NVwZ 2009, 409, 410, der darauf hinweist, dass die Vereinbarkeit von Familie und Beruf zudem durch die Vorschriften der §§ 9 Satz 2, 91 bis 95 BBG erleichtert wird; siehe auch *Grunewald/Lösch*, RiA 2008, 201, 208; *Peters*, RiA 2008, 97, 104.

843 § 51 BBG; BT-Drs. 16/7076, S. 93; *Voßkuhle*, in: GVwR III, § 43 Rn. 81.

844 BT-Drs. 16/7076, S. 96 und 154 f.

So hält der Bundesgesetzgeber im Bereich der Besoldung zwar grundsätzlich an der gemeinsamen Grundgehaltstabelle für Beamte und Soldaten fest, sie wurde allerdings inhaltlich überarbeitet.[845] Das der Grundgehaltstabelle für die Bemessung des Grundgehalts bislang zugrunde gelegte Stufenmodell, das die Besoldung an dem Besoldungsdienstalter ausrichtete, wurde durch ein sich an den dienstlichen Erfahrungszeiten orientierendes Stufenmodell abgelöst.[846] Das Besoldungsrecht nimmt damit Abstand vom Senioritätsprinzip[847] und setzt zukünftig auf eine verstärkt das Leistungsprinzip berücksichtigende Besoldung. Beispielsweise ist es fortan möglich, einen Beamten von der Steigerung des Grundgehalts nach den gesammelten Erfahrungszeiten auszuschließen, wenn seine Leistungen nicht den mit dem Amt verbundenen Anforderungen entsprechen.[848] Diesen sogenannten Stufenverbleib kann der betroffene Beamte jedoch durch die spätere Erbringung herausragender Leistungen kompensieren.[849] Da aber die der Grundgehaltsbemessung zugrunde liegenden Erfahrungszeiten nicht inhaltlich zu überprüfen sind, wird das Leistungsprinzip in das Bundesbesoldungsgesetz nur sehr zurückhaltend eingeführt.[850] In diese Richtung deutet auch der Umstand, dass sich die im Rahmen des Gesetzgebungsverfahrens zunächst angestrebten Änderungen im Bereich der Leistungsbezahlung nicht[851] durchsetzen konnten. Das Besoldungsrecht behält daher lediglich die bisherigen Leistungselemente – Leistungsstufe, Leistungsprämie und Leistungszulage[852] – bei.

Anders als ursprünglich geplant rückt das Dienstrechtsneuordnungsgesetz auch nicht von dem gegenwärtigen Einkommens- und Bezugseniveau der Bundesbeamten ab.[853] Änderungen ergeben sich hier aber insoweit, als nunmehr die allgemeine Stellenzulage sowie die Jahressonderzahlung in die Grundgehaltstabelle mit einbezogen sind und die monatlichen Bezüge um 2,5 Prozent anheben.[854]

In die neuen Grundgehaltstabellen übergeleitet wurden die Bundesbeamten durch das in Art. 3 des Dienstrechtsneuordnungsgesetzes enthaltene Besoldungsüberleitungsgesetz. Das den Grundsatz der Einheit von Besoldung

845 BT-Drs. 16/7076, S. 95; *Leppek*, ZBR 2009, 325, 326; *Voßkuhle*, in: GVwR III, § 43 Rn. 82.

846 §§ 27, 28 BBesG; BT-Drs. 16/7076, S. 136; *Kettner*, DÖD 2009, 216, 218; *Wolff*, ZBR 2009, 73, 75.

847 *Battis*, NVwZ 2009, 409, 411; *Peters*, RiA 2008, 97, 101; *Wolff*, ZBR 2009, 73, 75.

848 §§ 27 Abs. 5 Satz 1 i.V.m. Abs. 3 Satz 1 BBesG.

849 § 27 Abs. 6 BBesG; *Leppek*, ZBR 2009, 325, 329; *Peters*, RiA 2008, 97, 103.

850 *Battis*, NVwZ 2009, 409, 411 f.

851 *Leppek*, ZBR 2009, 325, 329; *Peters*, RiA 2008, 97, 103.

852 §§ 27 Abs. 7, 42a Abs. 1 BBesG; *Kettner*, DÖD 2009, 216; *Voßkuhle*, in: GVwR III, § 43 Rn. 81.

853 BT-Drs. 16/7076, S. 94; *Leppek*, ZBR 2009, 325, 326 f.

854 BT-Drs. 16/7076, S. 94 f.; *Peters*, RiA 2008, 97, 101; *Wolff*, ZBR 2009, 73, 75.

und Versorgung berücksichtigende Besoldungsüberleitungsgesetz ordnete zum 1. Juli 2009 alle aktiven Bundesbeamten – unter Beachtung ihres bisherigen Grundgehaltes – dem neuen Besoldungssystem zu.[855] Für die Überleitung der Versorgungsempfänger enthält der neu eingeführte § 69g BeamtVG eine entsprechende Regelung.[856]

Die durch das Dienstrechtsneuordnungsgesetz gleichfalls vorgenommene Überarbeitung des Beamtenversorgungsgesetzes dient vornehmlich der langfristigen Sicherung der Beamtenversorgung und der Nachzeichnung der im Rahmen der gesetzlichen Rentenversicherung bereits erfolgten Reformmaßnahmen, soweit dies aufgrund der strukturellen Unterschiedlichkeit der Alterssicherungssysteme möglich war.[857] Von besonderer Bedeutung ist diesem Zusammenhang die schrittweise Anhebung des Ruhestandseintrittsalters[858] und die verminderte Möglichkeit der Anrechnung von Ausbildungszeiten als ruhegehaltsfähige Dienstzeit[859].

(c) Zwischenergebnis

Die vorstehenden Ausführungen bestätigen, dass das Dienstrechtsneuordnungsgesetz eine „Reform der kleinen Schritte“[860] darstellt. Auf Seiten des Bundes ist – aus materieller Sicht – seit der Neuordnung der Gesetzgebungskompetenzen im Bereich des Beamtenrechts mithin lediglich eine zurückhaltende Kompetenzausübung zu beobachten. Dies äußert sich beispielsweise darin, dass zwar der Wechsel von der Privatwirtschaft in den öffentlichen Dienst erleichtert wurde, der umgekehrte Weg aber weiterhin beschwerlich bleibt. So ist die bereits seit Jahren für regelungswürdig befundene Mitnahmefähigkeit von erworbenen Versorgungsansprüchen, die bei einem Wechsel vom öffentlichen Dienst in die freie Wirtschaft Schwierigkeiten bereitet, nicht im Dienstrechtsneuordnungsgesetz geregelt. Die FDP-Bundestagsfraktion brachte aus diesem Grunde einen Entschließungsantrag zur dritten Beratung des Dienstrechtsneuordnungsgesetzentwurfs ein, mit dem die Bundesregierung dazu aufgefordert werden sollte, bis spätestens zum 31. Januar 2009 einen Katalog von entsprechenden Regelungsvorschlägen vorzulegen.[861] Er fand jedoch nicht die erforderliche Mehrheit im Deutschen Bundestag.[862] Die Bundesregierung hatte daher lediglich zu einem ähnlich formulierten Ent-

855 BT-Drs. 16/7076, S. 96 und 152; Art. 17 DNeuG; *Leppek*, ZBR 2009, 325, 329.

856 Siehe auch BT-Drs. 16/7076, S. 99.

857 BVerfG, NVwZ 2008, 195, 197; BT-Drs. 16/7076, S. 97; *Battis*, NVwZ 2009, 409, 412; *Peters*, RiA 2008, 97, 109; *Ziekow*, DÖV 2008, 569, 574.

858 § 67h BeamtVG.

859 § 12 BeamtVG.

860 So wörtlich *Wolff*, ZBR 2009, 73; ähnlich *Voßkuhle*, in: GVwR III, § 43 Rn. 82.

861 BT-Drs. 16/10870, S. 3 und 6 f.

862 BT-Plenarprotokoll 16/186, S. 19901 D.

schließungsantrag der Fraktionen der CDU / CSU und SPD Stellung zu beziehen.[863] Die in der erwähnten Stellungnahme anklingende Zurückhaltung[864] der zwischenzeitlich abgelösten Bundesregierung deutet allerdings nicht darauf hin, dass die Mitnahmefähigkeit von Versorgungsanwartschaften alsbald Gegenstand eines entsprechenden Gesetzesentwurfes werden könnte.

b. Verabschiedung des Beamtenstatusgesetzes

Der Bundestag verabschiedete im Frühjahr 2008 mit der Zustimmung des Bundesrates das sogenannte Beamtenstatusgesetz. Es wurde am 19. Juni 2008 im Bundesgesetzblatt verkündet und ist zum 1. April 2009 vollständig in Kraft getreten.[865] Vor diesem Hintergrund stellt sich die Frage, in welchem Umfang der Bund seinen über Art. 74 Abs. 1 Nr. 27 GG hinzugewonnen Handlungsspielraum wahrgenommen hat. Erinnert sei daran, dass der Bundesgesetzgeber – nach dem Ergebnis der Auslegung – auf der Grundlage dieser neuen Kompetenzvorschrift für das im Bundesstaat des Grundgesetzes geltende Beamtenrecht ein Mindestmaß an Einheitlichkeit herzustellen hat. Dies gelingt ihm nur dann, wenn er die ihm übertragene Kompetenz im Sinne gesamtstaatlicher Interessen ausschöpft.

(1) Unzureichende Kompetenzwahrnehmung

Im juristischen Schrifttum findet sich der nahezu einhellig formulierte Vorwurf, der Bundesgesetzgeber habe bei der Verabschiedung des Beamtenstatusgesetzes nur einen Bruchteil des ihm über die Kompetenzvorschrift des Art. 74 Abs. 1 Nr. 27 GG vermittelten Regelungsermessens ausgeschöpft.[866] Der Bundesgesetzgeber scheint damit dem Art. 74 Abs. 1 Nr. 27 GG ein enges Auslegungsverständnis[867] zugrunde zu legen. Anders lässt sich die in dem Gesetz deutlich hervortretende normative Bescheidenheit jedenfalls kaum erklären. Sie ergibt sich zum Beispiel aus den minimalistischen Vorschriften der §§ 41, 44, 47, 52 BeamtStG. Gerechtfertigt wird diese verhaltene Kompe-

---

863 Vgl. dazu den Antrag in BT-Drs. 16/10850, S. 7 sowie die diesbezügliche Unterrichtung der Bundesregierung in BT-Drs. 16/12036.

864 So *Battis*, NVwZ 2009, 409, 410.

865 Gesetz zur Regelung des Statusrechts der Beamtinnen und Beamten in den Ländern (Beamtenstatusgesetz – BeamtStG) v. 17.06.2008, BGBl. I, 1010.

866 *Baßlsperger*, PersV 2008, 404; *Battis*, NVwZ 2008, 379, 380; *Battis/Grigoleit*, ZBR 2008, 1 und 6; *Lemhöfer*, RiA 2007, 49, 50; *Voßkuhle*, in: GVwR III, § 43 Rn. 81; *Wolff*, DÖV 2007, 504, 506; *Ziekow*, PersV 2007, 344, 351; anderer Ansicht ist hingegen *Peters*, RiA 2008, 97; eine vertiefende Untersuchung der einzelnen Bestimmungen des Beamtenstatusgesetzes findet sich bei *Baßlsperger*, PersV 2008, 404, 407ff.; *Battis/Grigoleit*, ZBR 2008, 1, 4 ff. und *Ziekow*, PersV 2007, 344, 346 ff., auf deren Ausführungen hier ausdrücklich verwiesen sei; eine ähnliche Auseinandersetzung mit dem neuen Beamtenstatusgesetz findet sich fernerhin bei *Dillenburger*, NJW 2009, 1115 ff.

867 *Bochmann*, ZBR 2007, 1, 9.

tenzausschöpfung in der Gesetzesbegründung damit, dass das Beamtenstatusgesetz den Landesgesetzgebern im Hinblick auf bestehende regionale Besonderheiten ausreichend Raum für eigenständige Gestaltungsmöglichkeiten[868] belassen wolle.

Da aber die Auslegung des Art. 74 Abs. 1 Nr. 27 GG ergab, dass der Vorschrift ein über ihren Wortlaut hinausragendes Kompetenzverständnis zugrunde zu legen ist, fragt sich, ob der Bundesgesetzgeber möglicherweise nicht von Verfassungs wegen dazu verpflichtet sein könnte, ein umfassenderes Beamtenstatusgesetz zu verabschieden.

(2) Gesetzgebungspflicht des Bundes?

Gemäß Art. 20 Abs. 3 GG ist die Gesetzgebung ausschließlich an die verfassungsmäßige Ordnung gebunden. Weiteren Einschränkungen ist der Gesetzgeber grundsätzlich nicht unterworfen.[869] Damit steht es zunächst im Ermessen des Gesetzgebers, zu entscheiden, ob und in welchem Umfang er ein Gesetz erlässt.[870] In bestimmten Fällen kann die Verfassung jedoch eine Pflicht zur Gesetzgebung begründen.

(a) Gesetzgebungskompetenzen im Sinne der Artt. 70 ff. GG

Zu überlegen ist, ob sich aus den Normen über die Verteilung der Gesetzgebungskompetenzen zwischen Bund und Ländern eine solche Gesetzgebungspflicht ergeben könnte. Im Wesentlichen besteht zwar Einigkeit darüber, dass sich aus den einzelnen Kompetenzvorschriften selbst keine Pflicht zur Gesetzgebung ableiten lässt.[871] Eine Ausnahme von diesem Grundsatz bildete jedoch die im Zuge der Föderalismusreform I abgeschaffte Gesetzgebungspflicht des Art. 75 Abs. 3 GG a.F. Sie verpflichtete die Länder dazu, entsprechende Landesgesetze zu erlassen, soweit der Bund von seiner Rahmenkompetenz Gebrauch machte. Die zeitweilige Existenz des Art. 75 Abs. 3 GG a.F. ließe sich daher als Hinweis darauf verstehen, dass durch das Föderalismusreformgesetz I ein ähnlicher Ausnahmetatbestand begründet worden sein könnte. Dafür spricht sich zumindest der Bundesrat aus, der aus der überarbeiteten Erforderlichkeitsklausel des Art. 72 Abs. 2 GG eine Gesetzgebungspflicht für

868 BT-Drs. 16/4027, S. 2; ebenso *Auerbach*, DVP 2008, 397, 399; *dies.*, ZBR 2009, 217, 218.

869 *Mayer*, Nachbesserungspflicht des Gesetzgebers, S. 39.

870 *Kalkbrenner*, DÖV 1963, 41; *Sannwald*, in: Schmidt-Bleibtreu/Hofmann/Hopfauf, GG, Vorb. v. Art. 70 Rn. 10; *Rengeling*, in: HbdStR IV 2, § 100 Rn. 10.

871 *Degenhart*, in: Sachs, GG, Art. 70 Rn. 63; *Heintzen*, in: v. Mangoldt/Klein/Starck, GG II, Art. 71 Rn. 33; *Mayer*, Nachbesserungspflicht des Gesetzgebers, S. 43; *Rengeling*, in: HbdStR IV 2, § 100 Rn. 7; *Rozek*, in: v. Mangoldt/Klein/Starck, GG II, Art. 70 Abs. 1 Rn. 18; *Uhle*, in: Maunz/Dürig, GG V, Art. 70 Rn. 147; *Walecki*, Normsetzungspflicht des Gesetzgebers, S. 125 ff.; *Ziekow*, PersV 2007, 344, 346.

den Bundesgesetzgeber ableitet.[872] Das ist insoweit von Bedeutung, als Art. 74 Abs. 1 Nr. 27 GG zu der Kompetenzart der konkurrierenden Gesetzgebung zählt und sich die Erforderlichkeitsklausel daher auch auf die Kompetenznorm zur Regelung des Beamtenstatusrechts in den Ländern und Gemeinden auswirkt.

Bevor allerdings auf eine eventuelle, sich aus Art. 72 Abs. 2 GG ableitende Gesetzgebungspflicht des Bundes näher eingegangen wird, ist es hilfreich, sich zunächst den Ansatz der konkurrierenden Gesetzgebung zu verdeutlichen. Gemäß Art. 72 Abs. 1 GG weist die konkurrierende Gesetzgebung den Ländern die Befugnis zur Gesetzgebung solange und soweit zu, bis der Bund von seiner Gesetzgebungszuständigkeit Gebrauch macht. Dem Bund ist es im Bereich der konkurrierenden Gesetzgebung damit grundsätzlich freigestellt, ob und in welchem Ausmaß er die ihm zugewiesenen Kompetenzen wahrnimmt.[873] Dieses weitläufige Entscheidungsermessen des Gesetzgebers wird aber durch die Erforderlichkeitsklausel des Art. 72 Abs. 2 GG reduziert. Sie sieht sich in ihrer seit 1994 bestehenden Fassung der vollständigen rechtlichen Überprüfbarkeit durch das Bundesverfassungsgericht ausgesetzt.[874] Besteht also die Erforderlichkeit für den Erlass einer bundesgesetzlichen Regelung, ist auch ein etwaiges Unterlassen des Bundesgesetzgebers gerichtlich nachprüfbar und damit angreifbar.[875] Diese verfassungsgerichtliche Überprüfbarkeit legt den Rückschluss nahe, dass der Bundesgesetzgeber bereits seit dem Jahre 1994 im Falle des Vorliegens der Voraussetzungen der Erforderlichkeitsklausel zum Erlass einer gesetzlichen Regelung verpflichtet ist. Eine Gesetzgebungspflicht für den Bundesgesetzgeber lässt sich daraus aber deshalb nicht ableiten, weil der unmissverständliche Wortlaut des Art. 72 Abs. 2 GG explizit von einem Gesetzgebungsrecht, nicht aber von einer Gesetzgebungspflicht des Bundes spricht.[876]

Fraglich ist, ob sich dieses Argument durch die nochmalige Überarbeitung der Erforderlichkeitsklausel entkräften lässt. Wie bereits im dritten Kapitel dargelegt, wurde der Anwendungsbereich des Art. 72 Abs. 2 GG durch das Föderalismusreformgesetz I reduziert. Diese Beschränkung ergibt sich laut der Gesetzesbegründung zum Föderalismusreformgesetz I daraus, dass Bund und Länder hinsichtlich der nicht in Art. 72 Abs. 2 GG aufgeführten Kompetenztitel das Erfordernis einer bundesgesetzlichen Regelung als gege-

872 BT-Drs. 16/4027, S. 42 f.; in diesem Zusammenhang weist *Ziekow*, PersV 2007, 344, 346 zutreffenderweise darauf hin, es sei durchaus bemerkenswert, dass gerade der Bundesrat eine Gesetzgebungspflicht für den Bund begründet sehe.

873 BFHE 134, 445, 449; *Auerbach*, DVP 2008, 397, 399; *dies.*, ZBR 2009, 217, 218; *Ziekow*, PersV 2007, 344, 346.

874 BVerfGE 106, 62, 143 ff.

875 *Battis/Grigoleit*, ZBR 2008, 1, 7.

876 *Dies.*, ZBR 2008, 1, 7.

ben unterstellen.[877] Auch im Rahmen des Art. 74 Abs. 1 Nr. 27 GG ist also zu vermuten, dass Bund und Länder das Kriterium der Erforderlichkeit als erfüllt ansehen. Mit den Worten des Bundesrates ist daher eine bundesgesetzliche Regelung des Statusrechts der Beamten der Länder und Gemeinden schon „aus sich heraus erforderlich [...], um im gesamtstaatlichen Interesse die Rechtseinheit im Bereich des Beamtenrechts zu wahren“[878]. Der Bundesrat zieht daher den Schluss, dass sich aus diesem Umstand eine Gesetzgebungspflicht für den Bund ableite.[879] Der gezogene Umkehrschluss ist jedoch nicht korrekt. Hätte der verfassungsändernde Gesetzgeber das in Art 72 Abs. 2 GG enthaltene „Gesetzgebungsrecht“ zu einer Gesetzgebungspflicht verdichten wollen, so wäre es ihm ohne Weiteres möglich gewesen, den Wortlaut in diesem Sinne anzupassen. Auch ein entsprechender Hinweis in der Gesetzesbegründung hätte ein solches Änderungsinteresse ausdrücklich klarstellen können. Da der verfassungsändernde Gesetzgeber aber an dem Wort „Gesetzgebungsrecht“ festhält und auch sonst nicht erkennbar ist, dass die vorgenommene Reduktion des Anwendungsbereichs des Art. 72 Abs. 2 GG darauf gerichtet ist, eine Gesetzgebungspflicht zu verankern, kann die Begründung einer solchen auch nicht unterstellt werden.[880] Für den Bundesgesetzgeber lässt sich damit aus den Artt. 70 ff. GG keine Gesetzgebungspflicht für den Erlass eines umfassenderen Beamtenstatusgesetzes ableiten.

(b) Art. 33 Abs. 5 GG

Das materielle Verfassungsrecht begründet insbesondere durch sogenannte Gesetzgebungs- oder Verfassungsaufträge eine Pflicht zur Gesetzgebung.[881] Zu diesen Gesetzgebungsaufträgen zählt auch die Vorschrift des Art. 33 Abs. 5 GG.[882] Sie fordert, dass das Recht des öffentlichen Dienstes unter Berücksichtigung der hergebrachten Grundsätze des Berufsbeamtentums zu regeln und fortzuentwickeln ist. Da die hergebrachten Grundsätze für das Beamtenrecht einen Gesetzesvorbehalt aufstellen, hat die Ausgestaltung dieses

877 Siehe ausführlich dazu Kapitel 3, Punkt C.I.2.

878 BT-Drs. 16/4027, S. 43.

879 BT-Drs. 16/4027, S. 43.

880 *Battis/Grigoleit*, ZBR 2008, 1, 7; *Wolff*, DÖV 2007, 504, 506; ähnlich *Auerbach*, DVP 2008, 397, 399.

881 *Heintzen*, in: v. Mangoldt/Klein/Starck, GG II, Art. 71 Rn. 33; *Kalkbrenner*, DÖV 1963, 41, 43; *Mayer*, Nachbesserungspflicht des Gesetzgebers, S. 42; *Rengeling*, in: HbdStR IV 2, § 100 Rn. 7; *Uhle*, in: Maunz/Dürig, GG V, Art. 70 Rn. 147; *Walecki*, Normsetzungspflicht des Gesetzgebers, S. 81.

882 *Maunz*, in: ders./Dürig, GG IV (53. Liefg.), Art. 33 Rn. 78 ff.; *Ritter*, Verfassungsrechtliche Gesetzgebungspflichten, S. 83 und 93; *Walecki*, Normsetzungspflicht des Gesetzgebers, S. 103.

Rechtsbereichs unmittelbar durch den Gesetzgeber zu erfolgen.[883] Der Gesetzgeber wird dabei auf Bundes- und Landesebene gleichermaßen verpflichtet, weil der aus Art. 33 Abs. 5 GG abgeleitete Gesetzesvorbehalt keine Unterscheidung zwischen Bundes- und Landesgesetzgeber trifft. Fraglich ist also, inwieweit sich die aus Art. 33 Abs. 5 GG folgende Gesetzgebungspflicht möglicherweise ausschließlich an den Bundesgesetzgeber richtet.

Handelt es sich wie bei Art. 33 Abs. 5 GG um einen Verfassungsauftrag, so bestimmt sich die Frage, wer diesen Auftrag zu erfüllen hat, grundsätzlich nach den Vorschriften über die Kompetenzverteilung.[884] Es ist bereits umfassend erläutert worden, dass die dem Beamtenstatusgesetz zugrunde liegende Kompetenznorm des Art. 74 Abs. 1 Nr. 27 GG zur konkurrierenden Gesetzgebung zählt. Das wirft insoweit Schwierigkeiten auf, als das Kompetenzrecht die Rechtsmaterie des Statusrechts der Landes- und Kommunalbeamten damit zwar einerseits dem Bund zuweist. Für den Fall einer unzureichenden Bundesregelung ordnet die konkurrierende Gesetzgebung aber andererseits gerade keine Gesetzgebungspflicht für den Bundesgesetzgeber an, sondern gibt vielmehr den Ländern Raum zur Gesetzgebung. Sie haben nämlich nach Art. 72 Abs. 1 GG die Befugnis zur Gesetzgebung, solange und soweit der Bund von seiner Gesetzgebungszuständigkeit keinen Gebrauch macht. Dies hat zur Konsequenz, dass sich bei einer unzureichenden Kompetenzausschöpfung des Bundes lediglich die Länder der Gesetzgebungspflicht des Art. 33 Abs. 5 GG ausgesetzt sehen.[885] Sie führt daher grundsätzlich keine Verpflichtung für den Bundesgesetzgeber herbei, ein umfassenderes Beamtenstatusgesetz zu erlassen, vielmehr ist es aus ihrem Blickwinkel heraus sogar gleichgültig, ob die Statusrechte und -pflichten der Beamten der Länder und Gemeinden auf Bundes- und / oder auf Landesebene geregelt werden.[886]

Bezieht man in die vorliegende Betrachtung allerdings den Grundsatz allseitiger Verfassungsbindung mit ein, so wird deutlich, dass den Bund hinsichtlich des Art. 33 Abs. 5 GG eine besondere Verantwortung trifft.[887] In dieser Arbeit wurde hervorgehoben, dass die Norm des Art. 33 Abs. 5 GG zu den Durchgriffsnormen des Grundgesetzes zählt. Aufgabe solcher Durchgriffsnormen ist es, ein Mindestmaß an Einheitlichkeit im bundesstaatlichen Gefüge sicherzustellen.[888] Die Institution des Berufsbeamtentums partizipiert also – ähnlich wie etwa die in Art. 28 Abs. 1 GG festgeschriebenen Grund-

883 *Ritter*, Verfassungsrechtliche Gesetzgebungspflichten, S. 91; *Thieme*, Der öffentliche Dienst, S. 50; zum Gesetzesvorbehalt im Beamtenrecht im Allgemeinen vgl. etwa *Summer*, DÖV 2006, 249.

884 *Ritter*, Verfassungsrechtliche Gesetzgebungspflichten, S. 127.

885 *Battis/Grigoleit*, ZBR 2008, 1, 8.

886 *Bochmann*, ZBR 2007, 1, 13.

887 *Battis/Grigoleit*, ZBR 2008, 1, 8.

888 *Sachs*, in: ders., GG (3. Auflg.), Art. 20 Rn. 62.

sätze – an den einheitssichernden Grundstrukturen des Grundgesetzes.[889] Die auf diese Weise von der Verfassung an das Berufsbeamtentum herangetragene Forderung, die Einheit im Bundesstaat mit zu gewährleisten, lässt sich aber nur dann verwirklichen, wenn die Kernsubstanz des Beamtenrechts in Bund und Ländern selbst einheitssichernd gewährleistet wird. Für die Schaffung eines in Bund und Ländern einheitlichen Berufsbeamtentums ist daher ein homogenisierender Zugriff des Bundesgesetzgebers auf die Kernsubstanz des Beamtenrechts zwingend erforderlich.[890] Dieser Zugriff wurde vor der Föderalismusreform I über die Zuständigkeitsnorm des Art. 75 Abs. 1 Nr. 1 GG a.F. realisiert. Bedingt durch die Aufhebung der Kompetenzart der Rahmengesetzgebung musste für die der Norm des Art. 75 Abs. 1 Nr. 1 GG a.F. nachfolgende Statusgesetzgebungskompetenz daher entweder im Rahmen der konkurrierenden oder der ausschließlichen Gesetzgebung des Bundes ein Platz gefunden werden. Da aber das auf der Grundlage des Art. 33 Abs. 5 GG auszugestaltende Beamtenrecht zu den originären Staatsaufgaben von Bund und Ländern zählt, hatte der verfassungsändernde Gesetzgeber bei der Verankerung der neuen Statusgesetzgebungskompetenz zu berücksichtigen, dass eine Zuordnung dieser Kompetenzmaterie zum Gesetzgebungsbereich der ausschließlichen Gesetzgebung einen schwerwiegenden, möglicherweise sogar unverhältnismäßigen Eingriff in die Eigenstaatlichkeit der Länder bedeutet hätte.[891] Eine Verantwortungszuweisung an den Bund im Wege der ausschließlichen Gesetzgebung war folglich nicht möglich. Die für den Zusammenhalt im Bundesstaat erforderliche Einheitlichkeit des Berufsbeamtentums muss der Bund seit der Föderalismusreform I daher auf der Grundlage des Art. 74 Abs. 1 Nr. 27 GG gewährleisten. Der ihm dadurch zugewiesene Zugriff auf die Kernsubstanz des Beamtenrechts in den Ländern und Gemeinden ist dabei im Zusammenhang mit seiner besonderen „gesamtstaatliche[n] Verantwortung für die einheitsbildende Funktion des Berufsbeamtentums“[892] zu sehen. Soweit diese Verantwortung reicht, muss sich die aus Art. 33 Abs. 5 GG resultierende Gesetzgebungspflicht ausschließlich an den Bund richten, weil anderenfalls aufgrund der erheblichen inhaltlichen Regelungsweite, die Art. 33 Abs. 5 GG dem Gesetzgeber in Bund und Ländern belässt, eine Erosion des an das Berufsbeamtentum herangetragenen Verfassungsauftrages eintreten könnte.[893] In diese Richtung deutet auch die Gesetzesbegründung zum Föderalismusreformgesetz I. Sie hebt ausdrücklich

889 *Battis/Grigoleit*, ZBR 2008, 1, 8.

890 *Dies.*, ZBR 2008, 1, 8.

891 *Thieme*, Der öffentliche Dienst, S. 31; anderer Ansicht ist insoweit *Auerbach*, DVP 2008, 397, 399; vgl. fernerhin die Ausführungen unter Kapitel 4, Punkt A.I.1.a.(2).

892 *Battis/Grigoleit*, ZBR 2008, 1, 8.

893 *Dies.*, ZBR 2008, 1, 9; anderer Ansicht sind *Wolff*, DÖV 2007, 504, 506; *Ziekow*, PersV 2007, 344, 346.

hervor, dass die verfassungsrechtliche Garantie des Berufsbeamtentums durch die Änderungen des Föderalismusreformgesetzes I nicht angetastet werden soll. Dies bedeutet, dass mithin auch zukünftig die gesamtstaatliche Bedeutung und Funktion des Beamtentums zu gewährleisten ist.[894] Diese Gewährleistung kann aber nur durch eine entsprechende Ausschöpfung der dem Bund verbliebenen Statusgesetzgebungskompetenz erfolgen. Unterstützung findet die vorstehend begründete Gesetzgebungspflicht des Bundes nicht zuletzt in dem Gedanken, dass im Bundesstaat Aufgaben, die das Gesamtinteresse von Bund und Ländern betreffen, vom Bund wahrgenommen werden sollten.

Abschließend ist daher zu konstatieren, dass der Bund auf der Grundlage des Art. 74 Abs. 1 Nr. 27 GG für die Funktionsfähigkeit eines einheitlichen Berufsbeamtentums und damit für die Einheitssicherung im Bundesstaat insgesamt einzustehen hat. Dazu verpflichtet ihn die materielle Verfassungsnorm des Art. 33 Abs. 5 GG. Sie nimmt den Bundesgesetzgeber aber nur insoweit in die Pflicht, als dies für die Verwirklichung des beschriebenen Funktionsauftrages des Beamtentums auch erforderlich ist.

(c) Zwischenergebnis

In Bezug auf die Ausgangsfrage lässt sich feststellen, dass der Bund aufgrund des Art. 33 Abs. 5 GG dazu verpflichtet ist, ein umfassendes Beamtenstatusgesetz zu verabschieden. Die gegenwärtige, zum Teil nur Eckpunkte des Statusrechts benennende Fassung des Beamtenstatusgesetzes ist daher durch den Bundesgesetzgeber zu überarbeiten. Sie steht nicht im Einklang mit der Verfassung.[895] Einer Überprüfung durch das Bundesverfassungsgericht hielte die momentane Fassung des Gesetzes deshalb mit großer Wahrscheinlichkeit nicht stand.

4. Kompetenzwahrnehmung der Länder

Gesetzgeberische Aktivitäten lassen sich nicht nur auf der Bundesebene beobachten. Auch die Länder haben damit begonnen, ihre neuen Gesetzgebungskompetenzen im Bereich des Beamtenrechts auszuschöpfen. Die gegenwärtige Beamtengesetzgebung der Länder erstreckt sich dabei sowohl auf die Ausübung der neuen Besoldungs- und Versorgungskompetenz als auch auf die Wahrnehmung der laufbahnrechtlichen und der allgemeinen, nicht von der Statusgesetzgebungskompetenz des Bundes erfassten beamtenrechtlichen Kompetenz.

894 *Battis/Grigoleit*, ZBR 2008, 1, 9.
895 *Battis*, NVwZ 2008, 379, 380.

a. Besoldungsanpassungs- und Einmalzahlungsgesetze

In den Ländern Baden-Württemberg, Bayern, Brandenburg, Bremen, Hamburg, Hessen, Mecklenburg-Vorpommern, Niedersachsen, Nordrhein-Westfalen, Rheinland-Pfalz, Saarland, Sachsen, Sachsen-Anhalt, Schleswig-Holstein und Thüringen kam es – wie auch beim Bund – zunächst zur Verabschiedung von Besoldungsanpassungsgesetzen.[896] Während darüber hinaus etwa in den Ländern Baden-Württemberg, Brandenburg, Hamburg, Hessen, Mecklenburg-Vorpommern, Niedersachsen, Sachsen-Anhalt, Schleswig-Holstein und Thüringen zugleich sogenannte Einmalzahlungsgesetze auf den Weg gebracht wurden, sind in Berlin bisher weder Bestrebungen über den Beschluss eines Besoldungsanpassungsgesetzes noch über den Beschluss eines Einmalzahlungsgesetzes zu erkennen.[897]

Mit den vorstehend aufgeführten Besoldungsanpassungen geht eine Neugestaltung der Besoldungsstrukturen in den Ländern bislang aber noch nicht einher.[898] Daher bleibt das Bundesbesoldungsgesetz – bis zu seiner Ablösung durch entsprechendes Landesrecht gemäß Art. 125a Abs. 1 GG – für die Länder weiterhin verbindlich.[899] Das gilt allerdings nicht für das Land Thüringen, das sein Besoldungsrecht – anders als die übrigen Bundesländer – bereits auf eine eigene gesetzliche Grundlage stellte.[900] Auch die bayerische Staatsregierung legte zwischenzeitlich dem Landtag einen Gesetzentwurf für ein neues Dienstrecht vor, der unter anderem eine umfassende Neugestaltung des Besoldungsrechts in Bayern intendiert.[901]

b. Dienstrechtsreformen

In den Ländern lassen sich nicht nur die in materieller Hinsicht kaum ins Gewicht fallenden Anpassungen der Besoldung beobachten, vielmehr nehmen die Länder die hinzugewonnenen beamtenrechtlichen Kompetenzen zum Anlass, das eigene Dienstrecht zu überarbeiten. Die Mehrzahl der Dienstrechtsreformen der Länder konzentriert sich dabei vorerst auf eine Neugestaltung des Laufbahn- und allgemeinen Beamtenrechts. Mittlerweile werden in einigen Ländern aber auch die Regelungsbereiche der Besoldung und Versorgung vermehrt in die Reformgesetzgebung mit einbezogen. Im Jahre drei nach der

---

896 BT-Drs. 16/8688, S. 9; *ders.*, ZBR 2010, 21; *Drescher*, RiA 2008, 248, 252 f.; *Leppek*, ZBR 2009, 325, 326.

897 BT-Drs. 16/8688, S. 9; einen anschaulichen Überblick über die Besoldungsanpassungen und Einmalzahlungen der Länder gibt *Drescher*, RiA 2008, 248, 252 f.

898 *Leppek*, ZBR 2009, 325, 326.

899 *Meier*, ZBR 2009, 235, 236.

900 Thüringer Besoldungsneuregelungs- und -vereinfachungsgesetz v. 24.06.2008, Thr. GVBl. 2008, S. 134.

901 LT-Drs. 16/3200, S. 6 f.

Föderalismusreform I zeichnen sich damit in den Ländern unterschiedliche gesetzgeberische Entwicklungen ab.

(1) Technische Reformgesetzgebung

Einige Bundesländer haben das jeweilige landeseigene Beamtengesetz zunächst an die veränderte Kompetenzlage angeglichen.[902] Dies wurde insbesondere aufgrund des zum 1. April 2009 in Kraft getretenen Beamtenstatusgesetzes erforderlich.[903] So entschieden sich die Länder Bayern, Berlin, Hessen, Nordrhein-Westfalen, Saarland, Sachsen und Thüringen vorerst für eine überwiegend technische Anpassung des eigenen Landesbeamtengesetzes an das Beamtenstatusgesetz.[904] In manchen dieser Bundesländer – etwa im Saarland oder in Sachsen – wurde die technische Anpassung mit der Einführung einzelner neuer materieller Bestimmungen verbunden.[905]

(2) Reformgesetzgebung in den Küstenländern, Sachsen-Anhalt und Brandenburg

Andere Länder haben dagegen bereits weitergehende Dienstrechtsreformen in Angriff genommen. Zu diesen Ländern zählen vor allem die norddeutschen Küstenländer Bremen, Hamburg, Mecklenburg-Vorpommern, Niedersachsen und Schleswig-Holstein, die einen gemeinsamen Musterlandesbeamtengesetzentwurf erstellt haben. Niedersachsen und nahezu zeitgleich Schleswig-Holstein verabschiedeten als erste Küstenlander auf den Vorstellungen des Mustergesetzentwurfs basierende Landesgesetze zur Modernisierung des Beamtenrechts.[906] Diesen beiden Vorreitern folgten nun auch die Stadtstaaten Bremen und Hamburg sowie das Flächenland Mecklenburg-Vorpommern nach.[907] Einen Schwerpunkt im Rahmen der vielen beamtenrechtlichen Neu-

902 *Auerbach*, DVP 2008, 397, 402.

903 *Dies.*, ZBR 2009, 217; *Hoffmann/Schuhn*, LKRZ 2009, 126, 127 f.

904 *Battis*, PersR 2009, 89; *ders.*, NVwZ 2009, 409; *Drescher*, RiA 2008, 248, 252; *Förster*, LKV 2009, 497, 498; vgl. dazu etwa auch das Bayerische Beamtengesetz (BayBG) v. 29.07.2008, Bay. GVBl. 2009, 500, das Gesetz zur Anpassung des Beamtenrechts in Hessen an das Beamtenstatusgesetz (Hessisches Beamtenrechtsanpassungsgesetz - HBRAnpG) v. 05.03.2009, Hess. GVBl. I 2009, 95 sowie das Gesetz zur Änderung des Sächsischen Beamtengesetzes und anderer Gesetze v. 12.03.2009, Schs. GVBl. 2009, 102.

905 *Battis*, ZBR 2010, 21; *Hoffmann/Schuhn*, LKRZ 2009, 126, 129.

906 Gesetz zur Modernisierung des niedersächsischen Beamtenrechts v. 25.03.2009, Nds. GVBl. 2009, 72; siehe aber auch *Battis*, NVwZ 2009, 812; *Frank/Heinicke*, ZBR 2009, 34, 38; Gesetz zur Neuregelung des Beamtenrechts in Schleswig-Holstein v. 26.03.2009, SchlHst. GVBl. 2009, 93; vgl. zudem LT-Drs. 16/2306, S. 3 ff.; *Förster*, LKV 2009, 497. 498.

907 Gesetz zur Neuregelung des Beamtenrechts in der Freien Hansestadt Bremen - Beamtenrechtsneuregelungsgesetz (BremBNeuG) v. 22.12.2009, Brem. GVBl. 2010, 17;

regelungen der Küstenländer nehmen die laufbahnrechtlichen Bestimmungen ein, die zukünftig nicht mehr vier, sondern nur noch zwei Laufbahnen vorsehen.[908] Dieser laufbahnrechtliche Reformansatz wurde durch das nicht zu den Küstenländern zählende Land Sachsen-Anhalt übernommen, das zwischenzeitlich ebenfalls sein Landesbeamtenrecht reformierte.[909] Das Reformgesetz des Landes Sachsen-Anhalt orientiert sich zudem an folgenden Zielsetzungen: dem Ausbau des Leistungsprinzips – unter anderem durch die Einführung einer Probezeit von drei Jahren sowie durch die Schaffung der Möglichkeit der Beförderung während der Probezeit bei Erbringung weit überdurchschnittlicher Leistungen –, der Angleichung des Landesbeamtengesetzes an die neuen Hochschulabschlüsse Bachelor und Master und der Aufrechterhaltung der bundesweiten Mobilität durch die Anerkennung von im Bundesgebiet erworbenen Laufbahnbefähigungen.[910]

Einen ganz eigenen Weg im Beamtenrecht geht dagegen das Land Brandenburg. Es nutzt seine neuen Gesetzgebungsräume nicht nur für die durch das Inkrafttreten des Beamtenstatusgesetzes anfallende Neuordnung seines Landesbeamtenrechts, sondern sieht zugleich eine weiterführende Überarbeitung seiner beamtenrechtlichen Bestimmungen vor.[911] Insbesondere will es zumindest mittelfristig dem Grundsatz der Kostenneutralität gerecht werden, sodass es sich gegen die weitere Anhebung der Besoldungs- und Versorgungsbezüge ausspricht, seinen Beamten als Ausgleich dafür aber mehr Flexibilität bei der Gestaltung der Arbeits- und Urlaubszeit gewährt.[912]

(3) Reformgesetzgebung in Baden-Württemberg und Rheinland-Pfalz

Das Land Baden-Württemberg prüft gegenwärtig noch, auf welche Art und Weise die ihm zugewiesenen Gestaltungsspielräume im Bereich des Beamtenrechts ausgeschöpft werden sollen. Ein entsprechender Gesetzentwurf zur Modernisierung des Landesbeamtenrechts wurde nämlich noch nicht vorgestellt. Am 15. Dezember 2009 beschloss der baden-württembergische Minis-

---

Gesetz zur Neuregelung des hamburgischen Beamtenrechts v. 18.12.2009, Hmb. GBVl. 2009, 405; Gesetz zur Neuordnung des Beamtenrechts für das Land Mecklenburg-Vorpommern v. 17.12.2009, MVP. GVBl. 2009, 687.

908 *Battis*, NVwZ 2008, 379, 380; *Frank/Heinicke*, ZBR 2009, 34, 38.

909 Gesetz zur Neuordnung des Landesbeamtenrechts v. 15.12.2009, SAH GVBl. 2009, 648; vgl. dazu auch den Gesetzentwurf in LT-Drs. 5/1710 sowie *Drescher*, RiA 2008, 248, 252.

910 LT-Drs. 5/1710, S. 94 f.

911 Vgl. dazu das Gesetz zur Neuordnung des Beamtenrechts im Land Brandenburg v. 03.04.3009, GVBl. Bdb. I, 26 sowie die LT-Drs. 4/7004, S. 3 und *Förster*, LKV 2009, 497, 499.

912 LT-Drs. 4/7004, S. 2; *Battis*, PersR 2009, 89; *ders.*, NVwZ 2009, 409.

terrat jedoch ein Eckpunktepapier für eine Dienstrechtsreform.[913] Darin finden sich insbesondere folgende Vorschläge zur Fortentwicklung des Beamtenrechts: eine schrittweise Anhebung der Regelaltersgrenze auf 67 Jahre, die Ermöglichung der freiwilligen Weiterarbeit jenseits der festgelegten Altersgrenzen, eine Verkürzung der Anrechenbarkeit von Hochschulausbildungszeiten auf die Versorgung, die Ausrichtung der Besoldung an beruflichen Erfahrungszeiten unter Aufrechterhaltung der aktuellen Besoldungssätze, eine Stärkung des Leistungsprinzips, die Mitnahmefähigkeit von Versorgungsansprüchen bei einem Wechsel vom öffentlichen Dienst in die Privatwirtschaft sowie ein Ausbau der Sabbatjahr- und Teilzeitregelungen. Ebenso Gegenstand des Eckpunktepapiers ist eine Modernisierung des Laufbahnrechts, die unter anderem zu einem Wegfall der Laufbahngruppe des einfachen Dienstes führen soll. Das Land Baden-Württemberg geht damit über eine technische Anpassung seines Landesbeamtengesetzes an das Beamtenstatusgesetz hinaus und entscheidet sich für eine umfassende Reformierung seines Dienstrechts. Bis es allerdings zum Erlass entsprechender Landesnormen kommen wird, sind die vom Innenministerium des Landes herausgegeben Hinweise zur „Anwendung von Vorschriften des Landesbeamtengesetzes in der Fassung vom 19. März 1996 nach Inkrafttreten des Gesetzes zur Regelung des Statusrechts der Beamtinnen und Beamten in den Ländern (Beamtenstatusgesetz – BeamtStG) am 1. April 2009“ zu berücksichtigen.[914]

Das Land Rheinland-Pfalz veranlasste auch noch keine Anpassung seines Landesbeamtengesetzes.[915] Der Ministerrat des Landes stellte jedoch am 10. November 2009 ein Eckpunktepapier für eine Dienstrechtsreform in Rheinland-Pfalz vor.[916] Im Mittelpunkt dieses Eckpunktepapieres steht die Reformierung des Laufbahnrechts. So sollen die vier Laufbahngruppen – wie auch in Bayern[917] – durch eine einheitliche Laufbahn mit vier verschiedenen

913 Die entsprechende Pressemitteilung des Staatsministeriums Baden-Württemberg sowie das Eckpunktepapier sind abrufbar unter http://www.innenministerium.baden-wuerttemberg.de/de/Meldungen/221309.html?referer=82339&template=min_meldung_html&_min=_im, zuletzt aufgerufen am 16.02.2010.

914 Siehe dazu die weiterführenden Informationen unter http://www.innenministerium.baden-wuerttemberg.de/fm7/1227/Anwendungshinweise_Stand%20140409.pdf, zuletzt aufgerufen am 22.11.2009.

915 *Förster*, LKV 2009, 497, 498.

916 Siehe dazu die Pressemitteilung der rheinland-pfälzischen Landesregierung unter http://www.rlp.de/einzelansicht/archive/2009/november/article/attraktivitaet-des-oeffentlichen-dienstes-steigern/, zuletzt aufgerufen am 16.02.2010. Das Eckpunktepapier findet sich auf der Website der Gewerkschaft ver.di und kann dort unter http://beamte.verdi.de/landesbezirke/eckpunkte-dienstrechtsreform-rheinland-pfalz/data/Politisches-Eckpunktepapier-der-Landesregierung-Rheinland-Pfalz.pdf, heruntergeladen werden, zuletzt aufgerufen am 16.02.2010.

917 Siehe dazu die nachfolgenden vertiefenden Ausführungen unter Punkt I.4.b.(5).(a). dieses Kapitels.

Einstiegsämtern ersetzt werden. Gleichzeitig ist eine Begrenzung der Laufbahnen auf sechs Fachlaufbahnen geplant. Angestrebt wird schließlich eine Aufwertung der unteren Besoldungsgruppen. Dazu sollen alle Beamten der Besoldungsgruppe A 2 in die Besoldungsgruppe A 3 überführt werden. Darüber hinaus soll das Endgrundgehalt der Besoldungsgruppen A 3 bis A 6 um bis zu 150 EUR pro Monat angehoben werden. Das Land Rheinland-Pfalz strebt mithin ebenfalls eine über eine bloße technische Anpassung seines Landesbeamtengesetzes hinausgehende Dienstrechtsreform an. Bis zur Verabschiedung des Reformgesetzes ist auf die „Hinweise des Ministeriums des Innern und für Sport zur Anwendung von Bestimmungen des Landesbeamtengesetzes in der Fassung vom 14. Juli 1970 nach Inkrafttreten des Gesetzes zur Regelung des Statusrechts der Beamtinnen und Beamten in den Ländern am 1. April 2009“ zurückzugreifen.[918]

(4) Reformgesetzgebung in Bayern, Hessen und Nordrhein-Westfalen

Nicht außer Acht zu lassen sind schließlich die angestrebten Reformüberlegungen der Länder Bayern, Hessen und Nordrhein-Westfalen. Alle drei Länder haben das eigene Landesbeamtengesetz zunächst in redaktioneller Hinsicht an das vom Bund erlassene Beamtenstatusgesetz angeglichen. Eine ausführliche Wahrnehmung der neuen Landeskompetenzen behalten sie dagegen einem separaten Rechtsetzungsverfahren vor.[919]

So stellte die bayerische Staatsregierung am 10. Juni 2008 ein Eckpunktepapier für die Neugestaltung des Dienstrechts in Bayern vor.[920] Darin ist unter anderem vorgesehen, die bisherigen Laufbahnen durch eine einzige Laufbahn, die allerdings verschiedene Einstiegsämter vorsieht, zu ersetzen. Des Weiteren stehen die Themenbereiche der Besoldung und Versorgung im Mittelpunkt der angestrebten Dienstrechtsreform. Einen auf dem Eckpunkte-

918 Siehe dazu die weiterführenden Informationen unter http://www.ism.rlp.de/Internet/med/094/0945f01f-ee22-0215-3a16-e865a3eafac3,11111111-1111-1111-1111-111111111111.pdf, zuletzt aufgerufen am 16.02.2010.

919 In Bezug auf Bayern sei auf die LT-Drs. 15/10605, S. 2, in Bezug auf Hessen auf die durch das Hessische Ministerium des Innern und für Sport unter http://www.hessen.de/irj/HMdI_Internet?cid=947dfc6a7ecd953 85c78247ec0f3ff28, zuletzt aufgerufen am 16.02.2010, bereitgestellten Informationen verwiesen; hinsichtlich der Dienstrechtsreform in Nordrhein-Westfalen sei schließlich auf die Presseerklärung des Ministerpräsidenten *Rüttgers* unter http://www.nrw.de/presse/ministerpraesident-ruettgers-beruft-kommission-zur-dienstrechtsreform-8207/, zuletzt aufgerufen am 16.02.2010, aufmerksam gemacht.

920 Die diesbezügliche Regierungserklärung des bayerischen Staatsministers der Finanzen ist unter http://www.verwaltung.bayern.de/Anlage3060816/DasNeueDienstrechtinBayern.pdf, zuletzt aufgerufen am 22.11.2009, verfügbar.

papier basierenden Gesetzentwurf zum Dienstrecht in Bayern leitete die Staatsregierung dem Landtag am 26. Januar 2010 zu.[921]

Ein umfassendes Programm zur Reformierung des Beamtenrechts wird derzeit auch im Land Hessen erarbeitet. Ein entsprechender Gesetzentwurf liegt zwar gegenwärtig noch nicht vor, die durch die Landesregierung einberufene Mediatorengruppe Dienstrecht präsentierte jedoch am 2. Dezember 2009 ihre Vorschläge für die Modernisierung des hessischen Beamtenrechts.[922] Wie in den anderen Ländern liegt einer der Schwerpunkte des hessischen Reformvorhabens im Bereich des Laufbahnrechts. Aufgegeben werden soll etwa die Laufbahngruppe des einfachen Dienstes. Zudem sollen die gegenwärtig bestehenden 100 Laufbahnen auf rund 30 Laufbahnen reduziert werden. An eine Öffnung der Laufbahngruppen für die neuen Bildungsabschlüsse Bachelor und Master wird ebenfalls gedacht. Daneben sollen insbesondere auch die Regelungsbereiche der Besoldung und Versorgung umfassend überarbeitet werden.

In Nordrhein-Westfalen sind die Reformbemühungen bislang noch nicht so weit fortgeschritten wie in Bayern und Hessen. Ministerpräsident *Rüttgers* hat allerdings am 1. Dezember 2009 eine Kommission zur Dienstrechtsreform einberufen, deren Empfehlungen in ein entsprechendes Eckpunktepapier eingearbeitet werden sollen.[923] Die beamtenrechtlichen Entwicklungen in Nordrhein-Westfalen bleiben damit abzuwarten.

(5) Einzelheiten der Dienstrechtsreformen der Länder Bayern, Brandenburg und Niedersachen

Nachstehend werden die grundlegenden Inhalte der bereits angedeuteten Dienstrechtsreformen der Länder Bayern, Brandenburg und Niedersachen vorgestellt. Aus der Vielzahl der landesrechtlichen Reformgesetze werden die Modernisierungsmaßnahmen dieser Länder deshalb herausgegriffen, weil sie insbesondere im Bereich des Laufbahnrechts unterschiedliche Wege gehen. Die Darstellung der Dienstrechtsreform des Landes Niedersachsen erfolgt dabei stellvertretend für die beamtenrechtlichen Neuregelungen in den Küstenländern.

---

921 LT-Drs. 16/3200.

922 Der Bericht ist unter http://www.hessen.de/irj/servlet/prt/portal/prtroot/slimp.CMReader/HMdI_15/HMdI_Internet/med/8f5/8f56246b-7e13-521f-012f-31e2389e4818,22222222-2222-2222-2222-222222222222,true, zuletzt aufgerufen am 16.02.2010, verfügbar.

923 Siehe dazu die Presseerklärung des Ministerpräsidenten *Rüttgers* unter http://www.nrw.de/presse/ ministerpraesident-ruettgers-beruft-kommission-zur-dienstrechts reform-8207/, zuletzt aufgerufen am 16.02.2010.

(a) Bayern

Der von der bayerischen Staatsregierung in das Gesetzgebungsverfahren Anfang des Jahres 2010 eingebrachte Gesetzentwurf für ein neues Dienstrecht in Bayern beinhaltet das bundesweit größte beamtenrechtliche Reformprojekt seit der Föderalismusreform I. Der auf der Grundlage des Eckpunktepapiers[924] der Staatsregierung erstellte Gesetzentwurf weist einen Umfang von mehr 600 Seiten auf und sieht eine umfassende Neuordnung des Beamtenrechts in Bayern vor. Im Mittelpunkt des Gesetzesvorhabens steht – wie auch in den anderen Ländern – eine Neugestaltung des Laufbahnrechts.[925] Daneben werden zugleich die Regelungsbereiche der Besoldung und Versorgung sowie des allgemeinen Beamtenrechts in das Reformvorhaben mit einbezogen.[926] Insgesamt sollen durch das Artikelgesetz fünfzehn verschiedene Gesetze überarbeitet, neu gefasst oder eingeführt werden.

Nach den Vorstellungen des Gesetzentwurfs soll das Laufbahnrecht in Bayern seine Rechtsgrundlage zukünftig in dem Gesetz über die Leistungslaufbahn und die Fachlaufbahnen der bayerischen Beamten und Beamtinnen[927] finden. Es sieht drei entscheidende Neuerungen vor:

Erstens sollen die bisher bestehenden Laufbahngruppen des einfachen, mittleren, gehobenen und höheren Dienstes durch die sogenannte Leistungslaufbahn ersetzt werden, in die die Bewerber auf vier verschiedenen Qualifikationsebenen einsteigen.[928] Der Einstieg hängt dabei von der jeweiligen Vor- und Ausbildung beziehungsweise von den bisherigen beruflichen Leistungen des Bewerbers ab.[929] In der Rechtsliteratur wird die Verfassungsmäßigkeit dieses Reformpunktes im Hinblick auf seine Vereinbarkeit mit dem durch Art. 33 Abs. 5 GG geschützten Laufbahngruppen- und Laufbahnprinzip diskutiert.[930] Von den meisten Schrifttumsvertretern wird gegenwärtig die Verfassungswidrigkeit der angedachten Leistungslaufbahn aber abgelehnt, weil sich die Qualifikationsebenen im Ergebnis an den bisherigen Vor- und Ausbildungsvoraussetzungen der Laufbahngruppen des einfachen, mittleren, ge-

---

924 LT-Drs. 16/3200, S. 5.

925 LT-Drs. 16/3200, S. 5; *Hilg*, BayVBl. 2009, 459; *Lorse*, BayVBl. 2009, 449, 453; *ders.*, ZBR 2009, 368.

926 LT-Drs. 16/3200, S. 5 und 6 ff.

927 LT-Drs. 16/3200, S. 5.

928 § 3 Art. 5 Abs. 1 LlbG-E; vgl. auch *Drescher*, RiA 2008, 248, 250; *Kathke/Vogl*, ZBR 2009, 9.

929 § 3 Art. 5 Abs. 1, Art. 6 Abs. 3, Artt. 7 und 8 LlbG-E; *Hilg*, BayVBl. 2009, 459, 460; *Kathke/Eck*, ZBR 2009, 361; *Lorse*, ZBR 2009, 368; *Pechstein*, ZBR 2009, 20, 27.

930 Vgl. dazu die die Verfassungswidrigkeit ablehnenden Stellungnahmen von *Kathke/Eck*, ZBR 2009, 361, 364 ff. und *Kathke/Vogl*, ZBR 2009, 9, 12 ff. sowie die kritischen Betrachtungen von *Hilg*, BayVBl. 2009, 459 ff.; *Lorse*, BayVBl. 2009, 449, 453; *ders.*, ZBR 2009, 368, 375 ff. und *Pechstein*, ZBR 2009, 20, 21 ff.

hobenen und höheren Dienstes orientieren.[931] Vor diesem Hintergrund bleibt es abzuwarten, ob sich Bayern in materiell-rechtlicher Hinsicht tatsächlich – wie in der Gesetzesbegründung ausgeführt[932] – von dem bislang bestehenden Laufbahnbegriff abwenden wird.

Zweitens soll mit der Einführung der Leistungslaufbahn die Etablierung eines modularen Systems lebenslangen Lernens einhergehen.[933] So sollen die laufbahnrechtlichen Aufstiegsverfahren durch die sogenannte modulare Qualifizierung abgelöst werden.[934] Sie soll dem einzelnen Beamten entsprechend seiner Vor- und Ausbildung sowie seiner vorhandenen förderlichen Berufserfahrung eine Qualifikation für die Ämter ab der nächsthöheren Qualifikationsebene vermitteln.

Drittens sollen die bisher über 300 Fachlaufbahnen in Bayern in insgesamt sechs neuen Fachlaufbahnen zusammengefasst werden.[935] Soweit dies erforderlich ist, sollen dabei innerhalb einer Fachlaufbahn fachlich verwandte Schwerpunkte gebildet werden können.[936] Auf diese Weise soll die Anzahl der Laufbahnwechsel minimiert werden.[937]

Daneben strebt das geplante Gesetz über die Leistungslaufbahn und die Fachlaufbahnen der bayerischen Beamten und Beamtinnen eine Vielzahl weiterer Neuregelungen an. Erwähnt seien beispielsweise die Vorschriften zur Sicherstellung der Mobilität der Beamten.[938] Sie sehen vor, dass eine landesfremde Laufbahnbefähigung durch die entsprechende oberste Dienstbehörde anzuerkennen ist, wenn der Bewerber einen Stand an Wissen und Fertigkeiten aufweist, der einer nach bayerischem Recht bestehenden Qualifikation entspricht. Ausländische Bildungsabschlüsse werden auf Antrag ebenfalls als Qualifikation für eine Fachlaufbahn anerkannt, wenn der Bewerber die deutsche Sprache in Wort und Schrift beherrscht. Schließlich liegt den neuen laufbahnrechtlichen Bestimmungen eine verstärkte Berücksichtigung des

---

931 So lautet vor allem auch das Resultat der kritischen Schrifttumsvertreter, siehe etwa *Hilg*, BayVBl. 2009, 459, 460 und *Pechstein*, ZBR 2009, 20, 33, der herausstellt, dass sich die bayerische Leistungslaufbahn nicht als echte Einheitslaufbahn darstellt; die Verfassungsmäßigkeit bejahen schließlich ebenfalls *Grunewald/Lösch*, RiA 2008, 201, 205.

932 Siehe dazu LT-Drs. 16/3200, S. 538 sowie die Ausführungen von *Pechstein*, ZBR 2009, 20, 33.

933 LT-Drs. 16/3200, S. 5 und 346.

934 § 3 Art. 20 LlbG-E; LT-Drs. 16/3200, S. 546; *Kathke/Eck*, ZBR 2009, 361, 364; *Kathke/Vogl*, ZBR 2009, 9, 16; *Lorse*, ZBR 2009, 368, 369; *Pechstein*, ZBR 2009, 20, 27.

935 § 3 Art. 5 Abs. 2 LlbG-E; LT-Drs. 16/3200, S. 346; *Hilg*, BayVBl. 2009, 459; *Lorse*, BayVBl. 2009, 449, 453.

936 § 3 Art. 5 Abs. 2 Satz 2 LlbG-E.

937 § 3 Art. 9 LlbG-E; LT-Drs. 16/3200, S. 346; *Kathke/Eck*, ZBR 2009, 361, 362; *Lorse*, ZBR 2009, 368, 372.

938 § 3 Art. 11, Artt. 41 ff. LlbG-E.

Leistungsprinzips zugrunde.[939] So hat die Probezeit den Zweck, unter Anlegung eines strengen Maßstabes festzustellen, ob der Bewerber allen Anforderungen des Beamtenverhältnisses auf Lebenszeit gerecht wird.[940] Die regelmäßige Probezeit soll sich dabei auf zwei Jahre belaufen.[941] Für den Fall, dass die Bewährung oder der Nachweis der Eignung des Bewerbers in dieser Zeit nicht sicher zu beurteilen beziehungsweise zu führen ist, soll sie allerdings auf eine Gesamtdauer von bis zu fünf Jahren ausgedehnt werden können.[942]

Auch das geplante bayerische Besoldungsgesetz, das die bisherigen in unterschiedlichen Gesetzen enthaltenen besoldungsrechtlichen Regelungen einheitlich zusammenfassen wird, soll verstärkt auf das Leistungsprinzip Bezug nehmen.[943] Gleichzeitig soll es an der bestehenden Ämterordnung, den Grundgehaltstabellen und dem Familienzuschlag festhalten.[944] So wird auch zukünftig das Grundgehalt nach Stufen bemessen werden.[945] Der Stufenaufstieg innerhalb der Grundgehaltstabelle wird sich fortan aber – ähnlich wie beim Bund – nicht mehr nach dem Dienstalter, sondern nach den gesammelten Dienst- und Erfahrungszeiten bestimmen.[946] Das bayerische Besoldungsrecht wird mithin ebenfalls Abstand vom Senioritätsprinzip nehmen. Zusätzlich wird es den Stufenaufstieg vermehrt in das Interesse des Leistungsprinzips stellen. Er soll nämlich nur noch dann erfolgen, wenn die Feststellung des Dienstherrn vorliegt, dass die von dem Beamten erbrachten Leistungen den mit dem Amt verbundenen Mindestanforderungen entsprechen.[947] Bei nicht anforderungsgerecht erbrachten Dienstzeiten soll der Beamte dagegen in der bisherigen Stufe der Grundgehaltstabelle verbleiben.[948] Änderungen werden sich auch für den Stufeneinstieg ergeben. Er führt bei der Begründung des Beamtenverhältnisses grundsätzlich zu einem Einstieg in die Anfangsstufe der Grundgehaltstabelle[949], kann aber bei Vorhandensein bestimmter berücksichtigungsfähiger Zeiten auch zu einer Einstufung des Bewerbers in einer höheren Stufe führen[950]. Berücksichtigungsfähige Zeiten in diesem Sinne sind beispielsweise berufliche Erfahrungen, die der Bewerber im Rahmen eines privatrechtlichen Arbeitsverhältnisses sammeln konnte.

---

939 LT-Drs. 16/3200, S. 5.

940 § 3 Art. 12 Abs. 1 Satz 1 LlbG-E.

941 § 3 Art. 12 Abs. 2 Satz 2 LlbG-E; LT-Drs. 16/3200, S. 543.

942 § 3 Art. 12 Abs. 4 LlbG-E.

943 LT-Drs. 16/3200, S. 6.

944 LT-Drs. 16/3200, S. 6.

945 § 1 Art. 30 Abs. 1 Satz 1 BayBesG-E.

946 § 1 Art. 30 Abs. 2, 3 BayBesG-E; LT-Drs. 16/3200, S. 347.

947 § 1 Art. 30 Abs. 2, 3 BayBesG-E; *Lorse*, ZBR 2009, 368, 374.

948 § 1 Art. 30 Abs. 3 Satz 3 BayBesG-E; *ders.*, ZBR 2009, 368, 374.

949 § 1 Art. 30 Abs. 1 Satz 2 BayBesG-E.

950 §1 Art. 31 BayBesG-E; LT-Drs. 16/3200, S. 381 f.

Neben diese besoldungsrechtlichen Neuregelungen soll eine Vielzahl weiterer Änderungen treten. Genannt sei im vorliegenden Zusammenhang zum Beispiel die geplante Fortschreibung der bisherigen Leistungselemente – namentlich der Leistungsprämien, Leistungszulagen und Leistungsstufen –, die zukünftig an transparentere Vergabe- und Verleihungskriterien gebunden werden sollen.[951] Auch soll zum Zwecke ihrer Gewährung ein erhöhtes Budget zur Verfügung gestellt werden.[952] Nicht zuletzt ist darauf hinzuweisen, dass der Gesetzentwurf für ein neues Dienstrecht in Bayern eine Überarbeitung der Besoldungsordnungen zum Gegenstand hat. Vorgesehen ist etwa die Zusammenfassung der bisherigen Besoldungsordnungen A und B in einer gemeinsamen Besoldungsordnung, die Abschaffung der Besoldungsgruppe A 2 und eine Erhöhung der Endgrundgehalte der Besoldungsstufen A 3 bis A 6.[953]

Im Mittelpunkt der Dienstrechtsreform in Bayern steht schließlich die Einführung eines an den bewährten Grundsätzen der Beamtenversorgung ausgerichteten eigenständigen bayerischen Beamtenversorgungsgesetzes.[954] Weiterhin beachtet werden sollen nach den Vorstellungen des Gesetzgebers insbesondere der Grundsatz der Versorgung aus dem letzten Amt und das akzessorische Verhältnis von Versorgung und Besoldung.[955] Außerdem sollen – zum Zwecke der Steigerung der Wettbewerbsfähigkeit des öffentlichen Dienstes – die Ausbildungszeiten nach der bisherigen Maßgabe im Rahmen der Versorgung berücksichtigungsfähig bleiben.[956] Anpassungsbedarf besteht dagegen insoweit, als das Ruhestandseintrittsalter – in Anlehnung an die im Rahmen der gesetzlichen Rentenversicherung bereits vorgenommenen Reformmaßnahmen – schrittweise auf 67 Jahre angehoben werden soll.[957]

(b) Brandenburg

Das Gesetz zur Neuordnung des Beamtenrechts im Land Brandenburg war überwiegend auf eine Neufassung des Landesbeamtengesetzes gerichtet. Im Vordergrund des Reformgesetzes stand damit im Wesentlichen die Flexibilisierung des Laufbahnrechts, der Ausbau des Leistungsprinzips, der Erhalt und die Steigerung der Mobilität der Beamten sowie die Schaffung von verbesserten Rahmenbedingungen für die Vereinbarkeit von Beruf und Familie.[958] Die

951 § 1 Art. 66 ff. BayBesG-E; LT-Drs. 16/3200, S. 350; *Kathke/Vogl*, ZBR 2009, 9, 11.
952 *Dies.*, ZBR 2009, 9, 10; *Lorse*, BayVBl. 2009, 449, 456.
953 LT-Drs. 16/3200, S. 6 und 348 f.
954 LT-Drs. 16/3200, S. 7.
955 LT-Drs. 16/3200, S. 351.
956 § 2 Art. 20 BayBeamtVG-E; LT-Drs. 16/3200, S. 351.
957 § 4 Art. 143 BayBG-E; LT-Drs. 16/3200, S. 529 und 576; *Kathke/Vogl*, ZBR 2009, 9, 18.
958 LT-Drs. 4/7007, S. 2 f.

übrigen beamtenrechtlichen Landesgesetze erfuhren durch das Neuordnungsgesetz lediglich einige kleinere Änderungen.[959]

In Umsetzung der vorstehend genannten Ziele wurde zunächst der im Landesbeamtengesetz enthaltene Laufbahnbegriff erweitert, der sich – ähnlich wie beim Bund – fortan auf alle Ämter derselben Fachrichtung erstreckt, die eine gleiche oder verwandte Vor- und Ausbildung voraussetzen.[960] Gleichzeitig wurde am Laufbahngruppenprinzip unter Aufrechterhaltung des einfachen, mittleren, gehobenen und höheren Dienstes festgehalten.[961] Bestrebungen, die Laufbahngruppe des einfachen Dienstes aufzulösen, konnten sich im Rahmen des Gesetzgebungsverfahrens nicht durchsetzen.[962]

Um dem anvisierten Ausbau des Leistungsprinzips Rechnung zu tragen, wurde die Probezeit im Land Brandenburg einheitlich auf drei Jahre[963] festgesetzt, auf die Vollendung des 27. Lebensjahres für die Ernennung zum Beamten auf Lebenszeit[964] verzichtet und die Möglichkeit der Einstellung in einem höheren Amt als dem Einstiegsamt[965] für den Fall geschaffen, dass der Bewerber zusätzlich zu den gesetzlich geforderten Vor-und Ausbildungsvoraussetzungen weitere berufliche Erfahrungen oder Qualifizierungen mitbringt. Ferner ist nunmehr die Anrechnung einer gleichwertigen, auch außerhalb des öffentlichen Dienstes erbrachten Tätigkeit auf die Probezeit gestattet.[966] Für Beamte, die erheblich über dem Durchschnitt liegende Leistungen erzielen, ist zudem eine Verkürzung der Probezeit vorgesehen.[967] Eine Beförderung während der Probezeit ist nach dem brandenburgischen Landesbeamtengesetz allerdings unzulässig.[968] Dem Leistungsprinzip förderlich ist schließlich die nunmehr gesetzlich normierte Fortbildungspflicht der Beamten sowie die mit ihr korrespondierende Verpflichtung des Dienstherrn, für eine kontinuierliche Fortbildung der Beamten durch geeignete Maßnahmen Sorge zu tragen.[969]

Die Mobilität der Beamten wird durch die Anerkennung landesfremder Laufbahnbefähigungen sichergestellt.[970] Sie kann aber von der Teilnahme an einer Unterweisung oder an entsprechenden Fortbildungsmaßnahmen abhängig gemacht werden.[971] Darüber hinaus führen auch ausländische Bildungs-

959 LT-Drs. 4/7007, S. 3.
960 § 9 Abs. 1 LBG; LT-Drs. 4/7007, S. 69; *Förster*, LKV 2009, 497, 500.
961 § 9 Abs. 2 Satz 1 LBG; *Drescher*, RiA 2008, 248, 252.
962 *Förster*, LKV 2009, 497, 500.
963 § 18 Abs. 1 Satz 1 LBG.
964 LT-Drs. 4/7007, S. 64.
965 § 17 Satz 2 LBG; *ders.*, LKV 2009, 497, 500.
966 § 18 Abs. 1 Satz 3 LBG; LT-Drs. 4/7007, S. 73; *Drescher*, RiA 2008, 248, 252.
967 § 18 Abs. 1 Satz 5 LBG.
968 § 20 Abs. 3 Nr. 1 LBG.
969 § 23 Satz 2 und 3 LBG.
970 § 14 LBG.
971 § 14 Abs. 1 Satz 2 LBG.

qualifikationen zu einer Laufbahnbefähigung, wenn die deutsche Sprache in dem für die Wahrnehmung der Aufgaben erforderlichen Maße beherrscht wird.[972]

Die verbesserte Vereinbarkeit von Beruf und Familie wurde im Land Brandenburg – wie auch beim Bund – zunächst durch die Einführung eines allgemeinen Benachteiligungsverbotes für die Fälle von Schwangerschaft, Mutterschutz, Elternzeit, Teilzeitbeschäftigung und Beurlaubung aus familiären Gründen herbeigeführt.[973] Dieses Benachteiligungsverbot wurde durch einen Nachteilsausgleich für berufliche Verzögerungen, die durch die Geburt oder die tatsächliche Betreuung oder Pflege eines Kindes unter 18 Jahren oder eines nach ärztlichem Gutachten pflegebedürftigen sonstigen nahen Angehörigen eintreten können, ergänzt.[974] Als familienfreundlich erweisen sich auch die erweiteren Teilzeit- und Beurlaubungsmöglichkeiten aus familiären Gründen sowie etwa die auf Antrag gewährte Beurlaubung unter Wegfall der Besoldung.[975] Geschaffen wurde zudem ein beamtenrechtlicher Anspruch auf Teilzeit.[976] Die neuen Teilzeit- und Beurlaubungsregelungen unterfallen dem Unterabschnitt „Arbeitszeit, Urlaub und Dienstbefreiung" des Landesbeamtengesetzes, der den brandenburgischen Beamten fortan eine flexible Arbeitszeit- und Freizeitgestaltung erlaubt.[977]

Abschließend ist anzumerken, dass die im Entwurf des Gesetzes zur Neuordnung des Beamtenrechts im Land Brandenburg ursprünglich angedachte Auflösung des Landespersonalausschusses im Rahmen der parlamentarischen Beratungen nicht mehrheitsfähig war.[978] Der Landespersonalausschuss wird – wenn auch mit geänderten Zuständigkeiten – beibehalten.[979]

(c) Niedersachsen

Das Gesetz zur Modernisierung des niedersächsischen Beamtenrechts konzentriert sich ebenfalls auf eine Neufassung des Landesbeamtengesetzes. Daneben enthält es eine Vielzahl von Folgeänderungen, die sich auf die sonstigen beamtenrechtlichen Bestimmungen des Landes beziehen.

Von vorrangiger Bedeutung im Rahmen des neuen niedersächsischen Landesbeamtengesetzes ist das überarbeitete Laufbahnrecht. Es hält an dem hergebrachten Grundsatz des Laufbahnprinzips fest und setzt zugleich auf eine verstärkte Einbeziehung des Leistungsprinzips, ein größeres Maß an

972 § 15 LBG.
973 § 24 Abs. 1 LBG.
974 § 24 Abs. 2 LBG; LT-Drs. 4/7007, S. 66.
975 § 80 LBG; § 79 LBG; LT-Drs. 4/7007, S. 3.
976 *Förster*, LKV 2009, 497, 502.
977 *Battis*, NVwZ 2009, 409; *ders.*, NVwZ 2009, 812.
978 LT-Drs. 4/7007, S. 2; *Förster*, LKV 2009, 497, 503.
979 §§ 125 ff. LBG.

Transparenz, auf eine Deregulierung der Laufbahnstrukturen sowie die Aufrechterhaltung der Mobilität der Beamten.[980]

In Anlehnung an diese Zielsetzungen wurde zunächst der landesrechtliche Begriff der Laufbahn überarbeitet.[981] Er umfasst nach neuer Rechtslage alle Ämter, die derselben Fachrichtung und derselben Laufbahngruppe angehören.[982] Der niedersächsische Laufbahnbegriff ist damit konkreter gefasst als etwa der Laufbahnbegriff im Bundesrecht oder im brandenburgischen Landesrecht. Die wichtigste Neuerung im niedersächsischen Laufbahnrecht ist allerdings die erfolgte Reduzierung der Laufbahngruppen. So wurden die bisherigen Laufbahngruppen des einfachen und mittleren Dienstes in der neuen Laufbahngruppe 1, die bisherigen Laufbahngruppen des gehobenen und höheren Dienstes in der neuen, einen Hochschulabschluss voraussetzenden Laufbahngruppe 2 zusammengefasst.[983] Innerhalb der beiden Laufbahngruppen bestehen jeweils ein erstes und ein zweites Einstiegsamt, für das eine unterschiedliche Vor- und Ausbildung gefordert und eine unterschiedliche Besoldung gewährt wird.[984] Im Zuge der Neufassung des Laufbahnrechts wurde zudem die die Zugangsvoraussetzungen zu den Laufbahnen ausgestaltende Regelung des § 14 Abs. 3 und 4 NBG an die neuen Bildungsabschlüsse Bachelor und Master angepasst.[985] Flankiert wird die Beschränkung der Laufbahngruppen schließlich durch die gleichzeitig vorgenommene Reduzierung der bisherigen 158 Fachlaufbahnen auf nunmehr insgesamt zehn Fachlaufbahnen.[986] Anders als der Bund, der seine Fachlaufbahnen an den vorhandenen Bildungsgängen ausrichtet, stellt das Land Niedersachsen im Rahmen der Bündelung seiner Fachlaufbahnen auf die historisch gewachsenen Verwaltungsstrukturen ab.[987]

Zur Verwirklichung der verstärkten Einbeziehung des Leistungsprinzips sieht das niedersächsische Laufbahnrecht eine regelmäßige Probezeit von drei Jahren vor.[988] Sie kann auf maximal fünf Jahre verlängert, infolge der Möglichkeit der Anrechnung beruflicher Tätigkeiten aber auch verkürzt werden, soweit die anrechenbare Tätigkeit nach Art und Bedeutung der Tätigkeit in der Laufbahn entspricht.[989] Um dem Leistungsprinzip mehr Raum zu verschaffen, wird fortan auch in Niedersachsen auf die Mindestaltersgrenze für

980 LT-Drs. 16/655, S. 74.

981 LT-Drs. 16/655, S. 93.

982 § 13 Abs. 1 NBG.

983 §§ 13 Abs. 2, 14 NBG; *Bludau*, NdsVBl. 2009, 1, 4.; *Drescher*, RiA 2008, 248, 251; *Frank/Heinicke*, ZBR 2009, 34, 38; *Grunewald/Lösch*, RiA 2008, 201, 205.

984 §§ 13 Abs. 3 Satz 2, 14 Abs. 3 und 4 NBG; LT-Drs. 16/655, S. 75.

985 § 14 Abs. 3 und 4 NBG; LT-Drs. 16/655, S. 75.

986 § 13 Abs. 2 NBG; *Battis*, NVwZ 2009, 812; *Frank/Heinicke*, ZBR 2009, 34, 38.

987 *Battis*, ZBR 2010, 21, 24; *Bludau*, NdsVBl. 2009, 1, 4.

988 § 19 Abs. 2 Satz 1 NBG.

989 § 19 Abs. 2 Satz 1 und 2, Abs. 4 NBG.

die Ernennung zum Beamten auf Lebenszeit[990] verzichtet, bei der Erbringung von Spitzenleistungen eine Beförderung bereits während der Probezeit[991] gestattet und die Einstellung in ein höheres Amt als das Eingangsamt[992] der Laufbahn ermöglicht, wenn der Bewerber entsprechende berufliche Erfahrungen oder sonstige Qualifikationen nachweisen kann. Außerdem wurde im Landesbeamtengesetz eine Fortbildungspflicht für die Beamten sowie eine ihr entsprechende Verpflichtung des Dienstherrn, für die Fortbildung Sorge zu tragen, normiert.[993] Dadurch wird dem Grundsatz des lebenslangen Lernens Rechnung getragen.[994]

Ebenfalls Gegenstand des neuen Landesbeamtengesetzes sind die Bestimmungen zur Sicherstellung der Mobilität der Beamten. Sie gewährleisten einerseits die Anerkennung landesfremder Laufbahnbefähigungen.[995] Dabei kann aber unter Umständen die Teilnahme an einer Unterweisung oder an Qualifizierungsmaßnahmen erforderlich werden. Andererseits ermöglichen sie eine Anerkennung von im Ausland erworbenen Berufsqualifikationen.[996] Der besseren Vereinbarkeit von Beruf und Familie wird in Niedersachsen durch den im Rahmen der Beförderung der Beamten zu berücksichtigenden Nachteilsausgleich für berufliche Verzögerungen, die durch die Geburt, die Betreuung oder die Pflege eines Kindes unter 18 Jahren oder durch die Pflege eines nach ärztlichem Gutachten pflegebedürftigen sonstigen Angehörigen entstehen können, Rechnung getragen.[997] Aus den gleichen Gründen wird auf Antrag unterhälftige Teilzeit oder Urlaub aus familiären Gründen ohne Fortzahlung der Dienstbezüge bewilligt.[998] Darüber hinaus kann von der Vorschrift des § 64 NBG Gebrauch gemacht werden, auf deren Grundlage ebenfalls Urlaub ohne Dienstbezüge gewährt werden kann.

Abschließend sei darauf hingewiesen, dass die Küstenländer bei der Festlegung des Pensionseintrittsalters trotz des gemeinsamen Musterlandesbeamtengesetzentwurfs unterschiedliche Regelungen bevorzugen.[999] Das Land Niedersachsen hat vorerst an der Regelaltersgrenze von 65 Jahren[1000] fest-

990 LT-Drs. 16/655, S. 75; *Bludau*, NdsVBl. 2009, 1, 5.
991 § 20 Abs. 3 Satz 1 Nr. 1, Satz 2 NBG.
992 § 18 Satz 3 NBG.
993 § 22 NBG.
994 *ders.*, NdsVBl. 2009, 1, 4.
995 § 15 Abs. 1 NBG.
996 § 16 NBG.
997 § 20 Abs. 5 Satz 1 NBG.
998 §§ 62 Abs. 1, 65 NBG.
999 *Drescher*, RiA 2008, 248, 251.
1000 § 35 NBG.

gehalten, das Land Schleswig-Holstein hat sich beispielsweise für eine Anhebung der Regelaltersgrenze auf 67 Jahre[1001] entschieden.

c. *Zwischenergebnis*

Resümierend ist damit zu konstatieren, dass die Länder die ihnen übertragenen beamtenrechtlichen Gesetzgebungskompetenzen nach dem augenblicklichen Gesetzgebungsstand auf unterschiedliche Weise ausschöpfen. Dennoch werden bestimmte Reformgedanken von allen Ländern aufgegriffen, sodass auch im Jahre drei nach der Föderalismusreform I im Beamtenrecht lediglich kleinere Regelungsunterschiede zwischen den Ländern bestehen. Die ausführlich beleuchteten, gegen die Dezentralisierung der Gesetzgebungskompetenzen im Bereich des Beamtenrechts vorgetragenen Bedenken werden mithin auch durch die Gesetzgebungspraxis entkräftet.

Nachdem sich einige Länder zunächst für eine bloße technische Anpassung des eigenen Landesbeamtengesetzes an die neue Kompetenzlage entschieden, lassen sich zwischenzeitlich auch weiterführende Beamtenrechtsreformen beobachten. Die meisten landesrechtlichen Neuregelungen betreffen dabei das Laufbahnrecht. So streben nicht nur alle Länder eine Reduzierung der vielzähligen Fachlaufbahnen an, vielmehr sehen Baden-Württemberg, Bayern, Rheinland-Pfalz, Sachsen-Anhalt und die fünf Küstenländer – wenn auch nach unterschiedlichen Maßstäben – eine Eingrenzung der Laufbahngruppen vor. Nur Brandenburg und der Bund halten vorerst an den vier Laufbahngruppen des einfachen, mittleren, gehobenen und höheren Dienstes fest. Die im Schrifttum gelegentlich geäußerte Befürchtung, die Mobilität der Beamten könnte infolge der Föderalismusreform I beschränkt werden, hat sich bislang nicht bestätigt.[1002] Vielmehr stellen die Länder die Zu- und Abwanderung der Beamten durch die Anerkennung der im Bundesgebiet erworbenen Laufbahnbefähigungen sicher.

Fast alle Länder, die bislang eine Dienstrechtsreform auf den Weg gebracht haben oder zumindest anstreben, haben sich des Weiteren dazu entschlossen, das allgemeine Beamtenrecht anzupassen. Dieses steht zunehmend unter dem Einfluss des verfassungsrechtlich verankerten Leistungsprinzips. So findet sich in diesen Ländern – ebenso wie beim Bund – beispielsweise eine weitgehend einheitlich festgesetzte Probezeit, die aufgrund verschiedener Kriterien verkürzt, zum Teil aber auch verlängert werden kann und zudem in den meisten Ländern einer Beförderung nicht mehr entgegensteht. Auch eine explizit normierte Fortbildungspflicht ist vermehrt Gegenstand der Beamtengesetze. Daneben ist in vielen Ländern – gleichermaßen wie beim Bund – eine schrittweise Anhebung des Pensionseintrittsalters auf 67 Jahre zu

---

1001 § 65 Abs. 1 Satz 1 LBG.

1002 So auch *Dillenburger*, NJW 2009, 1115, 1118.

verzeichnen. In den Ländern Brandenburg und Niedersachsen wurden schließlich umfassende Möglichkeiten für eine verbesserte Vereinbarkeit von Beruf und Familie geschaffen.

Kaum reformiert wurde dagegen bislang der Regelungsbereich der Besoldung. Er fand lediglich im Rahmen des Thüringer Besoldungsneuregelungs- und -vereinfachungsgesetzes sowie des Dienstrechtsneuordnungsgesetzes des Bundes Berücksichtigung. Eine Besoldungsneuordnung enthält nunmehr aber auch der Gesetzentwurf für ein neues Dienstrecht in Bayern, der sich inhaltlich den besoldungsrechtlichen Neuregelungen des Bundes annähert.

Ähnlich wie im Besoldungsrecht gestaltet sich schließlich die Rechtslage im Versorgungsrecht. Dieser Regelungsbereich wurde von den bisher verabschiedeten Dienstrechtsreformen der Länder nicht in nennenswertem Umfang erfasst.[1003] Im Versorgungsrecht verbleibt es mithin vorerst gemäß Art. 125a Abs. 1 GG bei der Anwendung des bundesrechtlichen Beamtenversorgungsgesetzes.[1004] Eine Ausnahme gilt hier aber demnächst voraussichtlich für das Land Bayern, denn der in den bayerischen Landtag zur Beratung eingebrachte Gesetzentwurf zur Reformierung des Beamtenrechts erstreckt sich auch auf eine Neugestaltung des Versorgungsrechts.

II. Kompetenzfeld der terroristischen Gefahrenabwehr

1. Diskussion der verfassungsrechtlichen Neuregelung

Ähnlich wie die Überarbeitung der beamtenrechtlichen Bestimmungen sieht sich auch die verfassungsmäßige Einführung der neuen ausschließlichen Bundeskompetenz im Sinne des Art. 73 Abs. 1 Nr. 9a GG der Kritik des Fachschrifttums ausgesetzt. Schon die im Rahmen des Gesetzgebungsverfahrens zum Föderalismusreformgesetz I angehörten Sachverständigen sprachen sich überwiegend gegen die sicherheitsrechtliche Neuregelung aus. Fraglich ist, ob und inwieweit auch diese Kritik berechtigt ist.

a. Würdigung der Rechtsliteratur

Nach der Auffassung einiger Sachverständiger ist die neue Terrorabwehrkompetenz des Bundes zunächst deshalb problematisch, weil sie einen wesentlichen Eingriff in die den Ländern zugewiesene Polizeihoheit und damit in das Gleichgewicht der grundgesetzlichen Kompetenzverteilung darstel-

1003 *Auerbach*, ZBR 2009, 217.
1004 *Meier*, ZBR 2009, 235, 241.

le.[1005] Diesem Vorwurf schließt sich auch ein Teil des Schrifttums an.[1006] Dem Bund seien nämlich nur in ganz bestimmten Ausnahmefällen eigenständige sicherheitsrechtliche Befugnisse zuerkannt und die entsprechenden Behörden an die Seite gestellt worden.[1007] Darüber hinaus dürfe nicht vergessen werden, dass die unter dem nationalsozialistischen Unrechtsregime gesammelten leidvollen Missbrauchserfahrungen immerhin die Hauptursache für die Polizeihoheit der Länder bildeten.[1008] Aber auch der internationale Vergleich zeige, dass zentrale Sicherheitsstrukturen nicht zwingend den besseren Lösungsweg darstellten, vielmehr komme gerade im Gefahrenabwehrrecht dem regionalen Fachwissen und der schnellen Reaktionsfähigkeit vor Ort eine ganz besondere Bedeutung zu.[1009] So belege die polizeiliche Vollzugspraxis, dass sich die Länder bislang erfolgreich etwaigen terroristischen Gefahrensituationen stellen konnten.[1010] Für die Einführung des Art. 73 Abs. 1 Nr. 9a GG fehle es mithin an einer sachlichen Notwendigkeit.[1011] Da die neue Bundeskompetenz nicht zu einem Mehr an Sicherheit beitrage, sei eine weitere Erosion der grundsätzlichen Polizeihoheit nicht geboten.[1012]

Ablehnung verdiene die neue Terrorabwehrkompetenz nach der Auffassung einiger Sachverständiger und Schrifttumsvertreter[1013] aber insbesondere

1005 *Kutscha*, http://webarchiv.bundestag.de/archive/2008/0506/ausschuesse/a06/foederalismusreform/Anhoerung/02_Inneres/Stellungnahmen/Prof__Dr__Martin_Kutscha.pdf, S. 1, zuletzt aufgerufen am 22.11.2009; *Poscher*, http://webarchiv.bundestag.de/archive/2008/0506/ausschuesse/a06/foederalismusreform/Anhoerung/02_Inneres/Stellungnahmen/Prof__Dr__Ralf_Poscher.pdf, S. 6 f., zuletzt aufgerufen am 22.11.2009.

1006 *Tams*, DÖV 2007, 367; andeutend *Baum/Schantz*, ZRP 2008, 137.

1007 *Battis*, http://webarchiv.bundestag.de/archive/2008/0506/ausschuesse/a06/foederalismusreform/Anhoerung/02_Inneres/Stellungnahmen/Prof__Dr__Dr__h_c__Ulrich_Battis.pdf, S. 4, zuletzt aufgerufen am 22.11.2009.

1008 *Kutscha*, http://webarchiv.bundestag.de/archive/2008/0506/ausschuesse/a06/foederalismusreform/Anhoerung/02_Inneres/Stellungnahmen/Prof__Dr__Martin_Kutscha.pdf, S. 1, zuletzt aufgerufen am 22.11.2009.

1009 *Battis*, http://webarchiv.bundestag.de/archive/2008/0506/ausschuesse/a06/foederalismusreform/Anhoerung/02_Inneres/Stellungnahmen/Prof__Dr__Dr__h_c__Ulrich_Battis.pdf, S. 4, zuletzt aufgerufen am 22.11.2009.

1010 *Brillo*, http://webarchiv.bundestag.de/archive/2008/0506/ausschuesse/a06/foederalismusreform/Anhoerung/02_Inneres/Stellungnahmen/Enno_Brillo.pdf, S. 5, zuletzt aufgerufen am 22.11.2009.

1011 *Poscher*, http://webarchiv.bundestag.de/archive/2008/0506/ausschuesse/a06/foederalismusreform/Anhoerung/02_Inneres/Stellungnahmen/Prof__Dr__Ralf_Poscher.pdf, S. 5, zuletzt aufgerufen am 22.11.2009.

1012 *Battis*, http://webarchiv.bundestag.de/archive/2008/0506/ausschuesse/a06/foederalismusreform/Anhoerung/02_Inneres/Stellungnahmen/Prof__Dr__Dr__h_c__Ulrich_Battis.pdf, S. 4, zuletzt aufgerufen am 22.11.2009; *Baum/Schantz*, ZRP 2008, 137; *Staupe*, in: Die Reform des Bundesstaates, S. 161, 170.

1013 Vgl. etwa *Brillo*, http://webarchiv.bundestag.de/archive/2008/0506/ausschuesse/a06/foederalismusreform/Anhoerung/02_Inneres/Stellungnahmen/Enno_Brillo.pdf, S. 3 f., auch deshalb, weil sie zu unerwünschten Parallelzuständigkeiten von Bund und Ländern führe und daher ein erhöhter Koordinierungsbedarf zwischen Bundes- und Landesbehörden anfallen werde. Zudem sei die Norm des Art. 73 Abs. 1 Nr. 9a GG in systematischer Hinsicht verfehlt, weil sie weder der grundsätzlichen Trennung von repressiven und präventiven Polizeiaufgaben[1014] noch der dem Bundeskriminalamt vom Grundgesetz zugesprochenen Zentralstellenfunktion[1015] entspreche. Schwierig gestalte sich ferner der Umstand, dass es aus der ex-ante-Sicht in der Regel nur schwer zu beurteilen sei, ob eine internationale oder nationale terroristische Gefahr bestehe.[1016] Dies spreche dafür, dass der Bund seine neue Kompetenz im Ergebnis umfassender ausschöpfen werde, als es der auf den internationalen Terrorismus beschränkte Wortlaut des Art. 73 Abs. 1 Nr. 9a GG vorsehe.[1017]

b. Stellungnahme

Die im Gesetzgebungsverfahren und in der Rechtsliteratur geäußerten Bedenken gegen die neue Kompetenzvorschrift des Art. 73 Abs. 1 Nr. 9a GG scheinen auf den ersten Blick durchaus berechtigt zu sein. Die meisten der vorgetragenen Kritikpunkte halten jedoch einer genaueren Prüfung nicht stand.

Zu beobachten ist zunächst, dass einige Autoren[1018] die Bundeskompetenz zur Abwehr terroristischer Gefahren lediglich als punktuelle Durchbrechung der grundsätzlichen Polizeihoheit der Länder begreifen. So wird insbesondere von *Baldus*[1019] angeführt, dass der durch die Einfügung des Art. 73 Abs. 1 Nr. 9a GG gleichzeitig herbeigeführte Kompetenzverlust der Länder das wohl „austarierte System des deutschen Sicherheitsföderalismus" nicht aus dem Gleichgewicht bringe, weil sich die Norm lediglich auf einen sehr kleinen und speziellen Teilbereich der bisherigen Gefahrenabwehrkompetenz der Länder erstrecke. Diese Überlegung sieht sich durch die im Rahmen der vorliegenden Untersuchung vorgenommene Auslegung des Art. 73 Abs. 1

---

zuletzt aufgerufen am 22.11.2009; *Kolmey*, http://webarchiv.bundestag.de/archive/2008/0506/ausschuesse/a06/foederalismusreform/Anhoerung/02_Inneres/Stellungnahmen/Uwe_Kolmey.pdf, S. 5, zuletzt aufgerufen am 22.11.2009; *Roggan*, NJW 2009, 257, 258; *Sannwald*, in: Schmidt-Bleibtreu/Hofmann/Hopfauf, GG, Art. 73 Rn. 122d; *Tams*, DÖV 2007, 367, 371.

1014 *Tams*, DÖV 2007, 367.

1015 *v. Denkowski*, Kriminalistik 2007, 292, 293 und 296; ähnlich *Heintzen*, in: Föderalismusreform, Rn. 104, der ausführt, dass die Kompetenz des Art. 73 Abs. 1 Nr. 9a GG mit den Artt. 73 Abs. 1 Nr. 10, 87 Abs. 1 S. 2 GG nur unzulänglich abgestimmt sei.

1016 *Stettner*, in: Dreier, GG II/2, Art. 73 Rn. 53.

1017 *Heintzen*, in: Föderalismusreform, Rn. 97.

1018 Vgl. dazu nur *Kluth*, in: ders., FödRefG, Art. 73 Rn. 7; *Tams*, DÖV 2007, 367, 370.

1019 *Baldus*, http://webarchiv.bundestag.de/archive/2008/0506/ausschuesse/a06/foederalismusreform/Anhoerung/02_Inneres/Stellungnahmen/Prof__Dr__Manfred_Baldus.pdf, S. 16, zuletzt aufgerufen am 22.11.2009.

Nr. 9a GG bestätigt.[1020] Alle drei Fallvarianten des Art. 73 Abs. 1 Nr. 9a GG lassen erkennen, dass das Kompetenzfeld des Bundes im Bereich der terroristischen Gefahrenabwehr eng umrissen ist. Während etwa die zweite Fallvariante eine Zuständigkeit des Bundes nur bis zur Erkennbarkeit der Zuständigkeit der entsprechenden Landesbehörde begründet, setzt die dritte Fallvariante zum Beispiel eine vorhergehende Entscheidung der zuständigen obersten Landesbehörde voraus. Da zudem neben der neuen Terrorabwehrkompetenz auch weitere gefahrenabwehrrechtliche Ausnahmetatbestände zugunsten des Bundes bestehen, entfaltet der Grundsatz der Polizeihoheit der Länder keine absolute Geltung.[1021] Insoweit ist also zu konstatieren, dass Art. 73 Abs. 1 Nr. 9a GG kein Novum im grundgesetzlichen Kompetenzverteilungssystem darstellt.[1022] Vielmehr fügt er sich in die bereits vorhandenen punktuellen gefahrenabwehrrechtlichen Kompetenzen des Bundes ein, die in ihrer Gesamtheit den polizeirechtlichen Zuständigkeiten der Länder unterlegen sind. Auch zielt Art. 73 Abs. 1 Nr. 9a GG gar nicht darauf ab, die Polizeihoheit der Länder auf eine unverhältnismäßige Art und Weise zu beeinträchtigen. Das ergibt sich vor allem daraus, dass der Gesetzgebungstitel des Art. 73 Abs. 1 Nr. 9a GG – das zeigt sein zweiter Absatz – unter dem Zustimmungsvorbehalt der Landesregierungen steht.[1023] Letztlich erlaubt auch das gegenwärtig bestehende Zahlenverhältnis zwischen den Polizeibeamten des Bundes und denen der Länder keinen anderen Rückschluss. Solange die Länder den weitaus größeren Anteil an Polizeibeamten stellen, kann die Einführung des Art. 73 Abs. 1 Nr. 9a GG nicht als schwerwiegender Eingriff in den Grundsatz der Polizeihoheit der Länder gewertet werden.[1024]

Ausräumen lässt sich auch der Einwand, dass zentrale Sicherheitsstrukturen nicht zu mehr Sicherheit beitragen. Zwar ist die Existenz der neuen Bundeszuständigkeit zum Teil tatsächlich auf die Befürchtung zurückzuführen, die Länder könnten in besonders schwerwiegenden, vor allem länderübergrei-

1020 Vgl. zum Ganzen die Ausführungen unter Kapitel 4, Punkt A.I.; zwischenzeitlich sieht sich das in dieser Arbeit herausgestellte enge Auslegungsverständnis des Art. 73 Abs. 1 Nr. 9a GG auch in der verfassungsrechtlichen Kommentarliteratur bestätigt, vgl. dazu nur die Anmerkungen von *Degenhart*, in: Sachs GG, Art. 73 Rn. 48.

1021 *Middel*, Innere Sicherheit, S. 64; *Tams*, DÖV 2007, 367, 370.

1022 *Baldus*, http://webarchiv.bundestag.de/archive/2008/0506/ausschuesse/a06/foederalismusreform/Anhoerung/02_Inneres/Stellungnahmen/Prof__Dr__Manfred_Baldus.pdf, S. 12, zuletzt aufgerufen am 22.11.2009.

1023 *Tams*, DÖV 2007, 367, 375.

1024 *Baldus*, http://webarchiv.bundestag.de/archive/2008/0506/ausschuesse/a06/foederalismusreform/Anhoerung/02_Inneres/Stellungnahmen/Prof__Dr__Manfred_Baldus.pdf, S. 16, zuletzt aufgerufen am 22.11.2009.

fenden terroristischen Gefahrensituationen nicht adäquat reagieren.[1025] Zugestanden werden muss aber, dass in den Fällen der länderübergreifenden Gefahr die Nachteile einer dezentralen Aufgabenwahrnehmung durch Art. 73 Abs. 1 Nr. 9a GG insoweit beseitigt werden, als zukünftig Abstimmungsmaßnahmen zwischen den betroffenen Ländern nicht mehr anfallen.[1026] Die durch solche Abstimmungserfordernisse hervorgerufenen zeitlichen Verzögerungen sind nicht hinnehmbar, da die im Fokus des internationalen Terrorismus stehenden Personen- und Sachschäden in der Regel einen erheblichen Umfang aufweisen und sich durch eine zentrale Aufgabenwahrnehmung vermeiden lassen. Die im Grundsatz durchaus berechtigte These, zentrale Sicherheitsstrukturen führten nicht zu mehr Sicherheit, trifft demnach für den vorliegenden Kasus nicht zu.

Ebenfalls nicht korrekt ist der Vorwurf, infolge der Einführung des Art. 73 Abs. 1 Nr. 9a GG würden Parallelzuständigkeiten zwischen Bund und Ländern begründet. Diese in der Rechtsliteratur gelegentlich zu findende Auffassung stützt sich auf die Gesetzesbegründung zum Föderalismusreformgesetz I.[1027] Dort heißt es, dass die Zuständigkeit des Bundeskriminalamtes zur Gefahrenabwehr im Bereich des internationalen Terrorismus „die Gesetzgebungskompetenzen der Länder zur Gefahrenabwehr unberührt"[1028] lasse. Zugegebenermaßen ist der Wortlaut der Gesetzesbegründung nicht ganz eindeutig formuliert, sodass er sich sowohl auf die allgemeine als auch auf die terroristische Gefahrenabwehr beziehen könnte. Aus dem Kontext der Begründung geht jedoch hervor, dass der verfassungsändernde Gesetzgeber wohl lediglich herausstellen wollte, dass die Vorschrift des Art. 73 Abs. 1 Nr. 9a GG die Polizeihoheit der Länder nicht in Frage stellt und sie neben die Länderkompetenz für die Gefahrenabwehr im Allgemeinen und die Länderkompetenz für die sonstige terroristische Gefahrenabwehr tritt. Die Länder bleiben nämlich beispielsweise für diejenigen terroristischen Gefahren kompetent, die sich ausschließlich auf ein Bundesland oder etwa auf nationale terroristische Phänomene beschränken. Dieses Bild fügt sich auch in die Rechtsprechung des Bundesverfassungsgerichts ein. Das Gericht hat schon frühzeitig angemerkt, dass Doppelzuständigkeiten, die eine bestimmte Gesetzgebungsmaterie sowohl dem Bund als auch den Ländern zuweisen, dem grundgesetzlichen Kompetenzverteilungssystem fremd sind.[1029] Sie sind mit der in

1025 *Schulze-Fielitz*, in: Recht im Pluralismus, S. 407, 422, der den Ländern für diesen Bereich sogar die notwendige Sachkompetenz abspricht; vgl. auch *Tams*, DÖV 2007, 367, 371.

1026 BT-Drs. 16/8688, S. 7.

1027 Vgl. dazu etwa *Tams*, DÖV 2007, 367, 371, der ausdrücklich auf die BT-Drs. 16/813, S. 12 verweist.

1028 BT-Drs. 16/813, S. 12.

1029 BVerfGE 36, 193, 202 f.; 61, 149, 204; 106, 62, 114; ebenso *Gubelt*, in: v. Münch/Kunig, GG II, Art. 30 Rn. 20; *Isensee*, in: HbdStR IV 2, § 98 Rn. 187;

Art. 70 Abs. 2 GG festgeschriebenen Abgrenzungsfunktion nicht in Einklang zu bringen.[1030] Das hat zur Folge, dass die Norm des Art. 73 Abs. 1 Nr. 9a GG für den von ihr umschriebenen Regelungsbereich eine Sperrwirkung zulasten der Länder entfaltet und die Länder in diesem Umfang von ihrer grundsätzlichen Gesetzgebungskompetenz im Bereich des Gefahrenabwehrrechts verdrängt werden.[1031]

Entschärfen lässt sich fernerhin die Aussage, Art. 73 Abs. 1 Nr. 9a GG führe einen Systembruch herbei, weil er der grundsätzlichen Trennung von repressiven und präventiven Polizeiaufgaben entgegenstehe. Dem Bundeskriminalamt wurden nämlich schon vor der Einführung der neuen Terrorabwehrkompetenz unterschiedliche präventive Aufgaben – etwa im Bereich des Zeugenschutzes oder zum Schutz von Verfassungsorganen – zugewiesen.[1032] Dieser Aufgabenkreis wird nun durch Art. 73 Abs. 1 Nr. 9a GG erweitert, nicht aber wird die grundgesetzliche Systematik der polizeilichen Aufgabenzuweisungen an neuer Stelle durchbrochen. Des Weiteren zeigt vor allem der sachlich eng begrenzte Wortlaut des Art. 73 Abs. 1 Nr. 9a GG, dass durch die Neuregelung keine Aufweichung der grundsätzlichen Trennung repressiver und präventiver Polizeiaufgaben zu befürchten ist.

Ähnliches gilt für die bemängelte Unvereinbarkeit der neuen Kompetenznorm mit der dem Bundeskriminalamt von Verfassungs wegen zugesprochenen Zentralstellenfunktion. Die Tatsache, dass die Befugnisse des Bundeskriminalamtes bislang überwiegend durch die Vorschriften der Artt. 73 Abs. 1 Nr. 10, 87 Abs. 1 Satz 2 GG abgesteckt waren, hindert den verfassungsändernden Gesetzgeber nicht, den Handlungsrahmen dieser Behörde unter Einhaltung der Grenzen des Art. 79 Abs. 3 GG nachträglich zu erweitern. Zwar ist einzugestehen, dass die Entscheidung des verfassungsändernden Gesetzgebers systematisch tatsächlich der grundsätzlichen Zentralstellenfunktion des Bundeskriminalamtes entgegenläuft. Sie wiegt jedoch nicht sonderlich schwer, weil sich die neue Befugnisnorm erstens in die bereits bestehenden präventiven Ausnahmetatbestände einreiht und zweitens die dem Bundeskriminalamt auf der Grundlage des Art. 73 Abs. 1 Nr. 9a GG übertragenen Zuständigkeiten an streng eingrenzende Voraussetzungen gebunden sind. Der vorrangige Zentralstellencharakter des Bundeskriminalamtes geht dabei schon deshalb nicht verloren, weil die beschriebenen präventiven Be-

Korioth, in: Maunz/Dürig, GG IV, Art. 30 Rn. 26; *Stern*, Staatsrecht I, § 19 III.3.a.β, S. 676 f.; *Stettner*, in: Dreier, GG II, Art. 70 Rn. 32.

1030 BVerfGE 36, 193, 202; 61, 149, 204; vgl. auch *Rozek*, in: v. Mangoldt/Klein/Starck, GG II, Art. 70 Rn. 58, m.w.N.

1031 *Baldus*, http://webarchiv.bundestag.de/archive/2008/0506/ausschuesse/a06/foederalismusreform/Anhoerung/02_Inneres/Stellungnahmen/Prof__Dr__Manfred_Baldus.pdf, S. 11, zuletzt aufgerufen 22.11.2009; *Gade/Kieler*, Polizei und Föderalismus, S. 16.

1032 *Tams*, DÖV 2007, 367, 371.

fugnisse nur einen Bruchteil der sonstigen, überwiegend auf Koordination und Kooperation ausgerichteten Befugnisse der Behörde darstellen. Soweit – rein hypothetisch – zukünftig weitere präventivrechtliche Befugnisse an das Bundeskriminalamt abgegeben werden sollten, wird der verfassungsändernde Gesetzgeber allerdings genau prüfen müssen, wann er beginnt, die Zentralstellenfunktion aufzulösen. Mit der gegenwärtigen Verfassungsänderung hat er diese Schwelle jedenfalls noch nicht erreicht.

Soweit schließlich vorgetragen wird, dass es aus der ex-ante-Perspektive nur schwer einzuschätzen sei, ob es sich um eine internationale oder nationale terroristische Gefahr handele, ist festzustellen, dass erst die Praxis zeigen wird, ob diese Vermutung zutrifft. Die bisherigen Erfahrungen lassen einen entsprechenden Rückschluss noch nicht zu.

2. Eingliederung der kompetenzrechtlichen Neuregelung in das System der bundesstaatlichen Ordnung

Fraglich ist auch im vorliegenden Zusammenhang, wie sich die neue Verfassungsnorm in das System der bundesstaatlichen Ordnung einfügt. Grundlage für diese Beurteilung bilden die Ergebnisse des zweiten Kapitels sowie die Resultate der Auslegung des Art. 73 Abs. 1 Nr. 9a GG.[1033] Zurückgegriffen werden kann zudem auf die zuvor dargestellte Auseinandersetzung mit den ersten Einschätzungen des Schrifttums, die die Behandlung der aufgeworfenen Fragstellung gleichermaßen vorbereitet.

Im Rahmen des zweiten Kapitels wurde dargelegt, dass den Ländern vor der Föderalismusreform I sowohl im Bereich der Gesetzgebung als auch im Bereich der Verwaltung die Polizeihoheit zugesprochen wurde. Diese bildete sich zu einem wesentlichen Merkmal der Eigenstaatlichkeit der Länder heraus. Eine Umkehr dieses Grundsatzes wird durch die Einführung des Art. 73 Abs. 1 Nr. 9a GG nicht ausgelöst. Den entsprechenden Nachweis dafür liefert bereits die vorstehende Auseinandersetzung mit der Schrifttumskritik an der neuen Kompetenzvorschrift. Ergänzend sei in diesem Zusammenhang bemerkt, dass den Ländern im Zuge der Föderalismusreform I weitere Kompetenzen – wie etwa der Regelungsbereich des Versammlungsrechts oder einige Bereiche des öffentlichen Wirtschaftsrechts[1034] – übertragen worden sind, die teilweise ebenfalls einen sicherheitsrechtlichen Bezug aufweisen. So ist zwar zu konstatieren, dass Art. 73 Abs. 1 Nr. 9a GG den Ländern einen originären polizeilichen Aufgabenbereich entzieht, doch erfahren sie an anderer Stelle auch eine Stärkung ihrer gefahrenabwehrrechtlichen Kompetenzen. Für die vorliegende Frage der Eingliederung der kompetenzrechtlichen Neuregelung

1033 Siehe dazu Kapitel 2, Punkt B.II.2.b. sowie Kapitel 4, Punkt A.II.
1034 Vgl. insoweit BT-Drs. 16/813, S. 9.

folgt daraus, dass die Norm des Art. 73 Abs. 1 Nr. 9a GG nur marginal in die zwischen Bund und Ländern auf dem Gebiet der inneren Sicherheit bestehende Kompetenzverteilung eingreift und eine Aushöhlung der Polizeihoheit der Länder nicht bewirkt.

Gegen die Einfügung des Art. 73 Abs. 1 Nr. 9a GG könnte man allerdings einwenden, dass der Artikel zumindest aus verfassungsgeschichtlicher Sicht der grundsätzlichen Polizeihoheit der Länder zuwiderlaufe. Einer solchen Sichtweise ist jedoch entgegenzuhalten, dass bereits die Weimarer Reichverfassung der Zentralgewalt gemäß Art. 9 Nr. 2 WRV die Möglichkeit einräumte, im Bedarfsfall einheitliche Vorschriften für den Schutz der öffentlichen Ordnung und Sicherheit zu erlassen. Auf der Grundlage dieses Kompetenztitels war das Reich sogar dazu ermächtigt, umfassende polizeirechtliche Regelungen zu verabschieden.[1035] Schon früh zeichnete sich also die Tendenz ab, nicht nur die Länder, sondern eben auch die Zentralgewalt mit sicherheitsrechtlichen Zuständigkeiten auszustatten. Dass dieser Weg nach 1945 – wenn auch, weil historisch geboten, mit größerer Zurückhaltung – beibehalten wurde, zeigen die in der Verfassung von Beginn an verankerten gefahrenabwehrrechtlichen Kompetenzen des Bundes.[1036] Nicht zuletzt wird man anführen dürfen, dass sich der verfassungsändernde Gesetzgeber nicht ohne Grund für die Einführung des Art. 73 Abs. 1 Nr. 9a GG entschieden hat.[1037] In diese Richtung deutet jedenfalls die in der Gesetzesbegründung enthaltene Anmerkung, dass die Norm des Art. 73 Abs. 1 Nr. 9a GG bestehenden föderalen Kompetenzdefiziten entgegenwirken solle.[1038] Die Schaffung des Art. 73 Abs. 1 Nr. 9a GG dient folglich dem gesamtstaatlichen Interesse, den neuartigen Gefahren des internationalen Terrorismus möglichst zeitnah und damit so effektiv wie möglich entgegenzutreten. Da die neue Kompetenznorm den speziellen Aufgabenkreis der Gefahrenabwehr im Bereich des internationalen Terrorismus dabei zugleich allein dem Bundeskriminalamt zuweist, dieses dadurch aber nicht zu einer allgemeinen mit den Ländern konkurrierenden Polizei[1039] ausgebaut wird, ist die Einführung des Art. 73 Abs. 1 Nr. 9a GG aus bundesstaatlicher Sicht durchaus gerechtfertigt.

Die für die Einordnung des Art. 73 Abs. 1 Nr. 9a GG ebenfalls relevante Problematik der Parallelzuständigkeiten zwischen Bund und Ländern wurde bereits im Rahmen der vorstehenden Stellungnahme diskutiert. Ebenfalls ausführlich behandelt wurde die mögliche systematische Verfehlung, die der

1035 *Anschütz*, WRV, Art. 9 Anm. 2.

1036 *Baldus*, http://webarchiv.bundestag.de/archive/2008/0506/ausschuesse/a06/foederalismusreform/Anhoerung/02_Inneres/Stellungnahmen/Prof__Dr__Manfred_Baldus.pdf, S. 15, zuletzt aufgerufen 22.11.2009.

1037 So der Hinweis von *Tams*, DÖV 2007, 367, 372.

1038 BT-Drs. 16/813, S. 12.

1039 BVerfGE 97, 198, 218.

neuen Kompetenzvorschrift aufgrund der durch sie gleichermaßen begründeten Vollzugskompetenz gelegentlich unterstellt wird. Sie war Gegenstand des vierten Kapitels. Aus beiden Punkten lassen sich im vorliegenden Zusammenhang keine weiteren Schlüsse ziehen, sodass insoweit auf die schon vorgenommenen Ausführungen verwiesen sei.

Im Ergebnis ist damit festzuhalten, dass es sich bei Art. 73 Abs. 1 Nr. 9a GG durchaus um eine nicht ganz gewöhnliche Kompetenznorm handelt. Dies gilt umso mehr, wenn man berücksichtigt, dass der Titel des Art. 73 Abs. 1 Nr. 9a GG zum Bereich der ausschließlichen Gesetzgebung zählt, den Ländern aber über die Zustimmungsvorschrift des Art. 73 Abs. 2 GG die Möglichkeit verbleibt, auf den dem Bund abgetretenen Kompetenzraum auch weiterhin einzuwirken. Dennoch fügt sich die neue Terrorabwehrkompetenz des Bundes in die grundgesetzliche Aufgabenverteilung ein, weil sie sich auf die polizeilichen Zuständigkeiten der Länder nur am Rande auswirkt.

3. Verabschiedung des Gesetzes zur Abwehr von Gefahren des internationalen Terrorismus durch das Bundeskriminalamt

Der Bundesgesetzgeber hat in Anlehnung an die Vorschriften der Artt. 73 Abs. 1 Nr. 9a, 73 Abs. 2 GG das Gesetz zur Abwehr von Gefahren des internationalen Terrorismus durch das Bundeskriminalamt auf den Weg gebracht. Es wurde am 31. Dezember 2008 im Bundesgesetzblatt verkündet und ist zum 1. Januar 2009 in Kraft getreten.[1040]

Auf der Grundlage dieses Gesetzes wurde dem Bundeskriminalamt ein Befugniskatalog übertragen, der sich inhaltlich an den der Polizeien der Länder und der Bundespolizei zugewiesenen Befugnisnormen orientiert.[1041] Dazu wurde in den ersten Abschnitt des Bundeskriminalamtgesetzes ein neuer Unterabschnitt eingefügt. Während in den §§ 20b-20t BKAG Spezialermächtigungen für das Bundeskriminalamt begründet werden, ist die Norm des § 20a BKAG als terrorabwehrrechtliche Generalklausel zu verstehen.

Ähnlich wie das bereits behandelte Beamtenstatusgesetz sieht sich auch das Gesetz zur Abwehr von Gefahren des internationalen Terrorismus durch das Bundeskriminalamt der Kritik[1042] der Rechtsliteratur ausgesetzt. Die Beanstandung der neuen Bundeskriminalamtsbefugnisse konzentriert sich dabei

---

1040 Gesetz zur Abwehr von Gefahren des internationalen Terrorismus durch das Bundeskriminalamt v. 25.12.2008, BGBl. I, 3083.

1041 BT-Drs. 16/10121, S. 16.

1042 Vgl. dazu etwa die Stellungnahme des im Rahmen des Gesetzgebungsverfahrens angehörten Sachverständigen *Kutscha*, http://www.bundestag.de/bundestag/ausschuesse/a04/anhoerungen/Anhoerung15/Stellungnahmen _SV/Stellungnahme_04.pdf, zuletzt aufgerufen am 22.11.2009; vgl. aber auch die Einschätzungen von *Erd*, K&R-Editorial 2/2009; *Piltz/Pfister*, RuP 2009, 4 und *Roggan*, NJW 2009, 257.

vor allem auf die mit ihnen verbundenen Grundrechtsbeschränkungen.[1043] So werden etwa die in § 20k BKAG verankerte Online-Durchsuchung sowie die in § 20l BKAG festgeschriebene Quellen-Telekommunikationsüberwachung im Schrifttum als verfassungsrechtlich fragwürdige Maßnahmen umschrieben.[1044] Der Streit um die Regelungen des Gesetzes zur Abwehr von Gefahren des internationalen Terrorismus durch das Bundeskriminalamt beschäftigt derzeit das Bundesverfassungsgericht, das die gegen das Bundeskriminalamtgesetz eingelegte Verfassungsbeschwerde zu prüfen hat.[1045] Für die vorliegende Untersuchung kommt es auf ein mögliches Urteil des Bundesverfassungsgerichts jedoch nicht an, weil die Bestimmungen des neuen Bundeskriminalamtgesetzes vorrangig aufgrund materieller Grundsätze, nicht jedoch aufgrund einer fehlerhaften formellen Ausschöpfung des Art. 73 Abs. 1 Nr. 9a GG für verfassungswidrig erachtet werden.

III. Kompetenzfeld des Strafvollzugs

1. Diskussion der verfassungsrechtlichen Neuregelung

Einen überaus vehementen, zugleich aber nicht sonderlich differenzierten Widerspruch muss schließlich die Verlagerung der Gesetzgebungskompetenz für den Strafvollzug gegen sich gelten lassen. Sie sah sich schon während der Beratungen der Föderalismus-Kommission I einer von Strafrechtswissenschaftlern, Strafvollzugsrechtlern und Kriminologen unterstützten Protestaktion ausgesetzt.[1046] Nachstehend wird daher erörtert, ob und inwieweit die gegen die Übertragung der Gesetzgebungskompetenz vorgebrachten Einwände der im Rahmen des Gesetzgebungsverfahrens zum Föderalismusreformgesetz I angehörten Sachverständigen und des Fachschrifttums berechtigt sind. Die Untersuchung befasst sich dabei insbesondere mit den aus rechtswissenschaftlicher Sicht relevanten Bedenken.

a. Würdigung der Rechtsliteratur

Die Kritik der Sachverständigen und Schrifttumsvertreter richtet sich ausschließlich gegen die mit der Dezentralisierung der Gesetzgebungskompetenz

1043 *Erd*, K&R-Editorial 2/2009.

1044 *Piltz/Pfister*, RuP 2009, 4, 9 f.; andeutend auch *Baum/Schantz*, ZRP 2008, 137 f.

1045 Siehe dazu die Pressemeldung vom 23.04.2009, abrufbar unter http://www.tagesschau.de/inland/bkagesetz174.html, zuletzt aufgerufen am 22.11.2009; vgl. in diesem Zusammenhang auch die Pressemeldung vom 23.04.2009, abrufbar unter http://www.sueddeutsche.de/politik/454/466039/text/, zuletzt aufgerufen am 22.11.2009.

1046 Vgl. dazu den bei *Cornel*, NK 2005, 2 f. abgebildeten Aufruf gegen die Übertragung der Gesetzgebungskompetenz für den Strafvollzug auf die Länder.

einhergehende Zersplitterung des strafvollzugsrechtlichen Regelungsbereiches sowie gegen die sich daraus ergebenden Folgen. Einen wesentlichen Aspekt bilden dabei zunächst historische Erwägungen. Sie deuten nach Ansicht der Kritiker darauf hin, dass die Verlagerung der Gesetzgebungskompetenz schon deshalb verfehlt sei, weil sie gewissermaßen einen Rückfall in die Zeiten der Kleinstaaterei herbeiführe.[1047] Immerhin werde seit 1871 eine Vereinheitlichung der Strafrechtspflege und damit auch des Strafvollzugs angestrebt.[1048] Für eine bundeseinheitliche Ausgestaltung von materiellem Strafrecht, Strafverfahrens- und Strafvollzugsrecht sprächen aber auch systematische Gründe. Infolge der Regionalisierung der Gesetzgebungskompetenz drohe nämlich der zwischen den Rechtsmaterien des materiellen Strafrechts, des Strafverfahrens- und des Strafvollzugsrechts bestehende innere konzeptionelle Zusammenhang beseitigt zu werden.[1049] Eine weitere systematische Verfehlung gibt *Seebode*[1050] zu erkennen. Er führt aus, dass die Verschiebung der Gesetzgebungskompetenz für den Strafvollzug gegen das verfassungsrechtliche Bestimmtheitsgebot des Art. 103 Abs. 2 GG verstoße. So werde gegenwärtig die Strafdauer durch das Strafgesetzbuch, der Begriff der Freiheitsstrafe dagegen durch das bundeseinheitliche Strafvollzugsgesetz festgelegt. Fiele die Bestimmung des Begriffes der Freiheitsstrafe zukünftig in die Hände der Landesgesetzgeber, könnten sich unterschiedliche Definitionen der Freiheitsstrafe etablieren. Nach der Auffassung von *Seebode* wäre die Strafe damit weder für den Richter noch für den betroffenen Bürger bestimmbar.

Ungeachtet dessen sei nicht zu erkennen, dass für die Übertragung der Gesetzgebungskompetenz sonstige sachliche Gründe – wie etwa bestehende regionale Besonderheiten – sprächen, welche die dezentrale Aufgabenwahrnehmung rechtfertigen könnten.[1051] Problematisch sei die Streichung der Bundeskompetenz vielmehr auch deshalb, weil die weitere Entwicklung des

---

1047 *Dünkel*, NK 2005, 5, 6; *Müller-Dietz*, ZRP 2005, 156, 158 f.; *ders.*, ZfStrVo 2005, 38 f.; *Oeter*, in: Föderalismusreform, Rn. 60; *Winchenbach*, http://webarchiv.bundestag.de/archive/2008/0506/ausschuesse/a06/foederalismusreform/Anhoerung/02_Justiz/Stellungnahmen/Klaus_Winchenbach.pdf, S. 4, zuletzt aufgerufen am 22.11.2009; ähnlich auch *Koop*, ZfStrVo 2006, 3.

1048 *Seebode*, http://webarchiv.bundestag.de/archive/2008/0506/ausschuesse/a06/foederalismusreform/Anhoerung/02_Justiz/Stellungnahmen/Prof__Dr__Manfred_Seebode.pdf, S. 3, zuletzt aufgerufen am 22.11.2009.

1049 *Maelicke*, http://webarchiv.bundestag.de/archive/2008/0506/ausschuesse/a06/foederalismusreform/Anhoerung/02_Justiz/Stellungnahmen/Prof_Dr_Bernd_Maelicke.pdf, S. 2, zuletzt aufgerufen am 22.1.2009; ebenso *Cornel*, NK 2005, 2; *ders.*, NK 2005, 135; *Kubicki*, NK 2006, 5; *Müller-Dietz*, ZfStrVo 2005, 38, 39.

1050 Siehe zum Ganzen *Seebode*, http://webarchiv.bundestag.de/archive/2008/0506/ausschuesse/a06/foederalismusreform/Anhoerung/02_Justiz/Stellungnahmen/Prof__Dr__Manfred_Seebode.pdf, S. 4 und 6, zuletzt aufgerufen am 22.11.2009.

1051 *Lütkes*, NK 2006, 2.

Strafvollzugsrechts künftig von den unterschiedlichen landespolitischen Gegebenheiten und damit vor allem von der zum Teil schwierigen Finanzsituation der Bundesländer abhängig sei.[1052] Die Länder könnten den Strafvollzug an ihren knappen Haushalten ausrichten und den kostenaufwendigen Resozialisierungsvollzug durch einen reinen Verwahrvollzug ersetzen.[1053] Auf diese Weise würde sich ein „Schäbigkeits- oder Sparwettbewerb"[1054] zwischen den Ländern etablieren, der dem Verfassungsgrundsatz der Einheitlichkeit der Lebensverhältnisse[1055] entgegenstehe. Auch dürfe nicht vergessen werden, dass der Strafvollzug ein äußerst sensibler staatlicher Aufgabenbereich sei, der auf Seiten der Strafgefangenen zu nicht unerheblichen Grundrechtsbeschränkungen führe.[1056] Vor diesem Hintergrund sei es zwingend geboten, an der bisherigen Bundeskompetenz und dem auf dieser Grundlage erlassenen, durchaus bewährten bundeseinheitlichen Strafvollzugsgesetz festzuhalten.[1057] Nicht zuletzt sei zu bedenken, dass die Dezentralisierung der Gesetzgebungskompetenz eine massive Ausweitung der bürokratischen Strukturen in den Ländern nach sich ziehen werde.[1058]

b. Stellungnahme

Die gegen die Übertragung der Gesetzgebungskompetenz für den Strafvollzug formulierten Bedenken erweisen sich bei genauerer Betrachtung als ungerechtfertigt. Ihnen können nicht nur die Argumente weiterer Literaturstimmen, sondern auch einige der im Rahmen dieser Untersuchung erarbeiteten Ergebnisse entgegengehalten werden.

1052 *Kubicki*, NK 2006, 5; *Mävers*, DRiZ 2006, 106, 107; *Winchenbach*, http://webarchiv.bundestag.de/archve/2008/0506/ausschuesse/a06/foederalismusreform/Anhoerung/02_Justiz/Stellungnahmen/Klaus_Winchenbach.pdf, S. 3, zuletzt aufgerufen am 22.11.2009.

1053 *Cornel*, NK 2005, 2; *Lütkes*, NK 2006, 2; *Maelicke*, http://webarchiv.bundestag.de/archive/2008/0506/ausschuesse/a06/foederalismusreform/Anhoerung/02_Justiz/Stellungnahmen/Prof_Dr_Bernd_Maelicke.pdf, S. 5, zuletzt aufgerufen am 22.11.2009.

1054 Der Begriff des Schäbigkeitswettlaufs findet etwa bei *Arloth*, JA 2008, 561 Verwendung, derjenige des Sparwettbewerbs beispielsweise in BT-Drs. 16/653, S. 2.

1055 *Dünkel*, NK 2005, 5; *Kubicki*, NK 2006, 5; *Mävers*, DRiZ 2006, 106, 107.

1056 *Cornel*, NK 2005, 2; *Dünkel*, NK 2005, 5.

1057 *Moser*, http://webarchiv.bundestag.de/archive/2008/0506/ausschuesse/a06/foederalismusreform/Anhoerung /02_Justiz/Stellungnahmen/Hans-Herbert_Moser.pdf, S. 1 f., zuletzt aufgerufen am 22.11.2009.

1058 *Winchenbach*, http://webarchiv.bundestag.de/archive/2008/0506/ausschuesse/a06/foederalismusreform/Anhoerung/02_Justiz/Stellungnahmen/Klaus_Winchenbach.pdf, S. 4, zuletzt aufgerufen am 22.11.2009.

Als nicht tragfähig erweisen sich zunächst die historischen Vorwürfe. Sie verlieren bereits durch die besondere Sachkompetenz[1059] der Länder an Substanz. Wie den Ausführungen des zweiten Kapitels zu entnehmen ist, haben die Länder bis zum Erlass des bundeseinheitlichen Strafvollzugsgesetzes in den 1970er Jahren den Strafvollzug in eigener Verantwortung wahrgenommen.[1060] Auf diese Weise war es ihnen möglich – unabhängig vom späteren Gesetzesvollzug – vielfältige Praxiserfahrungen im Bereich des Strafvollzugs zu sammeln. Auch die Tatsache, dass der Aufgabenbereich des Strafvollzugs auf der Bundesebene gar nicht vollzogen wird, dieser sich vielmehr ausschließlich in den Ländern ereignet, spricht für die bessere Sachkompetenz der Länder.[1061] Insofern ist es sicherlich auch kein Zufall, dass sich das Bundesverfassungsgericht zwischenzeitlich sogar zweifach dazu veranlasst sah, dem Bundesgesetzgeber einen entsprechenden Regelungsauftrag zu erteilen. Für die Streichung der traditionellen Bundesgesetzgebungskompetenz streitet aber vor allem das sogenannte Konnexitätsprinzip. Dieser in Art. 104a Abs. 1 GG umschriebene Grundsatz der Parallelität von Aufgabenwahrnehmung und Aufgabenlast im Bundesstaat legt es nahe, den bereits mit den Kosten für den Strafvollzug belasteten Ländern auch die inhaltliche Ausgestaltung dieses Aufgabenbereiches zu übertragen.[1062] Darüber hinaus wird man eingestehen müssen, dass dem erhobenen Vorwurf, die Kompetenzverlagerung beseitige die historisch gewachsene Rechtseinheit im Strafvollzug, nur eine geringfügige Bedeutung zukommen kann, denn infolge der Verwendung von unbestimmten Rechtsbegriffen und der Gewährung von Ermessensspielräumen haben sich bereits unter dem Geltungsbereich des bundeseinheitlichen Strafvollzuggesetzes vielfältige Unterschiede[1063] bei der Aufgabenwahrnehmung in den Ländern herausgebildet. Die von einigen Schrifttumsvertretern betonte Rechtseinheit im Bereich des Strafvollzugs weist daher ein weitaus geringeres Ausmaß auf als gelegentlich behauptet.

Die vorstehend dargelegten Argumente widerlegen zugleich den Einwand, für die Kompetenzübertragung beständen keinerlei Sachgründe. Dar-

1059 *Aumüller*, http://webarchiv.bundestag.de/archive/2008/0506/ausschuesse/a06/foederalismusreform/Anhoerung/02_Justiz/Stellungnahmen/Thomas_Aumueller.pdf, S. 1, zuletzt aufgerufen am 22.11.2009.

1060 Vgl. dazu Kapitel 2, Punkt B.III.1.

1061 *Aumüller*, http://webarchiv.bundestag.de/archive/2008/0506/ausschuesse/a06/foederalismusreform/ Anhoerung/02_Justiz/Stellungnahmen/Thomas_Aumueller.pdf, S. 1, zuletzt aufgerufen am 22.11.2009; *Lückemann*, http://webarchiv.bundestag.de/archive/2008/0506/ausschuesse/a06/foederalismusreform/Anhoerung/02_Justiz/Stellungnahmen/Clemens_Lueckemann.pdf, S. 2, zuletzt aufgerufen am 22.11.2009.

1062 *Lückemann*, http://webarchiv.bundestag.de/archive/2008/0506/ausschuesse/a06/foederalismusreform/ Anhoerung/02_Justiz/Stellungnahmen/Clemens_Lueckemann.pdf, S. 1 f., zuletzt aufgerufen am 22.11.2009.

1063 So *Dünkel*, ZfStrVo 2006, 145.

über hinaus bietet die Wertung des Art. 70 Abs. 1 GG eine klare Orientierung. Dieser Norm ist nämlich zu entnehmen, dass das Recht der Gesetzgebung grundsätzlich bei den Ländern, nicht aber beim Bund liegt.[1064] Sie kann daher als Hinweis darauf verstanden werden, dass den Ländern nicht nur rudimentäre Gesetzgebungsräume zur Verfügung stehen dürfen. Eine Rechtfertigung für die Zuweisung konkreter Gesetzgebungsmaterien an die Länder lässt sich daraus zwar nicht ableiteten. Art. 70 Abs. 1 GG steht jedoch der Überführung einer bisherigen Bundeskompetenz in den Zuständigkeitsbereich der Länder nicht entgegen.

Ebenfalls nicht halten lässt sich die Anschuldigung, die Verlagerung der Strafvollzugskompetenz stehe der bundeseinheitlichen Konzeption des materiellen Strafrechts und der Strafrechtspflege entgegen. Vielmehr ist die Übertragung der Gesetzgebungskompetenz als Hinweis darauf zu verstehen, dass sich der Strafvollzug als eigenständige Rechtsmaterie etabliert hat.[1065] Unberechtigt ist auch die Kritik, die Kompetenzübertragung sei mit dem Bestimmtheitsgrundsatz des Art. 103 Abs. 2 GG nicht in Einklang zu bringen. Es ist nicht ersichtlich, warum es dem mit dem Einzelfall befassten Strafrichter nicht zumutbar sein sollte, sich mit gegebenenfalls unterschiedlichen Begriffsdefinitionen der Freiheitsstrafe auseinanderzusetzen.[1066] Auch wird der gewählte oder beigeordnete Strafverteidiger den Betroffenen in der Regel über die verschiedenen Begriffe der Freiheitsstrafe und deren Bedeutung aufklären können. Zu berücksichtigen ist zudem, dass der Begriff der Freiheitsstrafe seine Prägung vor allem durch die mit dem Vollzug der Freiheitsstrafe verbundenen Aufgaben, mithin durch den Schutz der Allgemeinheit vor der Begehung weiterer Straftaten und das verfassungsrechtlich gebotene Ziel der Resozialisierung des Täters, erlangt. Der gesetzgeberische Spielraum bei der Bestimmung des Begriffes der Freiheitsstrafe ist damit weitaus geringer als von *Seebode* angenommen. Bestätigt sieht sich diese Überlegung darin, dass sich bislang lediglich die Länder Baden-Württemberg, Bayern, Hamburg und Niedersachsen dazu veranlasst sahen, ein eigenes Strafvollzugsgesetz auf den Weg zu bringen.[1067] Alle vier Länder orientieren sich dabei – ebenso wie das für die restlichen Länder gemäß Art. 125a Abs. 1 Satz 1 GG weiterhin verbindliche Strafvollzugsgesetz des Bundes – an den beschriebenen Aufgaben

1064 *Robbers*, http://webarchiv.bundestag.de/archive/2008/0506/ausschuesse/a06/foederalismusreform/Anhoerung/02_Justiz/Stellungnahmen/Prof__Dr__Gerhard_Robbers.pdf, S. 1, zuletzt aufgerufen am 22.11.2009; ähnlich *Stettner*, in: Dreier, GG II, Art. 70 Rn. 39.

1065 *Niedobitek*, in: BK, GG X, Art. 74 Abs. 1 Nr. 1 Rn. 18.

1066 So auch die bei *Mävers*, DRiZ 2006, 214 abgebildete Zusammenfassung der gemeinsamen Sachverständigenanhörung von Bundestag und Bundesrat zum Föderalismusreformgesetz I.

1067 Zum Stand der Gesetzgebung vgl. *Arloth*, JA 2008, 561; *Feest*, StV 2008, 553 f.; *Köhne*, NStZ 2009, 130.

des Strafvollzugs und gelangen somit zu einem ähnlichen Freiheitsstrafenbegriff.[1068] Sollten sich – was gegenwärtig nicht zu erwarten ist – dennoch erheblich divergierende Begrifflichkeiten der Freiheitsstrafe herausbilden, so könnte der Bundesgesetzgeber immer noch auf der Grundlage seiner konkurrierenden Gesetzgebungskompetenz des Art. 74 Abs. 1 Nr. 1 GG eine bundesweit einheitliche Definition der Freiheitsstrafe schaffen. Das Recht des Gesetzgebers zur inhaltlichen Ausgestaltung des Begriffes der Freiheitsstrafe folgt nämlich nicht aus der Gesetzgebungskompetenz für den Strafvollzug, sondern aus der Gesetzgebungskompetenz für das Strafrecht, die sich insbesondere auf die Festlegung der an die Straftat anknüpfenden Rechtsfolgen und damit auch auf die Bestimmung des Strafbegriffes erstreckt.[1069] Solange der Bundesgesetzgeber jedoch von einer Inhaltsbestimmung der Freiheitsstrafe absieht, sind nach Art. 72 Abs. 1 GG die Länder zur Begriffsausfüllung berechtigt.

Widerspruch verdient des Weiteren die aufgestellte Behauptung, die Dezentralisierung der Strafvollzugskompetenz werde einen "Schäbigkeits- oder Sparwettbewerb" zwischen den Ländern einleiten. Gegen einen solchen Wettbewerb lassen sich gleich mehrere Argumente anführen. Zunächst sei an die Auslegungsergebnisse des vierten Kapitels erinnert. Sie geben Aufschluss darüber, dass lediglich der Kompetenzinhaber ausgetauscht wurde. Der dem Gesetzgeber zugestandene Gestaltungsspielraum hat sich dagegen nicht verändert, weil der Regelungsbereich des Strafvollzugs nach wie vor maßgeblich durch das Grundgesetz selbst determiniert wird.[1070] Ein unverhältnismäßiges Auseinanderfallen des Strafvollzugsrechts wird darüber hinaus aber auch durch die von der Verfassungsrechtsprechung aufgestellten Leitlinien – wie etwa das Erfordernis einer gesetzlichen Grundlage für den Strafvollzug oder die verfassungsrechtlich gebotene Ausrichtung des Strafvollzugs an dem Vollzugsziel der Resozialisierung – verhindert. Sie bleiben weiterhin verbindlich. Die weitere Entwicklung des Strafvollzugs ist daher weder der Willkür der verschiedenen landespolitischen Gegebenheiten noch der unter Umständen geringen Wirtschaftskraft oder angespannten Haushaltssituation der Länder ausgesetzt. Ein allein die Sicherung der Allgemeinheit anstrebender Verwahrvollzug wäre mit den verfassungsrechtlichen Vorgaben für die formale und materielle Ausgestaltung des Strafvollzugs schlichtweg nicht zu vereinbaren.

1068 Vgl. dazu die Bestimmungen des § 2 BaWüJVollzGB, Art. 2 BayStVollzG und der § 2 HambStVollzG, § 5 NJVollzG, § 2 StVollzG.

1069 So BVerfGE 109, 190, 212.

1070 Vgl. hierzu die Ausführungen in Kapitel 4, Punkt A.III.1.

Gegen den befürchteten Negativwettbewerb lässt sich fernerhin anführen, dass der Regelungsbereich des Strafvollzugs auch zukünftig der Kontrolle[1071] der Gerichte unterworfen sein wird. Soweit dem Betroffenen der Rechtsweg offen steht, prüfen diese, ob die Normen der Strafvollzugsgesetze der Länder mit den Vorgaben des Grundgesetzes beziehungsweise mit den Bestimmungen der jeweiligen Landesverfassung im Einklang stehen. Nicht ganz unbedeutend ist auch die Tatsache, dass die Landesgesetzgeber bei der inhaltlichen Ausgestaltung ihrer Strafvollzugsgesetze zugleich den europäischen und internationalen Mindeststandards und Verpflichtungen gerecht werden müssen.[1072] Sie schränken die Gestaltungsfreiheit des Gesetzgebers nochmals ein und tragen somit zu einer weiteren Vereinheitlichung des Strafvollzugsrechts bei. Unwahrscheinlich ist der „Wettbewerb der Schäbigkeit" aber auch deshalb, weil sich ein solcher in den von den Ländern ausgestalteten Regelungsbereichen bislang nicht etabliert hat.[1073] Die Zuweisung der Strafvollzugskompetenz an die Länder muss daher vielmehr als Chance für einen „Wettbewerb der Ideen"[1074] begriffen werden. Die in den letzten Jahrzehnten nur sehr zurückhaltend ausgeübte Kompetenzwahrnehmung des Bundes gibt den Ländern nämlich die Möglichkeit, das Strafvollzugsrecht unter Behebung der eingetretenen Defizite entsprechend weiterzuentwickeln.[1075] Soweit die Kritiker gegen einen solchen Wettbewerb der Länder vortragen, er sei mit dem Verfassungsgrundsatz der Einheitlichkeit der Lebensverhältnisse nicht zu vereinbaren, sei daran erinnert, dass sich weder aus Art. 72 Abs. 2 GG noch aus Art. 106 Abs. 3 Satz 4 Nr. 2 GG ein allgemeines verfassungsrechtliches Gebot zur Herstellung und Wahrung einheitlicher Lebensverhältnisse herleiten lässt.[1076] Das angemahnte Erfordernis eines bundeseinheitlichen Strafvollzugsgesetzes kann daher nicht auf das Postulat der Einheitlichkeit der Lebensverhältnisse gestützt werden.

1071 *Lückemann*, http://webarchiv.bundestag.de/archive/2008/0506/ausschuesse/a06/foederalismusreform/ Anhoerung/02_Justiz/Stellungnahmen/Clemens_Lueckemann.pdf, S. 10, zuletzt aufgerufen am 22.11.2009.

1072 *Kluth*, in: FödRefG, Art. 74 Rn. 36; ähnlich *Arloth*, JA 2008, 561.

1073 *Lückemann*, http://webarchiv.bundestag.de/archive/2008/0506/ausschuesse/a06/foederalismusreform/Anhoerung/02_Justiz/Stellungnahmen/Clemens_Lueckemann.pdf, S. 8, zuletzt aufgerufen am 22.11.2009; ähnlich *Robbers*, http://webarchiv.bundestag.de/archive/2008/0506/ausschuesse/a06/foederalismusreform/Anhoerung/02_Justiz/Stellungnahmen/Prof__Dr__Gerhard_Robbers.pdf, S. 1, zuletzt aufgerufen am 22.11.2009.

1074 *Lückemann*, http://webarchiv.bundestag.de/archive/2008/0506/ausschuesse/a06/foederalismusreform/Anhoerung/02_Justiz/Stellungnahmen/Clemens_Lueckemann.pdf, S. 5, zuletzt aufgerufen am 22.11.2009.

1075 *Aumüller*, http://webarchiv.bundestag.de/archive/2008/0506/ausschuesse/a06/foederalismusreform/Anhoerung/02_Justiz/Stellungnahmen/Thomas_Aumueller.pdf, S. 6, zuletzt aufgerufen am 22.11.2009.

1076 Vgl. dazu die Ausführungen unter Kapitel 2, Punkt A.II.2.c.(3).

Nicht zu erwarten ist schließlich das angekündigte Aufblähen der bürokratischen Strukturen in den Ländern. Die den Strafvollzug regulierenden Verwaltungseinheiten waren schon vor dem Inkrafttreten des Föderalismusreformgesetzes I Bestandteil der einzelnen Landesjustizverwaltungen.[1077] Sie müssen daher nicht neu geschaffen werden.

2. Eingliederung der kompetenzrechtlichen Neuregelung in das System der bundesstaatlichen Ordnung

Die Begutachtung der Auswirkungen des Föderalismusreformgesetzes I führt auch im Rahmen des letzten Schwerpunktthemas zu der Frage, wie sich die neue Gesetzgebungskompetenz in das System der bundesstaatlichen Ordnung einfügt. In die Erörterung dieser Fragestellung fließen dabei nicht nur die Ergebnisse des zweiten und vierten Kapitels, sondern auch die Ausführungen des vorangegangen Untersuchungspunktes ein.[1078]

Die Aufgabenverantwortung im Bereich des Strafvollzugs fand ihre Prägung bislang durch die auf der einen Seite vorhandene Gesetzgebungskompetenz des Bundes und die auf der anderen Seite bestehende Verwaltungskompetenz sowie Finanzierungshoheit der Länder. Seit dem Inkrafttreten des Föderalismusreformgesetzes I sind die Länder nunmehr auch Inhaber der vormaligen Gesetzgebungskompetenz des Bundes. Ihnen ist dadurch – ähnlich wie etwa in den Bereichen der Kultur oder des Kommunalwesens – die alleinige Verantwortung für den Aufgabenbereich des Strafvollzugs eingeräumt worden. Die Auseinandersetzung mit den ersten Einschätzungen des Schrifttums zu der neuen Länderkompetenz belegt, dass diese Kompetenzerweiterung nicht nur dem Konnexitätsprinzip, sondern auch der besonderen Sachkompetenz der Länder entspricht. Da dem Bund infolge der Kompetenzverlagerung jegliche Einflussmöglichkeiten auf den Regelungsbereich des Strafvollzugs genommen worden sind, wurde ein selbstständiger klar abgegrenzter Kompetenzraum der Länder geschaffen. Der verfassungsändernde Gesetzgeber ist damit seinem Ziel, mit Hilfe der Föderalismusreform I den entstandenen Aufgabenverflechtungen zwischen Bund und Ländern entgegenzuwirken[1079], näher gekommen. Auswirkungen hat die Verantwortungsstärkung aber vor allem auch auf den Staatscharakter der Länder. Die Länder können nämlich durch den Erhalt der neuen Gesetzgebungskompetenz einen Zuwachs an Staatlichkeit verzeichnen. Dieser ist im Zusammenhang mit den sonstigen hinzugewonnenen Legislativkompetenzen zu sehen, die an der Stärkung des

1077 *Lückemann*, http://webarchiv.bundestag.de/archive/2008/0506/ausschuesse/a06/foederalismusreform/Anhoerung/02_Justiz/Stellungnahmen/Clemens_Lueckemann.pdf, S. 10, zuletzt aufgerufen am 22.11.2009.

1078 Siehe dazu Kapitel 2, Punkt B.III.2.b. sowie Kapitel 4, Punkt A.III.

1079 BT-Drs. 16/813, S. 7.

Staatscharakters der Länder ebenfalls teilhaben. Den neuen Landesgesetzgebungskompetenzen für das Beamtenrecht und den Strafvollzug kommt allerdings insoweit eine besondere Bedeutung zu, als sie aufgrund ihrer Zugehörigkeit zu den genuinen Aufgabenbereichen eines Staates nicht nur einen quantitatives, sondern auch ein qualitatives Anwachsen der Staatlichkeit bewirken. Der aus dem Blickwinkel der Verfassungsgeschichte durch die Zuständigkeitsübertragung gleichzeitig herbeigeführte kompetenzrechtliche Traditionsbruch verliert gegenüber diesen Fortschritten zwangsläufig an Bedeutung. Das gilt um so mehr, wenn man sich die im dritten Kapitel dieser Untersuchung dargelegte Reformbedürftigkeit der bundesstaatlichen Ordnung des Grundgesetzes in Erinnerung ruft.

Dennoch können die Länder über den hinzugewonnenen Kompetenzraum nicht unbeschränkt verfügen. Vielmehr müssen sich die Landesgesetzgeber in den von der Verfassung vorgegebenen Grenzen bewegen. Die Auslegung der neuen Länderkompetenz zeigt, dass insbesondere die Grundrechtsbindung des Art. 1 Abs. 3 GG und die Homogenitätsklausel des Art. 28 Abs. 1 Satz 1 GG die formale und inhaltliche Gestaltung des Strafvollzugs in den Ländern prägen und somit das im Bundesstaat erforderliche Mindestmaß an Einheitlichkeit gewährleisten. Resümierend ist somit festzuhalten, dass sich die dezentralisierte Gesetzgebungskompetenz für den Strafvollzug gut in das bestehende System der Kompetenzverteilung und damit in die bundesstaatliche Ordnung eingliedert. Da sie vor allem auch zu einer klareren und sachnäheren Kompetenzaufteilung zwischen Bund und Ländern beiträgt, kann sie nicht als „Fehlentscheidung“[1080] bewertet werden.

3. Verabschiedung landesrechtlicher Strafvollzugsgesetze

Ähnlich wie im Bereich des Beamtenrechts sind auch auf dem Gebiet des Strafvollzugs unterschiedliche gesetzgeberische Aktivitäten der Länder zu beobachten.

Im Bereich des Erwachsenenstrafvollzugs haben gegenwärtig – wie bereits angedeutet wurde – lediglich die Länder Baden-Württemberg, Bayern, Hamburg und Niedersachsen ein eigenständiges Landesgesetz verabschiedet. Während Bayern und Hamburg ihre Strafvollzugsgesetze dabei auf die Regelung des Erwachsenen- und Jugendstrafvollzugs beschränken, finden sich im niedersächsischen Justizvollzugsgesetz zusätzlich auch Bestimmungen zur Ausgestaltung des Untersuchungshaftvollzugs. Den Erlass eines ähnlich umfassenden Justizvollzugsgesetzbuchs realisierte zudem das Land Baden-

1080 So aber wörtlich *Pollähne*, StV 2007, 553, der sogar von einer „grandiosen Fehlentscheidung“ spricht.

Württemberg.[1081] Die überwiegende Zahl der Länder hält jedoch auch im Jahre drei nach dem Inkrafttreten des Föderalismusreformgesetzes I an der bisherigen Rechtsgrundlage für den Erwachsenenstrafvollzug fest. Der befürchtete „Wettlauf der Schäbigkeit“ hat sich folglich bislang nicht realisiert.[1082]

Erste Auseinandersetzungen des Schrifttums mit den neuen Strafvollzugsgesetzen der Länder zeigen, dass diese durchaus Abweichungen von den Bestimmungen des Strafvollzugsgesetzes des Bundes enthalten.[1083] Sie haben jedoch nicht zwingend eine Schlechterstellung der Strafgefangenen zur Folge. Als Beleg dafür sei vorliegend die Umschreibung der Aufgaben des Vollzuges der Freiheitsstrafe herausgegriffen. So orientiert sich das niedersächsische Gesetz weitestgehend an der im Rahmen des Strafvollzugsgesetzes des Bundes vorgenommenen Festlegung der Vollzugsaufgaben, indem es zunächst das Vollzugsziel der Resozialisierung und sodann die Sicherung der Allgemeinheit als Vollzugsaufgabe benennt.[1084] Bayern und Hamburg führen die Vollzugsaufgaben hingegen in umgekehrter Reihenfolge auf.[1085] Nun könnte man meinen, dass Bayern und Hamburg der Resozialisierung des Täters dadurch nur noch eine nachrangige Bedeutung zumessen.[1086] Dieser Rückschluss ist jedoch verfehlt, denn in beiden Landesgesetzen findet sich im Anschluss an die Festlegung der Vollzugsaufgaben eine nähere Erläuterung der zu verwirklichenden Resozialisierung des Täters, die die besondere Bedeutung dieses Vollzugsziels klar herausstellt.[1087] Beide Länder halten folglich auch weiterhin an der Gleichrangigkeit[1088] der Vollzugsaufgaben der Resozialisierung und der Sicherung fest. Der Blick auf die Umschreibung der Vollzugsziele zeigt also, dass sprachliche Abweichungen vom bisherigen bundeseinheitlichen Strafvollzugsgesetz nicht unbedingt auch inhaltliche Änderungen nach sich ziehen müssen. Das genaue Ausmaß der in Zukunft zu erwartenden und der einem Bundesstaat durchaus immanenten gesetzgeberischen

---

1081 Vgl. dazu zunächst die Presseerklärung des baden-württembergischen Justizministers vom 26.03.2009, abrufbar unter http://www.justizportal-bw.de/servlet/PB/menu/1240782/index.html?ROOT=-1, zuletzt aufgerufen am 22.11.2009 sowie das Gesetz zur Umsetzung der Föderalismusreform im Justizvollzug v. 10.11.2009, GBl. BaWü, 545.

1082 *Schneider*, FS 2009, 24.

1083 Zu den Abweichungen siehe *Köhne*, NStZ 2009, 130; eine erste vertiefende Untersuchung des niedersächsischen Justizvollzugsgesetz findet sich bei *Feest*, StV 2008, 553 ff., eine überblickartige Darstellung der Inhalte des bayerischen Strafvollzugsgesetzes bei *Arloth*, JA 2008, 561 ff.

1084 Vgl. §§ 5 NJVollzG, 2 StVollzG.

1085 Vgl. Art. 2 BayStVollzG und § 2 HambStVollzG.

1086 So ausdrücklich *Feest*, StV 2008, 553, 554.

1087 Siehe dazu Art. 3 BayStVollzG sowie § 3 HmbStVollzG.

1088 *Arloth*, StVollzG, Erläuterung zu Art. 2 BayStVollzG.

Unterschiede wird freilich erst die Rechtsentwicklung der nächsten Jahre offen legen.

Mit Beginn des Jahres 2008 wurde in Anlehnung an den vom Bundesverfassungsgericht erteilten Regelungsauftrag[1089] auch der Jugendstrafvollzug in allen Bundesländern auf eine umfassende gesetzliche Grundlage gestellt.[1090] Während den Jugendstrafvollzugsgesetzen der Länder Berlin, Brandenburg, Bremen, Mecklenburg-Vorpommern, Rheinland-Pfalz, Saarland, Sachsen, Sachsen-Anhalt, Schleswig-Holstein und Thüringen ein gemeinsam erarbeiteter Mustergesetzentwurf zugrunde liegt, haben sich die Länder Baden-Württemberg, Bayern, Hamburg, Hessen, Niedersachsen und Nordrhein-Westfalen für die Verabschiedung selbstständiger Jugendstrafvollzugsregelungen entschieden.[1091] Auffällig ist, dass der von den Kritikern prophezeite Negativwettbewerb ausgeblieben ist.[1092] Dies ist nicht zuletzt darauf zurückzuführen, dass sich die Mehrheit der Länder dazu entschlossen hat, den Jugendstrafvollzug weitestgehend an dem entworfenen Mustergesetz auszurichten. Die Divergenzen der landesgesetzlichen Bestimmungen liegen daher zumeist im Detail.[1093] Uneinheitlichkeiten bestehen jedoch hinsichtlich der Einschätzung, inwieweit die Jugendstrafvollzugsgesetze der Länder den vom Bundesverfassungsgericht ausdrücklich hervorgehobenen besonderen verfassungsrechtlichen Erfordernissen des Jugendstrafvollzugs entsprechen.[1094] Diese Frage wird in den nächsten Jahren vermutlich nicht nur im Fachschrifttum, sondern auch in der Rechtsprechung Beachtung finden.

Anstrengungen für die Erarbeitung eines einheitlichen Mustergesetzentwurfes wurden schließlich auch hinsichtlich der Gesetzgebungsmaterie des Untersuchungshaftvollzugsrechts unternommen. Die zwölf Länder Berlin, Brandenburg, Bremen, Hamburg, Hessen, Mecklenburg-Vorpommern, Rheinland-Pfalz, Saarland, Sachsen, Sachsen-Anhalt, Schleswig-Holstein und Thüringen stellten am 3. November 2008 den Entwurf eines gemeinsamen

1089 BVerfGE 116, 69, 93.

1090 Eine Auflistung der verabschiedeten Jugendstrafvollzugsgesetze findet sich auf der Website des an die Universität Bremen angegliederten Strafvollzugsarchivs, abrufbar unter http://www.strafvollzugsarchiv.de/, zuletzt aufgerufen am 22.1.2009; eine erste inhaltliche Bewertung der Landesgesetze findet sich bei *Eisenberg*, NStZ 2008, 250 ff.

1091 *Höynck/Hagemann/Kapteina/Klimaschewski/Lübke/Luu/Riechey*, ZJJ 2008, 159; *Maelicke*, NK 2006, 89.

1092 *Arloth*, StVollzG, Einl. Rn. 6; fernerhin *Pollähne*, StV 2007, 553, der eingesteht, dass sich ein gesetzgeberischer „Wildwuchs“ bislang im Bereich des Jugendstrafvollzugsrechts nicht abzeichnet.

1093 *Höynck/Hosser*, BewHi 2007, 387, 388; *Pollähne*, StV 2007, 553.

1094 Vgl. dazu die vertiefenden Ausführungen bei *Eisenberg*, NStZ 2008, 250 ff., der die Vorgaben des Bundesverfassungsgerichts durch einige Länder nur unzureichend erfüllt sieht; vgl. auch *Höynck/Hosser*, BewHi 2007, 387 ff.; offen gelassen wird diese Frage etwa von *Arloth*, StVollzG, Einl. Rn. 6.

Mustergesetzes vor, der den Untersuchungshaftvollzug auf eine umfassende gesetzliche Grundlage stellen soll.[1095] Wie im Bereich des Jugendstrafvollzugs ist auch hier durch die Schaffung des Mustergesetzentwurfes ein eklatantes Auseinanderfallen der gesetzlichen Regelungen nicht zu erwarten. Für Spannungen wird allerdings der Streit um die Reichweite der neuen Länderkompetenz sorgen. Seine Ursache wurzelt in den Meinungsunterschieden über die Begrifflichkeit des Untersuchungshaftvollzuges.[1096] Weiterführende Überlegungen erübrigen sich vorliegend aber deshalb, weil es sich beim Untersuchungshaftvollzug nicht um eine reine Sachmaterie des Strafvollzugs handelt.

C. Ergebnis

Die Föderalismusreform I greift die wesentlichen bundesstaatlichen Fehlentwicklungen der letzten Jahrzehnte auf und ermöglicht durch eine erste Überarbeitung des Bundesstaats- und Föderalismuskonzepts eine dezente Neuausrichtung der bundesstaatlichen Ordnung. Das Reformgesetz wird jedoch nur eine vorübergehende Modernisierung der Bundesstaatsordnung herbeiführen können, denn Föderalismusreformen können – wie *Hofmann*[1097] es zutreffend und pointiert ausdrückt – im laufenden Verfassungsstaat nicht „aus einem Guss erreicht“ werden, sondern stellen sich als „iterativer Prozess“ dar.

In den Bereichen des Beamtenrechts, der terroristischen Gefahrenabwehr und des Strafvollzugs hat die Staatspraxis bereits begonnen, die durch das Föderalismusreformgesetz I gewährten Handlungsspielräume auszuschöpfen. Während dabei etwa auf dem Gebiet des Beamtenrechts unterschiedliche Aktivitäten der Länder zu beachten sind, zeichnet sich im Strafvollzug bislang überwiegend eine kooperative Zusammenarbeit der Länder ab, nicht aber der ihnen nunmehr verfassungsrechtlich ermöglichte Gesetzgebungswettbewerb.

1095 *Kirschke/Brune*, FS 2009, 18; *Koop*, FS 2009, 6.

1096 Vgl. dazu insbesondere die vertiefenden Ausführungen von *Feest/Pollähne*, FS 2009, 30, 32 und *Schneider*, FS 2009, 24, 26.

1097 *Hofmann*, DÖV 2008, 833, 844.

Sechstes Kapitel. Schlussbetrachtung

A. Fortführung des ersten Föderalismusreformgesetzes durch weitere Reformstufen?

Nur wenige Monate nach dem Inkrafttreten des ersten Föderalismusreformgesetzes wurde eine zweite Föderalismus-Kommission eingesetzt. Diese gemeinsame Kommission zur Modernisierung der Bund-Länder-Finanzbeziehungen beschloss am 5. März 2009 ein weiteres Maßnahmenpaket[1098] zur Reformierung der bundesstaatlichen Ordnung des Grundgesetzes, das zwischenzeitlich auch das Gesetzgebungsverfahren des Bundes durchlief.[1099] Abschließend stellt sich daher die Frage, ob die zweite Stufe zur Reformierung der bundesstaatlichen Ordnung des Grundgesetzes die Modernisierungsansätze des Föderalismusreformgesetzes I fortführt. Ihr kann freilich in der vorliegenden Untersuchung nur im Sinne einer summarischen Betrachtung nachgegangen werden. Im Anschluss daran werden sodann Vorschläge darüber unterbreitet, welche Themen im Rahmen einer schon jetzt propagierten dritten Reformstufe[1100] zwingend Berücksichtigung finden sollten.

I. Ausarbeitungen der Föderalismus-Kommission II

Das auf der Grundlage der Arbeiten der Föderalismus-Kommission II erarbeitete zweite Föderalismusreformgesetz konzentriert sich vornehmlich auf die Überarbeitung der finanzverfassungsrechtlichen Bund-Länder-Bestimmungen sowie auf eine verbesserte Zusammenarbeit von Bund und Ländern im Bereich der öffentlichen Verwaltung.[1101] Nicht unerhebliche Ergänzungen für

---

1098 Vgl. dazu die die Beschlüsse der Föderalismus-Kommission II zusammenfassende Kommissionsdrucksache 174, abrufbar unter http://www.bundestag.de/bundestag/ ausschuesse/gremien/foederalisreform/kommissionsdrucksachen/kdrs174.pdf, zuletzt aufgerufen am 22.11.2009.

1099 Vgl. dazu zunächst den Gesetzentwurf der Regierungsfraktionen in BT-Drs. 16/12410 sowie das Gesetz zur Änderung des Grundgesetzes (Art. 91c, 91d, 104b, 109, 109a, 115, 143d) v. 29.07.2009, BGBl. I, 2248.

1100 *Hofmann*, DÖV 2008, 833, 844; *Selmer*, NVwZ 2009, 1255, 1256; vgl. dazu auch die Pressemeldung in der FAZ, Nr. 56, 07.03.2009, S. 1 und in der FAZ, Nr. 53, 04.03.2009, S. 10.

1101 Gesetz zur Änderung des Grundgesetzes (Art. 91c, 91d, 104b, 109, 109a, 115, 143d) v. 29.07.2009, BGBl. I, 2248; Härtel, JZ 2008, 437, 438; *Lindner/Dragowski*, DRiZ 2008, 250.

die Ebene des einfachen Gesetzesrechts sieht daneben das sogenannte Begleitgesetz zur zweiten Föderalismusreform vor.[1102]

1. Regelungsgehalt des zweiten Föderalismusreformgesetzes

Die auf dem Gebiet der Finanzverfassung getroffenen Neuerungen werden maßgeblich durch die Modifizierung und Verankerung der haushaltsrechtlichen Bestimmungen der Artt. 109, 115, 143d GG n.F. sowie die Einführung eines Mechanismus zur Früherkennung von Haushaltsnotlagen im Sinne des Art. 109a GG n.F. geprägt.[1103]

So wird in Art. 109 Abs. 3 Satz 1 GG n.F. nunmehr ausdrücklich festgeschrieben, dass die Haushalte von Bund und Ländern grundsätzlich ohne Einnahmen aus Krediten auszugleichen sind. Ausnahmen von diesem Grundsatz sieht Art. 109 Abs. 3 Satz 1 n.F. allein zum Ausgleich konjunktureller Entwicklungen sowie unter bestimmten Voraussetzungen bei dem Eintritt von Naturkatastrophen und außergewöhnliche Notsituationen vor. Diese neue Schuldenbegrenzungsvorschrift wird für den Bund durch Art. 109 Abs. 3 Satz 4 GG n.F dahin gehend konkretisiert, dass er der Beschränkung der Nettokreditaufnahme nur dann entspricht, wenn sich seine Krediteinnahmen künftig auf nicht mehr als 0,35 Prozent des Bruttoinlandsproduktes belaufen. Die Länder erfüllen gemäß Art. 109 Abs. 3 Satz 5 GG n.F. die neuen Verschuldensvorgaben dann, wenn sie in Zukunft vollständig auf die Einnahme aus Krediten verzichten. Während in Anlehnung an die Änderungen des Art. 109 GG die Vorschrift des Art. 115 GG n.F. nähere Vorgaben für die Kreditaufnahme des Bundes enthält, veranlassen die Länder infolge der ihnen zugeschriebenen Verfassungsautonomie die Angleichung ihrer haushaltsrechtlichen Bestimmungen in eigener Verantwortung.[1104]

Aus der Übergangsvorschrift des Art. 143d GG n.F. folgt, dass die überarbeiteten Artt. 109, 115 GG n.F. erstmals für das Haushaltsjahr 2011 Anwendung finden werden. Gemäß Art. 143d Abs. 1 Satz 3 und 5 GG n.F. dürfen die Länder zudem bis zum Ablauf des Jahres 2019, der Bund bis zum Ablauf des Jahres 2015 von den neuen Regelungen zur Kreditbegrenzung abweichen. Um auch den besonders hoch verschuldeten Ländern Berlin, Bremen, Saarland, Sachsen-Anhalt und Schleswig-Holstein die Einhaltung der Vorgaben des Art. 109 Abs. 3 GG n.F. zu ermöglichen, können diesen Län-

1102 BT-Drs. 16/12400, S. 1.

1103 Siehe das Gesetz zur Änderung des Grundgesetzes (Art. 91c, 91d, 104b, 109, 109a, 115, 143d) v. 29.07.2009, BGBl. I, 2248; vgl. in diesem Zusammenhang aber auch die eingehenden Erörterungen von *Korioth*, JZ 2009, 729 ff. und *Schmidt*, DVBl. 2009, 1274 ff.

1104 BT-Drs. 16/12410, S. 1 f.

dern auf der Grundlage des Art. 143d Abs. 2 GG n.F. Konsolidierungshilfen zugewiesen werden.[1105]

Ergänzung finden die revidierten Haushaltsbestimmungen der Artt. 109, 115 und 143d GG n.F. durch die neue Vorschrift des Art. 109a GG n.F. Sie soll durch die Etablierung eines Stabilitätsrates, der mit der fortlaufenden Überwachung der Haushaltswirtschaft von Bund und Ländern betraut ist, etwaigen Haushaltsnotlagen frühzeitig entgegenwirken.[1106]

Darüber hinaus wurde auch die die Finanzhilfen des Bundes regulierende Vorschrift des Art. 104b GG n.F. erneut in die Bestrebungen zur Modernisierung der bundesstaatlichen Ordnung des Grundgesetzes mit einbezogen. Sie findet seit der Föderalismusreform I nur noch auf diejenigen Investitionsbereiche Anwendung, in denen das Grundgesetz dem Bund eine Gesetzgebungskompetenz zuweist.[1107] Diese Beschränkung des Art. 104b Abs. 1 GG wurde nun im Zuge des zweiten Föderalismusreformgesetzes wieder aufgehoben.[1108]

Neben den beschriebenen Änderungen und Ergänzungen im Bereich der Finanzverfassung haben mit den Artt. 91c und 91d GG n.F. auch zwei verwaltungsrechtliche Vorschriften Eingang in die Verfassung gefunden. Ausweislich der Begründung des verfassungsändernden Gesetzes bildet Art. 91c GG n.F. fortan die verfassungsrechtliche Grundlage für das freiwillige Zusammenwirken von Bund und Ländern auf dem Gebiet der Informationstechnologie.[1109] Gemäß Art. 91d GG n.F. können Bund und Länder zukünftig zur Feststellung und Förderung der Leistungsfähigkeit ihrer Verwaltungen Vergleichsstudien durchführen. Durch die vermehrte Anwendung derartiger Leistungsvergleiche – im angelsächsischen Raum auch unter dem Begriff des Benchmarking bekannt – erhofft sich der verfassungsändernde Gesetzgeber eine Effektivitäts- und Effizienzsteigerung des staatlichen Handelns in Bund und Ländern.[1110]

2. Bewertung des zweiten Föderalismusreformgesetzes

Unterzieht man zunächst die neuen Reglungen zur Eingrenzung der Nettokreditaufnahme von Bund und Ländern einer näheren Betrachtung, so wird schnell deutlich, dass sie keinen unmittelbaren Bezug zu den Zielvorgaben des Föderalismusreformgesetzes I aufweisen. Das erhebliche Ausmaß der in

1105 BT-Drs. 16/12410, S. 2; *Seckelmann*, DÖV 2009, 747, 755; *Selmer*, NVwZ 2009, 1255, 1258; *Sodan*, NVwZ 2009, 545, 550.
1106 BT-Drs. 16/12410, S. 11; *Kemmler*, DÖV 2009, 549, 552.
1107 Vgl. insoweit bereits die Ausführungen unter Kapitel 3, Punkt C.III.
1108 BT-Drs. 16/12410, S. 11.
1109 BT-Drs. 16/12410, S. 2.
1110 BT-Drs. 16/12410, S. 2 und 12.

den letzten Jahren erreichten Staatsverschuldung zeigt jedoch, dass diese Nettokreditaufnahmebegrenzung im Rahmen der Überarbeitung der grundgesetzlichen Finanzverfassung zwingend zu berücksichtigen war.[1111] Ihr kommt nicht zuletzt wegen der mit der gegenwärtigen Finanz- und Wirtschaftskrise verbundenen außerordentlichen Staatsausgaben eine wesentliche Bedeutung zu. Erfreulich ist die Einführung der neuen Schuldenbremse aber auch deshalb, weil das Bundesverfassungsgericht bereits zum wiederholten Male auf die Reformbedürftigkeit der Finanzbestimmungen der Artt. 109 und 115 GG hingewiesen hat.[1112] Vor diesem Hintergrund ist es jedoch nicht gerade förderlich, dass der Handlungsrahmen des Bundes erst ab dem Jahr 2016, der Handlungsrahmen der Länder sogar erst ab dem Jahr 2020 verbindlich eingeschränkt wird. Positive Auswirkungen entfaltet dieser Umstand allerdings auf die in der Rechtsliteratur erneut entfachte Diskussion[1113] um die Verfassungsmäßigkeit einer im Grundgesetz vorgeschriebenen Defizitbegrenzung für die Haushalte der Länder. Sie kann infolge der langen Übergangsfristen ohne jeglichen zeitlichen Druck ausgetragen werden.

Wendet man sich in einem zweiten Schritt den sonstigen Änderungen des Föderalismusreformgesetzes II zu, so fällt auf, dass die zaghaften Entflechtungserfolge der Föderalismusreform I infolge der Revision der Vorschrift des Art. 104b GG n.F. und der Einführung der neuen Gemeinschaftsaufgabe des Art. 91c GG n.F. einen Rückschlag erleiden. Während die Erweiterung des Anwendungsbereiches des Art. 104b GG n.F. die Änderungen des Föderalismusreformgesetzes I in ihr Gegenteil verkehrt[1114], wird der auf der ersten Reformstufe beabsichtigten Reduktion der Gemeinschaftsaufgaben mit der Einführung des Art. 91c GG n.F. entgegengewirkt[1115].

Etwas optimistischer gestaltet sich das Urteil jedoch über die neue Verwaltungsvorschrift des Art. 91d GG n.F. Sie stimmt insoweit mit den Vorga-

1111 Ähnlich BT-Drs. 16/12410, S. 7; *Hofmann*, DÖV 2008, 833, 837 f.

1112 Zuletzt in BVerfGE 119, 96, 141 f.

1113 Vgl. dazu beispielsweise die Beiträge von *Hancke*, DVBl. 2009, 621 ff.; *Hofmann*, DÖV 2008, 833, 839; *Ipsen*, NdsVBl. 2009, 153, 156; *Kemmler*, DÖV 2009, 549, 554 ff.; siehe aber auch die Stellungnahme des verfassungsändernden Gesetzgebers in BT-Drs. 16/12410, S. 9, der sich im Rahmen der Gesetzesbegründung zum zweiten Föderalismusreformgesetz dazu genötigt sah, darauf hinzuweisen, dass die neuen finanzverfassungsrechtlichen Bestimmungen zur Kreditbegrenzung nicht gegen die Haushaltsautonomie der Länder und damit auch nicht gegen die Vorgaben des Art. 79 Abs. 3 GG verstoßen; vgl. zudem aus der älteren Literatur *Glauben*, ZG 1997, 233, 238 ff.; *Maunz*, in: ders./Dürig, GG VI, Art. 109 Rn. 63; *Mehde*, DÖV 1997, 616, 623 f.

1114 *Henneke*, Der Landkreis 2009, 117, 118; *Selmer*, NVwZ 2009, 1255, 1257; vgl. ferner die Pressemeldung in der FAZ, Nr. 55, 06.03.2009, S. 1 f.

1115 *Kemmler*, DÖV 2009, 549, 550; *Seckelmann*, DÖV 2009, 747, 753 f.; *Selmer*, NVwZ 2009, 1255, 1260; vgl. dazu auch die Pressemeldung in der FAZ, Nr. 138, 18.06.2009, S. 8.

ben des ersten Föderalismusreformgesetzes überein als durch die Förderung von Leistungsvergleichen im Bereich der öffentlichen Verwaltung „die föderalen Elemente der Solidarität und der Kooperation einerseits und des Wettbewerbs andererseits“[1116] verstärkt zum Ausgleich gebracht werden können. Leistungsvergleiche im Sinne Art. 91d GG n.F. tragen nämlich nicht nur zu einem erhöhten Maß an Transparenz im Bundesstaat bei, sondern setzen auch „einen Wettbewerb um innovative Lösungen in Gang und sorgen für einen kontinuierlichen Verbesserungsprozess“ der Verwaltungen von Bund und Ländern.[1117]

Äußerst bedauerlich ist dagegen, dass die ursprünglich geplante Erweiterung der finanzverfassungsrechtlichen Kompetenzen der Länder nicht vorgenommen wurde.[1118] So konnten sich in der Föderalismus-Kommission II Empfehlungen zur Stärkung der finanziellen Einnahmenautonomie der Länder nicht durchsetzen.[1119] Der mit der Föderalismusreform I auf dem Gebiet der Gesetzgebungskompetenzen und im Bereich der Finanzverfassung mit der Neufassung des Art. 105 Abs. 2a GG zumindest begonnene Prozess der Stärkung der Eigenverantwortung der Länder wird folglich durch die zweite Stufe der Föderalismusreform nicht fortgeführt. Schädliche Auswirkungen hat dies zunächst auf den durch die Föderalismusreform I eröffneten Wettbewerb im Bereich der Gesetzgebung. Er wird sich langfristig nämlich nur dann in der gewünschten Form entfalten können, wenn in Bund und Ländern faire Wettbewerbsbedingungen bestehen. Geschaffen werden können diese – das wurde im Hinblick auf die neuen beamtenrechtlichen Kompetenzen der Länder bereits angedeutet – nur durch eine verbesserte Einnahmensituation der Länder. Solange aber an der gegenwärtigen Kompetenzverteilung im Bereich der Finanzverfassung festgehalten wird, bleibt den Ländern die Ausschöpfung neuer Einnahmequellen verwehrt. Doch damit nicht genug: Mit dem Inkrafttreten der neuen Bestimmungen zur Eindämmung der Staatsverschuldung wird sich die zum Teil ohnehin schon schwierige Finanzsituation der Länder sogar noch verschlechtern. Die Vorschriften zur Verschuldungsbegrenzung erweisen sich zwar hinsichtlich des angelaufenen Schuldenstandes in Bund und Ländern als äußerst sinnvoll, ohne die gleichzeitige Erweiterung der Steuerkompetenzen der Länder verschärfen sie jedoch deren Einnahmendefizite. Die Föderalismusreform II nimmt damit den Ländern nicht nur die in Aussicht gestellte Stärkung der Einnahmenseite, sondern beschränkt darüber hi-

---

1116 BT-Drs. 16/813, S. 7.

1117 BT-Drs. 16/12410, S. 12; siehe auch *Kemmler*, DÖV 2009, 549, 550 und *Seckelmann*, DÖV 2009, 747, 756 f. die der Einführung der neuen Gemeinschaftsaufgaben ebenfalls positiv gegenüber steht.

1118 Vgl. insoweit auch den Einsetzungsbeschluss zur Föderalismus-Kommission II, BT-Drs. 16/3885, S. 1; BR-Drs. 913/06, S. 1.

1119 *Henneke*, Der Landkreis 2009, 117, 123.

nausgehend durch das Verbot der Kreditaufnahme zugleich deren Ausgabenseite.[1120] Ihren Höhepunkt findet die Begrenzung der Steuerautonomie der Länder in der aus der Föderalismusreform II herausgelösten Grundgesetzänderung zur Überführung der Ertragskompetenz für die Kraftfahrzeugsteuer auf den Bund.[1121]

Im Hinblick auf die Ausgangsfrage bleibt damit festzuhalten, dass die Föderalismusreform II die Modernisierungsansätze des ersten Föderalismusreformgesetzes in nicht unerheblichem Maße revidiert.[1122] Entgegengewirkt wird den Entflechtungen der Föderalismusreform I aber auch durch die gegenwärtige Verfassungspolitik. So sind im Bildungsbereich verstärkt Bestrebungen zum Ausbau der Mischfinanzierung zu beobachten.[1123] Zu erwähnen ist in diesem Zusammenhang insbesondere der zwischen den Parteien der CDU / CSU und FDP geschlossene Koalitionsvertrag. Darin formulierten die Koalitionsparteien das Ziel, die Bundesausgaben für den Bereich der Bildung und Forschung bis zum Jahr 2013 um insgesamt 12 Milliarden EUR zu erhöhen.[1124] Gleichzeitig umschreiben sie den Bildungsbereich als ein gesamtstaatliches Aufgabengebiet, das der Bund gemeinschaftlich mit den Ländern und Kommunen wahrzunehmen habe.[1125] Dem Bund soll somit die Möglichkeit verschafft werden, im Wege der Finanzierung auf die Kompetenzen der Länder im Bildungsbereich Einfluss zu nehmen. Einen ersten, wenn auch noch sehr zurückhaltenden Schritt in diese Richtung stellt das durch die Regierungsfraktionen der CDU / CSU und FDP auf den Weg gebrachte Wachstumsbeschleunigungsgesetz dar. Es hob die steuerrechtlichen Kinderfreibe-

---

1120 *Hancke*, DVBl. 2009, 621, 626; *Henneke*, NdsVBl. 2009, 121, 126; vgl. auch die Pressemeldung in der FAZ, Nr. 53, 04.03.2009, S. 10 und in der FAZ, Nr. 138, 18.06.2009, S. 8.

1121 Siehe dazu das Gesetz zur Änderung des Grundgesetzes (Art. 106, 106b, 107, 108) v. 19.03.2009, BGBl. I, 606 sowie die Pressemeldung in der FAZ, Nr. 53, 04.03.2009, S. 10.

1122 Zu dieser Einschätzung gelangt auch *Battis* im Rahmen seiner Stellungnahme zur öffentlichen Anhörung des Ausschusses für Bildung, Forschung und Technikfolgenabschätzung zum Thema „Aspekte der Föderalismusreform II im Bereich Bildung und Forschung" vom 13.05.2009, vgl. A-Drs. 16(18)466, Rn. 7.

1123 *Battis*, A-Drs. 16(18)466 des Ausschusses für Bildung, Forschung und Technikfolgenabschätzung, Rn. 5.

1124 Koalitionsvertrag der Parteien CDU/CSU und FDP vom 26.10.2009, abrufbar unter http://www.heute.de/ ZDFheute/download/0,6741,7012935,00.pdf, S. 59, zuletzt aufgerufen am 16.02.2010.

1125 Koalitionsvertrag der Parteien CDU/CSU und FDP vom 26.10.2009, abrufbar unter http://www.heute.de/ ZDFheute/download/0,6741,7012935,00.pdf, S. 59, zuletzt aufgerufen am 16.02.2010, der in seinem Abschnitt II unter Punkt 1.3.-1.5. sogar einen jeweils eigenen Unterabschnitt zur Bildungsfinanzierung, zur Qualitätssicherung von Bildung und Erziehung sowie zur Qualitätssicherung von Studium und Hochschule enthält.

träge und das Kindergeld zum 1. Januar 2010 mit der Begründung an, dass Familien mit Kindern einem erhöhten und damit zu kompensierenden Betreuungs- und Ausbildungsaufwand ausgesetzt seien.[1126]

Die Erfolge der Föderalismusreform I scheinen sich vor diesem Hintergrund als Pyrrhussieg[1127] zu erweisen. Wenig Trost spendet insoweit die Erkenntnis, dass das Reformgesetz in Zukunft zumindest auf dem Gebiet der Staatsverschuldung Abhilfe[1128] schaffen wird. Sogar *Struck*, der ehemalige Vorsitzende der Föderalismus-Kommission II, gesteht ein, dass die vereinbarte Schuldenbremse für Bund und Länder zwar „ein Wert an sich" sei, aber „mit der Frage Föderalismus eigentlich nichts zu tun" habe.[1129]

II. Einsetzung einer Föderalismus-Kommission III

Der überaus ernüchternde Befund über den Regelungsgehalt des Föderalismusreformgesetzes II verdeutlicht, dass die Einsetzung einer dritten Föderalismus-Kommission erforderlich ist. Durch sie ist die mit der Föderalismusreform I begonnene, durch die Föderalismusreform II jedoch zum Teil relativierte Modernisierung der bundesstaatlichen Ordnung des Grundgesetzes weiter voranzutreiben.

Fortzuführen sind zunächst die Gedanken der Aufgaben- und Finanzentflechtung, der bislang vergeblich angestrebte Ausbau der unterlegenen Steuerautonomie der Länder sowie die damit einhergehende Stärkung der Eigenverantwortung der unterschiedlichen bundesstaatlichen Akteure. Zu überlegen wäre in diesem Zusammenhang auch, ob im Rahmen der dritten Stufe zur Reformierung der bundesstaatlichen Ordnung nicht die Gelegenheit genutzt werden sollte, die sich seit der Föderalismusreform I nachteilig auf die Länderhoheit auswirkende reduzierte Erforderlichkeitsklausel des Art. 72 Abs. 2 GG so zu fassen, dass die vom Bundesverfassungsgericht[1130] erarbeiteten Kriterien für die Interpretation des bisherigen Art. 72 Abs. 2 GG wieder vollumfänglich zur Anwendung kommen können.

Aufgegriffen werden sollte zudem das aus den ersten beiden Föderalismusreformen herausgehaltene Thema der Neugliederung der Länder. Erforderlich ist eine Länderneugliederung vor allem deshalb, weil dadurch zum einen der Existenz von finanzstarken und finanzschwachen Regionen entgegengewirkt werden könnte und zum anderen eine verbesserte finanzielle und

1126 BT-Drs. 17/15, S. 10.

1127 *Ipsen*, NdsVBl. 2009, 153, 156.

1128 Vgl. dazu die Pressemeldung in der FAZ, Nr. 124, 30.05.2009, S. 1.

1129 Vgl. dazu die Pressemeldung in DIE ZEIT, Nr. 25, 10.06.2009, S. 6; siehe auch *Selmer*, NVwZ 2009, 1255, 1256.

1130 BVerfGE 106, 62, 142 ff.

strukturelle Ausgangssituation für den seit der Föderalismusreform I wieder vermehrt angestrebten föderalen Wettbewerb der Länder geschaffen werden könnte.[1131] Eine Neuordnung des Bundesgebietes wäre dabei etwa durch eine Lockerung der Vorschriften über den freiwilligen Zusammenschluss der Länder zu erzielen.[1132]

Reformbedarf besteht schließlich auf dem Gebiet des Finanzausgleichs, der vermutlich spätestens mit dem Auslauf des Solidarpaktes II im Dezember 2019 ohnehin überarbeitet werden muss.[1133] Diese Problematik sollte daher ebenfalls Eingang in ein mögliches drittes Föderalismusreformgesetz finden.

B. Schlusswort

Die Föderalismusreform I war eine notwendige Verfassungsreform.[1134] Den Beleg dafür liefert die dargelegte Reformbedürftigkeit der bundesstaatlichen Ordnung. Inhalt und Auswirkungen der Reform konnten zwar im Rahmen dieser Arbeit noch keinem endgültigen Urteil unterzogen werden, weil sich erst in ein einigen Jahren zeigen wird, in welchem Ausmaß sich die Staatspraxis der neuen Handlungsspielräume annehmen wird und welche positiven wie negativen Effekte mit den einzelnen Änderungen einhergehen werden. Das gilt vor allem deshalb, weil das Föderalismusreformgesetz I einen erheblichen Umfang aufweist und bereits durch eine weitere Reformstufe ergänzt wurde. Vorgenommen werden konnte jedoch eine Analyse der Reformbestimmungen im Allgemeinen sowie eine umfängliche theoretische Ausleuchtung der neuen Verfassungsnormen in den Bereichen des Beamtenrechts, der terroristischen Gefahrenabwehr und des Strafvollzugs. Beide Untersuchungsschwerpunkte verstehen sich als Beitrag zu der nicht beendeten Debatte um die Reformierung der bundesstaatlichen Ordnung des Grundgesetzes, die es vor dem Hintergrund der nachteiligen Bestimmungen des zweiten Föderalismusreformgesetzes zwingend und so rasch wie möglich fortzuführen gilt.

1131 Siehe dazu die Ausführungen in der SZ, Nr. 114, 19.05.2009, S. 5, in der FAZ, Nr. 284, 06.12.2009, S. 12 und in DIE ZEIT, Nr. 25, 10.06.2009, S. 6.

1132 BT-Drs. 16/3885, S. 3.

1133 *Selmer*, NVwZ 2009, 1255, 1262; vgl. dazu auch die Pressemeldung in DIE ZEIT, Nr. 25, 10.06.2009, S. 6 und den Beschluss der FDP Baden-Württemberg vom 05.01.2009, verfügbar unter http://www.fdp-bw.de/docs/20090105_LPT_Ein_neuer_Start_fuer_ Deutschland.pdf, S. 7, zuletzt aufgerufen am 22.11.2009.

1134 So auch *Meyer*, Föderalismusreform 2006, S. 383.

Siebtes Kapitel. Zusammenfassung in Thesen

Die Ansatzpunkte der Föderalismusreform I

1. Dem Grundgesetz liegt ein normativer Bundesstaatsbegriff zugrunde. Er ist aus der Verfassung heraus zu bestimmen. Da die bundesstaatlichen Regelungen des Grundgesetzes keinen abschließenden Charakter aufweisen, ist er als offener Begriff zu qualifizieren.

2. Die Bundesstaatlichkeit unterfällt der Unveränderlichkeitssperre des Art. 79 Abs. 3 GG und zählt zu den grundlegenden Staatsstrukturprinzipien des Grundgesetzes. Das auf die Modernisierung der bundesstaatlichen Ordnung gerichtete Föderalismusreformgesetz I knüpft damit am Kernbestand der grundgesetzlichen Verfassungsordnung an.

3. Der dem Grundgesetz zugrunde liegende Föderalismus verfügt ebenfalls über einen relativen Charakter. Er erlangte seine Prägung in den letzten Jahrzehnten durch die Kategorie des sogenannten kooperativen Föderalismus. Dieser zeichnet sich durch sehr vielfältige Formen der Zusammenarbeit zwischen Bund und / oder Ländern aus. In Forschung und Lehre wird seit einiger Zeit jedoch immer mehr die Kategorie des Wettbewerbsföderalismus in den Vordergrund gerückt. Gegenwärtig vereinen sich unter dem Begriff des Wettbewerbsföderalismus noch sehr unterschiedliche Ansätze. Einigkeit besteht allerdings insoweit, als nach überwiegender Auffassung der Wettbewerbsföderalismus unter dem Grundgesetz nicht schrankenlos zur Anwendung gelangen kann. Er findet – je nach Begründungsansatz – seine Grenze entweder im Grundsatz der Solidarität oder in der Sozialstaatsklausel.

4. Nach dem derzeitigen Diskussionsstand kann der Wettbewerbsföderalismus als abkehrende Bewegung von dem als gescheitert angesehenen Kooperativföderalismus betrachtet werden. Sie hat sich vorrangig eine Stärkung der Eigenverantwortung der Länder zum Ziel gesetzt, ist aber nicht auf die Einleitung einer neuen Ära des Föderalismus gerichtet. Vielmehr beabsichtigt sie eine Rückkehr zum separativen Föderalismus der ersten Jahre des Grundgesetzes.

5. Bis zum Inkrafttreten des Föderalismusreformgesetzes I entsprach das auf dem Gebiet des Beamtenrechts bestehende System der Kompetenzzuweisungen im Wesentlichen der historischen Zuständigkeitsverteilung in diesem Bereich. So griffen insbesondere die Normen der Artt. 73 Nr. 8, 75 Abs. 1 Nr. 1 GG a.F. und die Artt. 70, 30 GG die tradierten beamtenrechtlichen Gesetzgebungskompetenzen auf. Etwas anderes gilt hinsichtlich der in den 1970er Jahren in das Grundgesetz eingeführten konkurrierenden Gesetzgebungskompetenz des Art. 74a GG a.F. Sie stand mit dem System der beamtenrechtlichen Kompetenzzuweisungen nicht im Einklang und hatte einen massiven Eingriff in die Finanzierungs-, Organisations- und Personalhoheit

der Länder zur Folge. Das beeinträchtigte die Staatlichkeit der Länder in beträchtlichem Maße. Mit der Einführung der Vorschrift des Art. 74a GG a.F. wurde daher nicht nur eine bloße Neutarierung der zwischen Bund und Ländern verteilten Gesetzgebungskompetenzen vorgenommen, vielmehr zog sie auch die Bundesstaatsordnung insgesamt in Mitleidenschaft. Die sich daraus ergebenden Zweifel an der Verfassungsmäßigkeit des Art. 74a GG a.F. ließen sich im Rahmen dieser Untersuchung nicht ausräumen.

6. Das Grundgesetz wies vor der Föderalismusreform I grundsätzlich den Ländern den Aufgabenbereich der allgemeinen Gefahrenabwehr zu. Für den Bund sah es lediglich einige spezielle gefahrenabwehrrechtliche Kompetenzen vor. Das Grundgesetz entsprach damit dem verfassungsgeschichtlichen System der polizeilichen Zuständigkeitszuweisungen.

7. Daneben waren die Länder auf dem Gebiet der terroristischen Gefahrenabwehr zur Gesetzgebung und zum Gesetzesvollzug befugt. Eine Ausnahme von diesem Grundsatz enthält nur die Kompetenznorm des Art. 73 Nr. 10 GG a.F., die es dem Bund gestattet, im Bereich der internationalen Verbrechensbekämpfung, zu der auch die Terrorismusbekämpfung zählt, die Aufgabe der Verbrechensverhütung wahrzunehmen. Sie erstreckt sich gleichermaßen auf die repressive sowie präventive Komponente der Verbrechensverhütung, ist jedoch auf die internationale Zusammenarbeit und damit auf koordinierende Tätigkeiten beschränkt.

8. Die Kompetenzzuweisungen im Bereich des Strafvollzugs orientierten sich bis zum Inkrafttreten des Föderalismusreformgesetzes I ebenfalls an den Zuständigkeitsverteilungen der jüngeren deutschen Verfassungsgeschichte. Sie waren dadurch kennzeichnet, dass die Gesetzgebungskompetenz für den Strafvollzug stets der Zentralgewalt zugewiesen wurde und die Finanzierungs- sowie Verwaltungshoheit den Gliedstaaten oblag. Auffällig ist, dass die staatliche Aufgabe des Strafvollzugs sowohl unter der Bismarckschen und Weimarer Reichsverfassung als auch unter dem Grundgesetz durch ein kooperatives Zusammenwirken der Gliedstaaten geprägt war. So wurden die 1897 beschlossenen Bundesratsgrundsätze zunächst im Jahre 1923 durch die sogenannten Reichsgrundsätze ersetzt. Sie bildeten später die Grundlage für die im Jahre 1961 erlassene Dienst- und Vollzugsordnung der Länder. Bis zur Verabschiedung des Strafvollzugsgesetzes im Jahre 1972 wurde der Strafvollzug daher ausschließlich durch die Verwaltungen der Länder wahrgenommen.

Die Reformierung der bundesstaatlichen Ordnung durch das Föderalismusreformgesetz I

9. Das staatsrechtliche Schrifttum mahnt seit mehreren Jahrzehnten die grundsätzliche Reformbedürftigkeit der bundesstaatlichen Ordnung an. In der gegenwärtigen Debatte um die Reform der bundesstaatlichen Ordnung werden sehr unterschiedliche Momente und Entwicklungen als korrekturbedürftig betrachtet. So kommt zunächst den in den Aufgabenbereichen der Legislative und Exekutive vollzogenen bundesstaatlichen Balanceverschiebungen eine zentrale Rolle zu. Kritisiert werden in diesem Zusammenhang vor allem die Reduktion der Gesetzgebungskompetenzen der Länder und der Ausbau der in der Gesetzgebung des Bundes bestehenden Mitbestimmungsrechte des Bundesrates. Daneben werden auch die Gliederung des Bundesgebietes sowie die Verflechtungsstrukturen im Bereich der Finanzverfassung für reformbedürftig erachtet. Diese zeichnen sich insbesondere in den Vorschriften über die Investitionshilfen und die Unterstützungszahlungen des Bundes und damit in den Artt. 91a, 91b und 104a Abs. 4 GG a.F. ab. Schließlich stellt der fortschreitende europäische Integrationsprozess, der durch einen zunehmenden Machtzuwachs der europäischen Ebene gekennzeichnet ist, die bundesstaatliche Ordnung vor neue Herausforderungen.

10. Die beschriebenen Umstände berechtigen nicht zu der Annahme, die Bundesstaatsordnung befinde sich in einer Krise. Das Bestehen einer Krisensituation setzt eine schwerwiegende, die Existenz der Bundesstaatlichkeit gefährdende Reformbedürftigkeit voraus. Eine solche ist nicht gegeben. Die durch die Reformbedürftigkeit der bundesstaatlichen Ordnung ausgelöste Schwächung der Eigenstaatlichkeit der Länder unterschreitet nicht die vom Bundesverfassungsgericht in seinem Hausgut-Urteil aufgestellten Kriterien für die Staatsqualität der Länder. Auch die von außen auf die bundesstaatliche Ordnung des Grundgesetzes einwirkende europäische Ebene stellt den Staatscharakter der Länder nicht in Frage. Durch sie sind Bund und Länder nur insoweit betroffen als sie bereits Hoheitsrechte auf die europäische Ebene übertragen haben. Diese Kompetenzen darf die Europäische Union jedoch nur unter Berücksichtigung des Prinzips der begrenzten Einzelermächtigungen, des Subsidiaritätsprinzips sowie des Grundsatzes der Verhältnismäßigkeit in Anspruch nehmen.

11. Mit der Großen Finanzreform des Jahre 1969 gelang es dem verfassungsändernden Gesetzgeber die Finanzverfassung und die Verwaltungszuweisungen des Grundgesetzes an das Leitbild der Einheitlichkeit der Lebensverhältnisse anzupassen. Die seit den 1970er Jahren unternommenen Versuche zur Reformierung der bundesstaatlichen Ordnung sind dagegen immer wieder gescheitert. Eine Stärkung der Eigenstaatlichkeit der Länder wurde

aber erstmals durch das verfassungsändernde Gesetz vom 27. Oktober 1994 veranlasst.

12. Den größten Schwerpunkt des Föderalismusreformgesetzes I bildet die Neuordnung des Systems der zwischen Bund und Ländern verteilten Gesetzgebungskompetenzen. So ist nicht nur die Rahmengesetzgebung abgeschafft worden, vielmehr sind auch die Gesetzgebungskataloge der ausschließlichen und konkurrierenden Gesetzgebung neu strukturiert und erweitert worden. Das Föderalismusreformgesetz I hat insgesamt starke Wanderbewegungen zwischen den verschiedenen Kompetenzarten und -bereichen hervorgerufen. Den umfassendsten Zuwachs haben die ausschließlichen Gesetzgebungskompetenzen von Bund und Ländern zu verzeichnen.

13. Weiterhin nimmt das Föderalismusreformgesetz I eine Überarbeitung des Systems der Mitwirkungsrechte des Bundesrates, einige kleinere finanzverfassungsrechtliche Modifikationen und eine Änderung der Europabestimmungen des Grundgesetzes vor. Schließlich veranlasst das Reformgesetz einen Ausbau der wettbewerbsföderalen Elemente.

14. Misst man die Erfolge des Föderalismusreformgesetzes I an seinen selbst gesteckten Zielen, so fällt auf, dass sowohl im Bereich der Gesetzgebungskompetenzen als auch der Mitwirkungsrechte des Bundesrates die erzielten Fortschritte zum Teil durch die Reform selbst neutralisiert werden. Bezüglich der finanzverfassungsrechtlichen und europarechtlichen Änderungsbestimmungen sowie des angestrebten Ausbaus wettbewerbsföderaler Strukturen ist allerdings eine positive Bilanz zu verzeichnen. Soweit man die Erfolge des Reformgesetzes vor dem Hintergrund der bestehenden Schwachstellen im System der bundesstaatlichen Ordnung analysiert, ist festzustellen, dass insbesondere die in Angriff genommene Behebung der bundesstaatlichen Balanceverschiebungen und die begonnene Entflechtung der Finanzverantwortlichkeiten positiv ins Gewicht fallen. Die verbesserte Europafähigkeit der bundesstaatlichen Ordnung wird allerdings nur auf Kosten der Länder erzielt. Beide Bewertungsalternativen lassen damit im Ergebnis einen nur bedingten Erfolg des Föderalismusreformgesetzes I erkennen.

Die Kompetenzfelder des Beamtenrechts, der terroristischen Gefahrenabwehr und des Strafvollzugs als Gegenstand des ersten Föderalismusreformgesetzes

15. Die Überarbeitung des grundgesetzlichen Kompetenzsystems hat in den Bereichen des Beamtenrechts, der terroristischen Gefahrenabwehr und des Strafvollzugs erhebliche Unstimmigkeiten über den Inhalt und die Reichweite der neuen Bundes- und Länderkompetenzen hervorgerufen. Ähnliche Meinungsverschiedenheiten lassen sich hinsichtlich der neu gefassten Norm des Art. 33 Abs. 5 GG beobachten.

16. Der beamtenrechtliche Kompetenztitel des Art. 74 Abs. 1 Nr. 27 GG gliedert sich in einen persönlichen und einen sachlichen Anwendungsbereich. Letzterer bereitet im Hinblick auf die eingeführten Worte „Statusrechte und -pflichten“ massive Schwierigkeiten. Während sich einige Schrifttumsvertreter dafür aussprechen, der neuen Statusgesetzgebungskompetenz des Bundes sei lediglich ein subjektives, allein die Rechte und Pflichten des Statusverhältnisses erfassendes Verständnis zugrunde zu legen, sind andere der Auffassung, der eingeführte Begriff der Statusrechte und -pflichten sei deckungsgleich mit dem Topos der Rechtsverhältnisse im Sinne des vorherigen Art. 75 Abs. 1 Nr. 1 GG. a.F. Nach letzterer Ansicht wäre der Begriff der Statusrechte und -pflichten in einem äußerst umfänglichen und dabei sowohl objektive als auch subjektive Elemente des Statusrechts einbeziehenden Sinne zu interpretieren. Vorzuziehen ist aber die in der Rechtsliteratur ebenfalls vertretene Auffassung von einem gemäßigten Verständnis des Art. 74 Abs. 1 Nr. 27 GG. Diese Einschätzung stützt sich auf gewichtige systematische Erwägungen, die dafür sprechen, dass die neue Statusgesetzgebungskompetenz des Bundes im Sinne einer dienstrechtlichen Kernbereichskompetenz zu verstehen ist. Danach erstreckt sich Art. 74 Abs. 1 Nr. 27 GG auf solche Regelungen zur Ausgestaltung des Statusrechts der Beamten, mit denen die dem Berufsbeamtentum im Verfassungsstaat des Grundgesetzes übertragene Funktion abgesichert wird. In diesem Umfang soll Art. 74 Abs. 1 Nr. 27 GG das Beamtenrecht in Bund und Ländern einheitssichernd gewährleisten. Eine Unterscheidung zwischen objektiven und subjektiven Elementen des Statusrechts ist insoweit nicht vorzunehmen. Bestätigt sieht sich diese Ansicht in der Entstehungsgeschichte der Norm. Sie belegt, dass die dem Art. 75 Abs. 1 Nr. 1 GG a.F. zugeschriebene kompetenzrechtliche Klammerfunktion, auf deren Grundlage ein Mindestmaß an bundesweiter Einheitlichkeit für die beamtenrechtlichen Grundstrukturen im Bundesstaat sichergestellt wurde, unmittelbar auf die Nachfolgernorm des Art. 74 Abs. 1 Nr. 27 GG übergegangen ist.

17. Das Kernbereichsverständnis des Art. 74 Abs. 1 Nr. 27 GG hat zur Folge, dass die Länder nicht nur für die Ausgestaltung der in der Norm aufgezählten Regelungsmaterien des Besoldungs-, Versorgungs- und Laufbahnwesens, sondern auch für die übrigen Bereiche des Dienstrechts zuständig sind, soweit sie nicht das Statusrecht betreffen. Ihre Kompetenzen stützen sie dabei auf die Zuständigkeitszuweisung der Artt. 70, 30 GG.

18. Die in Art. 33 Abs. 5 GG eingefügte Fortentwicklungsklausel bezieht sich ausdrücklich auf das Recht des öffentlichen Dienstes, nicht aber auf die hergebrachten Grundsätze des Berufsbeamtentums. Aus grammatikalischer und historischer Sicht bestand für ihre Verankerung keine Notwendigkeit, weil ihr eine ausschließlich deklaratorische Wirkung zuzusprechen ist. Auch eine tatsächliche Direktionskraft kann ihr nicht unterstellt werden. Der Aussagegehalt der Vorschrift des Art. 33 Abs. 5 GG hat sich mithin durch die

Föderalismusreform I nicht geändert. Da Art. 33 Abs. 5 GG nach wie vor zu den Durchgriffsnormen des Grundgesetzes zählt, ist ihr auch weiterhin eine wichtige materiell-rechtliche Klammerfunktion hinsichtlich der Grundstrukturen des Beamtenrechts zuzusprechen.

19. Die Auslegung der neuen konkurrierenden Zuständigkeit des Art. 73 Abs. 1 Nr. 9a GG ergibt, dass der in Art. 73 Abs. 1 Nr. 9a GG verwendete Begriff der Gefahrenabwehr im Sinne des klassischen ordnungs- und polizeirechtlich geprägten Gefahrenbegriffs zu verstehen ist. Der mit ihm in Verbindung gesetzte Begriff des internationalen Terrorismus erlangt seine Konkretisierung vor allem durch die Normen des nationalen und europäischen Rechts. Er ist daher nicht – wie gelegentlich behauptet – als konturloses Phänomen zu klassifizieren.

20. Art. 73 Abs. 1 Nr. 9a GG ist aufgrund der durch ihn hervorgerufenen Beschneidung der Polizeihoheit der Länder grundsätzlich restriktiv auszulegen. Daneben verdeutlicht auch die Interpretation der einzelnen Fallkonstellationen des Art. 73 Abs. 1 Nr. 9a GG, dass die neue internationale Terrorabwehrkompetenz des Bundes an eng umrissene Voraussetzungen gebunden ist. Aus ihr folgt, dass die Länder auf dem Gebiet der terroristischen Gefahrenabwehr in den Fällen zuständig bleiben, in denen es sich um Gefahren des nationalen Terrorismus handelt, in denen sich die Gefahr auf nur ein Bundesland erstreckt, in denen die Zuständigkeit der entsprechenden Landespolizeibehörde erkennbar wird und in denen überhaupt kein Übernahmeersuchen an den Bund erteilt wird.

21. Umstritten ist allerdings, ob die Norm des Art. 73 Abs. 1 Nr. 9a GG neben einer Gesetzgebungs- auch eine Verwaltungskompetenz vermittelt. Zurückzuführen ist dieser Streitstand über die Reichweite der neuen Terrorabwehrkompetenz des Bundes darauf, dass dem verfassungsändernden Gesetz eine Zuständigkeit für die Vollziehung des Art. 73 Abs. 1 Nr. 9a GG nicht ausdrücklich zu entnehmen ist und auch die Gesetzesbegründung nicht zu erkennen gibt, ob eine bereits in der Verfassung verankerte Bundesverwaltungskompetenz entsprechend anwendet werden soll. Ein Teil des Schrifttums lässt daher die Zentralstellenkompetenz des Art. 87 Abs. 1 Satz 2 GG zur Anwendung gelangen, während von einem weiteren Teil der Literatur die Auffassung vertreten wird, dass die entsprechende Verwaltungskompetenz über die Vorschrift des Art. 73 Abs. 1 Nr. 9a GG zu begründen sei. Die genetische sowie systematische Auslegung ergab, dass die zweite Ansicht die besseren Argumente für sich beansprucht. So würde insbesondere eine Vollziehung der vollwertigen Gesetzgebungskompetenz des Art. 73 Abs. 1 Nr. 9a GG auf der Grundlage der Zentralstellenkompetenz des Art. 87 Abs. 1 Satz 2 GG der norminternen Differenzierung des Art. 87 GG widersprechen. Insoweit ist eine Ausnahme von der grundsätzlich restriktiven Auslegung des Art. 73 Abs. 1 Nr. 9a GG zu machen.

22. Die neue Gesetzgebungszuständigkeit der Länder für den Strafvollzug war im Rahmen einer historisch sowie systematisch vergleichenden Untersuchung zu beurteilen. Resultat dieser Auslegung ist, dass die Länder über den Kompetenzinhalt verfügen, der zuvor dem Bund auf der Grundlage des Art. 74 Abs. 1 Nr. 1 GG a.F. zugesprochen war.
23. Der Aufgabenbereich des Strafvollzugs wird bereits durch die Verfassung selbst inhaltlich determiniert. So haben die Länder die Rechtsverhältnisse der erwachsenen, heranwachsenden und jugendlichen Strafgefangenen infolge der Bindungsklausel des Art. 1 Abs. 3 GG gesetzlich auszugestalten. Des Weiteren müssen sie bei der Ausfüllung ihrer gesetzlichen Regelungen dem Vollzugsziel der Resozialisierung gerecht werden. Soweit sich der Resozialisierungsgedanke unmittelbar aus dem Grundrecht der Menschenwürde ableitet, folgt die Pflicht der Landesgesetzgeber zur Ausrichtung des Strafvollzugs am Vollzugsziel der Resozialisierung ebenfalls aus der Bindungsklausel des Art. 1 Abs. 3 GG. Soweit das Vollzugsziel der Resozialisierung hingegen auf sozialstaatlichen Erwägungen aufbaut, gelangt die Homogenitätsklausel des Art. 28 Abs. 1 Satz 1 GG zur Anwendung.
24. Das Föderalismusreformgesetz I weist keine formellen Mängel auf und steht in formeller Hinsicht vollumfänglich im Einklang mit der Verfassung.
25. Die materielle Verfassungsmäßigkeit verfassungsändernder Gesetze richtet sich ausschließlich nach der Ewigkeitsklausel des Art. 79 Abs. 3 GG. An ihr waren die durch das Föderalismusreformgesetz I veranlassten Kompetenzverschiebungen auf den Gebieten des Beamtenrechts, der terroristischen Gefahrenabwehr und des Strafvollzugs zu messen. Sie konnten allerdings nur im Wege einer Betrachtung der Bund und Ländern insgesamt zugewiesenen Kompetenzen untersucht werden.
26. Da sich das Föderalismusreformgesetz I die Modernisierung der bundesstaatlichen Ordnung zum Ziel setzt, bildete die für die Prüfung seiner Verfassungsmäßigkeit relevanteste Schranke die Bundesstaatlichkeit selbst. Auf sie wird in Art. 79 Abs. 3 GG gleich dreifach Bezug genommen. Aufgrund des ausdrücklichen Wortlauts und des Schutzzwecks der Norm stehen die bundesstaatlichen Schutzvarianten des Art. 79 Abs. 3 GG gleichwertig nebeneinander.
27. Ein Verstoß gegen die Vorgaben der von Art. 79 Abs. 3 Var. 1, 2 GG geschützten bundesstaatlichen Teilprinzipien liegt nicht vor. Weder wird durch die Kompetenzverschiebungen der Staatscharakter der Länder angetastet noch wird durch die Überarbeitung des Katalogs der zustimmungsbedürftigen Gesetze das den Ländern zugestandene Mindestmaß an Beteiligungsrechten bei der Gesetzgebung des Bundes berührt. Auch die durch Art. 79 Abs. 3 Var. 3 in Verbindung mit Art. 20 Abs. 1 GG geschützten bundesstaatlichen Gewährleistungen sind durch das Föderalismusreformgesetz I nicht

betroffen. Die Länder sind nach wie vor als demokratisch legitimierte Entscheidungszentren zu qualifizieren.

28. Neben der Bundesstaatlichkeit wurden der zum Rechtsstaatsprinzip zählende Grundsatz der Gewaltenteilung und der zum Demokratieprinzip gehörende Grundsatz der Volkssouveränität geprüft. Der Grundsatz der Gewaltenteilung wird schon deshalb durch das Föderalismusreformgesetz I nicht berührt, weil sich die Kompetenzverschiebungen vorrangig auf den Bereich der Gesetzgebung erstrecken und auf den Gebieten der Exekutive und der Judikative lediglich marginale Verfassungsänderungen vorgenommen worden sind. Der Grundsatz der Volkssouveränität wird ebenfalls nicht berührt, da Legitimationsunterschiede zwischen dem das ganze Bundesvolk repräsentierenden Bundestag und den die Landesvölker repräsentierenden Landtagen nicht bestehen.

29. Die neuen Kompetenznormen in den Bereichen des Beamtenrechts, der terroristischen Gefahrenabwehr und des Strafvollzugs sind daher wirksamer Bestandteil des Grundgesetzes.

Drei Jahre nach der Reform – Eine erste Bilanz zu den Auswirkungen des Föderalismusreformgesetzes I

30. Das Föderalismusreformgesetz I nimmt verschiedene Änderungen an den rechtlichen Strukturen der bundesstaatlichen Ordnung vor. Es konzentriert sich dabei vor allem auf eine Neuordnung der zwischen Bund und Ländern verteilten Gesetzgebungskompetenzen, die – soweit sie zugunsten der Länder vorgenommen wird – eine Stärkung des Staatscharakters der Länder zur Folge hat. Ein verändertes Gepräge wird dem Bundesstaat auch durch die Überarbeitung der Zustimmungsrechte des Bundesrates, die die Europafähigkeit der Bundesstaatsordnung betreffenden Regelungen und die finanzverfassungsrechtlichen Neuregelungen verliehen. Insgesamt wurde den bundesstaatlichen Strukturen durch das Föderalismusreformgesetz I ein Dezentralisierungsschub versetzt.

31. Das Föderalismusreformgesetz I wirkt sich zugleich auf das dem Grundgesetz zugrunde liegende Föderalismuskonzept aus, weil es dessen wettbewerbliche Elemente wieder mehr in den Vordergrund rückt. Der das Föderalismuskonzept des Grundgesetzes bislang prägende kooperative Föderalismus wird dadurch aber nicht verdrängt. Vielmehr formen fortan beide Strömungen die Gestalt des grundgesetzlichen Föderalismus.

32. Die Neuordnung der beamtenrechtlichen Gesetzgebungskompetenzen sieht sich vielfacher Kritik ausgesetzt. Die erhoben Einwände erwiesen sich jedoch größtenteils als ungerechtfertigt. So lässt sich insbesondere der Befürchtung, die Reform führe zu beamtenrechtlichen Ungleichheiten, entgegenhalten, dass Ungleichheiten durch die für den Bundes- und Landesgesetz-

geber gleichermaßen verbindlichen Grundsätze des Art. 33 Abs. 5 GG und die im Bundesstaat geltenden Vorgaben des Grundsatzes der Bundestreue abgefedert werden, soweit sie sich als unzumutbar darstellen. Etwaigen Einsparmaßnahmen der Gesetzgeber in Bund und Ländern setzt zudem die Norm des Art. 33 Abs. 5 GG Grenzen. Dies stellte auch das Bundesverfassungsgericht bereits mehrfach heraus. Nicht entkräften lässt sich allerdings der Vorwurf, dass es hinsichtlich der Verankerung wettbewerbsföderaler Elemente im Bereich des Beamtenrechts gegenwärtig noch an fairen Wettbewerbsbedingungen fehle.

33. Die durch das Föderalismusreformgesetz I geschaffene Kompetenzlage im Bereich des Beamtenrechts hebt infolge der Streichung der Artt. 74a, 75 Abs. 1 Nr. 1 GG a.F. die grundsätzliche Trennung der Gesetzgebungsräume von Bund und Ländern wieder mehr hervor. Eine Ausnahme von diesem Grundsatz besteht allerdings bezüglich der Vorschrift des Art. 74 Abs. 1 Nr. 27 GG. Sie wirkt sich aber auch anderweitig auf das beamtenrechtliche Kompetenzgefüge aus: So handelt es sich bei dieser neuen konkurrierenden Gesetzgebungskompetenz um eine echte Vollkompetenz des Bundes, die weder der Erforderlichkeitsklausel des Art. 72 Abs. 2 GG noch der Abweichungsgesetzgebung des Art. 72 Abs. 3 GG unterfällt. Die Einführung des Art. 74 Abs. 1 Nr. 27 GG führt daher zu einer grundsätzlichen Stärkung der Rechtsstellung des Bundes. Da die Norm aber in ihrem sachlichen Anwendungsbereich enger ausgestaltet ist als die Vorgängernorm des Art. 75 Abs. 1 Nr. 1 GG a.F., erfährt der Bund gleichzeitig eine Schwächung seiner gesetzgeberischen Einflussmöglichkeiten. Die wohl wichtigsten Konsequenzen zieht aber die Streichung der Vorschrift des Art. 74a GG a.F. nach sich. Sie hat nicht nur eine weitere Reduktion der beamtenrechtlichen Gesetzgebungskompetenzen des Bundes zu verantworten, sondern beseitigt auch den seit den 1970er Jahren bestehenden Eingriff in die Finanzierungs-, Organisations- und Personalhoheit der Länder.

34. Der Bundesgesetzgeber nutzte die Neuordnung der Gesetzgebungskompetenzen für eine Überarbeitung seiner beamtenrechtlichen Bestimmungen. Im Mittelpunkt der Reformgesetzgebung des Bundes stand dabei das Dienstrechtsneuordnungsgesetz, das allerdings auf eine technische Anpassung des Bundesbeamtenrechts sowie auf die Einführung einer Vielzahl kleiner Neuregelungen beschränkt war.

35. Das vom Bundesgesetzgeber ebenfalls erlassene Beamtenstatusgesetz schöpft das durch die Vorschrift des Art. 74 Abs. 1 Nr. 27 GG vermittelte Regelungsermessen nur bruchstückhaft aus. Aus der materiellen Vorschrift des Art. 33 Abs. 5 GG folgt aber, dass der Bund auf der Grundlage des Art. 74 Abs. 1 Nr. 27 GG für die Funktionsfähigkeit eines einheitlichen Berufsbeamtentums einzustehen hat. Soweit diese Verantwortung reicht, richtet sich die aus Art. 33 Abs. 5 GG folgende, grundsätzlich auf Bund und Länder

gleichermaßen verteilte Gesetzgebungspflicht ausschließlich an den Bund. Das gegenwärtig nur lückenhaft ausgestaltete Beamtenstatusgesetz steht daher in materieller Hinsicht nicht im Einklang mit der Verfassung.

36. Die Länder nehmen die ihnen übertragenen beamtenrechtlichen Gesetzgebungskompetenzen auf unterschiedliche Weise wahr. Während sich zunächst nur eine überwiegend technische Gesetzgebung abzeichnete, können zwischenzeitlich weiterführende Beamtenrechtsreformen in den Ländern beobachtet werden. Sie erstrecken sich vor allem auf das Laufbahnrecht. Zunehmend werden auch das Besoldungs- und Versorgungsrecht in die Beamtengesetzgebung mit einbezogen. Auffällig ist, dass bestimmte Reformgedanken von allen Ländern aufgegriffen werden, sodass im Jahre drei nach der Föderalismusreform I lediglich kleinere Regelungsunterschiede zwischen den Ländern bestehen.

37. Nicht unerheblichen Widerspruch muss auch die neue terrorabwehrrechtliche Kompetenz des Art. 73 Abs. 1 Nr. 9a GG gegen sich gelten lassen. Doch die gegen sie im Schrifttum vorgebrachten Bedenken tragen nicht. Bei Art. 73 Abs. 1 Nr. 9a GG handelt es sich lediglich um eine punktuelle Durchbrechung der grundsätzlichen Polizeihoheit der Länder, weil das neue Kompetenzfeld des Bundes durch eng umschriebene Voraussetzungen abgesteckt wird. Die Einfügung des Art. 73 Abs. 1 Nr. 9a GG ist zudem im Zusammenhang mit den Gesetzgebungskompetenzen zu sehen, die den Ländern seit der Föderalismusreform I in den Bereichen des Versammlungsrechts und des öffentlichen Wirtschaftsrechts zugestanden werden. Sie verfügen zum Teil über einen gefahrenabwehrrechtlichen Charakter und kompensieren somit den durch Art. 73 Abs. 1 Nr. 9a GG erlittenen Verlust. Insgesamt greift die Norm des Art. 73 Abs. 1 Nr. 9a GG also nur marginal in die zwischen Bund und Ländern auf dem Gebiet der inneren Sicherheit bestehende Kompetenzverteilung ein, sodass sie sich durchaus in das bestehende Kompetenzsystem einfügt.

38. Der Bundesgesetzgeber hat zwischenzeitlich auf der Grundlage des Art. 73 Abs. 1 Nr. 9a GG eine Erweiterung des Bundeskriminalamtgesetzes vorgenommen. Hinsichtlich der dem Bundeskriminalamt nunmehr zugestandenen Befugnisse ist zwischen den terrorabwehrrechtlichen Spezialermächtigungen der §§ 20b-20t BKAG und der terrorabwehrrechtlichen Generalklausel des § 20a BKAG zu unterscheiden.

39. Einem vehementen, zugleich aber wenig differenzierten Widerspruch sieht sich schließlich die Verlagerung der Gesetzgebungskompetenz für den Strafvollzug ausgesetzt. Doch auch die in diesem Zusammenhang in der Rechtsliteratur vorgebrachten Beanstandungen erweisen sich als unbegründet. Vor allem die erhobenen historischen Einwände verlieren vor dem Hintergrund der besonderen Sachkompetenz der Länder an Bedeutung. Nicht halten lässt sich ferner die Behauptung, dass die vorgenommene Dezentralisierung

der Gesetzgebungskompetenz einen „Schäbigkeits- oder Sparwettbewerb" zwischen den Ländern auslöse. Trotz der Kompetenzverlagerung hat sich nämlich der gesetzgeberische Gestaltungsspielraum nicht verändert. Der Regelungsbereich des Strafvollzugs wird nach wie vor maßgeblich durch das Grundgesetz selbst determiniert. So verhindern insbesondere die vom Bundesverfassungsgericht aufgestellten Leitlinien – wie etwa das Erfordernis einer gesetzlichen Grundlage für den Strafvollzug oder die verfassungsrechtlich gebotene Ausrichtung des Strafvollzugs an dem Vollzugsziel der Resozialisierung – ein unzumutbares Auseinanderfallen der gesetzlichen Regelungen.

40. Die Aufgabenverantwortung im Bereich des Strafvollzugs wird seit dem Inkrafttreten des Föderalismusreformgesetzes I ausschließlich den Ländern zugesprochen. Sie verfügen in diesem Aufgabenbereich nunmehr sowohl über die Gesetzgebungs- und Verwaltungskompetenz als auch über die Finanzierungshoheit. Die vorgenommene Kompetenzverschiebung entspricht dem Konnexitätsprinzip. Darüber hinaus stärkt die Kompetenzerweiterung den Staatscharakter der Länder. Die dezentralisierte Gesetzgebungskompetenz fügt sich somit gut in das bestehende System der Kompetenzverteilung ein.

41. Die den Ländern nunmehr möglichen gesetzgeberischen Aktivitäten beschränken sich bislang überwiegend auf eine kooperative Zusammenarbeit. Der ihnen eröffnete Gesetzgebungswettbewerb hat sich gegenwärtig noch nicht eingestellt.

Schlussbetrachtung

42. Die Modernisierungsansätze der Föderalismusreform I werden in nicht unerheblichem Maße durch die Föderalismusreform II revidiert. Die Analyse der verfassungsrechtlichen Änderungen weist deutlich in diese Richtung. Vor allem die zaghaften Entflechtungserfolge der Föderalismusreform I erleiden infolge der Revision des Art. 104b GG n.F. und der Einführung des Art. 91c GG n.F. einen Rückschlag. Nachteilig wirkt sich auch der ausgebliebene Ausbau der finanziellen Eigenverantwortung der Länder aus, der vor dem Hintergrund fairer Wettbewerbsbedingungen zwingend erforderlich gewesen wäre. Allein die Norm des Art. 91d GG n.F. lässt eine Übereinstimmung mit den Vorgaben des ersten Föderalismusreformgesetzes erkennen, weil durch die Förderung von Leistungsvergleichen im Bereich der öffentlichen Verwaltung „die föderalen Elemente der Solidarität und der Kooperation einerseits und des Wettbewerbs andererseits" ausgeglichen werden können.

43. Die aufgezeigten Nachteile des zweiten Föderalismusreformgesetzes verdeutlichen, dass der Einsatz einer Föderalismus-Kommission III unumgänglich ist.

Literaturverzeichnis

Albers, Heinrich, Föderalismusreform in Deutschland – Die Kommission ist gestrandet, die Reformnotwendigkeit besteht weiterhin, ZG 2005, 182-190

Albers, Marion, Die Determination polizeilicher Tätigkeit in den Bereichen der Straftatenverhütung und der Verfolgungsvorsorge, Berlin 2001 (zitiert: Albers, Determination polizeilicher Tätigkeit)

Alberts, Hans-W., Auflösung der Verfassung? – Noch einmal BVerfGE 30, 1, JuS 1972, 319-323

Anschütz, Gerhard, Die Verfassung des Deutschen Reiches, 14. Auflage, Berlin 1960 (zitiert: Anschütz, WRV)

Arloth, Frank, Einführung in das neue Bayerische Strafvollzugsgesetz, JA 2008, 561-565

Arloth, Frank, Strafvollzugsgesetz, Kommentar, 2. Auflage, München 2008 (zitiert: Arloth, StVollzG)

Arloth, Frank/Lückemann, Clemens, Strafvollzugsgesetz, Kommentar, München 2004 (zitiert: Bearbeiter, in: Arloth/Lückemann, StVollzG)

Arndt, Wolfgang, Aktuelle Probleme, Entwicklungstendenzen und Perspektiven des Föderalismus in der Bundesrepublik Deutschland, in: Krise und Reform des Föderalismus, herausgegeben von Reinhard Meier-Walser u.a., München 1999, S. 27-35 (zitiert: Arndt, in: Krise und Reform)

Arndt, Wolfgang, Erneuerter Föderalismus – Thesen zu einer veränderten Balance zwischen Bund und Ländern, in: Föderalismus zwischen Konsens und Konkurrenz, herausgegeben von Ursula Männle, Baden-Baden 1998, S. 31-36 (zitiert: Arndt, in: Konsens und Konkurrenz)

Arndt, Wolfgang/Benda, Ernst/von Dohnanyi, Klaus/Schneider, Hans-Peter/Süssmuth, Rita/Weidenfeld, Werner, Zehn Vorschläge zur Reform des Föderalismus, ZRP 2000, 201-206

Auerbach, Bettina, Beamtenstatusgesetz, DVP 2008, 397-402

Auerbach, Bettina, Das Beamtenstatusgesetz in der Praxis, ZBR 2009, 217-222

Aumüller, Thomas, Stellungnahme zur öffentlichen Anhörung des Rechtsausschusses des Deutschen Bundestages zur Föderalismusreform – Justiz (Strafvollzug), http://webarchiv.bundestag.de/archive/2008/0506/ausschuesse/a06/foederalismusreform/Anhoerung/02_Justiz/Stellungnahmen/Thomas_Aumueller.pdf, zuletzt aufgerufen am 22.1.2009

Badura, Peter, 50 Jahre Grundgesetz, KritV 82 (1999), S. 428-443

Badura, Peter, Staatsrecht, 3. Auflage, München 2003 (zitiert: Badura, Staatsrecht)

Baldus, Manfred, Öffentliche Anhörung des Rechtsausschusses des Deutschen Bundestages („Anhörung Föderalismusreform“) am 17. Mai

2006 (Bereich „Inneres“) – Schriftliche Stellungnahme, http://webarchiv.bundestag.de/archive/ 2008/0506/ausschuesse/a06/ foederalismusreform/Anhoerung/02_Inneres/Stellungnahmen/Prof__Dr __Manfred_Baldus.pdf, zuletzt aufgerufen am 22.11.2009

Baldus, Manfred, Transnationales Polizeirecht, Baden-Baden 2001

Bamberger, Christian, Amtsangemessene Alimentation, ZBR 2008, 361-365

Baßlsperger, Maximilian, Das neue Beamtenstatusgesetz, PersV 2008, 404-414

Battis, Ulrich, Das Dienstrechtsneuordnungsgesetz, NVwZ 2009, 409-412

Battis, Ulrich, Die Entwicklung des Beamtenrechts im Jahre 2004, NJW 2005, 800-805

Battis, Ulrich, Die Entwicklung des Beamtenrechts im Jahre 2006, NJW 2007, 1334-1338

Battis, Ulrich, Die Entwicklung des Beamtenrechts im Jahre 2007, NVwZ 2008, 379-383

Battis, Ulrich, Entwicklung des Beamtenrechts seit 2008, NVwZ 2009, 812-815

Battis, Ulrich, Quo vadis Beamtenrecht?, PersR 2009, 89

Battis, Ulrich, Reform des Beamtenrechts – eine Zwischenbilanz, ZBR 2010, 21-25

Battis, Ulrich, Stellungnahme zur öffentlichen Anhörung zum Thema „Föderalismusreform – Inneres“, http://webarchiv.bundestag.de/archive/2008/ 0506/ausschuesse/a06/foederalismusreform/Anhoerung/02_Inneres/Stel lungnahmen/Prof__Dr__Dr__h_c__Ulrich_Battis.pdf, zuletzt aufgerufen am 22.11.2009

Battis, Ulrich/Grigoleit, Klaus Joachim, Die Statusgesetzgebung des Bundes, ZBR 2008, 1-9

Battis, Ulrich/Kersten, Jens, Standortmarketing im Bundesstaat, Berlin 2008

Battis, Ulrich/Nebel, Julian, Auswirkungen der Föderalismusreform auf das öffentliche Dienstrecht, PersR 2007, 48-56

Bauer, Hartmut, Der erschütterte Bundesstaat, in: Föderalismus im Diskurs, herausgegeben von der Friedrich-Ebert-Stiftung, Berlin 2004, S. 51-65

Bauer, Hartmut, Die Bundestreue, 1992 Tübingen

Bauer, Hartmut, Entwicklungstendenzen und Perspektiven des Föderalismus in der Bundesrepublik Deutschland, DÖV 2002, 837-845

Bauer, Hartmut, Zustand und Perspektive des deutschen Föderalismus aus Sicht der Wissenschaft, in: Umweltföderalismus, herausgegeben von Michael Kloepfer, Berlin 2002, S. 31-62 (zitiert: Bauer, in: Umweltföderalismus)

Baum, Gerhart Rudolf/Schantz, Peter, Die Novelle des BKA-Gesetzes – Eine rechtspolitische und verfassungsrechtliche Kritik, ZRP 2008, 137-140

Becker, Bernd, Zentralstellen gemäß Art. 87 Abs. 1 GG, DÖV 1978, 551-555

Benda, Ernst (Hrsg.)/Maihofer, Werner (Hrsg.)/Vogel, Hans-Jochen (Hrsg.), Handbuch des Verfassungsrechts der Bundesrepublik Deutschland, 2. Auflage, Berlin – New York 1994 (zitiert: Bearbeiter, in: HbdVerfR)

Benda, Ernst (Hrsg.)/Maihofer, Werner (Hrsg.)/Vogel, Hans-Jochen (Hrsg.), Welche Föderalismus-Reformen sind möglich?, in: Föderalismus zwischen Konsens und Konkurrenz, von Ursula Männle, Baden-Baden 1998, S. 37-40 (zitiert: Benda, in: Konsens und Konkurrenz)

Benz, Arthur, Föderalismus als dynamisches System, Opladen 1985

Benz, Arthur, Neue Formen der Zusammenarbeit zwischen den Ländern, DÖV 1993, 85-94

Benz, Arthur, Perspektiven des Föderalismus in Deutschland, DÖV 1991, 586-598

Bethge, Herbert, Die Grundrechtssicherung im föderativen Bereich, AöR 110 (1985), 169-218

Bethge, Herbert, Grundrechtsträgerschaft juristischer Personen – Zur Rechtsprechung des Bundesverfassungsgerichts, AöR 104 (1979), 54-111

Beyerle, K., Föderalismus, in: Festschrift für Felix Porsch zum siebzigsten Geburtstag, herausgegeben von der Görres-Gesellschaft, Paderborn 1923, S. 128-149 (zitiert: Beyerle, in: FS Porsch)

Biermann, Egbert/Kammradt, Nils, Föderalismusreform in Kraft, PersR 2006, 444-446

Birk, Dieter, Die Überprüfung der Gültigkeit von Normen, JuS 1978, 168-175

Blasche, Sebastian, Die grundsätzliche Mitwirkung der Länder bei der Gesetzgebung, Baden-Baden 2006

Blasche, Sebastian, Die Systematik des Schutzes der Bundesstaatlichkeit im Rahmen von Art. 79 Abs. 3 GG, VR 2008, 12-18

Bludau, Thorsten, Gesetzentwurf zur Modernisierung des Niedersächsischen Beamtenrechts, NdsVBl. 2009, 1-6

Bochmann, Günter, Die rahmenrechtliche Neuordnung des Laufbahnwesens im Entwurf für das Gesetz zur Reform der Strukturen des öffentlichen Dienstrechts, ZBR 2006, 69-86

Bochmann, Günter, Die verfassungsrechtlichen Grundlagen der Reföderalisierung des öffentlichen Dienstrechts und der Entwurf eines Gesetzes zur Regelung des Statusrechts der Beamtinnen und Beamten in den Ländern (Beamtenstatusgesetz – BeamtStG), ZBR 2007, 1-18

Bochmann, Heinz, Die Rechtsstellung der Strafgefangenen, Zeulenroda 1938

Boldt, Hans, Deutsche Verfassungsgeschichte, Band 2: Von 1806 bis zur Gegenwart, 2. Auflage 1993 (zitiert: Boldt, Verfassungsgeschichte)

Braun, Otto, Deutscher Einheitsstaat oder Föderativsystem?, 2. Auflage, Berlin 1927 (zitiert: Braun, Einheitsstaat oder Föderativsystem)

Brillo, Enno, Stellungnahme zum Entwurf eines Gesetzes zur Änderung des Grundgesetzes Art. 73 Abs. 1 Nr. 9a GG, http://webarchiv.bundestag.de/archive/2008/0506/ausschuesse/a06/foederalismusreform/Anhoerung/02_Inneres/Stellungnahmen/Enno_Brillo.pdf, zuletzt aufgerufen am 22.11.2009

Bryde, Brun-Otto, Verfassungsentwicklung, Baden-Baden 1982

Bullinger, Martin, Die Zuständigkeit der Länder zur Gesetzgebung I, DÖV 1970, 761-777

Bumke, Erwin, Die Freiheitsstrafe als Problem der Gesetzgebung, in: Deutsches Gefängniswesen, herausgegeben von dems., Berlin 1928, S. 16-32

Bushart, Christoph, Verfassungsänderung in Bund und Ländern, München 1989

Calliess, Christian, Die Justitiabilität des Art. 72 Abs. 2 GG vor dem Hintergrund von kooperativem und kompetitivem Föderalismus, DÖV 1997, 889-899

Calliess, Christian (Hrsg.)/Ruffert, Matthias (Hrsg.), EUV/EGV, Kommentar, 3. Auflage, München 2007 (zitiert: Bearbeiter, in: Callies/Ruffert, EUV/EGV)

Calliess, Christian (Hrsg.)/Ruffert, Matthias (Hrsg.), Verfassung der Europäischen Union, Kommentar, Teil I - Grundlagenbestimmungen, München 2006 (zitiert: Bearbeiter, in: Callies/Ruffert, VerfEU)

Calliess, Rolf-Peter/Müller-Dietz, Heinz, Strafvollzugsgesetz, Kommentar, 10. Auflage, München 2005 (zitiert: Callies/Müller-Dietz, StVollzG)

Carl, Christoph, Die Modernisierung der bundesstaatlichen Ordnung aus Sicht der Länder, Bundeswehrverwaltung (BWV) 2002, 57-62

Cornel, Heinz, Das Strafvollzugsgesetz darf weder zerstückelt noch ausgehöhlt werden, NK 2005, 135

Cornel, Heinz, Gesetzgebungskompetenz für den Strafvollzug – Föderalismuskommission wünscht Übertragung auf Länder, NK 2005, 2-3

Degenhart, Christoph, Die Neuordnung der Gesetzgebungskompetenzen durch die Föderalismusreform, NVwZ 2006, 1209-1216

von Denkowski, Charles, Weitere Präventivbefugnisse für das BKA?, Kriminalistik 2007, 292-298

Depenheuer, Otto, Verfassungsgerichtliche Föderalismusreform, ZG 2005, 83-93

Deuerlein, Ernst, Föderalismus, 1972 München

Deutscher Bundestag(Hrsg.)/Bundesrat (Hrsg.), Dokumentation der Kommission von Bundestag und Bundesrat zur Modernisierung der bundesstaatlichen Ordnung, Zur Sache 1/2005, Berlin 2005 (zitiert: Bundestag/Bundesrat, Kommission, Zur Sache 1/2005)

Dillenburger, Anja, Das Beamtenstatusgesetz als neues Beamtenbundesrecht für die Beamtinnen und Beamten der Länder, NJW 2009, 1115-1118

Dittmann, Arno, Die Bundesverwaltung, Tübingen 1983

von Doemming, Klaus-Berto/Füsslein, Rudolf Werner/Matz, Werner, Entstehungsgeschichte der Artikel des Grundgesetzes, JöR n.F. 1 (1951), S. 1-926

Dolzer, Rudolf (Hrsg.)/Vogel, Klaus (Hrsg.)/Graßhof, Karin (Hrsg.), Bonner Kommentar zum Grundgesetz, Band VIII – Artikel 73-79, Stand: 131. Aktualisierung, Heidelberg 2007 (zitiert: Bearbeiter, in: BK, GG VIII)

Dolzer, Rudolf (Hrsg.)/Waldhoff, Christian (Hrsg.)/Graßhof, Karin (Hrsg.), Bonner Kommentar zum Grundgesetz, Band IX – Artikel 62-73, Stand: 141. Aktualisierung, Heidelberg 2009 (zitiert: Bearbeiter, in: BK, GG IX)

Dolzer, Rudolf (Hrsg.)/Waldhoff, Christian (Hrsg.)/Graßhof, Karin (Hrsg.), Bonner Kommentar zum Grundgesetz, Band X – Artikel 74-79, Stand: 141. Aktualisierung, Heidelberg 2009 (zitiert: Bearbeiter, in: BK, GG X)

Dreier, Horst (Hrsg.), Grundgesetz Kommentar, Band I – Artikel 1-19, 2. Auflage, Tübingen 2004 (zitiert: Bearbeiter, in: Dreier, GG I)

Dreier, Horst (Hrsg.), Grundgesetz Kommentar, Band II – Artikel 20-82, 2. Auflage, Tübingen 2006 (zitiert: Bearbeiter, in: Dreier, GG II)

Dreier, Horst (Hrsg.), Grundgesetz Kommentar, Band II – Artikel 20-82, Supplementum 2007, 2. Auflage, Tübingen 2007 (zitiert: Bearbeiter, in: Dreier, GG II/2)

Dreier, Horst (Hrsg.), Grundgesetz Kommentar, Band III – Artikel 83-146, Tübingen 2000 (zitiert: Bearbeiter, in: Dreier, GG III/1)

Dreier, Horst (Hrsg.), Grundgesetz Kommentar, Band III – Artikel 83-146, 2. Auflage, Tübingen 2008 (zitiert: Bearbeiter, in: Dreier, GG III/2)

Drescher, Alfred, Dienstrechtsreformen im Fokus: Beginn einer neuen Epoche der Länder?, RiA 2008, 248-254

Drescher, Alfred, Dienstrechtsreformen in Bund und Ländern, RiA 2007, 261-266

Drews, Bill/Wacke, Gerhard/Vogel, Klaus/Martens, Wolfgang, Gefahrenabwehr, 9. Auflage, Köln – Berlin – Bonn – München 1986

Dudenredaktion, Wissenschaftlicher Rat (Hrsg.), Duden Das Bedeutungswörterbuch, 3. Auflage, Mannheim – Leipzig – Wien – Zürich 2002 (zitiert: Bearbeiter, Stichwort, in: Duden, Bedeutungswörterbuch)

Dudenredaktion, Wissenschaftlicher Rat (Hrsg.), Duden Das Fremdwörterbuch, 9. Auflage, Mannheim – Leipzig – Wien – Zürich 2007 (zitiert: Bearbeiter, Stichwort, in: Duden, Fremdwörterbuch)

Dudenredaktion, Wissenschaftlicher Rat (Hrsg.), Duden Das Herkunftswörterbuch, 3. Auflage, Mannheim – Leipzig – Wien – Zürich 2001 (zitiert: Bearbeiter, in: Duden, Herkunftswörterbuch)

Dünkel, Frieder, Strafvollzug als Ländersache? Der „Wettbewerb der Schäbigkeit" ist schon im Gange!, ZfStrVo 2006, 145-149

Dünkel, Frieder, Strafvollzug als Ländersache?! Was trotz bundeseinheitlicher Gesetzgebungskompetenz des Bundes möglich ist, NK 2005, 5-6

Eiselstein, Claus, Verlust der Bundesstaatlichkeit?, NVwZ 1989, 323-330

Eisenberg, Ulrich, Jugendstrafvollzugsgesetze der Bundesländer – eine Übersicht, NStZ 2008, 250-262

Ekardt, Felix/Buscher, Daniel, Föderalismusreform II: Reform der Finanzbeziehungen von Bund, Ländern und Kommunen, DÖV 2007, 89-98

Elgeti, Axel, Inhalt und Grenzen der Föderativklausel des Art. 79, III GG, Diss. Marburg 1968 (zitiert: Elgeti, Föderativklausel)

Engels, Nicole, Chancengleichheit und Bundesstaatsprinzip, Berlin 2001

Erd, Rainer, Das neue BKA-Gesetz – Mehr Sicherheit oder Aushöhlung von Freiheitsrechten?, K&R-Editorial 2/2009

Estel, Denise, Bundesstaatsprinzip und direkte Demokratie im Grundgesetz, Baden-Baden 2006 (zitiert: Estel, Bundesstaatsprinzip und direkte Demokratie)

Färber, Gisela/Otter, Nils, Reform der Finanzverfassung – eine vertane Chance?, APuZ 2005, Beilage 13/14, 33-38

Fastenrath, Ulrich, Inländerdiskriminierung, JZ 1987, 170-178

Feest, Johannes, Chancen im Vollzug oder „Chancenvollzug"?, StV 2008, 553-558

Feest, Johannes/Polllähne, Helmut, Haftgründe und Abgründe, FS 2009, 30-32

Feindt, Erich, Berufsbeamtentum im Wandel der Zeiten, DÖD 1980, 1-21

Fischdick, Jan, Die Reform des föderalen Systems der Bundesrepublik Deutschland, Berlin 2005 (zitiert: Fischdick, Reform des föderalen Systems)

Förster, Michael, Die Reform des Dienstrechts in Brandenburg und anderen Bundesländern, LKV 2009, 497-504

Försterling, Wolfram, Kompetenzrechtliche Probleme nach der Föderalismusreform, ZG 2007, 36-61

Frank, Götz/Heinicke, Thomas, Die Auswirkungen der Föderalismusreform auf das öffentliche Dienstrecht – das neue Spannungsfeld von Solidarität, Kooperation und Wettbewerb zwischen den Ländern, ZBR 2009, 34-39

Frenz, Walter, Gesetzgebungskompetenzen nach der Föderalismusreform, Jura 2007, 165-169

Frenzel, Eike Michael, Das öffentlich-rechtliche Amtsverhältnis und das Recht des öffentlichen Dienstes, ZBR 2008, 243-253

Frotscher, Werner/Pieroth, Bodo, Verfassungsgeschichte, 5. Auflage, München 2005

Frowein, Jochen Abraham, Die Entwicklung des Bundesstaates unter dem Grundgesetz, in: Rechtsentwicklung unter dem Bonner Grundgesetz, herausgegeben von Reinhard Mußgnug, Heidelberg 1990, S. 17-31 (zitiert: Frowein, in: Rechtsentwicklung unter dem GG)

Gade, Gunther Dietrich/Kieler, Marita, Polizei und Föderalismus, Stuttgart 2008

Gentz, Werner, Der moderne Strafvollzug, ZStW 46 (1925), S. 129-152

Gentz, Werner, Progressiver Strafvollzug in den Gefangenenanstalten Preußens, DRiZ 1925, Sp. 547-554

Glauben, Paul J., Innerstaatliche Regelung zur Einhaltung der Verschuldenskriterien für die Währungsunion, ZG 1997, 233-241

Goerdeler, Jochen/Pollähne, Helmut, Das Bundesverfassungsgericht als Wegweiser für die Landesgesetzgeber, ZJJ 2006, 250-260

Görres-Gesellschaft (Hrsg.), Staatslexikon – Recht, Wirtschaft, Gesellschaft, Band III, 6. Auflage, Freiburg 1959 (zitiert: Bearbeiter, Stichwort, in: Staatslexikon)

Große-Sender, Heinrich A. (Hrsg.), Kommission „Erhaltung und Fortentwicklung der bundesstaatlichen Ordnung innerhalb der Bundesrepublik Deutschland – auch in einem vereinten Europa“, Bericht Teil I, Düsseldorf 1990

Grotkopp, Jörg, Beamtentum und Staatsformwechsel, Frankfurt am Main 1992

Grunewald, Beate/Lösch, Bettina, Das neue Laufbahnrecht des Bundes, RiA 2008, 201-209

Günther, Hellmuth, Zum Reichsbeamtengesetz, DÖV 2007, 357-367

Gusy, Christoph, Die Zentralstellenkompetenz des Bundes, DVBl. 1993, 1117-1128

Gusy, Christoph, Polizeirecht, 7. Auflage, Tübingen 2009

Häberle, Peter, Die Abhörentscheidung des Bundesverfassungsgerichts vom 15.12.1970, JZ 1971, 145-156

Häde, Ulrich, Entflechtung und Verflechtung, ZG 2009, 1-17

Häde, Ulrich, Zur Föderalismusreform in Deutschland, JZ 2006, 930-940

Hain, Karl-E., Die Grundsätze des Grundgesetzes, Baden-Baden 1999

Hancke, Johannes, Defizitbegrenzung im Bundesstaat – Verfassungsmäßigkeit einer verbindlichen Verschuldungsregel für die Bundesländer, DVBl. 2009, 621-627

Harbich, Jürgen, Der Bundesstaat und seine Unantastbarkeit, Berlin 1965 (zitiert: Harbich, Der Bundesstaat)

Harnischmacher, Robert/Semerak, Arved, Deutsche Polizeigeschichte, Stuttgart – Berlin – Köln – Mainz 1986

Härtel, Ines, Föderalismusreform II, JZ 2008, 437-446

Hattenhauer, Hans, Geschichte des deutschen Beamtentums, in: Handbuch des Öffentlichen Dienstes, herausgegeben von Walter Wiese, Band I, 2. Auflage, Köln – Berlin – Bonn – München 1993 (zitiert: Hattenhauer, Geschichte des Beamtentums)

Haug, Volker, Die Föderalismusreform, DÖV 2004, 190-197

Heidelmeyer, Wolfgang, Berliner Beamtenrecht, herausgegeben vom Deutschen Beamtenbund – Landesbund Berlin, Berlin – Bonn 1983

Henneke, Hans-Günther, Ergebnisse der Föderalismuskommission II, Der Landkreis 2009, 117-123

Henneke, Hans-Günther, „Föderalismus in Fesseln" – Bleibt die kommunale Finanzausstattung nach der Föderalismusreform II nur noch das Tariergewicht zum verfassungsgebotenen Haushaltsausgleich der Länder ohne Einnahmen aus Krediten?, NdsVBl. 2009, 121-129

Hesse, Konrad, Bundesstaatsreform und Grenzen der Verfassungsänderung, AöR 98 (1973), S. 1-52

Hesse, Konrad, Der unitarische Bundesstaat, Karlsruhe 1962

Hilg, Günter, Cui bono? Die verfassungsrechtliche Stellung des höheren Dienstes im Hinblick auf die geplante Reform des Laufbahnrechts in Bayern, BayVBl. 2009, 459-462

Hobe, Stephan, Europarecht, 3. Auflage, Köln – Berlin – München 2006

Hoffmann, Christof, Beamtenstatusgesetz – „Stunde Null" für die Länder, NJW-Editorial 16/2009

Höfling, Wolfram/Burkiczak, Christian, Die Garantie der hergebrachten Grundsätze des Berufsbeamtentums unter Fortentwicklungsvorbehalt, DÖV 2007, 328-334

Hoffmann, Christof/Schuhn, Rita, „Alles neu macht der April?" – Anmerkung zu dem am 01.04.2009 in Kraft getretenen Saarländischen Beamtengesetz –, LKRZ 2009, 126-129

Hoffmann-Riem, Wolfgang/Schmidt-Aßmann, Eberhard/Voßkuhle, Andreas, Grundlagen des Verwaltungsrechts, Band III – Personal – Finanzen – Kontrolle – Sanktionen – Staatliche Einstandspflichten, München 2009 (zitiert: Bearbeiter, in: GVwR III)

Hofmann, Hans, Föderalismusreformen im Verfassungsstaat, DÖV 2008, 833-844

Hofmann, Harald/Gerke, Jürgen, Allgemeines Verwaltungsrecht, 8. Auflage, Stuttgart 2002

Holste, Heiko, Der deutsche Bundesstaat im Wandel (1867-1933), Berlin 2002 (zitiert: Holste, Bundesstaat im Wandel)

Holtschneider, Rainer/Schön, Walter (Hrsg.), Die Reform des Bundesstaates, Baden-Baden 2007 (zitiert: Bearbeiter, in: Die Reform des Bundesstaates)

Hömig, Dieter (Hrsg.), Grundgesetz, 8. Auflage, Baden-Baden 2007 (zitiert: Bearbeiter, in: Homig, GG)

Hoppenstedt, Hendrik, Die bundesstaatliche Ordnung des Grundgesetzes zwischen Unitarismus und Föderalismus, Würzburg 2000 (zitiert: Hoppenstedt, Bundesstaatliche Ordnung)

Höynck, Theresia/Hagemann, Nicole/Kapteina, Britt-Marie/Klimaschewski, Kerstin/Lübke, Verena/Luu, Nicole/Riechey, Florian, Jugendstrafvollzugsgesetze der Länder, ZJJ 2008, 159-166

Höynck, Theresia/Hosser, Daniela, Jugendstrafvollzugsgesetz im „empirischen Blindflug"?, BewHi 2007, 387-398

Hübener, Kristina/Hübscher, Wilfried G., Ursprünge und Entwicklungen des preußischen Beamtentums bis in die Neuzeit, ZBR 1998, 407-415

Huber, Ernst Rudolf, Deutsche Verfassungsgeschichte seit 1789, Band III: Bismarck und das Reich, 3. Auflage, Stuttgart – Berlin – Köln – Mainz 1988 (zitiert: Huber, Verfassungsgeschichte III)

Huber, Ernst Rudolf, Deutsche Verfassungsgeschichte seit 1789, Band VI: Die Weimarer Reichsverfassung, Revidierter Nachdruck, Stuttgart – Berlin – Köln 1993 (zitiert: Huber, Verfassungsgeschichte VI)

Huber, Hans, Die Gleichheit der Gliedstaaten im Bundesstaat, ZÖR XVIII (1968), S. 247-261

Huber, Peter Michael, Der Beitrag der Föderalismusreform zur Europatauglichkeit des Grundgesetzes, ZG 2006, 354-376

Huber, Peter Michael, Deutschland nach der Föderalismusreform – in besserer Verfassung!, in: Wege gelebter Verfassung, Festschrift für Rupert Scholz zum 70. Geburtstag, herausgegeben von Rainer Pitschas und Arnd Uhle, Berlin 2007, S. 595-614 (zitiert: Huber, in: FS Scholz)

Huber, Peter Michael, Klarere Verantwortungsteilung von Bund, Ländern und Kommunen?, NJW 2004, Beilage zu Heft 27, 23-26

Huber, Peter Michael, Stellungnahme Anhörung Föderalismusreform 15.-17. Mai 2006 Deutscher Bundestag Rechtsausschuss, http://webarchiv.bundestag.de/archive/2008/0506/ausschuesse/a06/foederalismusreform/Anhoerung/02_Inneres/Stellungnahmen/Prof__Dr__Peter_M__Huber.pdf, zuletzt aufgerufen am 22.11.2009

Huber, Peter Michael, Volksgesetzgebung und Ewigkeitsgarantie, Ulm 2003

Ipsen, Hans Peter, 40 Jahre Grundgesetz der Bundesrepublik Deutschland, in: JöR n.F. 38 (1989), S. 1-43

Ipsen, Jörn, 60 Jahre Grundgesetz – 60 Jahre Bundesrepublik Deutschland, NdsVBl. 2009, 153-158

Ipsen, Jörn, Die Kompetenzverteilung zwischen Bund und Ländern nach der Föderalismusnovelle, NJW 2006, 2801-2806

Ipsen, Jörn, Staatsrecht I, 21. Auflage, Köln 2009

Isensee, Josef, Der Bundesstaat – Bestand und Entwicklung, in: Festschrift 50 Jahre Bundesverfassungsgericht, Band 2 – Klärung und Fortbildung des Verfassungsrechts, herausgegeben von Peter Badura u.a., Tübingen 2001, S. 719-770 (zitiert: Isensee, in: FS 50 Jahre BVerfG)

Isensee, Josef, Der Föderalismus und der Verfassungsstaat der Gegenwart, AöR 115 (1990), S. 248-280

Isensee, Josef (Hrsg.)/Kirchhof, Paul (Hrsg.), Handbuch des Staatsrechts der Bundesrepublik Deutschland, Band I – Grundlagen von Staat und Verfassung, 2. Auflage, Heidelberg 1987 (zitiert: Bearbeiter, in: HbdStR I 2)

Isensee, Josef (Hrsg.)/Kirchhof, Paul (Hrsg.), Handbuch des Staatsrechts der Bundesrepublik Deutschland, Band I – Historische Grundlagen, 3. Auflage, Heidelberg 2003 (zitiert: Bearbeiter, in: HbdStR I 3)

Isensee, Josef (Hrsg.)/Kirchhof, Paul (Hrsg.), Handbuch des Staatsrechts der Bundesrepublik Deutschland, Band II – Verfassungsstaat, 3. Auflage, Heidelberg 2004 (zitiert: Bearbeiter, in: HbdStR II 3)

Isensee, Josef (Hrsg.)/Kirchhof, Paul (Hrsg.), Handbuch des Staatsrechts der Bundesrepublik Deutschland, Band III – Das Handeln des Staates, Heidelberg 1988 (zitiert: Bearbeiter, in: HbdStR III 1)

Isensee, Josef (Hrsg.)/Kirchhof, Paul (Hrsg.), Handbuch des Staatsrechts der Bundesrepublik Deutschland, Band IV – Finanzverfassung – Bundesstaatliche Ordnung, 2. Auflage, Heidelberg 1990 (zitiert: Bearbeiter, in: HbdStR IV 2)

Isensee, Josef (Hrsg.)/Kirchhof, Paul (Hrsg.), Handbuch des Staatsrechts der Bundesrepublik Deutschland, Band VII – Normativität und Schutz der Verfassung – Internationale Beziehungen, Heidelberg 1992 (zitiert: Bearbeiter, in: HbdStR VII 1)

Jarass, Hans/Pieroth, Bodo, Grundgesetz, Kommentar, 8. Auflage, München 2006 (zitiert: Bearbeiter, in: Jarass/Pieroth, GG/8)

Jarass, Hans/Pieroth, Bodo, Grundgesetz Kommentar, 10. Auflage, München 2009 (zitiert: Bearbeiter, in: Jarrass/Pieroth, GG/10)

Jeserich, Kurt G.A.(Hrsg.)/Pohl, Hans (Hrsg.)/von Unruh, Georg-Christoph (Hrsg.), Deutsche Verwaltungsgeschichte, Band 3 – Das Deutsche Reich bis zum Ende der Monarchie, Stuttgart 1984 (zitiert: Bearbeiter, in: Jeserich/Pohl/Unruh, Deutsche Verwaltungsgeschichte 3)

Jeserich, Kurt G.A.(Hrsg.)/Pohl, Hans (Hrsg.)/von Unruh, Georg-Christoph (Hrsg.), Deutsche Verwaltungsgeschichte, Band 4 – Das Reich als Republik und in der Zeit des Nationalsozialismus, Stuttgart 1985 (zitiert: Bearbeiter, in: Jeserich/Pohl/Unruh, Deutsche Verwaltungsgeschichte 4)

Joecks, Wolfgang (Hrsg.)/Miebach, Klaus (Hrsg.), Münchener Kommentar zum Strafgesetzbuch, Band 2/2 – §§ 80-184 f StGB, München 2005 (zitiert: Bearbeiter, in: MünchKomm, StGB II/2)

John, Jürgen, Die Reichsreformdiskussion in der Weimarer Republik, in: Föderalismus in Deutschland, herausgegeben von Jochen Huhn u.a., Baden-Baden 1992, S. 101-126

Jun, Uwe, Reformoptionen der politischen Akteure im deutschen Föderalismus: Mehr Länderautonomie und mehr Wettbewerb als Ausweg aus der Politikverflechtungsfalle?, ZParl 2004, 559-580

Kaiser, Gerhard, Zur Ableitung des Verfassungsprinzips des „bundesfreundlichen Verhaltens" aus dem Begriff des Bundesstaates, DÖV 1961, 653-658

Kaiser, Günther/Schöch, Heinz, Strafvollzug, 5. Auflage, Heidelberg 2002

Kalkbrenner, Helmut, Verfassungsauftrag und Verpflichtung des Gesetzgebers, DÖV 1963, 41-51

Karpen, Ulrich/von Rönn, Matthias, Bericht über die Rechtsprechung des Bundesverfassungsgerichtes und der Länderverfassungsgerichte zum Bundesstaatsprinzip (seit 1980), JZ 1990, 579-585

Kathke, Leonhard/Eck, Angelika, Geht die Revolution weiter? Zum Laufbahnrecht in den Entwürfen des neuen bayerischen Dienstrechts, ZBR 2009, 361-368

Kathke, Leonhard/Vogl, Susanne, Evolution und Revolution – Die Eckpunkte der Bayerischen Staatsregierung für ein neues Dienstrecht in Bayern, ZBR 2009, 9-19

Kaufmann, Robert, Bundesstaat und Deutsche Einheit, Heidelberg 1992

Kelsen, Hans, Allgemeine Staatslehre, Berlin 1925

Kemmler, Iris, Schuldenbremse und Benchmarking im Bundesstaat, DÖV 2009, 549-557

Kempen, Bernhard, Die W-Besoldung der Professoren: Vorgeschmack auf den Besoldungspartikularismus, ZBR 2006, 145-149

Kempen, Bernhard, Stellungnahme zum Entwurf eines Gesetzes zur Änderung des Grundgesetzes (Föderalismusreform, Justiz/Inneres, 17.05.2006), http://webarchiv.bundestag.de/archive/2008/0506/ausschuesse/a06/foederalismusreform/Anhoerung/02_Inneres/Stellungnahmen/Prof__Dr__Bernhard_Kempen.pdf, zuletzt aufgerufen am 22.11.2009

Kern, Eduard, Das Bundeskriminalpolizeiamt, DVBl. 1950, 257-261

Kersten, Jens, Abschied von der Gleichwertigkeit der Lebensverhältnisse, UPR 2006, 245-252

Kersten, Jens, Homogenitätsgebot und Landesverfassungsrecht, DÖV 1993, 896-902

Kersten, Jens, Zäsur Föderalismusreform? Die Entwicklung des Personalvertretungsrechts in Bund und Ländern, ZfPR 2007, 72-82

Kesper, Irene, Reform des Föderalismus in der Bundesrepublik Deutschland, NdsVBl. 2006, 145-158

Kettner, Wolfgang Bernhard, Das Dienstrechtsneuordnungsgesetz – oder wie der Versuch einer ersten Bewertung während des Schreibens zur Glosse geraten kann, DÖD 2009, 216-218

Kimminich, Otto, Deutsche Verfassungsgeschichte, Frankfurt 1970 (zitiert: Kimminich, Verfassungsgeschichte)

Kirchhof, Ferdinand, Den zweiten Schritt wagen! – Die Novellierung der Finanzverfassung als notwendige zweite Stufe der Föderalismusreform, ZG 2006, 288-300

Kirchhof, Ferdinand, Ein neuer Ansatz zur Reform des Grundgesetzes, ZG 2004, 209-225

Kirchhof, Ferdinand, Klare Verantwortungsteilung von Bund, Ländern und Kommunen?, DVBl. 2004, 977-986

Kirschke, Bettina/Brune, Ulrike, Der gemeinsame Gesetzentwurf der länderübergreifenden Arbeitsgruppe zum Untersuchungshaftvollzugsgesetz, FS 2009, 18-20

Kirchner, Christian/Haas, Joachim, Rechtliche Grenzen für Kompetenzübertragungen auf die Europäische Gemeinschaft, JZ 1993, 760-771

Kisker, Gunter, Grundrechtsschutz gegen bundesstaatliche Vielfalt?, in: Festschrift für Otto Bachof zum 70. Geburtstag, herausgegeben von Günter Püttner u.a., München 1984, S. 47-61 (zitiert: Kisker, in: FS Bachof, S. 47, 55)

Kisker, Gunter, Kooperation im Bundesstaat, Tübingen 1971

Kisker, Gunter, Kooperation zwischen Bund und Ländern in der Bundesrepublik Deutschland, DÖV 1977, 689-696

Klatt, Hartmut, Deutsche Einheit und bundesstaatliche Ordnung, VerwArch 82 (1991), S. 430-458

Klatt, Hartmut, Interföderale Beziehungen im kooperativen Bundesstaat, VerwArch 78 (1987), S. 186-206

Klatt, Hartmut, Parlamentarisches System und bundesstaatliche Ordnung, APuZ 1982, Beilage 31, 3-24

Klatt, Hartmut, Reform und Perspektiven des Föderalismus in der Bundesrepublik Deutschland, APuZ 1986, Beilage 28, 3-21

Kloepfer, Michael, Bemerkungen zur Föderalismusreform, DÖV 2004, 566-571

Kluth, Winfried (Hrsg.), Föderalismusreformgesetz, Baden-Baden 2007 (zitiert: Bearbeiter, in: Kluth, FödRefG)

Knopp, Lothar, Föderalismusreform – zurück zur Kleinstaaterei?, NVwZ 2006, 1216-1220

Knopp, Lothar, Föderalismusreform – zurück zur Kleinstaaterei?, DÖD 2006, 237-243

Knopp, Lothar/Schröder, Wolfgang, Beamtenrechtliche und -politische Auswirkungen der Föderalismusreform, NJ 2007, 97-102

Koch, Roland, Das öffentliche Dienstrecht nach der Föderalismusreform I, DVBl. 2008, 805-811

Köhne, Michael, 3 Landesstrafvollzugsgesetze – Beiträge zum „Wettbewerb der Schäbigkeit"?, NStZ 130-133

Kölble, Josef, Verwaltungsabkommen zwischen Bund und Ländern, DÖV 1960, 650-661

Kolmey, Uwe, Schriftliches Statement für die gemeinsame Anhörung des Deutschen Bundestages mit dem Bundesrat am 17. Mai 2006 zur Föderalismusreform; hier neue ausschließliche Bundeskompetenz zur Abwehr von Gefahren des internationalen Terrorismus durch das BKA bei länderübergreifenden Gefahren, http://webarchiv.bundestag.de/archive/2008/0506/ausschuesse/a06/foederalismusreform/Anhoerung/02_Inneres/Stellungnahmen/Uwe_Kolmey.pdf, zuletzt aufgerufen am 22.11.2009

Koop, Gerd, Untersuchungshaft im Wandel?, FS 2009, 6

Koop, Uwe, Keine Verlagerung der Gesetzgebungskompetenz für den Strafvollzug auf die Länder - Gesetzgebungskompetenz für den Strafvollzug muss beim Bund bleiben!, ZfStrVo 2006, 3-4

Korioth, Stefan, Das neue Staatsschuldenrecht – zur zweiten Stufe der Föderalismusreform, JZ 2009, 729-737

Kotulla, Michael, Deutsches Verfassungsrecht 1806-1918, 1. Band – Gesamtdeutschland, Anhaltische Staaten und Baden, Berlin – Heidelberg 2006 (zitiert: Kotulla, Verfassungsrecht I)

Kreuzer, Arthur, Strafvollzug – Quo vadis? Kritische Bestandsaufnahme nach 30 Jahren eines Strafvollzugsgesetzes, BewHi 2006, 195-215

Kröning, Volker, Bestehende föderale Ordnung überholt, RuP 41 (2005), 9-17

Kubicki, Wolfgang, Das Strafvollzugsgesetz darf weder zerstückelt noch ausgehöhlt werden, NK, 2006, 5-5

Küchenhoff, Benjamin, Föderalismusreform – zurück zur Kleinstaaterei?, NJ 2007, 106-108

Kutscha, Martin, Leitsätze für die Anhörung der Föderalismusreform, Sachbereich Inneres, am 17.05.2006, http://webarchiv.bundestag.de/archive/2008/0506/ausschuesse/a06/foederalismusreform/Anhoerung/02_Inneres/Stellungnahmen/Prof__Dr__Martin_Kutscha.pdf, zuletzt aufgerufen am 22.11.2009

Landau, Herbert/Steinkühler, Martin, Zur Zukunft des Berufsbeamtentums in Deutschland, DVBl. 2007, 133-143

Laubenthal, Klaus, Strafvollzug, 3. Auflage, Berlin – Heidelberg – New York – Hongkong – London – Mailand – Paris – Tokio 3003

Laufer, Heinz (Bgr.)/Münch/Ursula, Das föderative System der Bundesrepublik Deutschland, Opladen 1998 (zitiert: Laufer/Münch, Das föderative System)

Lecheler, Helmut, Abbau des Laufbahnprinzips? Anpassung oder Demontage eines hergebrachten Grundsatzes des Berufsbeamtentums?, ZBR 1981, 265-270

Lecheler, Helmut, Das Berufsbeamtentum, in: Festschrift 50 Jahre Bundesverfassungsgericht, Band 2 – Klärung und Fortbildung des Verfassungsrechts, herausgegeben von Peter Badura u.a., Tübingen 2001, S. 359-378 (zitiert: Lecheler, in: FS 50 Jahre BVerfG)

Lecheler, Helmut, Das Laufbahnprinzip, in: Verantwortung und Leistung 1981, Heft 3 (zitiert: Lecheler, Das Laufbahnprinzip)

Lecheler, Helmut, Die Auswirkungen der Föderalismusreform auf die Statusrechte der Beamten, ZBR 2007, 18-23

Leisner, Walter, Der Standort des höheren Dienstes im Beamtenverfassungsrecht, DÖV 1980, 496-503

Lemhöfer, Bernt, Nach der Föderalismusreform: Das kommende Beamtenstatusgesetz für Länder- und Gemeindebeamte, RiA 2007, 49-52

Lenk, Thomas, Kooperativer Föderalismus – Wettbewerbsorientierter Föderalismus, in: Bitburger Gespräche, Jahrbuch 1999/II, München 2000, S. 31-51

Leppek, Sabine, Entwicklungen im Besoldungsrecht des Bundes nach der Föderalismusreform I: Die besoldungsrechtlichen Regelungen im Dienstrechtsneuordnungsgesetz zwischen Kontinuität und Veränderung, ZBR 2009, 325-331

Leyendecker, Natalie Andrea, (Re-)Sozialisierung und Verfassungsrecht, Berlin 2002

Lhotta, Roland, Der „verkorkste Bundesstaat“ – Anmerkungen zur bundesstaatlichen Reformdiskussion, ZParl 1993, 117-132

Lindner, Martin/Dragowski, Mirco, Neue Finanzbeziehungen für Bund und Länder?, DRiZ 2008, 250-252

Lisken, Hans, Zum Verhältnis von Länder- und Bundespolizei, NWVBl. 1995, 281-284

Lisken, Hans/Denninger, Erhard, Handbuch des Polizeirechts, 4. Auflage, München 2007 (zitiert: Bearbeiter, in: Lisken/Denninger, HbdPolzR)

Loewenstein, Karl, Über Wesen, Technik und Grenzen der Verfassungsänderung, Berlin 1961 (zitiert: Loewenstein, Verfassungsänderung)

Lorse, Jürgen, Die föderale Neuordnung des Dienstrechts in Deutschland: Der bayerische Weg, BayVBl. 2009, 449-458

Lorse, Jürgen, Reform des Laufbahnrechts in Bayern – mehr Leistung oder mehr Nivellierung im bayerischen Staatsdienst?, ZBR 2009, 368-381

Loschelder, Wolfgang, „Systemgerechte Regelung“ – Sachargument oder Leerformel der Dienstrechtsdiskussion?, ZBR 1978, 133-138

Lotz, Albert, Die Geschichte des Deutschen Beamtentums, 2. Auflage, Berlin 1914 (zitiert: Lotz, Geschichte des Beamtentums)

Löw, Konrad, Was bedeutet „Republik“ in der Bezeichnung „Bundesrepublik Deutschland“?, DÖV 1979, 819-822

Lückemann, Clemens, Stellungnahme, http://webarchiv.bundestag.de/archive /2008/0506/ausschuesse/a06/foederalismusreform/Anhoerung/02_Justiz /Stellungnahmen/Clemens_Lueckemann.pdf,, zuletzt aufgerufen am 11.05.2009

Lütkes, Anne, Zuständigkeit der Länder für den Strafvollzug? Ehemalige Justizminister fordern Überdenken der Föderalismusreform, NK 2006, 2

Maelicke, Bernd, Konsequenzen der Föderalismusreform für den Deutschen Strafvollzug. NK 2006, 89

Maelicke, Bernd, Stellungnahme zur Anhörung des Rechtsausschusses des Deutschen Bundestages zur Föderalismusreform – Justiz – am 17. Mai 2006 in Berlin, http://webarchiv.bundestag.de/archive/ 2008/0506/ausschuesse/a06/foederalismusreform/Anhoerung/02_Justiz/ Stellungnahmen/Prof_Dr_Bernd_Maelicke.pdf, zuletzt aufgerufen am 22.11.2009

Mammen, Lars, Der neue Typus der konkurrierenden Gesetzgebung mit Abweichungsrecht, DÖV 2007, 376-380

von Mangoldt, Hermann/Klein, Friedrich/Starck, Christian (Hrsg.), Kommentar zum Grundgesetz, Band 1 – Präambel – Artikel 1–19, 5. Auflage, München 2005 (zitiert: Bearbeiter, in: v. Mangoldt/Klein/Starck, GG I)

von Mangoldt, Hermann/Klein, Friedrich/Starck, Christian (Hrsg.), Kommentar zum Grundgesetz, Band 2 – Artikel 20–82, 5. Auflage, München 2005 (zitiert: Bearbeiter, in: v. Mangoldt/Klein/Starck, GG II)

von Mangoldt, Hermann/Klein, Friedrich/Starck, Christian (Hrsg.), Kommentar zum Grundgesetz, Band 3 – Artikel 83-146, 5. Auflage, München 2005 (zitiert: Bearbeiter, in: v. Mangoldt/Klein/Starck, GG III)

Männle, Ursula, Bayern in Deutschland und Europa – Perspektiven des Föderalismus auf dem Weg ins 21. Jahrhundert, in: Föderalismus zwischen Konsens und Konkurrenz, herausgegeben von ders., Baden-Baden 1998, S. 11-20 (zitiert: Männle, in: Konsens und Konkurrenz)

Margedant, Udo, Die Föderalismusdiskussion in Deutschland, APuZ 2003, Beilage 29/30, 6-13

Maunz, Theodor, Pflicht der Länder zur Uneinigkeit?, NJW 1962, 1641-1645

Maunz, Theodor (Bgr.)/Dürig, Günter (Bgr.), Grundgesetz Kommentar, Band I – GG-Text-Artikel 5, Stand: 55. Lieferung, München 2009 (zitiert: Bearbeiter, in: Maunz/Dürig, GG I)

Maunz, Theodor (Bgr.)/Dürig, Günter (Bgr.), Grundgesetz Kommentar, Band III – Artikel 17-27, Stand: 55. Lieferung, München 2009 (zitiert: Bearbeiter, in: Maunz/Dürig, GG III)

Maunz, Theodor (Bgr.)/Dürig, Günter (Bgr.), Grundgesetz Kommentar, Band IV – Artikel 28-69, Stand: 55. Lieferung, München 2008 (zitiert: Bearbeiter, in: Maunz/Dürig, GG IV (53. Liefg.))

Maunz, Theodor (Bgr.)/Dürig, Günter (Bgr.), Grundgesetz Kommentar, Band IV – Artikel 28-69, Stand: 55. Lieferung, München 2009 (zitiert: Bearbeiter, in: Maunz/Dürig, GG IV)

Maunz, Theodor (Bgr.)/Dürig, Günter (Bgr.), Grundgesetz Kommentar, Band V – Artikel 70-99, Stand: 55. Lieferung, München 2009 (zitiert: Bearbeiter, in: Maunz/Dürig, GG V)

Maunz, Theodor (Bgr.)/Dürig, Günter (Bgr.), Grundgesetz Kommentar, Band V – Artikel 70-99, Stand: 50. Lieferung, München 2007 (zitiert: Bearbeiter, in: Maunz/Dürig, GG V (50. Liefg.))

Maunz, Theodor (Brg.)/Schmidt-Bleibtreu, Bruno/Klein, Franz/Bethge, Herbert, Bundesverfassungsgerichtsgesetz Kommentar, Band 1, Stand: 27. Lieferung, München 2007 (zitiert: Bearbeiter, in: Maunz/Schmidt-Bleibtreu/Klein/Bethge, BVerfGG)

Maurer, Hartmut, Staatsrecht I, 5. Auflage, München 2007

Mävers, Bettina, Keine neuen Erkenntnisse, DRiZ 2006, 214

Mävers, Bettina, Mehr Bund, weniger Land – oder umgekehrt?, DRiZ 2006, 106-107

Mayen, Thomas, Neuordnung der Gesetzgebungskompetenzen von Bund und Ländern, DRiZ 2007, 51-56

Mayer, Christian, Die Nachbesserungspflicht des Gesetzgebers, Baden-Baden 1996 (zitiert: Mayer, Nachbesserungspflicht des Gesetzgebers)

Mehde, Veith, Gesetzgebungskompetenz des Bundes zur Aufteilung der Verschuldensgrenzen des Vertrags von Maastricht?, DÖV 1997, 616-624

Meier, Wolfgang, Das Bundesbesoldungs- und -versorgungsanpassungsgesetz 2008/2009, ZBR 2009, 325-244

Meier-Walser, Reinhard/Hirscher, Gerhard, Zustand und Zukunft des Föderalismus, in: Krise und Reform des Föderalismus, herausgegeben von dens., München 1999, S. 9-23 (zitiert: Meier-Walser/Hirscher, in: Krise und Reform)

Menger, Christian-Friedrich, Deutsche Verfassungsgeschichte der Neuzeit, 8. Auflage, Heidelberg 1993 (zitiert: Menger, Verfassungsgeschichte)

Meyer, Hans, Die Föderalismusreform 2006, Berlin 2008 (zitiert: Meyer, Föderalismusreform 2006)

Meyer-Teschendorf, Klaus, Die Amtshilfe, JuS 1981, 187-192

Michael, Lothar, Der experimentelle Bundesstaat, JZ 2006, 884-890

Middel, Stefan, Innere Sicherheit und präventive Terrorismusbekämpfung, Baden-Baden 2007 (zitiert: Middel, Innere Sicherheit)

Millack, Christian/Lucas, Hermann, Grundgesetz und politisches Handeln am Beispiel des Besoldungsrechts, ZBR 1970, 101-104

Möller, Hauke, Die verfassungsgebende Gewalt des Volkes und die Schranken der Verfassungsrevision, Berlin 2004

Monhemius, Jürgen, Beamtenrecht, München 1995

Moser, Hans Herbert, Anhörung vor dem Rechtsauschuss des Deutschen Bundestages am 17. Mai 2006, http://webarchiv.bundestag.de/archive/2008/0506/ausschuesse/a06/foederalismusreform/Anhoerung/02_Justiz/Stellungnahmen/Hans-Herbert_Moser.pdf, zuletzt aufgerufen am 22.11.2009

Müller-Dietz, Heinz, Gesetzgebungszuständigkeit für den Strafvollzug, ZRP 2005, 156-159

Müller-Dietz, Heinz, Recht und Nationalsozialismus, Baden-Baden 2000

Müller-Dietz, Heinz, Strafvollzugsrecht als Ländersache?, ZfStrVo 2005, 38-40

Müller-Graf, Peter-Christian, Die Europatauglichkeit der grundgesetzlichen Föderalismusreform, in: Wege gelebter Verfassung in Recht und Politik, Festschrift für Rupert Scholz zum 70. Geburtstag, herausgegeben von Rainer Pitschas und Arnd Uhle, Berlin 2007, S. 705-727 (zitiert: Müller-Graf, in: FS Scholz)

von Münch, Ingo/Kunig, Philip, Grundgesetz-Kommentar, Band 2 (Art. 20-69), 4./5. Auflage, München 2001 (zitiert: Bearbeiter, in: v. Münch/Kunig, GG II)

von Münch, Ingo/Kunig, Philip, Grundgesetz-Kommentar, Band 3 (Art. 70-146 und Gesamtregister), 4./5. Auflage, München 2003 (zitiert: Bearbeiter, in: v. Münch/Kunig, GG III)

Münch, Ursula, Entwicklung und Perspektiven des deutschen Föderalismus, APuZ 1999, Beilage 13, S. 3-11

Münch, Ursula, Konkurrenzföderalismus für die Bundesrepublik: Eine Reformdebatte zwischen Wunschdenken und politischer Machbarkeit, in: Jahrbuch des Föderalismus 2001, Band 2, S. 115-127

Nawiasky, Hans, Allgemeine Staatslehre, Zweiter Teil – Band 2, Einsiedeln – Zürich – Köln 1955 (zitiert: Nawiasky, Allgemeine Staatslehre, Bd. II/2)

Nettesheim, Martin, Wettbewerbsföderalismus und Grundgesetz, in: Der Staat des Grundgesetzes – Kontinuität und Wandel, Festschrift für Peter Badura zum siebzigsten Geburtstag, herausgegeben von Michael Brenner u.a., Tübingen 2004, S. 363-392 (zitiert: Nettesheim, in: FS Badura)

Nierhaus, Michael/Rademacher, Sonja, Die große Staatsreform als Ausweg aus der Föderalismusfalle?, LKV 2006, 385-395

Nitsch, Alexandra, Die Unterbringung von Gefangenen nach dem Strafvollzugsgesetz, Berlin 2006 (zitiert: Nitsch, Die Unterbringung nach dem Strafvollzugsgesetz)

Nokiel, Werner, Die hergebrachten Grundsätze des Berufsbeamtentums, RiA 2007, 162-167

Nokiel, Werner, Festhalten am Laufbahnrecht – eine Reform?, RiA 2007, 115-118

Oeter, Stefan, Integration und Subsidiarität im deutschen Bundesstaatsrecht, Tübingen 1998 (zitiert: Oeter, Integration und Subsidiarität)

Oeter, Stefan, Stärkung des föderalistischen Systems durch Neuverteilung der Gesetzgebungskompetenzen, in: Verfassungsreform und Grundgesetz, herausgegeben von Klaus Borgemann u.a., Stuttgart – München – Hannover – Berlin – Weimar 1992

von Olenhusen, Peter Götz, Richterstatus und Richterbesoldung, DRiZ 2008, 66-67

Oschatz, Georg-Berndt, Kooperativer Zentralismus, in: Der Bundesrat in Deutschland und Österreich, herausgegeben von Detlef Merten, Berlin 2001, S. 135-149

Ossenbühl, Fritz, Föderalismus nach 40 Jahren Grundgesetz, DVBl. 1989, 1230-1237

Ossenbühl, Fritz, Föderalismus und Regionalismus in Europa, Baden-Baden 1990 (zitiert: Bearbeiter, in: Föderalismus und Regionalismus)

Papier, Hans-Jürgen, 50 Jahre Bundesstaatlichkeit nach dem Grundgesetz – Entwicklungslinien und Zukunftsperspektiven, in: 50 Jahre Herrenchiemseer Verfassungskonvent – Zur Struktur des deutschen Föderalismus, herausgegeben vom Bundesrat, Bonn 1999, S. 341-353 (zitiert: Papier, in: 50 Jahre Herrenchiemseer Verfassungskonvent)

Papier, Hans-Jürgen, Aktuelle Fragen der bundesstaatlichen Ordnung, NJW 2007, 2145-2148

Papier, Hans-Jürgen, Polizeiliche Aufgabenverteilung zwischen Bund und Ländern, DVBl. 1992, 1-9

Pechstein, Matthias, Das Laufbahnrecht in der Gesetzgebungskompetenz der Länder, ZBR 2008, 73-77

Pechstein, Matthias, Die verfassungsrechtliche Stellung des höheren Dienstes vor dem Hintergrund der angekündigten Reform des Laufbahnrechts in Bayern, ZBR 2009, 20-33

Pechstein, Matthias, Wie können die Länder ihre neuen beamtenrechtlichen Kompetenzen nutzen?, ZBR 2006, 285-288

Peters, Cornelia, Das Dienstrecht des Bundes nach der Föderalismusreform, RiA 2008, 97-110

Peters, Cornelia/Lösch, Bettina/Grunewald, Beate, Paradigmenwechsel im Laufbahnrecht des Bundes, ZBR 2009. 1-8

Pfaffenroth, Karl, Preußische Beamtengesetzgebung, 5. Auflage, Berlin 1916

Pieroth, Bodo, Politischer Freiraum zur Umgestaltung des Bundesstaates, ZRP 2008, 90-92

Pieroth, Bodo/Schlink, Bernhard/Kniesel, Michael, Polizei- und Ordnungsrecht, 4. Auflage, München 2007

Pietzcker, Jost, Zusammenarbeit der Gliedstaaten im Bundesstaat – Landesbericht Bundesrepublik Deutschland, in: Zusammenarbeit der Gliedstaaten im Bundesstaat, herausgegeben von Christian Starck, Baden-Baden 1988, S. 17-76 (zitiert: Pietzcker, in: Zusammenarbeit der Gliedstaaten)

Piltz, Gisela/Pfister, Maja, Verfassungsrechtlich nicht unbedenklich – das BKA-Gesetz, RuP 2009, 4-10

Pleyer, Marcus C.F., Föderative Gleichheit, Berlin 2005

Polähne, Helmut, Internationale Standards gegen föderalen Wildwuchs?, StV 2007, 553-558

Poscher, Ralf, Stellungnahme zu dem Gesetzentwurf zur Änderung des Grundgesetzes, BT-Drs. 15/4832, http://webarchiv.bundestag.de/archive/2008/0506/ausschuesse/a06/foederalismusreform/Anhoerung/02_Inneres/Stellungnahmen/Prof__Dr__Ralf_Poscher.pdf, zuletzt aufgerufen am 22.11.2009

Quedenfeld, Hans Dietrich, Der Strafvollzug in der Gesetzgebung des Reiches, des Bundes und der Länder, Tübingen 1971 (zitiert: Quedenfeld, Strafvollzug)

Rasch, Ernst, Die Organisation der Polizei, DÖV 1960, 81-87

Rehn, Gerhard, Gegenreform erfasst Strafvollzugsgesetz, NK 2005, 3-5

Reineck, Karl-Michael, Die Föderalismusreform 2006, DVP 2006, 485-494

Remmers, Elisabeth, Die Entstehung des modernen Strafvollzugs, in: Strafrechtliche Sanktionen und Strafvollzug in der deutschen Rechtsgeschichte I, herausgegeben von Barna Mezey, o.A. 2002, S. 40-61 (zitiert: Remmers, Strafrechtliche Sanktionen und Strafvollzug)

Rengeling Hans-Werner, Die Kompetenzen der Europäischen Union: Inhalte, Grenzen und Neuordnung der Rechtsetzungsbefugnisse, in: Der Staat des Grundgesetzes – Kontinuität und Wandel, Festschrift für Peter Badura zum siebzigsten Geburtstag, herausgegeben von Michael Brenner u.a., Tübingen 2004, S. 1135-1166 (zitiert: Rengeling, in FS Badura)

Rengeling Hans-Werner, Föderalismusreform und Gesetzgebungskompetenzen, DVBl. 2006, 1537-1549

Renzsch, Wolfgang, Einheitlichkeit der Lebensverhältnisse oder Wettbewerb der Regionen?, StWStP 1997, 87-108

Ritter, Ernst-Hasso, Verfassungsrechtliche Gesetzgebungspflichten, Diss. Bonn 1967

Robbers, Gerhard, Entwicklungsperspektiven des Föderalismus, in: Der Staat des Grundgesetzes – Kontinuität und Wandel, Festschrift für Peter Badura zum siebzigsten Geburtstag, herausgegeben von Michael Brenner u.a., Tübingen 2004, S. 431-442 (zitiert: Robbers, in: FS Badura)

Robbers, Gerhard, Stellungnahme zur öffentlichen Anhörung im Rechtsausschuss des Deutschen Bundestages und des Ausschusses für Innere Angelegenheiten des Bundesrates, http://webarchiv.bundestag.de/archive/2008/0506/ausschuesse/a06/foederalismusreform/Anhoerung/02_Justiz/Stellungnahmen/Prof__Dr__Gerhard_Robbers.pdf, zuletzt aufgerufen am 22.11.2009

Roggan, Fredrik, Das neue BKA-Gesetz – Zur weiteren Zentralisierung der deutschen Sicherheitsarchitektur, NJW 2009, 257-262

Rudolf, Walter, Aktuelle Probleme und Entwicklungstendenzen des Föderalismus in der Bundesrepublik Deutschland, in: Probleme des Föderalismus, Tübingen 1985, S. 227-244

Rudolf, Walter, Die Bundesstaatlichkeit in der Rechtsprechung des Bundesverfassungsgerichts, in: Bundesverfassungsgericht und Grundgesetz, Festgabe aus Anlass des 25jährigen Bestehens der Bundesverfassungsgerichts, Band II, herausgegeben von Christian Starck, Tübingen 1976, S. 233-251 (zitiert: Rudolf, in: FS BVerfG und GG II)

Rudolf, Walter, Zum System der staatlichen Rechtsordnungen in der Bundesrepublik Deutschland, DÖV 1966, 73-77

Rupp, Hans Heinrich, Anmerkung zum Urteil des BVerfG vom 15.12.1970 (Verfassungsmäßigkeit der Beschränkung des Brief-, Post- u. Fernmeldegeheimnisses durch Notstandsgesetzgebung), NJW 1971, 275-284

Rüß, Oliver, Vereintes Europa – das unerreichbare Staatsziel?, Baden-Baden 2005 (zitiert: Rüß, Vereintes Europa)

Sachs, Michael (Hrsg.), Grundgesetz Kommentar, 3. Auflage, München 2003 (zitiert: Bearbeiter, in: Sachs, GG (3. Aufl.))

Sachs, Michael (Hrsg.), Grundgesetz Kommentar, 5. Auflage, München 2009 (zitiert: Bearbeiter, in: Sachs, GG)

Šarčević, Edin, Das Bundesstaatsprinzip, Tübingen 2000 (zitiert: Šarčević, Bundesstaatsprinzip)

Schäfer, Hans, Ein Plädoyer für die baldige und vernünftige Neugliederung des Bundesgebietes, DVBl. 1973, 732-739

Schambeck, Herbert, Föderalismus und Gewaltenteilung, in: Menschenwürde und freiheitliche Rechtsordnung, Festschrift für Willi Geiger zum 65. Geburtstag, herausgegeben von Gerhard Leibholz u.a., Tübingen 1974, S. 643-676 (zitiert: Schambeck, in: FS Geiger)

Scharpf, Fritz/Reissert, Bernd/Schnabel, Fritz, Politikverflechtung, Kronberg/Ts. 1976

Schatz, Heribert/van Ooyen, Robert Chr./Werthes, Sascha, Wettbewerbsföderalismus, Baden-Baden 2000

Schaub, Stefan, Der verfassungsändernde Gesetzgeber 1949-1980, Berlin 1984 (zitiert: Schaub, Der verfassungsändernde Gesetzgeber)

Scheller, Henrik, Die Reform der Finanzverfassung, APuZ 2006, Beilage 50, 24-30

Schenk, Christina, Bestrebungen zur einheitlichen Regelung des Strafvollzugs in Deutschland von 1870 bis 1923, Frankfurt a.M. 2001 (zitiert: Schenk, Einheitliche Regelung des Strafvollzugs)

Scheuner, Ulrich, Struktur und Aufgabe des Bundesstaates in der Gegenwart, DÖV 1962, 641-648

Scheuner, Ulrich, Wandlungen im Föderalismus der Bundesrepublik, DÖV 1966, 513-520

Schick, Walter, Beamtenbesoldung im Bundesstaat, in: Festschrift für Theodor Maunz, herausgegeben von Peter Lerche u.a. München 1981, S. 281-296 (zitiert: Schick, in: FS Maunz)

Schiffers, Reinhard, Weniger Länder – mehr Föderalismus? – Die Neugliederung des Bundesgebietes im Widerstreit der Meinungen 1948/49-1990 – Eine Dokumentation, Düsseldorf 1996 (zitiert: Schiffers, Weniger Länder – mehr Föderalismus?)

Schmalenbach, Kirsten, Föderalismus und Unitarismus in der Bundesrepublik Deutschland, Düsseldorf 1998 (zitiert: Schmalenbach, Föderalismus und Unitarismus)

Schmidt, Eberhard, Einführung in die Geschichte der deutschen Strafrechtspflege, 3. Auflage, Göttingen 1983 (zitiert: Schmidt, Geschichte der Strafrechtspflege)

Schmidt, Rolf, Die neue Schuldenregel und die weiteren Finanzthemen der zweiten Föderalismusreform, DVBl. 2009, 1274-1288

Schmidt-Bleibtreu, Bruno/Hofmann, Hans/Hopfauf, Axel, Kommentar zum Grundgesetz, 11. Auflage, Köln – München 2008 (zitiert: Bearbeiter, in: Schmidt-Bleibtreu/Hofmann/Hopfauf)

Schmidt-Bleibtreu, Bruno/Klein, Franz, Kommentar zum Grundgesetz, 10. Auflage, München 2004 (zitiert: Bearbeiter, in: Schmidt-Bleibtreu/Klein, GG (10. Aufl.))

Schmidt-Jortzig, Edzard, Die fehlgeschlagene Verfassungsreform, ZG 2005, 16-28

Schmidt-Jortzig, Edzard, Herausforderungen für den Föderalismus in Deutschland, DÖV 1998, 746-751

Schnapp, Friedrich E., Stellungnahme zu dem Entwurf eines Gesetzes zur Änderung des Grundgesetzes, http://webarchiv.bundestag.de/archive/

2008/0506/ausschuesse/a06/foederalismusreform/Anhoerung/02_Innere s/Stellungnahmen/Prof__Dr__Friedrich_E__Schnapp.pdf, zuletzt aufgerufen am 22.11.2009

Schneider, Hans-Peter, Die bundesstaatliche Ordnung im vereinigten Deutschland, NJW 1991, 2448-2455

Schneider, Hans-Peter, Kooperation, Konkurrenz und Konfrontation? Entwicklungstendenzen des Föderalismus in der Bundesrepublik, in: Lebendige Verfassung – das Grundgesetz in Perspektive, herausgegeben von Arno Klönne u.a., Neuwied 1981, S. 91-126 (zitiert: Schneider, in: Lebendige Verfassung)

Schneider, Jens-Peter, Bundesstaatliche Finanzbeziehungen im Wandel, Der Staat 40 (2001), 272-298

Schneider, Ragnar, Überlegungen zu einem Bayerischen Untersuchungshaftvollzugsgesetz, FS 2009, 24-26

Schnellenbach, Helmut, Thesen zur öffentlichen Anhörung des Rechtsausschusses des Deutschen Bundestages am 17. Mai 2006, http://webarchiv.bundestag.de/archive/2008/0506/ausschuesse/a06/foederalismusreform/Anhoerung/02_Inneres/Stellungnahmen/Prof__Dr__Helmut_Schnellenbach.pdf, zuletzt aufgerufen am 22.11. 2009

Schoch, Friedrich, Der Gleichheitssatz, DVBl. 1988, 863-882

Scholz, Rupert, Zur Reform des bundesstaatlichen Systems, in: Der Staat des Grundgesetzes – Kontinuität und Wandel, Festschrift für Peter Badura zum siebzigsten Geburtstag, herausgegeben von Michael Brenner u.a., Tübingen 2004, S. 491-511 (zitiert: Scholz, in: FS Badura)

Schönenbroicher, Klaus, Zerschlagung des Berufsbeamtentums – sinnvoll und geboten?, DÖD 2003, 149-158

Schreckenberger, Waldemar, Föderalismus als politischer Handlungsstil, VerwArch 69 (1978), S. 341-360

Schreiber, Wolfgang, Das Bundeskriminalamtgesetz vom 7.7.1997 – ein überfälliges Gesetz, NJW 1997, 2137-2200

Schultze, Rainer-Olaf, Indirekte Entflechtung: Eine Strategie für die Föderalismusreform, ZParl 2000, 681-698

Schulze-Fielitz, Helmuth, Nach dem 11. September: An den Leistungsgrenzen eines verfassungsstaatlichen Polizeirechts?, in: Recht im Pluralismus, herausgegeben von Hans-Detlef Horn, Berlin 2003, S. 407-434

Schulze-Fielitz, Helmuth, Umweltschutz im Föderalismus – Europa, Bund und Länder, NVwZ 2007, 249-259

Schwacke, Peter/Schmidt, Guido, Staatsrecht, 4. Auflage, Köln 1999

Schwanengel, Wito, Die Malaise des deutschen Bundesstaates, DÖV 2004, 553-560

Schwanengel, Wito, Zustand und Perspektive des Föderalismus in Deutschland und Europa, DVBl. 2004, 417-420

Schweitzer, Michael, Europäische Union: Gefahr oder Chance für den Föderalismus in Deutschland, Österreich und der Schweiz?, VVDStRL 53 (1993), S. 48-67

Seckelmann, Margrit, „Renaissance" der Gemeinschaftsaufgaben in der Föderalismusreform II?, DÖV 2009, 747-757

Seebode, Manfred, Gutachterliche Stellungnahme, http://webarchiv.bundestag.de/archive/2008/0506/ausschuesse/a06/foederalismusreform/Anhoerung/02Justiz/Stellungnahmen/Prof__Dr__Manfred_Seebode.pdf, zuletzt aufgerufen am 22.11.2009

Seidel, Gerd, Bundesstaat auf ewig?, RuP 40 (2004), S. 86-97

Seidel, Gerd, Der unreformierbare Föderalismus, RuP 41 (2005), S. 210-214

Selg, Katharina, Die Mitwirkung des Bundesrates bei der Gesetzgebung des Bundes, Frankfurt am Main 2009 (zitiert: Selg, Mitwirkung des Bundesrates)

Selmer, Peter, Die Föderalismusreform – Eine Modernisierung der bundesstaatlichen Ordnung?, JuS 2006, 1052-1060

Selmer, Peter, Die Föderalismusreform II – Ein verfassungsrechtliches monstrum simile, NVwZ 2009, 1255-1262

Sieverts, Rudolf, Zur Geschichte der Reformversuche im Freiheitsstrafvollzug, in: Strafvollzug in Deutschland, herausgegeben von Dietrich Rollmann, Frankfurt am Main – Hamburg 1967, S. 43-54 (zitiert: Sieverts, in: Strafvollzug in Deutschland)

Sodan, Helge, Kontinuität und Wandel im Verfassungsrecht – Zum 60-jährigen Jubiläum des Grundgesetzes für die Bundesrepublik Deutschland, NVwZ 2009, 545-551

Soell, Hermann, Verfassungsrechtliche Probleme bei der Abtretung von Bundesgebiet, AöR 95 (1970), S. 444-448

Spannagel, Wolfgang, Die Strafvollzugsordnung von Baden-Württemberg und ihre Vereinbarkeit mit den Grundgesetz, Diss. Freiburg im Breisgau, 1961 (zitiert: Spannagel, Strafvollzugsordnung Baden-Württemberg)

Staats, Johann-Friedrich, Bundesstaat – wozu?, RuP 41 (2005), 18-19

Stamm, Barbara/Merkl, Gerhard, Kompetitiver Föderalismus, ZRP 1998, 467-475

Starck, Christian, Das Grundgesetz nach fünfzig Jahren: bewährt und herausgefordert, JZ 1999, 473-485

Starck, Christian, Föderalismusreform, herausgegeben von dems, München 2007 (zitiert: Beareiter, in: Föderalismusreform)

Stein, Katrin, Reform des öffentlichen Dienstes, DVBl. 2006, 420-422

Stern, Klaus, Das Staatsrecht der Bundesrepublik Deutschland, Band I – Grundbegriffe und Grundlagen des Staatsrechts, Strukturprinzipien der Verfassung, 2. Auflage, München 1984 (zitiert: Stern, Staatsrecht I)

Stern, Klaus, Die Bedeutung der Unantastbarkeitsgarantie des Art. 79 III GG für die Grundrechte, JuS 1985, 329-338

Stober, Rolf, Zur wirtschaftlichen Bedeutung des Bundesstaatsprinzips, BayVbl. 1989, 97-106

Stock, Martin, Konkurrierende Gesetzgebung, postmodern: Aufweichung durch „Abweichung"?, ZG 2006, 226-249

Summer, Rudolf, Betrachtungen zur Geschichte des deutschen Beamtentums, in: ders., Beiträge zum Beamtenrecht, herausgegeben von Matthias Pechstein, Tübingen 2007, S. 295-313

Summer, Rudolf, Die Fortentwicklung der hergebrachten Grundsätze des Berufsbeamtentums und Auswirkungen des Europarechts auf das deutsche Beamtenrecht, PersV 2007, 223-231

Summer, Rudolf, Die rahmenrechtliche Neuordnung des Laufbahnwesens im Entwurf für das Gesetz zur Reform der Strukturen des öffentlichen Dienstes, ZBR 2006, 69-86

Summer, Rudolf, Gedanken zum Gesetzesvorbehalt im Beamtenrecht, DÖV 2006, 249-258

Summer, Rudolf, Reföderalisierung in der Besoldung – ein Schreiten in den Nebel, in: ders., Beiträge zum Beamtenrecht, herausgegeben von Matthias Pechstein, Tübingen 2007, S. 287-294

Summer, Rudolf, Stellungnahme zu dem Gesetzentwurf der Fraktionen der CDU/CSU und SPD, BT-Drs. 16/813, ZBR 2006, 187-189

Tams, Christian, Die Zuständigkeit des Bundes für die Abwehr terroristischer Gefahren, DÖV 2007, 367-375

Tilch, Horst (Hrsg.)/Arloth, Frank (Hrsg.), Deutsches Rechts-Lexikon, Band 1 – A-F, 3. Auflage, München 2001 (zitiert: Bearbeiter, Stichwort, in: Rechts-Lexikon)

Thiele, Willi, Die Entwicklung des deutschen Berufsbeamtentums, Herford 1981 (zitiert: Thiele, Entwicklung des Berufsbeamtentums)

Thieme, Werner, Das heutige deutsche Beamtentum unter dem Einfluss Preußens, DVP 1981, 226-229

Thieme, Werner, Der öffentliche Dienst in der Verfassungsordnung des Grundgesetzes (Art. 33 GG), Göttingen 1961 (zitiert: Thieme, Der öffentliche Dienst)

Thieme, Werner, Vierzig Jahre Bundesstaat, DÖV 1989, 499-508

Umbach, Dieter C./Clemens, Thomas/Dollinger, Franz-Wilhelm, Bundesverfassungsgerichtsgesetz Mitarbeiterkommentar und Handbuch, 2. Auflage, Heidelberg 2005 (zitiert: Bearbeiter, in: Umbach/Clemens/Dollinger, BVerfGG)

Vedder, Christoph, Intraföderale Staatsverträge, Baden-Baden 1996
Volkmann, Uwe, Bundesstaat in der Krise?, DÖV 1998, 613-623
Wagner, Fritjof/Leppek, Sabine, Beamtenrecht, 10. Auflage, Heidelberg – München – Landsberg – Frechen – Hamburg 2009
Walecki, Rainer, Die Normsetzungspflicht des Gesetzgebers und ihre Erzwingbarkeit, Diss. Würzburg 1972 (zitiert: Walecki, Normsetzungspflicht des Gesetzgebers)
Weber, Karl, Kriterien des Bundesstaates, Wien 1980
Wilhelm, Bernhard, Das Achtundzwanzigste Gesetz zur Änderung des Grundgesetzes (Art. 74a GG), ZBR 1971, 129-137
Willoweit, Dietmar, Deutsche Verfassungsgeschichte, 6. Auflage, München 2009 (zitiert: Willoweit, Verfassungsgeschichte)
Wilms, Heinrich, Klare Verantwortungsteilung von Bund, Ländern und Kommunen?, ZRP 2004, 150-154
Winchenbach, Klaus, Vorgesehene Verfassungsänderung des Art. 74 Abs. 1 Nr. 1 GG, http://webarchiv.bundestag.de/archive/2008/0506/ausschuesse/a06/foederalismusreform/Anhoerung/02_Justiz/Stellungnahmen/Klaus_Winchenbach.pdf, zuletzt aufgerufen am 22.11.2009
Wolff, Heinrich Amadeus, Der zweite Schritt zur Föderalisierung des Beamtenrechts: Der Entwurf zum Beamtenstatusgesetz, DÖV 2007, 504-509
Wolff, Heinrich Amadeus, Die Reformpolitik der kleinen Schritte, ZBR 2009, 73-79
Zacharias, Diana, Die sog. Ewigkeitsgarantie des Art. 79 Abs. 3 GG, in: Wehrhafte Demokratie, herausgegeben von Markus Thiel, Tübingen 2003, S. 57-97
Zenthöfer, Jochen, Wettbewerbsföderalismus, Grasberg bei Bremen 2006
Ziekow, Jan, Die Bindungswirkung der Entscheidungen des Bundesverfassungsgerichts, Jura 1995, 522-529
Ziekow, Jan, Die Fortentwicklung des Dienstrechts der Bundesbeamten, DÖV 2008, 569-576
Ziekow, Jan, Beginn des Abschieds vom einheitlichen Beamtenstatus?, PersV 2007, 344-352
Zippelius, Reinhold, Kleine deutsche Verfassungsgeschichte, 6. Auflage, München 2002 (zitiert: Zippelius, Verfassungsgeschichte)
Zippelius, Reinhold/Würtenberger, Thomas, Deutsches Staatsrecht, 31. Auflage, München 2005 (zitiert: Zippelius/Würtenberger, Staatsrecht)
Zypries, Brigitte, Reform der bundesstaatlichen Ordnung im Bereich der Gesetzgebung, ZRP 2003, 265-268